社科文献 SSAP 学术文库

| 文史哲研究系列 |

七世纪中叶唐与新罗关系研究

A STUDY OF THE
RELATIONSHIP BETWEEN TANG AND SILLA IN THE
MID-SEVENTH CENTURY

拜根兴　著

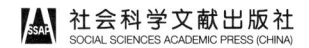

社会科学文献出版社
SOCIAL SCIENCES ACADEMIC PRESS (CHINA)

出版说明

社会科学文献出版社成立于1985年。三十年来，特别是1998年二次创业以来，秉持"创社科经典，出传世文献"的出版理念和"权威、前沿、原创"的产品定位，社科文献人以专业的精神、用心的态度，在学术出版领域辛勤耕耘，将一个员工不过二十、年最高出书百余种的小社，发展为员工超过三百人、年出书近两千种、广受业界和学界关注，并有一定国际知名度的专业学术出版机构。

"旧书不厌百回读，熟读深思子自知。"经典是人类文化思想精粹的积淀，是文化思想传承的重要载体。作为出版者，也许最大的安慰和骄傲，就是经典能出自自己之手。早在2010年社会科学文献出版社成立二十五周年之际，我们就开始筹划出版社科文献学术文库，全面梳理已出版的学术著作，希望从中选出精品力作，纳入文库，以此回望我们走过的路，作为对自己成长历程的一种纪念。然工作启动后我们方知这实在不是一件容易的事。对于文库入选图书的具体范围、入选标准以及文库的最终目标等，大家多有分歧，多次讨论也难以一致。慎重起见，我们放缓工作节奏，多方征求学界意见，走访业内同仁，围绕上述文库入选标准等反复研讨，终于达成以下共识：

一、社科文献学术文库是学术精品的传播平台。入选文库的图书必须是出版五年以上、对学科发展有重要影响、得到学界广泛认可的精品力作。

二、社科文献学术文库是一个开放的平台。主要呈现社科文献出版社创立以来长期的学术出版积淀，是对我们以往学术出版发展历程与重要学术成果的集中展示。同时，文库也收录外社出版的学术精品。

三、社科文献学术文库遵从学界认识与判断。在遵循一般学术图书基本要求的前提下，文库将严格以学术价值为取舍，以学界专家意见为准绳，入选文库的书目最终都须通过各该学术领域权威学者的审核。

四、社科文献学术文库遵循严格的学术规范。学术规范是学术研究、学术交流和学术传播的基础，只有遵守共同的学术规范才能真正实现学术的交流与传播，学者也才能在此基础上切磋琢磨、砥砺学问，共同推动学术的进步。因而文库要在学术规范上从严要求。

根据以上共识，我们制定了文库操作方案，对入选范围、标准、程序、学术规范等一一做了规定。社科文献学术文库收录当代中国学者的哲学社会科学优秀原创理论著作，分为文史哲、社会政法、经济、国际问题、马克思主义等五个系列。文库以基础理论研究为主，包括专著和主题明确的文集，应用对策研究暂不列入。

多年来，海内外学界为社科文献出版社的成长提供了丰富营养，给予了鼎力支持。社科文献也在努力为学者、学界、学术贡献着力量。在此，学术出版者、学人、学界，已经成为一个学术共同体。我们恳切希望学界同仁和我们一道做好文库出版工作，让经典名篇，"传之其人，通邑大都"，启迪后学，薪火不灭。

社会科学文献出版社
2015年8月

社科文献学术文库学术委员会

(以姓氏笔画为序)

卜宪群	马怀德	马　敏	王延中	王　名	王国刚
王建朗	王　巍	付子堂	邢广程	邬书林	刘庆柱
刘树成	齐　晔	杨　光	李友梅	李　平	李永全
李　扬	李向阳	李　林	李国强	李剑鸣	李培林
李景源	李　强	邴　正	吴大华	吴志良	邱运华
何德旭	张宇燕	张异宾	张蕴岭	陆建德	陈光金
陈春声	林文勋	卓新平	季卫东	周　弘	房　宁
赵忠秀	郝时远	胡正荣	俞可平	贾庆国	贾益民
钱乘旦	徐俊忠	高培勇	唐绪军	黄　平	黄群慧
曹卫东	章百家	谢寿光	谢维和	蔡　昉	潘家华
薛　澜	魏礼群	魏后凯			

作者简介

拜根兴 男,汉族。1964年2月出生于陕西大荔。1998~2002年,赴韩国国立庆北大学留学,获文学博士学位。现为陕西师范大学历史文化学院教授,博士生导师,主要从事古代东亚历史和中国古代隋唐史的教学研究工作,被教育部遴选为2008年新世纪优秀人才。中韩专家联合研究委员会中方委员(2009年至今),中韩友好协会专家委员会委员,兼任中国唐史学会秘书长,中国朝鲜史研究会副会长,中国武则天研究会副会长。迄今在海内外独立发表隋唐史、古代中韩关系史等领域的学术论文100余篇,出版学术专著5部,合著及参编著作10余部,主编、译著多部。主持国家社科基金重点项目、重大专项立项各一项。荣获陕西省政府哲学社会科学优秀成果一等奖、三等奖各一项。

内容提要

7世纪中叶（40年代末至70年代末），是东亚世界大变革、大整合时代。

建立不久的唐王朝，奉行自汉以来中国中心的天下秩序观念，在结束对西北民族政权的征服及交涉之后，为了自己的利益，关注朝鲜半岛事态，积极遣使游说高句丽、百济，劝解其放弃灭亡新罗的企图，希望三者和平相处。高句丽拒绝唐朝的劝解，于是双方战争爆发了。战后新罗积极展开对唐交涉，派遣伊湌金春秋等入唐请兵，唐罗关系开始步入正轨。进入50年代，新罗派遣金法敏入唐举讼、告捷，金仁问宿卫等，直接促成唐高宗半岛政策体系的形成，唐罗关系亦进入实质发展阶段。660年，唐罗联合一举讨灭百济。接着在东亚世界大战——白江口战役中，唐罗联军彻底击败有倭国海军参战的百济复兴军，建立了征伐高句丽之南线据点。正是新罗与唐的协同合作，直接将高句丽送上不归之路，实现了半岛政权的一元化。但是，随着高句丽的灭亡，新罗与唐在对半岛未来前途的设定上产生了冲突，进而引发长达七年的所谓"唐罗战争"，其间双方的各种交往从未停止，从而为此后缔结新的关系提供了可能。

本书即是考察此一时期唐朝与新罗间关系，当然其中亦部分涉及唐朝与高句丽、百济的关系。

第一，笔者依据现存《文馆词林》《文苑英华》《全唐文》中的史料，考察唐对高句丽战前唐与新罗、百济的交涉关系。在论证金春秋入唐与唐罗关系的同时，还对此前鲜有人论及的金法敏入唐举讼百济事件涉及的《与百济王义慈玺书》做了详细分析，探讨50年代初，唐、新罗、百济关系衍化的过程。

第二，针对史料记载唐罗联合讨灭百济的具体时间差异，分析产生分歧的原因及真相；根据现存韩国忠清南道扶余市定林寺的《大唐平百济国碑铭》，讨论嵎夷道行军总管辖下的军队编排问题，并讨论了中国历代史书与石刻史料出现差异的原因。另外，根据韩国史书《三国史记》《三国遗事》中有关苏定方的记载，商榷韩国学界认为唐朝征伐百济战中采取消极作战主张者的观点，并提出自己的看法。

第三，探讨了新罗文武王金法敏在位20年间唐罗关系的总格局，重点分析唐罗同盟出现摩擦及冲突的原因，以及如何看待文武王《答薛仁贵书》记载的所谓"唐罗密约"诸问题。

第四，金仁问是活跃于7世纪中叶新罗著名的外交家。他曾七次往返于朝鲜半岛与唐朝之间，并在唐朝居住20余年，最终客死于东都洛阳。无疑，在朝鲜半岛的历史发展进程中，金仁问理应占有一席之地。然而，由于史料的缺乏，对于金仁问相关事迹的研究并不充分。本书即依据相关史料，辨析既存研究成果，对金仁问七次渡唐的时间、其在唐罗战争期间的立场、在唐朝逗留期间事迹提出自己的看法。

第五，重点分析美国学者约翰·查尔斯·贾米森（John Charles Jamieson）关于唐罗战争中现存中国方面史料问题的观点，指出应当在了解此一时期唐朝内部权力斗争、唐宋史学史发展的前提下探讨该问题，否则得出的结论将是经不起推敲的；考证了《三国史记》中仅存的唐罗战争关联史料；同时探讨了唐罗战争期间双方的交涉问题。认为：无论刻意强调唐罗战争最终结果的任何方面，都会对正确理解这一时期唐罗关系产生负面影响。战争的终结是新罗积极抵抗、唐朝军事目标转移及唐罗双方通过交涉达成的一种妥协，应该说没有严格意义上的胜者或败者，但双方都达到了预期的目的。

第六，论证了此前很少有人涉及的唐朝将领苏定方在朝鲜半岛的事迹。首先对《旧唐书》《新唐书》苏定方本传有关苏定方生年的记载提出质疑，通过论证，认为苏定方生于600年，享年67岁，而非史书所载的76岁。其次对苏定方与新罗关联事迹进行探讨，特别是对韩国学界所谓的"苏定方被杀说"提出商榷，指出此学说主张者所运用史料的误区及其主观因素，认定唐朝中枢不同势力的斗争，是造成苏定方死亡记载不明的直接动因。

第七，考察了唐百济留守军将领刘仁愿其人与朝鲜半岛关联的事迹。通过《刘仁愿纪功碑》，探讨了刘仁愿的出身及经历，并以一个崭新的视角，指出现存《旧唐书》《新唐书》刘仁轨传记中有关刘仁愿事迹记载的疑点，认为刘仁愿是百济留守军的最高领导者。同时，探讨了刘仁愿与刘仁轨在百济留守军时期的合作与矛盾。根据刘仁愿当时的行迹、唐罗间往来所需时间以及现存记载的问题点，认为刘仁愿不可能主持罗、济所谓的第一次会盟。再者，论述了至今无人问津的《刘仁愿等题名》摩崖石刻。最后，探讨了刘仁愿的结局及其原因。

第八，考察了学界有关唐将薛仁贵的研究状况，特别评介了已故东亚古代关系史专家黄约瑟对薛仁贵的研究，对唐罗同盟后期以及与唐罗战争关联的薛仁贵其人在朝鲜半岛的活动进行考论，对唐罗联合讨灭百济的直接原因、安东都护府相关问题、薛仁贵在唐罗战争中的事迹等提出自己的见解。

第九，针对韩国发现的《含资道总管柴将军精舍草堂之铭》，通过韩国学者发表的发掘报告，以及本人亲自踏访所得，对其做了整理考释。首先，笔者认为这是一通断碑。同时，根据铭文撰写形式及碑石形态，推定此铭文碑石下端铭文每行可能有四个字缺落。其次，据铭文内容推定碑石建立年代，并对柴哲威其人的相关问题进行了相应的比证考察。

总之，笔者认为，对唐罗同盟期涉及的唐军将领相关事迹的探讨，将有助于揭示7世纪中叶唐罗关系的真相，其所具有的重要价值亦当受到重视。

Abstract

In East Asia, the mid-seventh century (640-679) was a tumultuous period marked by massive changes and geopolitical reconfigurations.

The newly established Tang dynasty inherited the belief, prevalent since the Han dynasty, that China was the centre of the world. Having recently consolidated its rule over ethnic polities in the northwest, the Tang empire turned its attention toward the Korean Peninsula（朝鲜半岛）, and, in an attempt to forge peaceful co-existence of the three kingdoms, tried to persuade the leaders of Goguryeo（高句丽）and Paekche（百济）to abandon their plan to destroy Silla（新罗）. Goguryeo rejected Tang's overture, and war broke out between it and Silla. After the war, Silla actively sought to foster ties with the Tang empire, and dispatched Yi Can（伊湌）and Kim Chun-chu（金春秋）to request Tang's military assistance. This marked the beginning of normal diplomatic relations between Tang and Silla. In the 650s, Silla dispatched Kim Bub-min（金法敏）to Tang China to report their victories. Envoys such as Suwei（宿卫）and Kim In-moon（金仁问）, among others were instrumental in the establishment of Tang Gao-Zong（唐高宗）'s Korean Peninsula policies, ushering in a new era in Tang-Silla relations. In 660, the allied forces of Tang and Silla brought an end to Paekche's rule. Not long afterwards, in the battle of Baekgang-gu（白江口战役）, the Paekche restoration forces and the naval forces of Yamato Japan, who were their ally, suffered a shellacking at the hands of the Tang-Silla joint forces, who then set up a southern stronghold to fight against Goguryeo. The demise of Goguryeo and the unification of the Korean Peninsula were, therefore, directly attributable to the alliance of Tang and Silla. However, after the fall of Goguryeo, the two parties in the alliance were unable to reach an agreement on the future direction for the Korean Peninsula, and as tension grew, a seven-year Tang-Silla War（唐罗战争）ensued. Throughout that period, however, communications between Tang and Silla never ceased, and in fact they sowed the seeds of new forms of diplomatic relations between the two sides. While the focus of this book is the relationship between Tang and Silla during this period, the relationships between Tang and both Paekche and Goguryeo will also be discussed

In chapter one, I examine what we can learn about Tang-Silla and Tang-Paekche relations before the war against Goguryeo from extant historical documents such as *Wen Guan Ci Lin*（《文馆词林》）and *Quan Tang Wen*（《全唐文》）. In addition to analyzing the role Kim Chun-chu played in Tang China and Tang-Silla relations, I also take a close look at *A Letter to King Uija of Paekche*（《与百济王义慈玺书》）, a document about Kim Bub-min's plea for Tang's assistance in Silla's campaign to take down Paekche, and one that has received little scholarly attention. This chapter also traces the evolution of the relationship among Tang, Silla and Paekche in the early 650s.

Chapter two is concerned with the discrepancy among different historical sources on when the Tang-Silla allied forces aggressed against and defeated Paekche, and what may have caused it. Based on a careful study of *Stele of Great Tang Empire's Conquest of the Paekche Kingdom*（《大唐平百济国碑铭》）of jeongnimsa（定林寺）in today's Buyeo, Chungcheongnam-do（忠清南道）, South Korea, I try to understand the organizational structure of the military's operational units under the command of general Yuyi Dao（嵎夷道）. I also try to shed light on why Chinese-language historical written records and incriptions on tablets and steles differ on these historical events. Moreover, I cast doubt, based on a close examination of accounts pertaining to Su Dingfang（苏定方）in such Korean-language historical books as *Samguk Sagi*（《三国史记》）and *Samguk yusa*（《三国遗事》）, on the view, held by many South Korean scholars, that Tang was deliberately lackadaisical in the Tang-Silla war against Paekche, and present my own view on the matter.

In chapter three, I offer a panoramic account of Tang-Silla relations during the two decades of Kim Bub-min, aka Silla's King WenWu（文武王）'s reign. I focus in particular on conflicts and tension within the Tang-Silla alliance, and what contributed to them. Some space will be devoted to issues related to the "secret deals" struck between Tang and Silla（唐罗密约）that are recorded in *In Reply to Xue Ren-gui*（《答薛仁贵书》）,written by King WenWu.

The topic of chapter four is the life and legacy of Kim In-moon（金仁问）, a renowned Silla diplomat in mid-seventh century. He travelled between the Korean peninsula and Tang China a total of seven times, and lived in the Tang empire for more than two decades. Kim died in Luoyang（洛阳）. No doubt a figure like this deserves an important place in the history of the Korean Peninsula. However, relatively little has been written about him, due largely to the dearth of historical sources. Using what materials, both primary and secondary, I could find, I try to piece together various aspects of and episodes in Kim's illustrious life, including his seven trips to Tang China, his attitudes towards the Tang-Silla War, and what he was able to accomplish during his stay in the Tang empire.

Chapter five discusses the view of the American academic John Charles Jamieson on issues related to Chinese-language sources pertaining to the Tang-Silla War. Jamieson argues that a fruitful analysis of this issue must presuppose an adequate understanding of the power struggles within the Tang court and the development of Tang and Song historiography, without which one could not reach sound and defensible conclusions about the matter. The chapter describes my search for relevant records in Samguk Sagi about Tang-Silla War. I also delve into communications and exchanges between Tang and Silla during the Tang-Silla War. I try to make the case that no matter which particularly aspect or aspects of the outcome of the Tang-Silla War one might wish to single out for emphasis, what is indisputable and little disputed is the fact the relationship deteriorated as a result. The conclusion of the Tang-Silla War was in essence a kind of compromise between stiff resistance on the Silla side on one hand and Tang's strategic diversion on the other. It was arrived at only after negotiations between the two sides. While neither can be declared either the clear victor or the clear loser, both got what they wanted.

In chapter six, I discuss a topic that has until now been largely overlooked by other scholars, namely, the achievements of the Tang general Su Dingfang（苏定方）in the Korean Peninsula. First, I present reasons why one might cast doubt on the reliability of what had been written about the general's birth year in both the *Old Book of Tang*（《旧唐书》）and the *New Book of Tang*（《新唐书》）. My own conclusion, based on various sources, is that General Su was born in 600 A.D. and died at the age of 67, not 76, as had been reported in these historical documents. I then present what I have been able to learn about how Su died. There are reasons, I argue, for rejecting the view, fairly popular among South Korean academics, that Su Dingfang was murdered. This conclusion is, I suggest, based on misuse of historical materials and it reflects undue influence of pre-existing biases. I contend that the absence of definitive records pertaining to the circumstances surrounding General Su's death was by design, and a direct result of the power struggles within the Tang court.

In chapter seven I turn my attention to Liu Ren-yuan（刘仁愿）, the Tang general who stayed on in the Korean Peninsula after Paekche was defeated. Based on my study of *Monument for Liu Ren-yuan*（《刘仁愿纪功碑》）, I offer an account of Liu Ren-yuan's family background and life experiences. By assuming a novel research perspective, I am able to show that questions can intimately be raised about the veracity of some of what had been written about Liu Ren-yuan in the biographical accounts of Liu Ren-gui（刘仁轨）in both the *Old* and the *New Books of Tang*. In particular, it can at least be disputed as to whether Liu Ren-yuan was the highest-ranking officer among those who stayed back in Paekche when the war ended. The turbulent relationship between Liu Ren-yuan and Liu Ren-gui was another important topic. Finally, I look into how Liu Ren-yuan died and what may have caused it.

Chapter eight is a survey of published studies of the Tang general Xue Ren-gui（薛仁贵）, with a special focus on the works of the late Joseph Wong（黄约瑟）, a noted historian who specialized in international relations in East Asia in the pre-modern period. I trace Xue Ren-gui's activities late in the Tang-Silla alliance period and during the Tang-Silla War. I also present my own views about the direct cause of Tang and Silla's decision to joint hands in attacking Paekche, issues related to the Protectorate-General to Pacify the East（安东都护府）, and Xue Ren-gui's conduct during the Tang-Silla War.

In the ninth and final chapter, I present the latest research findings about *Inscription on Hanzi Dao*（含资道）*General Chai Zhe-wei*（柴哲威）*'s Humble Cottage for Ascetic Practices*（《精舍草堂之铭》）, which was only recently unearthed in South Korea. Drawing on my own on-site investigation as well as research reports by South Korean scholars, I offer my interpretation of the inscription. First, I believe the tablet is a fragment. Second, the style of the inscription and the physical condition of the tablet strongly suggest that four characters may be missing from each line toward the bottom of the tablet. Finally, I try to date the tablet on the basis of the contents of the inscription, and determine what we might glean from it regarding the life and legacy of Chai Zhe-wei.

In sum, it is my view that Tang generals' conduct within the context of the Tang-Silla alliance can shed important light on Tang-Silla relations in the mid-seventh century. The significance of this research should no longer be overlooked.

序 一

高明士

1994年8月，我和内人月霜初次访问西安时认识了拜根兴君，当时他是陕西师范大学唐史研究所讲师，给我们的印象是年轻、诚恳而有朝气。在敬佩的史念海先生、黄永年先生、马驰先生等安排下，我们参观古迹时，拜君是向导之一，使我们学到了不少。此事距今已经将近十年，但是宛若昨日，时常感念。近十年间，我们经常有书信往还，从中得知拜君要到韩国留学的讯息时，说实在的，有点惊讶。一般说来，中国人的留学愿望，通常是到美国、欧洲、日本等国家和地区，而到韩国，因为语言、就业等问题，对中国人而言难度较大，所以前往留学者较少。去年6月，拜君告知我他已经通过庆北大学博士论文的第一次答辩，可望于8月获得博士学位，真是让人高兴的讯息。而今又听到他的博士论文将在中国社会科学出版社出版，除了兴奋之外，又有几分惊讶。惊讶的是，出版社决定神速，似乎说明出版界已经相当重视论述中韩关系的学术著作，对学界而言，这无疑是一个福音，对出版社本身而言，可谓有远见，都值得庆贺。

我个人早在20世纪60年代的大学时期，受到徐先尧教授讲授"日本史"的影响，即开始关心东亚历史关系。具体进行研究，是在1973年到日本东京大学、1981年到韩国汉城大学以后的事了。在日本、韩国进行研究时，给我最大的震撼是两国的东洋史学者治学领域广阔，例如日本的宫崎市定、西嶋定生、池田温等，韩国的李丙焘、高柄翊、全海宗等，其关注的领域是整个东亚的历史，这使我忽然变得渺小了。后来虽经发愤图强，由隋唐教育史出发，进而从事东亚教育史研究，仍觉得起步太晚。西嶋定生先生提出东亚的中国文化圈说，认为其是由汉字、儒教、律令、佛教等四项共通要素所构成。后来我补了一项科技要素，成为五项要素说。若从这个角度来从事传统中国历史研究，则凡是属于五要素中的任何一项研究，似都可以看作东亚史的研究。这是我二三十年来的体认，虽做了一些耕耘，但是在学术界，一路走来仍然感觉孤寂，尤其在东亚古代史方面。如今得以阅读拜君的研究成果，忽然发现有了知音，其欣喜何似！所以拜君要我写序时，感到责无旁贷，且有必要赶快将其推介给学界，以飨读者。

说到天下秩序，从殷周经秦汉到隋唐时代，才有完备的展现，且行用至明清时代。一般说来，天下秩序宜分为两个层次来思考，一是平时，一是战时。平时，比较具体的表现主要在于册封与朝贡关系，但是又可分为有封有贡、无封有贡以及无封无贡等情况，如何来对应，就须视当时中国的政治情势而定。战时，又可分为天子亲征、命将出征等不同情况，战争形态也随之不同，不能一概而论。整个天下，包括中国本土在内，实际可区分为内臣、外臣以及不臣等三个同心圆层次。随着时代变迁，同心圆结构内部会有不同的表现。中国传统的这一套政治理论，也为周边国家所袭用。于是在大天下之内，又有小天下或小中华世界出现。

这些历史现象，其实非常复杂，因为牵涉到实际的国力较量与社会差异等问题，不像国内制度有文献可征，容易找到解答。或许由于这种缘故，国人在论述对外关系时，通常通过文化交流说明其影响，或由军事观点说明其胜负结果等。至于平时政治秩序运作层面，除册封与朝贡问题偶尔会受到注意，其他的秩序问题，则较少涉及。例如国书内容的分析、涉外机构功能的探讨、使臣往还任务的探究，乃至传统政治理论如德、礼、政、刑等要素的运用等，尤其是礼、刑的作用，殊少注意。因此，对国人常以"武功""经营"等字眼概括说明传统中国的对外关系，就不感到意外。相反，外国学者对传统中国的对外关系较感兴趣，其研究成果也较为可观。只是因为立场关系，不免各有所偏执，这是自然的事，无可厚非。不论何者，既曰历史研究，一切仍须回归历史，也就是以史料为据，再做解释，这是最起码应有的共识。至于批评历史，事涉现代人的主观价值判断，就不在学术讨论范围之内了。

拜君此书共分绪论、上篇、下篇及附录四章、附表五种、参考文献等，全书约有31万言，洋洋大观，精辟论述，随处可见。书中除详加征引基本传统文献外，又善用出土石刻资料，广罗近人研究成果，尤其是韩国学者著作，而能发前人未发之覆，说服力强，允称佳作。相信此书的出版，除嘉惠学界外，必能引起国人对中韩关系更多的关注。书中具有启发作用的重要论点，例如对唐高宗《与百济王义慈玺书》的分析，关系新罗金法敏入唐举讼百济事件。利用《大唐平百济国碑铭》说明嵎夷道行军总管辖下军队编排问题，并重新检讨苏定方的角色与身亡问题。重新检讨文武王金法敏《答薛仁贵书》有关唐罗所谓"密约"问题，以为由诸多相关史实来看，断无此事。有关金仁问七次入唐的问题，学界的研究并不充分，乃详考其事迹，探讨其与唐朝的亲密关系。关于唐罗战争，应该说没有严格意义上的胜者或败者，双方都达到了预期的目的。透过《刘仁愿纪功碑》《刘仁愿等题名》摩崖石刻，探讨刘仁愿的出身与经历。对于薛仁贵在朝鲜半岛活动的情形，也有专章讨论，推测总章二年薛仁贵出任首任安东都护，同时对薛仁贵《致新罗王金法敏书》及新罗文武王金法敏《答薛仁贵书》再做检讨。另外，对韩国新发现《含资道总管柴将军精舍草堂之铭》也做了解释。附录介绍韩国古代金石文研究概况，探讨唐与新罗间海上通道、金仁问题名及乾陵蕃臣像中的新罗使者问题，考察高句丽移民高足酉的墓志铭等。

唐朝与新罗共同灭亡百济、高句丽以后，朝鲜半岛反而形成唐军与新罗兵戎相见的窘境，这恐怕是唐朝始料未及的。论其缘由，拜君指出除唐朝的西北受到吐蕃的威胁而影响其对朝鲜半岛的决断以外，还与起初实有忽视新罗自主统辖半岛的意识，以及战后未予新罗较高的政治位阶而导致反弹有关。其后，唐朝显然经过一番修正，终于采取双方都能接受的处理方式，即半岛秩序由新罗主导，但须加入唐朝天下秩序并尊重唐朝宗主国地位。这样的看法，应该是较为得实。

探讨传统中国对外关系时，尤其在政治、军事方面，必然会遇到不对等关系问题，就今日看来是很伤感情的。因此，做客观的论述，实是治史者必须谨记在心的课题。要做到史学的客观论述，并不是一件容易的事，至少下列二事宜加留意：一是以史料为据，一是史学非行事工具。总之，让历史归历史，这一点，拜君在行文当中都能谨守分寸，可引人入胜。是为序。

2003 年 4 月 2 日

序 二

马 驰

伴随着韩国经济的起飞,各国学者对朝鲜半岛的历史、文化、传统、社会等诸多方面的研究也向纵深拓展。而1992年首届"环太平洋朝鲜学国际会议"在美国夏威夷州首府火奴鲁鲁(檀香山)的举行,则标志着当代一门独立的学科——韩国学(或称"朝鲜学")的正式形成。中国学术界对此新兴学科的研究虽然起步较晚,但已获得令中外瞩目的成果,并出现一个不断壮大的学者群体。陕西师范大学东北亚历史研究所的拜根兴博士,就是这一学者群体中的佼佼者,其代表作《七世纪中叶唐与新罗关系研究》,则是韩国学和中韩关系史研究中最新、最前沿的学术成果。

之所以说拜根兴博士是中国学者群体中的出类拔萃者,至少有两个原因。其一,他很早就在学术界崭露头角。早在20世纪80年代末拜君攻读硕士学位之时,就在导师赵文润教授指导下,撰写了一部名为《唐宪宗》的书稿,该书后被纳入"隋唐历史文化丛书",由三秦出版社1992年正式出版,受到唐史学界的广泛好评。其1990年获硕士学位后,又因品学兼优留唐史研究所做专职科研人员,并兼中国唐史学会秘书处工作。其后，接踵发表了数十篇在中外学术界有较大影响的有关唐代历史文化的论文，承担了白寿彝主编的《中国通史》、史念海主编的《西安历史地图集》、李学勤等主编的《长江文化史》某些篇章的撰文和绘图工作。其二，他是中国自韩国留学归来的首位且是仅有的一位新罗史博士。1998年，正值其事业有成（1997年已晋升为副教授）时，却在专业上另辟蹊径，毅然辞别贤妻爱子，远赴韩国国立庆北大学，师从著名新罗史专家朱甫暾教授攻读新罗史博士学位。一个不通韩语且已过"而立"之年的人，竟只身赴他国求学，这需要怎样的勇气和克服多么大的困难！然而，对于有心人，数年寒窗苦读，不过是弹指一挥间。他不仅过了语言关，在国外发表了一系列论文，而且其博士学位论文获得了由韩国权威学者组成的答辩委员会的一致通过，顺利地取得了博士学位。

即将刊出的《七世纪中叶唐与新罗关系研究》书稿，就是拜君经过修改的博士学位论文。这是一部在研究对象、角度、方法上颇让人耳目一新的学术专著。

首先，在论述对象上，著者善于抓主要矛盾和矛盾的主要方面。韩国学者盛赞朝鲜半岛上自檀君开国具有5000年文明史，因而国际学术界将韩国（或称朝鲜）的历史作为韩国学的主要研究对象。但截至7世纪中叶，朝鲜半岛并未形成真正意义上的统一国家，只是在新罗文武王时代（661～681），才结束了三国分立的局面，基本上完成了国家的统一。而若非借助宗主国——大唐的外力，又岂能在不到十年的时间内（660～668）次第灭亡百济和高句丽！著者敏锐地抓住朝鲜半岛统一史上的主要矛盾和矛盾的主要方面，将其作为主要研究内容，从而破解了朝鲜半岛统一史上的最前沿问题，实在是高明之至。

其次，在研究角度上，著者突破了中韩两国学者各说各话的局限。因为其留学韩国前就已经有相当的专业功底，所以洞悉中国学界的研究动态（书中参考引用百余名中国学者的论著）。同时，又因著者多次参加韩国境内相关的学术研讨会，广泛地接触韩国学术界的专家学者，故熟知韩国学界的研究立场、观点和方法（书中参考和引用50余位韩国学者的39部专著、100多篇论文）。如此难得的主客观条件，使著者具备了兼收中外成就、综合百家之长的优势，进而构建了自己独立的研究体系。这正是本书每个篇章乃至字里行间充溢着新观点、新思想、新信息的原因所在。

再次，在研究方法上亦有重大突破。中国学者因受客观环境的制约，在古代东亚史的研究方法上，往往只从本国正史以及新发现的金石资料中寻找研究答案。如我撰写过数篇百济人物考证文章，由于不掌握韩国或日本之本土资料，所以论文在韩国发表后，一直处于忐忑不安之中，担心班门弄斧、贻笑大方。而拜君的研究就不存在这方面的疑虑。他旅居韩国接近五年之久，不仅有时间和条件熟读韩国方面的史书和金石文献，如《三国史记》《三国遗事》《东国通鉴》《高丽史》《海东绎史》《东史纲目》《大东金石目》《韩国金石全文》《三国新罗时代佛教金石文考证》等，而且有机会实践文献与实地考察相结合的研究方法，到韩国各地考察风土人情和文物遗址。由于中国的古韩国史料早已在著者的掌握中，所以书中随处可见中韩两国史料互证的明显特征。这种研究方法的突破，无疑是应当充分肯定的。

此外，著者还填补了诸多中外学界研究的空白。如对苏定方、刘仁愿、柴哲威等人物的生平及其在朝鲜半岛事迹的考证和评价，中外学者就罕有如是专题探讨研究。

作为忘年交，我同拜根兴博士有着不解之缘。我调入唐史研究所工作之际，恰是拜君留所任职之时。彼此相处，关系极为融洽。后来我接替牛志平教授兼任中国唐史学会秘书长，早已是学会秘书处秘书的拜君，因娴熟学会事务，给我以极大的帮助。更有意思的是，因应邀参加韩国学术会议，我不得不试着写点有关古代中韩关系史的文章，拜君又正忙着准备赴韩国留学。陕西师范大学鉴于出国留学人员多不归来，人事部门迟迟不愿批准拜君的出国申请。我因深知拜君的为人，就以兼任所里行政负责人之便，同人事处签订军令状：若拜君学成后另谋高就，可扣我三年工资，以弥补学校的人才流失。更巧的是，当拜君学成归来时，我已退休一年，时被聘为西安社会科学院中韩文化交流研究中心挂名负责人还不到一个月，因我的极力推荐，拜君亦被聘为该研究中心的兼职研究员。这就是缘分。

我这个人比较讲义气，朋友所托，虽两肋插刀也在所不辞。所以当交情深厚的拜博士要我为他的大作写序时，虽明知自己不善此道，但为了不辜负朋友的厚爱，竟硬着头皮接受了此任务。

2003 年 3 月 23 日

目　录

绪　论 …………………………………………………………… 001

　一　中国的天下秩序与唐罗关系史 ……………………………… 001

　二　唐罗关系史研究综述 ………………………………………… 006

　三　问题的提出和研究方向 ……………………………………… 015

上篇
七世纪中叶唐朝与新罗的关系

第一章　新罗真德王时期的对唐交涉 ………………………… 021

　第一节　真德王时期对唐交涉的背景 …………………………… 022

　第二节　金春秋的入唐及其活动考 ……………………………… 027

　第三节　金法敏的入唐及其活动考 ……………………………… 031

第二章　新罗与唐朝联合及对百济的征伐行动 ……………… 037

　第一节　战争发生的时间问题钩沉 ……………………………… 037

第二节　嵎夷道行军总管所辖军队的编制问题 ………… 049
　　第三节　苏定方与对百济战考论 ……………………………… 052

第三章　新罗文武王时期的对唐交涉 …………………………… 061
　　第一节　文武王前期（661~668）的对唐交涉 ……………… 062
　　第二节　文武王后期（669~681）的对唐交涉 ……………… 075

第四章　金仁问的交涉活动研究考论 …………………………… 083
　　第一节　金仁问七次赴唐时间问题考 ………………………… 083
　　第二节　金仁问的政治立场 …………………………………… 085
　　第三节　金仁问的在唐活动及其结局 ………………………… 089

第五章　唐罗战争研究中的几个问题 …………………………… 093
　　第一节　唐罗战争关联的史料再检讨 ………………………… 094
　　第二节　战争期间的交涉及其交涉性质 ……………………… 104
　　第三节　有关唐罗战争结果的论议 …………………………… 113

下篇
从唐朝赴朝鲜半岛将军的行迹看
七世纪中叶的唐罗关系

第六章　苏定方的活动及行迹 …………………………………… 119
　　第一节　苏定方的生年考辨 …………………………………… 120
　　第二节　苏定方的生平考议 …………………………………… 126
　　第三节　苏定方之死的新考察 ………………………………… 134
　　第四节　"苏定方被杀说"质疑 ……………………………… 138

第七章　刘仁愿的活动及行迹 ·················· 145
第一节　刘仁愿及《刘仁愿纪功碑》 ············ 146
第二节　唐留守军和刘仁愿的作用 ·············· 151
第三节　刘仁愿和刘仁轨 ···················· 158
第四节　罗济会盟中的刘仁愿 ················ 161
第五节　《刘仁愿等题名》中所见刘仁愿的行迹 ···· 166
第六节　刘仁愿的结局 ······················ 171

第八章　薛仁贵的活动和唐罗关系 ·············· 174
第一节　薛仁贵研究现况 ···················· 175
第二节　薛仁贵在朝鲜半岛诸问题考论 ·········· 187

第九章　柴哲威与《含资道总管柴将军精舍草堂之铭》 ·· 199
第一节　《精舍草堂铭》的发现及铭文 ············ 199
第二节　《精舍草堂铭》碑石形态等问题的再认识 ·· 201
第三节　《精舍草堂铭》所见柴哲威事迹 ·········· 206

附　录

附一　与朝鲜半岛古代史关联的金石文的现状 ······ 213
第一节　中国历代金石文的整理研究 ············ 214
第二节　与朝鲜半岛古代史关联的金石碑志文现状 ·· 219

附二　李祯出使新罗与唐罗间登州—唐恩浦海上通道 ·· 237
第一节　唐使臣李祯墓志的发现及研究 ············ 238
第二节　唐罗使者往返道路与登州—唐恩浦通道 ···· 243

附三　金仁问题名与乾陵蕃臣像中的新罗使者 ················· 254
　　第一节　《万年宫碑阴题名》与新罗使者金仁问 ············· 254
　　第二节　乾陵六十一蕃臣像中的新罗使者 ················· 264

附四　高句丽移民高足酉墓志铭考释 ····················· 273
　　第一节　高足酉的主要事迹 ························ 274
　　第二节　高足酉何时归唐 ························· 275
　　第三节　天枢建造与高足酉 ························ 278

附　表 ······································· 285

参考文献 ······································ 316

索　引 ······································· 340

后　记 ······································· 354

修订版后记 ····································· 358

Contents

Introduction	/ 001
Ⅰ The Chinese world order and Tang-Silla Relations	/ 001
Ⅱ Literature review	/ 006
Ⅲ Research questions and direction	/ 015

Part One
Tang-Silla Relations in the Mid-seventh Century

Chapter 1　Silla's Negotiation with Tang during the reign of King Jinduk	/ 021
Ⅰ The background to Silla's negotiation with Tang during the reign of King Jinduk	/ 022
Ⅱ An investigation on Kim Chun-chu's travels to Tang empire and his activities	/ 027
Ⅲ An investigation into Kim Bub-min's travels to Tang empire and his activities	/ 031
Chapter 2　The Tang-Silla alliance and its crusade against Paekche	/ 037
Ⅰ Dating the war	/ 037

Ⅱ The composition of the army led by the commander-
 in-chief of Yuyi Dao /049
Ⅲ Su Ding fang and debates about military attack on Paekche /052

**Chapter 3　Silla's negotiations with Tang during the reign of
King Wenmu** /061
Ⅰ Silla's negotiations with Tang in the early years of King
 Wenmu(661-668) /062
Ⅱ Silla's Negotiations with Tang in the later years of King
 Wenmu(669-681) /075

**Chapter 4　An investigation on the diplomatic activities of Kim
In-moon** /083
Ⅰ Studies of Kim In-moon's seven visits to Tang empire /083
Ⅱ Political thinking of Kim In-moon /085
Ⅲ The activities of Kim In-moon in Tang empire and
 the end of his life /089

Chapter 5　Questions in the studies of the Tang-Silla War /093
Ⅰ Reviewing historical materials on the Tang-Silla War /094
Ⅱ The nature of the diplomatic activities during the
 Tang-Silla War /104
Ⅲ Discussions on the results of the Tang-Silla War /113

Part Two
What Movements of Tang Generals across the Korean Peninsula can tell us about Tang-Silla Relations in Mid-seventh Century

Chapter 6　Activities and Movements of Su Dingfang /119
Ⅰ Studies on Su Dingfang's year of birth /120
Ⅱ Studies on Su Dingfang's life /126
Ⅲ Recent studies on Su Dingfang's death /134
Ⅳ Doubts about the "Murder theory" of Su Dingfang's death /138

| Chapter 7 | Activities and movements of Liu Ren-yuan | / 145 |

    Ⅰ Liu Ren-yuan and *Monument for Liu Ren-yuan*   / 146

    Ⅱ The effect of Tang's military base in Paekche and Liu
      Ren-yuan's presence   / 151

    Ⅲ Liu Ren-yuan and Liu Ren-gui   / 158

    Ⅳ Liu Ren-yuan in the Silla-Paekche alliance   / 161

    Ⅴ Liu Ren-yuan's movements in historical documents   / 166

    Ⅵ Liu Ren-yuan's final years   / 171

| Chapter 8 | Xue Ren-gui's activities and Tang-Silla Relations | / 174 |

    Ⅰ Literature review   / 175

    Ⅱ Studies on Xue Ren-gui's activities on the Korean Peninsula   / 187

| Chapter 9 | Chai Zhe-wei and *Inscription on Hanzi Dao General* |
| | *Chai Zhe-wei's Humble Cottage for Ascetic Practices* | / 199 |

    Ⅰ The discovery and the contents of the inscription   / 199

    Ⅱ Revisiting questions about the inscription   / 201

    Ⅲ What the inscription can tell us about Chai Zhe-wei   / 206

Appendix

| Appendix 1 | The current situation of the ancient bronzes and
stone tablets related to the ancient history of
Korea Peninsula | / 213 |

| Appendix 2 | Li Zhen, the man who served as an envoy to Silla;
the seaway from Dengzhou to Tang'enpu between
Tang and Silla | / 237 |

Appendix 3　Kim In-moon's autograph and the Silla envoy in the portrait of Qian ling Mausoleum　/ 254

Appendix 4　Studies on Goguryeo migration Gao Zu-you's epitaph　/ 273

Tables　/ 285

References　/ 316

Index　/ 340

Postscript　/ 354

Postscript to the Revised Edition　/ 358

绪　论

一　中国的天下秩序与唐罗关系史

首先，唐与新罗关系的缔结发展，是在7世纪东亚国际关系的大背景下进行的。如何把握驾驭此一时期东亚国际形势发展的总局面，成为此一时期唐罗关系史研究的重要问题之一。

早在20世纪60年代，日本学界首先对此问题展开了相当深入且多样化的讨论。如著名学者西嶋定生就提出"东亚世界论"或"册封体制论"，认为当时东亚是以中国为中心，由统一的汉字、律令、佛教、儒教等组成的文化圈。之所以以中国为中心，是因为东亚诸国均接受中国中古时期诸王朝的册封，并承担朝贡的义务。西嶋定生的观点提出后，在日本学界引起相当激烈的争论。当时著名学者堀敏一、旗田巍、鬼头清明、石母田正、菊池英夫、江畑武、布目潮沨等均发表了自己的见解，[①] 批判西

[①] 参见〔韩〕金汉植《日本的东亚世界研究的现状和课题》，《大邱史学》第17辑，1979；〔韩〕徐荣洙《三国时代韩中外交的展开和性格》，韩国史研究会编《古代韩中关系史的研究》，三知院，1987；〔韩〕金荣焕《隋唐时期对外关系研究的回顾与展望》，《中国唐代

嶋定生的学说，进而使以东亚世界为中心的学说步入多极的局面。但无论如何，西嶋定生提出的此理论，对于总体把握古代东亚国际关系史的脉络，使当时学界乃至此后东亚古代关系史研究走向深入，其重要意义还是值得肯定的。

与此同时，韩国学界对此问题亦提出自己的观点。著名韩中关系史专家全海宗教授在其《韩中关系史研究》一书中，把以往的韩中关系总结为"朝贡关系"。其首先将朝贡关系的制度和特性加以分类，然后运用统计方法表示出各个时期的特征，即认为从公元8年西汉灭亡起到316年西晋灭亡，是朝贡关系成立的前阶段；自317年东晋建立起到668年朝鲜半岛高句丽国灭亡止，也就是朝鲜半岛古代三国时代后半期，是初期朝贡关系的成立阶段；从669年到1279年，是朝贡关系的发展期，其中又有朝贡关系的变质期（918~1368）；而典型的朝贡关系成立则体现于高丽、李朝与中国明清王朝的关系上。在三国及统一新罗时期，朝贡制度的政治、军事、文化、经济以及仪礼等的内容虽然已经具备，但越是后来，其政治的仪礼就越形式化，也就越带有闭锁性的色彩。①或许金庠基氏专论张保皋海上贸易，即是注重经济史研究的缘故，其将这种朝贡关系局限在双方经济利益范围之内，对于纷繁复杂的政治、文化方面的事实，认为"这种朝贡可从传统中华思想与王道思想中出现的对外政策模式加以理解，其中含有对先进文化吸收及附带的经济意味"。②另外，申滢植氏将三国时代的韩中关系具体化，即按时间先后区分为——唐以前三国对中国的朝贡、

学会会刊》第5期，1994；刘俊文主编《日本学者研究中国史论著选译》第2卷，中华书局，1993；〔日〕堀敏一《隋唐帝国与东亚》，韩昇编，韩昇、刘建英译，云南人民出版社，2002。

① 陈明崇：《介绍〈韩中关系史研究〉》，《食货月刊》第5卷第5期，1975。另参〔韩〕全海宗《朝贡关系的研究》，《韩中关系史研究》，一潮阁，1970。

② 〔韩〕金庠基：《古代的贸易形态和罗末的海上发展——以清海镇大使张保皋为中心》，《震檀学报》第1期，1934，第86~112页；第2期，1935，第115~133页。

绪　论

三国对唐的朝贡、统一新罗后对唐的朝贡、唐对新罗的交涉——四个阶段。① 徐荣洙也有自己独特的解释,认为:"朝贡关系也是伴随当时中国的势力强弱,是否统一帝国,是否基本理念过多地违背实际状况,以及依据现时代和上代,其性格、强度亦不是一元的或固定不变的。当然,进入三国时代后半期,从史料上看,朝贡关系从形式上渐渐浮现制度化的样相。韩中关系中朝贡关系所占比重相当高,即使一般关系,在文献上以朝贡表现的现象亦不少,故区分一般关系和朝贡关系并不容易。但这种情况,其关系不具备性质及内容的变化,中国史一贯的潮流中固有的华夷观不确实的地方很多。"② 卢重国氏则将这种关系概括为"力学关系",认为:"当时各国内部的矛盾,国际社会间的利害关系,有对立、抗争,亦有维持和平关系等。可以看出,随着形势的变化,各国采取相应适宜的政策,并不是墨守惟一的交涉原则。因而,各国的外交政策的出发点均是为了在国际社会存立或势力均衡,以及追求自身的利益。正因如此,其对外政策的本身可用瞬息万变加以概括。"③ 金翰奎氏专攻韩中关系史,主张将中国的东北地域或者辽东地方,同中国大陆、朝鲜半岛区分开来,以一个独立的地理历史概念,即所谓的"第三历史共同体"存在,认为这样会更清楚地说明历代韩中关系的真相。同时,其对宗主国、藩属国的概念,以及东亚世界历史上的"册封朝贡体制"的实质也有专门论述。④

中国学界对此问题的研究,首先表现在对日本学者见解的订正说明上。如旅居美国的杨联陞先生在20世纪60年代末即撰文云:"有

---

① 〔韩〕申滢植:《三国史记研究》,一潮阁,1985。
② 〔韩〕徐荣洙:《三国时代韩中外交的展开和性格》,《古代韩中关系史的研究》,三知院,1987。
③ 〔韩〕卢重国:《高句丽对外关系史研究的现状和课题》,《东方学志》第49辑,1985。
④ 〔韩〕金翰奎:《韩中关系史》(上),"大宇学术丛书",아르케,1999,第9~31页。

· 003 ·

人常以中国之世界秩序为一以中国为中心的层级。理论上，此秩序最少有三方面是层级的：中国是内的、大的、高的；而蛮夷是外的、小的和低的。然而，对整个中国历史加以观察以后，即可以发现这个多面的中国中心之世界秩序，它是在不同的时间，从许多程度不一，有时几近于零的事实上，建立起来的神话。"① 也就是说，杨先生对当时的中国世界秩序说持有看法。进入80年代，曾经留学日本，并以研究唐代东亚教育圈的形成而知名，现任职于台湾大学历史学系的高明士教授，针对古代东亚历史发展研究的现况，并总结此前日本、美国诸国学者的观点，提出一新的理论，即将中国历史时期与周边诸民族国家的关系用"中国的天下秩序"加以概括，以历史的但是全新的视觉，为深入探讨此一时期东亚世界国际关系提供了坚实的理论构架。对于这种天下秩序，高先生以结合原理、统治原理、亲疏原理、德化原理加以概括，亦可用孔子的"德、礼、政、刑"四要素表现，进而认为：

> 天下秩序，理论上在周代的封建制已达于完备，实际的施行，除秦代不采用封建的父子结合原理以外，各时代仍随着其国力的大小而时有调整。盛世时，如汉、唐、明、清等，这些要素与原理可获得充分的实现；衰世时，如两宋及各朝代末期，这些要素与原理只能实现一部分。但无论如何，充分体现这些要素与原理，可说是汉代以来各朝代努力的目标。在传统中国看来，天下秩序的原理实是一个同心圆。②
>
> 从同心圆算起，基本上成为内臣、外臣、不臣三个层次。内

---

① 参见杨联陞《从历史看中国的天下秩序》，邢义田译，《食货月刊》复刊第2卷第2期，1972。
② 高明士：《从天下秩序看古代的中韩关系》，《中韩关系史论文集》，1983，第16页。

臣指中国本土，外臣为臣属诸四夷，不臣即是敌国。中国天子是以"个别人身支配"来统治内臣，以"君长人身支配"来统治外臣，以"客礼"对待敌国。……由于四夷环境以及臣属者日渐复杂，魏晋以来，为有效建立政治秩序，乃将部分较亲近的外臣四夷君长，以内臣原理加以结合，而成为"外臣的内臣化"。到唐代，将"外臣的内臣化"予以制度化，完成羁縻府州体制。（具体到隋唐时代）维持天下秩序的基本原理有二：一为德、一为力。……简言之，就是礼、刑的运用。唐朝的天下秩序，可为礼、刑世界的典范。①

高氏在考察中国天下秩序的构成、历史演变等之后，认为："论及天下秩序，中韩关系是首要重视的一环。自秦至唐的历史发展，由韩国首先奠立这一环，或可谓奠立同心圆的天下秩序的第一圈。"进而指出天下秩序理论在古代中韩关系研究中的可行性及必要性。鉴于此，本书涉及古代中韩关系的理论及方法论问题，均是借鉴高氏的天下秩序观点进行解释的。60年代曾在美国哈佛大学亚洲研究院学习、现任职于香港浸会大学社会学系的黄枝连教授，历20年之久，于1994年出版了《东亚的礼义世界——中国封建王朝与朝鲜半岛关系形态论》一书，提出"天朝礼治体系"理论。在这部著作中，黄氏对朝鲜半岛与中国诸朝代的关系多有论述，但对隋唐时代的中韩关系论述不是很多，其所提出的唐高宗上元以后，唐、罗双方最终使"天朝礼治体系"的发展得到了更有利的条件，②有点因果倒置的味道。应该看到，黄氏研究的出发点，是在探求

---

① 高明士：《隋唐天下秩序与羁縻府州制度》，《中华民国史专题论文集》第5辑，台北"国史馆"，2000，第253页。
② 黄枝连：《东亚的礼义世界——中国封建王朝与朝鲜半岛关系形态论》，中国人民大学出版社，1994，第53~63页。

20世纪出现的诸问题构架下思考古代国际关系,故其对中韩古代关系史诸问题的结论充满了现代学术的气息,但正因如此,在针对性和说服力方面较上引高明士的学说稍显逊色。除此之外,孙进己先生亦提出中国历史时期与周边诸民族国家关系的看法,指出历史上诸民族国家向中国王朝"进贡"的三种不同形式,以及"臣服"中国历代王朝的三种形式,[1] 比较真实地反映了当时中国与周边民族国家之间的关系。

综上所述,7世纪中叶唐与新罗的关系,亦是在当时唐朝天下秩序的东亚国际环境下发展的。新成立的唐朝政权经过20余年的经营,在其西、北、南三面边境地带建立了天下秩序前提下的羁縻府州制度,唐太宗亦被西北民族诸首领称为"天可汗"。7世纪40年代中期开始的对东方的经营事业,到70年代中期告一段落。此一时期,由于百济、高句丽的相继灭亡,唐与新罗始终一贯持续的交涉关系成为唐与朝鲜半岛关系的轴心。故此,研究7世纪中叶唐与新罗的关系,对于整体把握唐和朝鲜半岛及其周围地区的交涉,无疑具有重要意义。

二 唐罗关系史研究综述

7世纪中叶的东亚世界,犹如一个航路复杂且充满变数——风暴来临前夜不平静的海湾。刚刚建立不久的唐王朝,在平定国内割据群雄之后,积极构筑以自身为中心的天下秩序,与周边各国建立此前固有的宗藩关系。周边各国面对唐朝的崛起,表现出不同寻常的敏感和

---

[1] 孙进己:《我国历史上民族关系的几个问题》,翁独健主编《中国民族关系史研究》,中国社会科学出版社,1984。

复杂的心态，进而引起各国政权内部一系列变革的出现。① 虽然唐罗在唐高祖武德年间就开始来往，但缔结相对紧密关系当以新罗善德女王十一年（642）为起点。当时大耶城陷落，新罗处于十分困难的境地，故频繁遣使赴唐求救。关于此问题，韩国学界卢泰敦、李昊荣、朱甫暾、朴淳教等诸多学者均有论著论及，② 但对当时新罗所处环境的分析，以及和唐朝交涉的紧迫性还有进一步探讨的必要。

此一时期，唐朝在稳定国内局势，服属西、北、南三面诸周边民族之后，出于维持天下秩序之目的，开始积极地介入朝鲜半岛事务，屡次派遣使者奔走于半岛三国之间，希望三者和平共处，即劝谕高句丽、百济放弃侵攻灭亡新罗的企图。但是，历史时期三国之间基于土地、百姓的争夺而导致的冤冤相报，完全超出后代学者界定的所谓"同族意识"的范畴，三方都以消灭对方为终极目标。③ 如此错综复

---

① 有关当时东亚世界各国关系的整体研究，可参〔日〕山尾幸久《7世纪中叶的东亚细亚》，《百济研究》第23辑，1992；〔日〕铃木靖民《七世纪中叶百济的政变和东亚细亚》，《百济史的比较研究》，书景文化社，2000；夏应元《论唐代初期中、日、韩关系》，《春史卞麟锡教授还历纪念唐史论丛》，성진，1994；〔韩〕卢重国《7世纪百济和倭的关系》，《国史馆论丛》第52辑，1994；〔韩〕金瑛河《新罗的百济统合战争和体制变化——七世纪东亚细亚的国际战和社会变动的一环》，《韩国古代史研究》第16辑，1999。

② 〔韩〕卢泰敦：《渊盖苏文和金春秋》，《韩国市民讲座》第5辑，1989；〔韩〕李昊荣：《新罗的三国统合过程研究》，博士学位论文，庆熙大学，1985；〔韩〕朱甫暾：《金春秋的外交活动和新罗内政》，《韩国学论集》第20辑，1995；〔韩〕朴淳教：《金春秋的执权过程研究》，博士学位论文，韩国国立庆北大学，1999。

③ 申采浩氏认为新罗联合唐朝最终灭亡百济、高句丽，是"招徕异种族灭亡同族，和引寇贼残杀兄弟没有什么两样"，此观点代表了韩国学界的主要取向。参氏著《丹斋申采浩全集·读史新论》，萤雪出版社，1979。但是，李昊荣、申滢植、李钟学等学者不同意此观点。李昊荣氏以为"忘却国家的利己本质，作用于三国时期的感伤的民族主义相当勉强。如果认为三国的相互抗争是单纯的同一民族的对内问题，那么就不应该将其归于当时的国际社会的范畴来把握。即使当时三国之间存在同一民族的共同意识，而国家观念无疑远远大于所谓民族意识，其对各自的最终胜败的重视亦大于对相互抗争的方法及所谓民族意识的认同"。参氏著《新罗三国统合和丽、济灭亡原因研究》，书景文化社，2001。李钟学认为"这是在众多的民族国家意识中出现的近代的概念，韩民族的共同体意识是从新罗统一三国以后开始形成的。以这个基准评价似乎是不会错的"。参氏著《新罗三国统一的军事史考察》，《军史》第8辑，1984。申滢植说见氏著《新罗史》，梨花女子大学出版部，1985。

杂的关系，唐王朝派遣使者说教劝谕没有结果并不奇怪。但是，唐朝要实现并维护天下秩序，挽救朝鲜半岛嗷嗷待救新罗的灭亡命运，故而高句丽拒绝听从唐朝的劝谕，就是蔑视唐王朝的宗主国权威，于是在德（礼）的手段不能解决问题的状况下，唐朝采取兵（刑）的方式，最终发兵征伐高句丽。通过征伐高句丽，新罗与唐的关系更加接近，百济则渐渐失去了此前与唐朝交往的优势。为了应对来自高句丽、百济的压力，巩固在新罗国内的既得利益，新罗重臣金春秋率领使团，即继此前屡次派遣使节赴唐请兵求救之后，亲自赴唐请兵。对于远道而来，此前曾帮助唐朝征伐高句丽，并在新罗颇有盛名、相貌堂堂的新罗使者，唐太宗以大唐帝国广纳天下宾客的坦荡胸怀，待之以礼。金春秋在提出请兵的同时，对唐亦提出文化输入的诉求，唐太宗均一一答应，唯对于所谓和百济关联的出兵问题，没有做出明确的答复。大多数韩国学者，如申滢植、金相铉、李明植、张学根、徐仁汉、金寿泰、金翰奎等，① 根据《三国史记》卷7《新罗本纪·文武王》中载录的《答薛仁贵书》，认为唐太宗与金春秋缔结了灭亡百济、高句丽后的领土分赃密约；唐朝不履行这种所谓的"密约"，才导致70年代唐罗兵戎相见的战争。笔者以为，对于如此复杂的事件，不能简单根据孤立的史料即得出结论，应当首先对《答薛仁贵书》的撰述过程、背景、内容以及作者等问题进行深入细致的研究，同时应对金春秋赴唐时唐罗双方的需求、地位、对外政策趋向有深刻了解，然后再综合考察此一时期唐罗双方潜在的矛盾点，最终找出问题产生的真正原因。学术研究就是去伪存真，只有对比考论现存相关记载，辩证

---

① 参〔韩〕申滢植《韩国古代史的新研究》，一潮阁，1984；〔韩〕金相铉《四天王寺的创建和意义》，《新罗文化祭学术论文集》第17辑，1996；〔韩〕张学根《新罗对征服地的支配、防御战略》，《军史》第41辑，2001；〔韩〕徐仁汉《罗唐战争史》，国防军史研究所，1999；〔韩〕李明植《新罗文武大王的民族统一伟业》，《大邱史学》第25辑，1985；〔韩〕金寿泰《百济的灭亡和唐》，《百济研究》第22辑，1992；〔韩〕金翰奎《韩中关系史》（上），第204页。

史料（特别是孤立的史料），才能不被假象迷惑，得出令人信服的结论。中国学者韩昇、黄约瑟对《答薛仁贵书》中的所谓"密约"持否定态度。①

金春秋从唐朝返回之后，在唐朝天下秩序的大背景下，即唐罗双方明确宗主国与藩属国的地位，所谓的"唐罗同盟"就开始运行。虽然如此，因为同盟初期双方并未真正理解对方的实际意图，即唐朝的重点是解决高句丽问题，而新罗则一再强调百济对自身的威胁，故初期同盟关系并未如预想的那样合拍。关于这一点，上述韩昇的论文中有明确的论述。真德王四年（650），新罗派遣金春秋的长子金法敏赴唐都长安告捷，向唐高宗献上新罗真德王绣制的五言太平颂诗。与此同时，金法敏以高超的交涉技巧，趁机向唐皇帝告发举讼百济，直接肇启一年以后唐王朝半岛政策的变化，产生了重大的交涉效应。经过一年多的酝酿，唐高宗于次年颁玺书与百济义慈王，在劝谕基础上，明确了此后采用战争手段的日程表。这表明真正意义上的唐罗同盟关系在唐高宗的半岛战略体制下正式启动。② 唐永徽六年（新罗武烈王二年，655），高句丽、百济、靺鞨联合出兵，进攻新罗北部边境，新罗王金春秋急派使赴唐求救，唐高宗用实际行动实践此前玺书的承诺，命营州都督程名振、左卫中郎将苏定方出兵救助新罗。关于此，中韩学界多有论及，但唐朝在派遣程、苏两将军的同时，还选派中郎将李德武、骑都尉韩仁楷共同"救援新罗"。对此，文献资料未见记载，应当引起注意。③ 正因有这次唐军的救援活动，唐朝在最终解决

---

① 韩昇：《唐平百济前后东亚的国际形势》，《唐研究》第 1 卷，北京大学出版社，1995；黄约瑟：《薛仁贵》，西北大学出版社，1995。

② 拜根兴：《新罗真德王时期的对唐外交》，《大陆杂志》第 102 卷第 2 期，2001。所谓"唐高宗体制"，即放弃唐太宗时代的频繁出兵牵制策略，基于百济国内势力的亲高句丽化，及其渐渐背离唐天下秩序的发展态势，唐高宗实施联合新罗灭亡百济，开辟高句丽南线战线，进而合围高句丽的战略。这与唐太宗时代的半岛政策完全不同。

③ 《大唐故荆州大都督府长林县令骑都尉昌黎韩君墓志铭并序》，周绍良主编《唐代墓志汇编》（调露015），上海古籍出版社，1992，第 661 页。

西北方面的威胁之后，将战略重心东移，发动具有迷惑用意的显庆四年征伐高句丽之战。同时，唐罗联合构筑实施高句丽南线据点的军事行动亦开始具体化。当然，百济内部的一系列天灾人祸，无疑加速了唐罗采取军事行动的步伐。① 这样，百济的灭亡也就成为东亚世界此一时期不可避免的重大事件。

早在显庆四年（659）末，唐朝就开始进行征伐百济的各种准备。其中最引人注目的就是限制在唐日本使节（遣唐使）的行动，以防征伐百济消息的泄露。次年三月，唐高宗正式任命数年来往返于东、西战线，极具盛名的左武卫大将军苏定方为神丘、嵎夷、马韩、熊津等十四道大总管，刘伯英、金仁问等为副大总管，新罗王金春秋为嵎夷道行军总管，领兵十余万征伐百济。关于唐罗两军征伐百济的具体时间，中韩史书记载存在差异。对此问题，除台湾学者黄清连氏的论文②中有所辩证讨论之外，中韩学界所出版的相关论著并未给予注意。③ 经过研究探讨，笔者以为，有关这一事件的时间，中韩史书的记载可能都对。问题在于当时新罗与唐共同使用的《戊寅历》，这种历法计算的误差在当时就引起众多学者的批判，其传到新罗后，新罗和唐在时间计算上的差异是显而易见的，故而就出现双方时间记载的不同。

同时，嵎夷道行军总管辖下军队的编制，文献资料记载比较一致，对此亦无学者提出异议。但是，现存韩国扶余市的《大唐平百济

---

① 百济灭亡的内部原因，《日本书纪》《大唐平百济国碑铭》均有记载。李丙焘、李昊荣、金寿泰、李钟学诸学者在各自的论著中亦有不同程度的涉及。
② 黄清连：《从〈扶余隆墓志〉看唐代的中韩关系》，《大陆杂志》第85卷第6期，1992。
③ 针对《三国史记》的纪年问题，日本学者松末保和主要针对新罗上代、下代有关纪年做了考订。见氏著《新罗史的诸问题》，东洋文库，1954。韩国学界普遍认为，《三国史记》所载新罗上代纪年和实际纪年有一年差异。另外，李基东教授《新罗兴德王代的政治和社会》一文中亦有论述，参《国史馆论丛》第21辑，1991。但是，现有的研究成果均为简单的史料比定，应该是发掘产生时间差异的真正原因。

国碑铭》，其记载显然和诸文献资料不同。如何看待此问题？笔者以为，对当时出现的史料应当给予重视。事实上，金仁问能够担当唐征讨大军的副大总管，故新罗王金春秋辖下有唐朝军队就不算奇怪，此从另一个侧面可显示当时唐罗同盟关系的紧密。

高丽时代撰述的《三国史记》《三国遗事》两书中记载有唐大将军苏定方在征伐百济战中"有所忌不能前"等，致使唐朝在征伐百济战中的态度等问题成为学者关注的热点。① 如何看待上述史料？苏定方在征伐百济战中的表现到底怎样？所谓唐罗同盟双方"同床异梦"说的信凭性如何？唐罗同盟从摩擦走向最后决裂的真实原因是什么？对 7 世纪 60 年代初唐罗关系研究的整体走向、结论问题的固有成说，学界至今未见有人提出辩论商榷意见，其重要性应该引起学界的关注。

另外，《三国遗事》卷 1 转引《新罗古传》，记载唐将苏定方是被新罗将军金庾信设计毒死的。对此，《三国遗事》的作者一然和尚提出了自己的看法，认为"乡传之无据耶！"不认同《新罗古传》的记载。但是，以从事百济史研究而知名、其故乡即在韩国庆尚北道尚州唐桥（即所谓"苏定方被杀地"）的李道学氏，将"苏定方被杀说"和唐罗同盟相联系，进而认定"苏定方被杀说"的存在。笔者在有关苏定方事迹的考订文章中，亦对此问题做过考论，提出自己的看法。② 总之，在唐罗同盟的研究中，避开或轻视对赴韩的唐朝将领的研究以及对现有中韩史料的考辨批判，其所得结论将是经不起推敲的。

---

① 〔韩〕申滢植：《韩国古代史的新研究》，一潮阁，1984；〔韩〕李明植：《新罗文武大王的民族统一伟业》，《大邱史学》第 25 辑，1985。

② 〔韩〕李道学：《罗唐同盟的性质和苏定方被杀说》，《新罗文化》第 2 辑，1985；〔韩〕李道学：《唐桥"苏定方被杀说"的历史意义》，《芝邨金甲周教授花甲纪念史学论集》，京城，1994。笔者曾对"苏定方被杀说"提出质疑，见《苏定方事迹考疑试论稿》，中国史学会编《中国史研究》第 9 辑，景仁文化社，2000。

再者，唐罗共同派兵留守百济，组成驻百济留守军。对熊津都督府与百济复兴军的攻守关系、唐罗联合在白江口战斗中打败有倭国海军参战的百济复兴军、都督府主要官员及运行状况的研究，也是探讨此一时期唐罗关系的重要组成部分。关于此，李道学、郑孝云、卢重国、崔在锡、卞麟锡、沈正辅、胡戟等，从不同侧面都有论文或专著面世。① 通过这些研究，百济复兴军时期唐罗关系的重大问题基本上可以得到解答。所不同的是，以上论著多是以韩国学者的视角审视此一时期唐罗关系，故有必要改变角度，即以唐朝的立场，或者古代中韩关系史的角度对此一时期的唐罗关系进行探讨。② 这样，可能对一些问题，如刘仁愿与刘仁轨在百济留守军时期的合作与矛盾、第一次罗济会盟的实质、唐朝为什么要扶持扶余隆政权③、刘仁愿其人在百济的行迹及与新罗的接触等问题，都会有更深刻的认识。

除此之外，有关唐罗战争问题，韩国学界主要依据《三国史记》

---

① 〔韩〕李道学：《熊津都督府的支配组织和对日本政策》，《白山学报》第34辑，1987；〔韩〕郑孝云：《对于天智朝的对外政策的考察》，《韩国上古史研究》第14辑，1993；〔韩〕卢重国：《百济灭亡后复兴军和复兴战争研究》，《历史的再照明》(1)，翰林科学院丛书，第31辑，1995；〔韩〕卞麟锡：《白江口战争和百济、倭关系》，图书出版한을，1994；〔韩〕崔在锡：《新罗文武大王的对唐、对日政策》，《韩国学报》第95辑，1999；〔韩〕崔在锡：《663年白江口战争参战的倭军的性格和新罗、唐战后对外政策》，《韩国学报》第90辑，1998；〔韩〕沈正辅：《关于百济复兴军的主要据点研究》，《百济研究》第14辑，1983；〔韩〕沈正辅：《百济故地带方州考》，《百济研究》第18辑，1987；胡戟：《中国水军与白江口之战》，"百济研究论丛"第7辑，《百济史上的战争》，书景文化社，2000。

② 中国学界对此一时期事件的专题研究不多，特别是以唐史为角度的研究论著更为少见，故此后需要在了解韩日学界研究动态的前提下，提高此一方面的研究水准。

③ 徐仁汉认为，唐朝扶持百济，是为了牵制新罗，即唐朝采用所谓的"以夷制夷"策略。可能实际上有这种客观效果，但从唐朝对半岛的一贯政策看，这和此前唐朝帮助新罗似乎没有多少差异，即唐高宗在《与百济王义慈玺书》中所言"昔齐桓列土诸侯，尚存亡国；况朕万国之主，岂可不恤危藩"。这是唐朝信奉天下秩序观念使然。关于唐朝天下秩序相关问题，参高明士《从天下秩序看古代的中韩关系》，《中韩关系史论文集》。另外，有关唐高宗武则天时期的民族关系问题，参崔明德《论唐高宗武则天时期的民族关系思想》，《烟台大学学报》1994年第1期；崔明德《论隋唐时代的"以夷攻夷""以夷制夷"和"以夷治夷"》，《中央民族大学学报》1994年第1期。

《三国遗事》的记载做了多方面的研究,取得了一系列重要的成果。①然而,笔者以为,美国学者约翰·查尔斯·贾米森(John Charles Jamieson)论文中提及的中韩记事取舍问题,② 即与唐罗战争关联的中方史料简略的原因,应该在了解中国史学史发展演变、当时唐朝廷各种势力斗争的前提下进行探讨,这样可能对出现所谓"史料简略"原因的究明有所帮助。至于史料的信凭性问题,应当说现存中韩史料都应该在考证批判的基础上加以使用,没有哪一种史料可以不加分析地笼统采用。同时,韩国学界将这段历史研究的着眼点放在朝鲜半岛三国统一的问题上,此本来没有什么不妥,但客观上不利于对战争性质的探讨。也就是说,当时战争的真相是什么?其与此前东亚地区发生的所谓"国际战"的性质有什么不同?再者,学界大多数学者认为唐朝数十年在朝鲜半岛的经营以失败而告终,但上引高明士氏论文,以及徐荣教的相关论著中有不同的看法。③ 高明士以唐朝的天下秩序观念据论,认为"若就天下秩序而言,隋以来对朝鲜所要求之藩臣礼,则在统一新罗时代实现。一方面,也因新罗之恭顺,且积极摄取中国文化,到八世纪以后,在中国的天下秩序里,由新罗、渤海、日本及中国所构成的'东亚世界'完全形成"。徐荣教只是将陈寅恪的观点

---

① 〔韩〕李铉淙:《统一新罗的自主意识和对唐抗争》,《国土统一》第 11 辑,1973;〔韩〕梁炳龙:《罗唐战争进行过程中所见高句丽遗民的对唐战争》,《史丛》第 46 辑,1987;〔韩〕闵德植:《对罗唐战争的考察》,《史学研究》第 40 辑,1989;〔韩〕卢泰敦:《对唐战争期(669~676)新罗的对外关系和军事活动》,《军史》第 34 辑,1997;〔韩〕徐仁汉:《罗唐战争史》,国防军事研究所,1999;〔韩〕金寿泰:《罗唐关系的变化和金仁问》,《白山学报》第 52 辑,1999;〔韩〕徐荣教:《对于新罗长枪幢的新考察》,《庆州史学》第 17 辑,1998;〔韩〕徐荣教:《对于九誓幢完成背景的新考察——罗唐战争的余震》,《韩国古代史研究》第 18 辑,2000;〔韩〕张学根:《新罗的征服地支配防御战略——以对唐战争为中心》,《军史》第 41 辑,2001。

② 〔美〕约翰·查尔斯·贾米森:《罗唐同盟的瓦解——韩中记事取舍的比较》,《历史学报》第 44 辑,1969。

③ 徐荣教的见解稍有不同,参氏著《唐罗战争和吐蕃》,《东洋史学研究》第 79 辑,2002。上引韩国其他学者多认为唐朝在朝鲜半岛的"侵略"以失败告终。中国学者陈寅恪亦认为唐朝失败,参氏著《唐代政治史述论稿》,上海古籍出版社,1982,第 139 页。

活用，认为唐朝当时在新罗作战之军队，并非唐朝的主力部队，李谨行率领的靺鞨军已于675年九月西调，奔赴西北战线投入与吐蕃的战斗中了，故所谓新罗的胜利应该打折扣。唐罗战争前后将近十年，有关这次唐罗冲突，史料记载不多，而且多出自《三国史记》，有些史料只是孤立的记载，故对其中具体事件的研究实在还有进一步研究的必要。看来，要深入探讨此一时期的问题，在发掘文献史料的同时，搜集整理出土的金石墓志资料刻不容缓。

最后，有关新罗三国统一，韩国学界申采浩、卢启铉、李瑄根、李龙范、李丙焘、李箕永、李铉淙、边太燮、申滢植、金相铉、李宇泰、李昊荣、卞麟锡、文暻铉诸学者均有专文发表。① 但其中的着眼点多是民族史的角度，此大概和20世纪韩国学界普遍尊奉的民族主义史学主轴有关。具体而言，60年代之前，否定三国统一的看法占据优势，其主要是依据申采浩等民族主义者早期的研究而立论；70年代以后，肯定三国统一的论点在学界开始占据上风，其中申滢植、李钟学、李昊荣的论著，以及李基白等的论点受到关注。而朝鲜因南北分立及政治原因，极力强调当时高句丽在朝鲜半岛的主导性，对于新罗三国统一，认为是利用外势而达成，故完全取批判否定的态度。关于此问题可参朝鲜民主主义人民共和国社会科学院编辑的《朝鲜全史》，以及申滢植氏的介绍论文，卞麟锡氏在相关论文中对此亦有详细的分

---

① 〔韩〕申采浩：《丹斋申采浩全集·读史新论》；〔韩〕卢启铉：《新罗的统一外交政策研究》，《国际法学学会论丛》第9卷第1号，1964；李瑄根、李龙范、李丙焘、李箕永、李铉淙诸人论文见《国土统一》第11辑，1973；〔韩〕边太燮：《三国统一的民族史意味——兼论"一统三韩"意识》，《新罗文化》第2辑，1985；〔韩〕边太燮：《三国鼎立和新罗统一的民族史的意味》，《韩国市民讲座》第5辑，1989；〔韩〕申滢植：《三国统一前后新罗的对外关系》，《新罗文化》第2辑，1985；〔韩〕申滢植：《三国统一一历史的性格》，《韩国史研究》第61、62合集，1988；〔韩〕金相铉：《新罗三国统一的历史意义》，《新罗文化》第2辑，1985；〔韩〕李宇泰：《新罗三国统一的一要因》，《韩国古代史研究》第5辑，1992；〔韩〕李昊荣：《新罗的统一意识和"一统三韩"意识的成长》，《东洋学》第26辑，1996；〔韩〕卞麟锡：《从唐朝的立场看新罗的三国统一》，《史学研究》第50辑，1995；〔韩〕文暻铉：《新罗的三国统一研究》，《增补新罗史研究》，新图书，2000。

析。笔者以为,评价新罗三国统一,应该将其放在韩国历史发展的长河中探讨,如果不顾当时的历史环境,用1500年后现代人的好恶评判古人,指责他们为什么不按后代的意志想法行事,这对古人来说是不公平的。

综上所述,7世纪中叶唐罗关系从新罗派使求救请兵开始,唐朝在构建天下秩序的前提下,以宗主国的姿态积极调解半岛三国的关系,维持半岛势力的均衡。随着半岛形势的变化,到唐高宗初年,唐朝廷改变唐太宗时代的半岛政策,和新罗的联合趋于实质化。正是唐罗的同盟关系,才导致同处半岛的百济、高句丽走向灭亡的不归路,新罗迎来半岛统一。尽管唐罗双方对半岛前途设计的差异导致最终不得不兵戎相见,① 但战争中双方的各种往来,却无处不带有唐朝天下秩序观念的印痕。终于,在唐朝将朝鲜半岛纳入天下秩序,新罗完成半岛统一,承认并参与唐朝天下秩序的妥协中,唐罗双方关系走出7世纪末期的低谷岁月,迎来8世纪以后政治、军事、经济、文化频繁交流的黄金时代。

三 问题的提出和研究方向

在唐朝近300年的对外关系历史长河中,由于周边民族或国家自身的发展、外部环境的变迁以及唐朝本身的缘故等,自始至终和唐朝保持比较密切关系的民族或国家并不多见。但是,地处朝鲜半岛的新罗是一个例外。二者卓有成效的交往,堪称古代形态国际关系的典范。据中韩现存史书《旧唐书》《新唐书》《资治通鉴》《册府元龟》《三国史记》《三国遗事》《唐大诏令集》,唐高祖武德四年(621),新罗首次遣朝贡使赴唐,唐朝随即派遣通直散骑侍郎庾文素出使新

---

① 参本书上篇第三章"新罗文武王时期的对唐交涉"。

罗，"赐以玺书及书画屏风，锦彩三百段"，开启了双方友好交往的先河。到唐昭宗乾宁四年（897）新罗真圣女王遣使唐朝，请求让位于其侄子金峣，"新罗以朝贡、请兵、献物、贺正、表谢等各种名义向唐派出使节126次；唐以册封、答赉等各种名义向新罗派出使节34次，双方共160次"。① 如果平均计算的话，即不到两年双方就来往一次。如此频繁的政治、文化诸方面交往，说明双方有交往的基础和交往的动因，关于此方面，中韩两国学者已经做了不少研究，取得了许多共识。② 但是，近300年的相互交往，其间的关系并不都是一帆风顺的，双方关系的缔结有其产生、发展、成熟的过程，特别是在7世纪中叶朝鲜半岛政局出现多方角逐的状态下，唐罗间复杂的政治、军事交涉样相到底如何？翻检学界现有研究，笔者以为仍有进一步探讨的必要。

同时，纵观学界取得的研究成果，韩、日两国研究者因为各自国家的民族意识，对一些史料的运用和解释亦呈现多角度的研究倾向。相反，中国学界除台、港学者有所涉及之外，大陆学者对中韩古代关系史研究的诸多方面，无论是深度还是广度还有深入探讨拓宽的余地，③ 这些问题突出表现于对新罗与唐的初期交涉，即7世纪中叶双

---

① 杨昭全：《唐与新罗之关系》，《中朝关系史论文集》，世界知识出版社，1988。
② 专门探讨中韩文化多层面交流的论著，如严耕望《新罗留唐学生与僧徒》，《唐史研究丛稿》，香港新亚研究所，1969；〔韩〕全海宗《韩中关系史研究》，一潮阁，1970；朱云影《中国文化对日韩越的影响》，台北，黎明文化事业公司，1981；高明士《唐代东亚教育圈的形成》，台北，"国立编译馆"，1984；〔韩〕朴真奭《中朝经济文化交流研究》，辽宁人民出版社，1984；杨通方《源远流长的中朝文化交流》，周一良主编《中外文化交流史》，人民出版社，1987；杨通方《中韩古代关系史论》，中国社会科学出版社，1996；黄有福、陈景富《中韩佛教文化交流史》，中国社会科学出版社，1993；刘希为《唐代新罗侨民在华社会活动的考述》，《中国史研究》1993年第3期；韩国磐《南北朝隋唐与百济新罗的往来》，《历史研究》1994年第1期；陈尚胜《中韩关系史论》，齐鲁书社，1997；蒋非非、王小甫等《中韩关系史（古代卷）》，社会科学文献出版社，1998；〔韩〕权悳永《古代韩中外交史——遣唐史研究》，一潮阁，1997；何劲松《韩国佛教史》（上、下），北京大学出版社，1998。
③ 台湾学者高明士，香港学者黄约瑟、刘建明、黄枝连等均有专文或著作发表；相反，大陆学界除上述专门论述中韩古代文化交流的著作之外，对于中韩古代关系的研究，往往成为古代中日关系史研究的附庸。这种情况近年来有所改观，如杨昭全、韩昇等人的研究即令人耳目一新。

绪 论

方关系的研究中。如唐罗交往即唐朝在朝鲜半岛数十年政治、军事行动的真正原因，金法敏入唐朝贡与唐高宗给义慈王玺书问题，唐罗联合征伐百济的时间问题，嵎夷道行军总管辖下军队的组成问题，唐军在百济征伐战中是否消极作战问题，"苏定方被杀说"问题，唐罗同盟的摩擦问题，刘仁愿与刘仁轨在百济活动问题，刘仁愿与所谓的罗、济第一次会盟问题，《刘仁愿等题名》与刘仁愿的结局问题，文武王《答薛仁贵书》中涉及的唐罗密约问题，唐罗战争涉及的中韩双方现存史料的信凭性问题，对唐罗战争结局的评价问题，中国的天下秩序观念在唐罗战争中的体现，这些在7世纪中后期东亚世界形成的、直接影响唐与新罗关系研究的重要问题，要么不被学界重视，[①]要么虽有论著涉及，但仍有进一步商榷的必要，应当有一个合理的解释。

需要说明的是，笔者此前专攻中国唐代政治史、文化史，因而对以上论题多是以唐代历史研究的视角进行分析探讨的，即注重对唐与朝鲜半岛关联的人物及事件、新罗与唐交涉关联决策者事迹的分析和探讨，特别是与新罗乃至朝鲜半岛关系密切的唐朝将领，如苏定方、刘仁愿、刘仁轨、薛仁贵等。这一时期，以上诸人是唐对朝鲜半岛政策的忠实执行者，直接担当对新罗之交涉重任，但此前学界对其的论述并不多，有的还是研究的空白点。故此，笔者从中韩关系史的角度对赴朝鲜半岛的唐军将领事迹进行研究，希望能对这一时期中韩关系的研究有所裨益。当然，这可能和韩国古代史或中国民族史专攻者对唐罗关系的诠释有所差异，故笔者在论述中尽量从资料及其他方面加大此方面的内容，以期得出使人信服的结论。同时，笔者对新罗三国统一的达成者文武王金法敏数十年与唐的交涉做了探讨，涉及唐罗摩

---

① 如对和朝鲜半岛关联的唐军将领在朝鲜半岛事迹的专题研究，除对薛仁贵有专门的研究之外，对其他人物的研究基本上处于空白境地。而对苏定方、刘仁愿、刘仁轨、李勣等在朝鲜半岛活动的研究，必然会对深入探讨唐与新罗关系产生积极的作用。

擦对立乃至交战的所谓"唐罗战争"诸问题，并针对学界现有的研究，根据新发现的碑志以及其他不为研究者注意的史料，通过论证，提出自己的看法。

本书正文分作上篇、下篇，后有《与朝鲜半岛古代史关联的金石文的现状》《李祯出使新罗与唐罗间登州—唐恩浦海上通道》《金仁问题名与乾陵蕃臣像中的新罗使者》《高句丽移民高足酉墓志铭考释》等四篇论文，作为附录。另外，笔者还制作了五个表格，内容涵盖7世纪中叶唐与新罗关系的诸多层面，补充正文中没有涉及或论述欠缺的内容。也就是说，本书主要论述唐与新罗关系，同时涉及双方使者往来等一系列问题，希望通过这种研究，读者对此一时期唐与朝鲜半岛的关系有比较深入的了解。

对于古代东亚国际关系的研究，笔者以为必须放在当时的历史条件下探讨涉及的问题，即当时的国际关系反映了以中国为中心的天下秩序及当时东亚国家民族自身发展的现实状况。如果用现代国际上普遍存在的国际关系模式来诠释一千数百年前东亚世界独特的国家民族关系，其所得结论的浮夸离奇是可想而知的。关于此一点，韩国学界金翰奎等学者的论著中已有论及，故不再赘言。书中间或提及诸先学名流的名讳和观点，并有一定的论辩和质疑，但均是本着学术研究的目的，无有其他用意，敬祈谅解！

上篇
七世纪中叶唐朝与新罗的关系

第一章
新罗真德王时期的对唐交涉

新罗真德王，名胜曼，是真平王白净的异母弟国饭葛文王的女儿，史称其"资质丰丽，长七尺，垂手过膝"。① 唐贞观二十一年（647），作为王室的唯一圣骨，她受当时新罗实力派人物金春秋、金庾信的拥戴，荣登王位。真德王在位七年（647～654），重大的对唐交涉事件，派遣伊湌金春秋以及金春秋的长子金法敏赴唐交涉即发生于此时期。② 本章试对其交涉的背景、内容、成果做一论考。

---

① 《三国史记》卷5《新罗本纪·真德王》，韩国乙酉文化社，1997，上册，第137页。
② 有关这一问题此前发表的相关论著主要如下：吴葆棠、文川《唐与新罗关系研究》，《烟台大学学报》1990年第1期；韩国磐《南北朝隋唐与百济新罗的往来》，《历史研究》1994年第2期；〔韩〕申滢植《关于唐罗间的朝贡》，《历史教育》第10辑，1967；〔韩〕申采浩《金春秋的外交和金庾信的阴谋》，《朝鲜上古史》，萤雪出版社，1972，第317页；〔韩〕申滢植《韩国古代史的新研究》，一潮阁，1984；〔韩〕卢泰敦《渊盖苏文和金春秋》，《韩国市民讲座》第5辑，1989；〔韩〕朱甫暾《金春秋的外交活动和新罗内政》，《韩国学论集》第20辑，1995；〔韩〕金寿泰《百济的灭亡和唐》，《百济研究》第22辑，1992；〔韩〕朴淳教《金春秋的执权过程研究》，博士学位论文，韩国国立庆北大学，1999。

第一节　真德王时期对唐交涉的背景

一　新罗的困境与交涉趋向

朝鲜半岛三国，由于地土接壤诸原因，长期以来处于和战交替状态。进入7世纪之后，高句丽以强大的实力占据优势，新罗、百济则相对处于劣势。唐王朝建立后，面对东亚世界新的强大势力的出现，新罗、百济因不同的利益趋向，派使赴唐举讼高句丽。然而，新罗、百济之间的矛盾亦相当尖锐。

贞观十六年（642），百济出兵欲取新罗汉江流域重要据点——党项城，这也是新罗赴唐下海的必经之路，当时的善德女王闻讯急派使者入唐求救，百济王"闻之罢兵"。但就在当月，百济发兵攻取了新罗洛东江流域的军事重镇大耶城，杀死城主品释夫妇，从而在金春秋父子的心中埋下了仇恨的种子。① 当时新罗还未形成切实稳固的交涉策略，故时为上臣的金春秋向善德王请缨前往高句丽请兵，但高句丽因受到来自唐朝方面的压力，私下和百济通合，因而，金春秋请兵非但未能如愿，其本人亦遭高句丽扣押，只是偶然的机会才得以脱身返回。次年，新罗无奈再派使赴唐上表，云："高句丽、百济侵凌臣国，累遭攻袭数十城，两国连兵，期之必取，将以今兹九月大举，下国社稷，必不获全。"② 对此，唐太宗一面提出解决新罗危机的三点建议，③ 一面于此年正月

---

① 《三国史记》卷5《新罗本纪·真德王》载："都督品释之妻死焉，金春秋之女也。金春秋闻之，倚柱而立，终日不瞬，人物过前而不省。继而言曰：'嗟乎！大丈夫岂不能吞百济乎？'"同卷《新罗本纪·武烈王》又载："金法敏跪（扶余）隆于马前，唾而骂曰'向者汝父枉杀我妹，埋之狱中，使我二十年间痛心疾首，今日汝命在吾手中。'"

② 《三国史记》卷5《新罗本纪·真德王》，上册，第136页。

③ 贞观十七年（643），唐太宗对新罗请兵使者云："我实哀尔为二国所侵，所以频遣行人，和尔三国……帝曰：我少发边兵，总契丹、靺鞨，直入辽东，尔国自解，可缓尔一年之围；此后知无继兵，还肆侵侮，四国俱扰，于尔未安，此为一策。我又能给尔数千朱袍丹帜，二国兵至，建而陈之，彼见者，以为我兵，必皆奔走，此为二策。百济国恃海之险，不修机械，

派司农丞相里玄奖持玺书前往高句丽、百济告谕,探察两国动静,以期使其侵攻新罗行为能有所收敛。百济对唐的劝谕"奉表陈谢",①高句丽则推诿"不从",进而直接诱发唐朝派兵征伐。其间新罗协助唐朝"入高丽南界,攻水口城,降之"。②虽然贞观二十年(646)末③新罗遣大阿飡金春秋前往日本,但这是新罗国内"女主不能善理派"与"女主支持派"之间斗争的结果。④次年初,"女主不能善理派"上大等毗昙、廉宗等人利用金春秋渡日的机会,发动叛乱,企图废掉善德女王。叛军攻据明活城,多亏金春秋的同盟金庾信全力卫护,王军最后平定了叛乱,但善德女王在此次兵乱中神秘死去,⑤真德女王得以登上王位。金春秋、金庾信二人从此掌握新罗实权,并将外交交涉的重心全力转向遥远的统一帝国,以东亚秩序维护者自居的唐王朝。也就是说,新罗面临西、北两方强敌的持续压力,处境维艰,同时,面对国内政治势力斗争形势,为生存起见,几经徘徊,终于展开全方位的对唐交涉。

二 唐王朝的半岛政策

唐太宗平定国内割据势力,制服西北方少数民族突厥、吐谷浑及高昌回鹘之后,使唐朝成为东亚大陆最强大的统一国家。自汉代以来形成的中国天下秩序观念,深深地影响着隋唐两朝统治者,他们力求

男女纷杂,互相燕聚,我以数十百船,载以甲卒,衔枚泛海,直袭其地;尔国以妇人为主,为邻国轻侮,失主延寇,靡岁休宁,我遣一宗支,与为尔国主,而自不可独王,当遣兵营护,待尔国安,任尔自守,此为三策。尔宜思之,将从何事。"见《三国史记》卷5《新罗本纪·善德王》,上册,第136~137页。

① 《三国史记》卷28《百济本纪·义慈王》,下册,第115页。
② 《旧唐书》卷199上《东夷传·新罗》,中华书局,1975,第5335页。
③ 〔日〕山本幸夫:《古代的日朝关系》,墙书房,1989,第392页。
④ 〔韩〕朱甫暾:《金春秋的外交活动和新罗内政》,《韩国学论丛》第20辑,1995。
⑤ 〔韩〕文暻铉:《弑王说和善德王》,《白山学报》第52辑,1999。

扮演东亚世界秩序维护者的角色。① 周边各政权频繁地派使向唐朝贡，以及新罗、百济屡次向唐告急、举讼，可以认为是对唐朝担当此角色的认同。高句丽多次侵扰新罗，唐朝屡劝不从，"新罗丧土，忧危日深，远请救援，行李相属"。② 为维持朝鲜半岛诸势力之均衡，担当真正意义上的天下共主，唐太宗不能坐视新罗灭亡成为现实。同时，高句丽权臣渊盖苏文，贼杀其王，尽戮大臣，唐朝虽然隐忍诏册被杀高句丽王弟子藏继立，③ 但渊盖苏文的作为显然与唐朝所奉行的天下秩序格格不入，故唐太宗在与臣僚的谈话中多次提到此事，这从《资治通鉴》的有关记载中可以明确看到。特别是唐太宗认为辽东之地本是中原王朝所有，故征伐高句丽"欲为中国报子弟之仇"。这样，联合朝鲜半岛其他势力打击高句丽，成为7世纪40年代中后期唐朝半岛政策的主轴，并被提上了议事日程。贞观十九年（645），唐朝在动员水陆兵十万人的同时，"发契丹、奚、新罗、百济诸君长兵悉会"，④ 开始大规模地征伐高句丽。

现存《文馆词林》辑佚本有贞观十九年二月，唐太宗给新罗王、百济王诏书各一道。⑤ 此两道诏书未见被《唐大诏令集》《册府元龟》《文苑英华》《全唐文》诸书收录，而其所载内容却颇为详细。考察这两道诏书，并结合此一时期唐朝发布的其他诏令，可从另一侧面厘清唐朝与新罗、百济关系演变的最初状况。

给新罗王诏书云：

> 高丽（指高句丽）恃其险阻，肆行凶慝，数动干戈，侵王境

---

① 高明士：《从天下秩序看古代的中韩关系》，《中韩关系史论文集》。
② 《唐大诏令集》卷130，学林出版社，1992，第645页；《全唐文》卷7《命将征高丽诏》，中华书局，1983，第32页。
③ 《册府元龟》卷964《封高丽王嗣子藏诏》，见吴云、冀宇编辑校注《唐太宗集》，陕西人民出版社，1986，第355页。
④ 《新唐书》卷220《东夷传·高丽》，中华书局，1975，第6190页。
⑤ 朱甫暾教授对《文馆词林》辑佚本所载两道诏书有详论，文中所引诏书均依其论文《从〈文馆词林〉看韩国古代史关联的外交文书》，《庆北史学》第25辑，1992。

界。朕愍王在远，遭其充斥，频命行人，示以利害。而凶愚之性，莫肯悛革，固违朕命，曾不休兵。加以莫离支盖苏文苞藏祸心，乃杀害遍于忠良，凶虐被其土境，逆乱既甚，罪衅难容。朕是以大发师徒，往申吊伐，拯彼国之危急，济辽左之涂炭。克定之期，在于旦夕。去年王使人金多遂还日，具有玺书，以水军方欲进路，令王遣大达官将领人船来相迎引迓，王比来绝无消息。……王与高丽怨隙既重，所部之兵，想装束久辨，宜与左骁卫长史任义方相知，早令纂集应行兵马，并宜受张亮等处分。……

从上引诏书亦可明确唐征伐高句丽的动机和原因。同时，征伐高句丽，新罗与唐有共同利益，故贞观十八年（644）新罗使臣金多遂返回之时，唐廷即有诏书给新罗王，令其配合唐军行动。据此后局势的发展看，新罗的确全力声援了唐朝的征伐行动。

给百济王诏书云：

……前得新罗表，称王与高丽每兴士众，不遵朝旨，同侵新罗，朕便疑王必与高丽协契。览王今表，及问康信，王与高丽不为阿党。既能如此，良副所望。康信又述王意，固请发兵，即与官军同伐凶恶。朕今兴动甲兵，本诛杀君之贼。王志存忠正，情切鹰鹯，即称朕怀，钦叹无已。……所奏学问僧等，请听恣意出入，及三藩使人等级者知。又请蒋元昌往彼为王疗患者，元昌朕先使往益州道，今犹未还，所以未得令向王处。所请僧智照还国者，已依所奏宜知。今令朝散大夫庄元表，副使右卫勋卫旅帅段智君等往新罗王所，宜速遣人船将送，必令安达，勿使在道被莫离支等抄截也。……

百济王扶余义慈继立之时，唐太宗曾发布"赠百济王扶余璋光禄大夫，仍令嫡子义慈袭封诏"，对百济与唐朝此前的交流往来予以肯定。① 而上引诏书可说明以下几点。其一，新罗屡次上表告发百济、高句丽侵攻，唐朝因此怀疑二者已结为同盟，② 因而对百济的行为颇有看法。其二，百济王所上表奏及使者康信均言百济未与高句丽阿党结盟，征伐高句丽前夕，唐朝为广结盟友共同对敌，因而姑且相信百济之言辞，以示尽弃前嫌。其三，百济王主动请求出兵助战，唐太宗予以表彰，同意其协助唐军征伐；同时，答应百济王学问僧、三藩使人等级、僧智照回国等项请求，并使百济护送唐使者庄元表、段智君前往新罗。另外，诏书还提到百济向唐献美女事，唐太宗婉言谢绝，令其随使者扶余康信一同返回。以上诸事，可证征伐高句丽之前，唐与百济的各种公私交流仍相当频繁，唐对百济在半岛牵制高句丽仍抱有相当的希望。孤立并全力以赴打击高句丽，这是唐朝此时奉行的半岛政策的核心。还有，从唐太宗诏令百济王护送唐使者至新罗的举动也可看出，唐朝仍采取各种方式，希望百济与新罗释怨归好，因为这是符合唐朝的一贯主张和实际利益的。然而，形势的发展往往不以人的意志为转移，百济对唐朝强大势力征伐高句丽的军事行动，为其自身处境和利益考虑，历来采取表面主动

---

① 《册府元龟》卷964、《全唐文》卷6，见吴云、冀宇编辑校注《唐太宗集》，第333页。
② 《册府元龟》卷985载：贞观十八年（644）七月，唐太宗发布《命张俭等征高丽诏》，其中有"百济、高丽，恃其僻远，每动兵甲，侵逼新罗"。此为百济遣使赴唐之前，此时唐朝并不了解百济的最新动向，以丽、济同侵新罗，故诏书将百济与高句丽同等看待。值得注意的是，诏书的最后部只提到高句丽，并未涉及百济，可能是因此前唐朝派使者劝谕，百济态度有所缓和，加之唐朝与百济颇多往来，故为其留有余地。此后十月发布的《亲征高丽手诏》（《唐大诏令集》卷130），即未提及百济；十二月发布的《命将征高丽诏》（《全唐文》卷7载："新罗王金善德，倾其城邑，竭其府藏，荷不赀之泽，复累叶之仇，出乐浪而冲腹心……""百济王扶余义慈，早著丹款，深识时机，弃历稔之私交，赞顺动之公战，赢粮蓄锐，唯命是从……"），当为百济遣使赴唐之后，而唐朝认为百济此前确与高句丽私下交往密切。上引诏书均见吴云、冀宇编辑校注《唐太宗集》，第358~363页。

应从,实际观望坐收渔利之态度。① 此后,百济不仅未能实现其出兵的承诺,反而"怀二,乘虚袭破新罗十城",② 这和新罗全力协助唐朝形成鲜明的对比,进而对唐朝此后针对半岛形势的因应策略不能不产生一定影响。无疑,此也为新罗与唐关系的进一步发展创造了较为广阔的空间。

综上所述,7 世纪 40 年代中后期,新罗因受到半岛西、北两方百济、高句丽的不断侵扰,加之国内派系斗争的需要,为摆脱困境,最终将交涉的重心投向统一帝国——唐王朝,并与其建立了稳固友好的关系。同时,唐朝出于维护东亚秩序的考量以及内在的原因,改变了此前对于半岛所奉行的劝谕等策略,发兵征伐高句丽。此后,唐罗的进一步交涉因新罗国内外情势的发展变化,首先被提上了议事日程。

第二节　金春秋的入唐及其活动考

真德王继立后,百济仍侵扰不已。647 年十月,百济王派兵围攻新罗茂山、甘物、铜岑三城,真德王遣大将金庾信率军抵御,虽然最后获胜,但损失惨重。次年二月,百济将军义直又领兵攻陷新罗西境腰车等十城。鉴于此,新罗先后三次遣使入唐,贞观二十二年(648)下半年就有两次。其中入冬时所遣使者邯帙许赴唐,其目的似乎是为伊湌金春秋入唐做准备,因为唐太宗曾令御史问新罗

---

① 《册府元龟》卷 998《外臣部·奸诈》载:"大业三年(607),(扶余)璋遣使者燕文进朝贡。其年,又遣使者王孝邻入献,请讨高丽,炀帝许之。令觇高丽动静,然璋内与高丽通和,挟诈以窥中国。(大业)七年(611),帝亲征高丽,(璋)使其臣国智牟来请军期。帝大悦,厚加赏赐,遣尚书起部郎席律诣百济,与相知。明年,六军渡辽,(璋)亦严兵于境,声言助军,实持两端。"另参韩国磐《南北朝隋唐与百济新罗的往来》,《历史研究》1994 年第 2 期。

② 《旧唐书》卷 199 上《东夷传·百济》,第 5330 页。

使者既"臣事大朝，何以别称年号",① 可能此问题曾经是唐罗建立实际关系的障碍之一。就这样，唐罗各自的不同需求及共同利益，促使新罗实权人物金春秋长途跋涉，于648年底到达唐王朝首都长安。

金春秋与其第三子金文王所带使团赴唐，兼有朝贡、请兵等诸多使命。金春秋其人富有个人魅力，《三国史记》卷5载其"仪表英伟",《日本书纪》卷25载其"美姿颜，善谈论"。同时，其又有外交才能和经验，因而受到唐太宗的礼遇款待。唐太宗先派光禄卿柳亨至长安城东郊驿站迎接宴劳，见面后又优待备至。之所以如此，可能是对新罗三年前助唐作战的肯定和抚慰，显示所谓大国礼仪风范，也是希望唐罗继续保持密切关系的表现。金春秋向唐太宗提出四点请求。其一，请诣国子学，观释奠及讲论，即文化方面的请求。其二，请兵，这是金春秋赴唐的主要目的。云：

> 臣之本国，僻在海隅。伏事天朝，积有岁年。而百济强猾，屡肆侵凌。况往年大举深入，攻陷数十城，以塞朝宗之路。若陛下不借天兵剪除凶恶，则敝邑人民尽为所虏，则梯航述职无复望矣！

显然，金春秋非常了解唐太宗的心理。新罗于贞观十九年助唐攻伐高句丽，结果百济乘虚袭破新罗十城，金春秋将此亦归结为百济"塞朝宗之路"，若唐朝不派兵维持半岛秩序，那么新罗"梯航述职"，即每年朝贡就不可能了。这种交涉策略，即把握对方的心理动向，打动对方，以达到自己的目的，金春秋纯熟运用，终使唐太宗"深然之"。其三，"请改其章服，以从中华之制"，并"愿奉正朔"。

---

① 《三国史记》卷5《新罗本纪·真德王》，上册，第138页。

第一章　新罗真德王时期的对唐交涉

对唐王朝先进的文化制度，新罗采取积极的接纳吸收措施，早在真平王时代就有高僧智明、圆光、昙育等人入中国求法，善德王时期僧慈藏入唐，学成返回新罗，创建黄龙寺九层佛塔，成为新罗护国三宝之一。特别是贞观十四年（640），"王遣子弟于唐，请入国学"，① 也就是说，新罗通过选派贵族子弟入唐学习，汲取唐朝先进的文化及制度。此时金春秋请改章服从中华之制度，并请奉唐正朔，② 无疑是采取更为积极的态度。其四，提出以自己的儿子留唐宿卫，开启了新罗王子入唐宿卫的先河。③

对于金春秋的一系列交涉请求，唐太宗也予以较为积极的回应。除表面上的赐物宴劳，组织滞留唐长安的各藩属国人士游乐之外，④ 又"赐御制温汤及晋祠碑并新撰《晋书》"；诏授金春秋为特进，金文王为左武卫将军，即授予金氏父子唐朝的官职。金春秋回国时，诏令三品以上官员为其饯行。但是，对于怎么援助新罗，即以什么名义出兵，何时出兵，唐太宗只是"许以出师"，并未做出具体的答复。笔者认为，此前唐太宗已经改变大规模征伐高句丽之策略，而是以较少兵力采取持久牵制措施。647年三月，派左武卫大将军牛进达、左武侯将军李海岸率万余人从海上东进；遣太子詹事李世勣、右武卫将军孙贰朗等领兵三千人及营州府兵自新城道合击高句丽。后两军均获胜而返。次年二月，又诏右武卫大将军薛万彻为青丘道行军大总管，右卫将军裴行方为副，将兵三万人及楼船战舰，自莱州泛海讨击高句丽。六月，唐太宗认为历经数度骚扰牵制，高句丽已困弊，因

---

① 《三国史记》卷5《新罗本纪·善德王》，上册，第135页。
② 〔高丽〕崔致远：《圣住寺朗慧和尚白月葆光塔碑》，〔韩〕许兴植编《韩国金石全文》（古代），亚细亚文化社，1985，第221页。
③ 〔韩〕卞麟锡：《从唐朝的宿卫制度看罗、唐关系》，《史丛》第11辑，1966；〔韩〕申滢植：《新罗的宿卫外交》，《古代韩中关系史的研究》，三知院，1987。
④ 〔高丽〕崔致远：《圣住寺朗慧和尚白月葆光塔碑》，〔韩〕许兴植编《韩国金石全文》（古代），第222页。

而,"议以明年发三十万众,一举灭之"。① 也就是说,唐太宗已有计划对高句丽实施更大规模的行动,故对新罗举讼百济只是表面应承而已,根本不可能做出时间、人力诸方面的具体承诺。再者,唐太宗的心腹之患是高句丽,唐军征伐高句丽,只要百济采取有选择的中立,唐太宗似乎也是默认的,所以,此时不能够也绝不可能对百济采取任何形式的军事行动。另外,从此亦可看出唐罗双方各自需求的明显错位。这种状况直到唐高宗永徽年间才得到协调修正。

除此之外,《三国史记》卷7《新罗本纪·文武王》中载有《答薛仁贵书》,该书信中记有唐罗间针对百济的所谓"密约"。关于此"密约",笔者下文将有详论,② 即认为所谓"密约""是(书信作者)强首先生秉承文武王之意,为新罗此前攻掠百济故地行为的辩护之辞,应当予以澄清",故在此不再赘述。

金春秋、金文王父子入唐,奠定了唐罗进一步交涉的基础。对新罗来说,金春秋的亲唐政策,使新罗当政者在心理上开始摆脱以往因地理位置所造成的孤立无援,金春秋在真德王政权内举足轻重的地位得以巩固,这表现在新罗此后对唐交涉的主要担当人几乎全为金春秋家族人士,即金春秋的几个儿子独立担当对唐交涉事务,此状况持续达半个世纪之久。同时,新罗开始了具有重大意义的大规模唐文化制度受容运动。649年,发布改服衣冠令,新罗王实施金春秋在唐时的请求,改变新罗固有的朝廷衣冠制度,全部采用唐朝服制。次年初,又下敕令,"真骨在位者,执牙笏"。就是说,新罗王京十七官品中的真骨(从伊伐滄至大阿滄)执象牙笏板,很显然,这是根据唐朝三品以上官员执牙笏的礼仪而制定的。③ 也就是在此年,新罗始用唐朝永

---

① 《资治通鉴》卷198贞观二十一年(647)载:"朝议认为:'……今若数遣偏师,更迭扰其疆场,使彼疲于奔命,释耒入堡,数年之间,千里萧条,则人心自离,鸭绿之北,可不战而取矣!'上从之。"此实效法隋朝攻陈前之策略,详参《隋书》卷41《高颎传》。
② 参本书上篇第三章"新罗文武王时期的对唐交涉"。
③ 拜根兴:《隋唐官吏的用笏礼仪》,《历史月刊》第100辑,1996。

徽年号纪年，标志着唐罗稳固的藩属外交关系的最终成立。从唐朝方面看，新罗对唐文化制度的受容吸纳，满足了唐太宗、唐高宗父子统御天下的虚荣心，唐朝维持东亚秩序的责任感进而大大加强了。无疑，唐罗关系由此向前跨出了极为关键的一步。

第三节　金法敏的入唐及其活动考

649年八月，百济王遣将军殷相率军攻陷新罗石吐等七城，真德王命大将金庾信及将军竹旨、陈春、天存率军分三军五道御敌，双方经过激战，互有胜负。金庾信利用谍者迷惑百济军将，百济统帅殷相果然中计，新罗军队全线出击，获得大胜：

> 生擒将军达率正仲，士卒一百人；斩佐平殷相、达率自坚等十人，及卒八千九百八十人。获马万匹，铠一千八百领，其他器械称是。及归，还路见百济佐平正福与卒千人来降，皆放之，任其所往。①

故此，真德王于次年四月，派遣金春秋的长子金法敏赴唐告捷。金法敏带使团赴唐之前，新罗做了极为缜密的准备，主要表现为：真德王本人精心绣制一面《太平颂》锦旗献与唐高宗，金法敏及其随从亦是有备而往。唐高宗对真德王所献《太平颂》非常赞赏，随即授予金法敏大府卿官职。考察《太平颂》五言诗，②不难看出，真德王及

---

① 《三国史记》卷42《金庾信传中》，下册，第366页。
② 《太平颂》五言诗云："大唐开洪业，巍巍皇猷昌。止戈戎衣定，修文继百王。统天崇雨施，理物体含章。深仁谐日月，抚运迈时康。幡旗何赫赫，钲鼓何锽锽。外夷违命者，剪覆被天殃。淳风疑幽显，遐迩竞呈祥。四时和玉烛，七曜巡万方。维岳降宰辅，维宰任忠良。五三成一德，昭我唐家皇。"《旧唐书》卷199上、《三国遗事》卷1等个别字间有差异。上引依据《三国史记》卷5。

新罗决策者此举明显有讨好唐皇帝之意。但为了现实的利益,即摆脱在与丽、济实际交涉中的被动地位,掌握对唐交涉的主动权,新罗最高决策层的政策趋向是无可厚非的,这从此后唐罗双方交涉的最终结果即可看出。

除告捷之外,金法敏此行还有向唐举讼百济的任务。正史未见有金法敏如何举讼百济的记事条目,但从唐高宗次年给百济义慈王所降玺书之行文意味,足以证明金法敏此次对唐交涉是相当成功和圆满的。永徽二年(651),百济义慈王遣使入唐朝贡,朝贡使回国之时,唐高宗降玺书给义慈王,为说明方便,抄录玺书全文如下:

> 海东三国,开基日久,并列疆界,地实犬牙。近代以来,遂构嫌隙,战争交起,略无宁岁。遂令三韩之氓,命悬刀俎,寻戈肆愤,朝夕相仍。朕代天理物,载深矜愍。去岁王及高丽、新罗等使并来入朝,朕命释兹仇怨,更敦款穆。新罗使金法敏奏书:"高丽、百济唇齿相依,竞举兵戈,侵逼交至。大城重镇,并为百济所并,疆宇日蹙,威力并谢。乞诏百济,令归所侵之城。若不奉诏,即自兴兵打取。但得故地,即请交和。"朕以其言既顺,不可不许。昔齐桓列土诸侯,尚存亡国;况朕万国之主,岂可不恤危藩。王所兼新罗之城,并宜还其本国;新罗所获百济俘虏,亦遣还王。然后解患释纷,韬戈偃革,百姓获息肩之愿,三藩无战争之劳。比夫流血边亭,积尸疆场,耕织并废,士女无聊,岂可同年而语矣。王若不从进止,朕已依金法敏所请,任其与王决战;亦令约束高丽,不许远相救恤。高丽若不承命,即令契丹诸蕃,渡辽泽入抄掠。王可深思朕言,自求多福,审图良策,无贻后悔。①

---

① 《全唐文》卷15《与百济王义慈玺书》,第176~177页。

上引玺书此前学者因着眼点不同，全面整体论考的论著似并不多见。① 笔者认为此玺书对探讨唐罗交涉、唐济关系的衍化，是不可多得的第一手资料。首先，玺书中涉及金法敏上年入唐举讼百济侵扰的具体内容，似现存中、韩、日诸方其他史书并无相应的记载，故弥足珍贵。金法敏向唐举讼百济，但仍提及高句丽，此显然是交涉的需要所致。因为只有如此，才能引起唐高宗的注意（可以看出新罗对唐朝方面的需求至此已有明确的认识），而实际至少在两年之内，并无高句丽入侵新罗的记载。另外，金法敏乞请唐朝诏令百济，令其退还此前所攻略之城池，若百济不奉诏令，新罗即自己派兵攻取，直到收复所失城池为止。这里似需要注意两点：其一，新罗乞请唐朝诏令百济退还所略城池，即表示认同唐朝的宗主国地位及其对半岛事务的影响力；其二，若百济不遵诏令，唐朝亦不采取相应的制御措施，新罗即自己解决问题，不达目的誓不罢休。这样，就迫使唐朝不得不考虑半岛此后的整体走向，并顾及自己的利益，在此问题上做出必要的决断。可以看出，金法敏入唐告捷、举讼，特别是涉及百济问题时，其交涉言辞、手段与此前新罗所遣使者，包括其父金春秋在内有明显的不同，即增加了自信和坚强，减少了哀乞和无奈。此或许和新罗新获大胜举国欢腾，对国家未来强盛发展的自信增加了有关，也或许和金法敏年轻气盛（时年25岁），金春秋家族在新罗政权内权力已经巩固有关。无论如何，金法敏举讼百济给人耳目一新的感觉，相信唐高宗当亦有同感。再者，金法敏的交涉有理有节，即新罗收复失地之后，马上请求与百济交和。此虽然是明显的交涉辞令，不可深信，却是必须申明的，因为唐朝历来下诏调解晓谕，就是希望半岛内诸国家"解兹仇怨"、和睦相处。金法敏行前可能得到其父金春秋的指点，但他

---

① 〔韩〕金善昱：《隋唐时代中韩关系研究》，博士学位论文，台湾大学历史研究所，1983；〔韩〕金寿泰：《百济的灭亡与唐》，《百济研究》第22辑，1991。

的出色表现,丝毫不亚于其父,从而使唐高宗做出"其言既顺,不可不许"之决定,并且提出了有利于新罗的处置措施,对此后的唐罗、唐济关系的发展演变产生了重大的影响。

其次,玺书中有此前少有人论及的史料。《旧唐书》《新唐书》《资治通鉴》《三国史记》《册府元龟》诸史书均有永徽二年百济遣使入唐朝贡的记载,但永徽元年百济是否已派使入唐,却未见任何记载(《三国史记》卷28《百济本纪·义慈王》,义慈王十年无记事)。玺书中明确有"去岁王及高丽、新罗等使并来入朝"字样,显然,永徽元年百济已派使者入唐,其用意当是唐高宗新立,借派使者朝贡庆贺之机,观察新皇帝对其之态度及唐朝廷的动向。但由于金法敏成功的对唐交涉,加之唐朝自身利益因缘,百济此时的对唐交涉明显已呈现劣势。

再次,自唐太宗去世至唐高宗永徽六年(655),唐朝停止了对高句丽用兵。笔者认为,此时当是唐朝廷总结此前对高句丽的策略得失,探讨半岛各势力发展形势,并酝酿形成最终战略之摸索期。尽管百济在唐高宗即位之初就派使前往庆贺,并希望改变唐征伐高句丽后与百济不冷不热之微妙关系,但因新罗举讼诸原因,唐朝廷经过近一年的时间,开始调整对百济原有之立场,上引玺书及《资治通鉴》的有关记载明确地说明了这一点。① 也就是说,这件玺书应视为唐朝对百济事态处置措施调整之信号。至于唐朝何时形成讨灭百济、南北夹击高句丽战略态势的整体构想,笔者以为当是在百济再侵新罗,给唐罗双方造成联合出兵的口实之后。也就是说,永徽六年新罗王金春秋[永徽五年(654)继立为新罗王]派使上表,称百济与高句丽、靺鞨侵其边界,已没三十余城,此时唐朝即开始实施"欲吞灭高丽,先

---

① 《资治通鉴》卷199唐高宗永徽二年末载:"是岁,百济遣使入贡,上戒之,使'勿与新罗,高丽相攻',不然,吾将发兵讨汝矣。"此处记载似仍以劝诫为主,但态度明显有所改变。

诛百济"① 的整体战略构想。

最后，唐高宗降玺书与百济王，提出劝诫警告后，永徽二年至四年的三年时间内，再未出现百济派兵侵扰新罗的恶性事件，足见此玺书在当时还是起到了约束百济的作用。但值得注意的是，永徽四年（653），百济与日本通好，而自永徽三年百济派使入唐朝贡之后，直到显庆五年（660），亦未见派使入唐的记载。百济寻求新的交涉支撑点的努力，显示了当时东亚世界诸势力新的组合态势已露端倪。

金法敏入唐告捷、举讼之后，唐罗双方的交往更为频繁。终真德王之世，新罗每年均派使赴唐。特别值得一提的是，真德王五年（永徽二年）金春秋的次子金仁问入唐朝贡，并留唐担当宿卫，唐高宗特授其为"左领军卫将军"（《万年宫碑阴题名》记作左领军将军）。永徽五年五月，唐高宗巡幸位于唐长安以西凤翔府麟游县内的万年宫，并亲笔题《万年宫铭》，"敕中书门下及见从文武三品以上并学士并听自书官名于碑阴"，金仁问作为唯一的外藩宿卫三品以上随同者，其名号显列于众王公军将官名之中，②体现了当时唐罗关系的非同寻常。同时，新罗对唐文化吸纳受容的步伐加快。继沿用唐帝年号纪年之后，651年正月初一，真德女王"御朝元殿，受百官正贺。贺正之礼，始于此"。但据《隋书》卷81《新罗传》记载，新罗"每正月旦

---

① 《旧唐书》卷84《刘仁轨传》，第2791页。
② 《万年宫碑阴题名》录文见（清）王昶编《金石萃编》卷50，中国书店出版社，1985。另（清）毛凤枝《关中金石文字存逸考》卷10载："《金石萃编》云，'碑阴有左领军将军臣□仁□，系薛仁贵题名。'今以石本证之，臣字下系金字，当系金仁□，非薛仁贵也。按《通鉴》，仁贵是年方为右领军郎将，系正五品上，不得与三品以上题名之列。考《通鉴》高宗上元元年，有左骁卫员外大将军临海郡公金仁问，新罗人，以外藩而入宿卫者，今碑阴间字形势尚可识，即其人矣。盖仁问于是年方官左领军将军，系从三品，扈从巡幸，故得题名也。"岑仲勉《金石论丛》（上海古籍出版社，1980）第266~267页中亦辨认其题名非薛仁贵："复考碑文，姓氏字泐其半，但可确认其非'薛'字，有类金字，疑为金仁问，待考。抑显庆五年《平百济碑》有'副大总管左领军将军金□□'，以时代考之，殆同一人。唐制武官久不调，可于前引《契苾何力传》见之。"另外，《三国史记》卷44《金仁问传》可证毛、岑二氏之说。可以认定，碑阴题名为金仁问当是无疑。

朝贺，王设宴会，班赍群官，其日拜日月神"，可见，新罗王廷本来就有贺正礼。可能此处的贺正礼，是金春秋、金法敏父子返回新罗后改作的贺正礼，也就是按唐朝的贺正礼仪实施贺正，故当与此前的贺正礼有别。二月，"改禀主为执事部，仍拜波珍飡竹旨为执事中侍，以掌机密事务"，此项改作亦当是受到唐朝官制的影响。①

总之，金法敏入唐后，唐罗已有的关系得到进一步发展，双方的交往进入一个全新的阶段。

原载于《大陆杂志》第 102 卷第 2 期，2001

修订者按：有关新罗真德女王石像关联问题，可参拜根兴《试论新罗真德女王石像残躯及底座铭文的发现》，韩国新罗史学会编《新罗史学报》第 7 辑，2006。

---

① 〔韩〕李丙焘：《韩国史·古代篇》，震檀学会，1959。

第二章

新罗与唐朝联合及对百济的征伐行动

660年,唐朝大将苏定方率军十余万人,联合位于朝鲜半岛东南部的新罗,一举灭亡半岛西部的百济,进而为随后唐罗联合灭亡高句丽奠定了基础。对于此事件,虽然以往的研究已有不少,但有些问题并未有人涉及。本章即运用现存金石资料以及不为研究者注意的韩国史料,对唐罗征讨百济的时间、当时嵎夷道行军总管所辖军队的编制、苏定方在征伐百济战斗中的表现以及战后苏定方在新罗的声誉诸问题做一考论。

第一节 战争发生的时间问题钩沉

关于唐罗联合军征伐百济的具体时间,此前学者的著作中多有涉及,但对现存各方史料的差异似未能给予注意,[①] 相关论著一般也是

---

① 对于这一问题,韩国学者的论著中多依《三国史记》卷5《新罗本纪·武烈王》的记载,其著作注释未提及中国史书记载情况。如:〔韩〕李丙焘《韩国史·古代篇》,第509~511页;〔韩〕李钟学《新罗三国统一的军事史考察》,《军史》第8辑,1984;〔韩〕李丙焘《译注三国史记》,韩国乙酉文化社,1997;〔韩〕徐仁汉执笔《罗唐战争史》,

各取所需。而且,应如何看待史料记载的不同,当时唐朝与新罗的实际状况怎样,这些问题亦还未见有人专门论及,故仍然有探讨的必要。

一 现存史料的状况

有关此问题,较为晚出的韩国史书《三国史记》卷5《新罗本纪·武烈王》记载得比较具体详细。即显庆五年(660)苏定方率唐军从山东半岛莱州出发,"舳舻千里,随流而下"。六月二十一日,新罗王金春秋遣太子金法敏、大将军金庾信率兵船百艘,于西海德物岛迎接唐军,双方约定七月十日从东、西两面共同进攻百济都城。苏定方于九月三日"自泗沘乘船回唐"。《三国遗事》卷1,《三国史记》卷42《金庾信传》、卷28《百济本纪·义慈王》亦有大致相同的记载。

8世纪初编纂的《日本书纪》卷26齐明天皇四年条载:"或本云:今年七月十日,大唐苏定方率船师军于尾资之津,新罗王春秋智率兵马,军于怒受利之山,夹击百济,相战三日,陷我王城。同月十三日,始破王城。怒受利山,百济东界也。"《日本书纪》还收录了高句丽和尚道显所撰《日本世纪》,其载:"七月云云,春秋智借大将军苏定方之手,挟击百济亡之……"但同书也收录了曾经担当遣唐使,上述事件发生之时逗留在唐境的伊吉连博德所著《伊吉连博德书》,其载:"庚申年八月,百济已平之后,九月十二日放客本国。十九日,发自西京,十月十六日,还到东京,始得相见阿利麻等五人。十一月一日,为将军苏定方等所捉百济王以下,太子隆等诸王子十三人,大佐平

国防军事研究所,1999,第82~83页;〔韩〕李昊荣《新罗三国统合和丽、济败亡原因研究》,书景文化社,2001年修订版,第179~187页。中国学者的著作中虽然参引韩、日资料,但对于具体的时间多是笼统述及,如杨通方、杨昭全、韩国磐等人的著作即是如此。韩昇《唐平百济前后东亚国际形势》(《唐研究》卷1,北京大学出版社,1995)一文以中方的记载为据,黄清连《从〈扶余隆墓志〉看唐代的中韩关系》(《大陆杂志》第85卷第6期,1992)一文认同韩国史料的记载。

沙宅千福、国辨成以下卅七人，并五十许人奉进朝堂。急引趋向天子。天子恩敕见前放着。十九日，赐劳。二十四日，发自东京。"

与此同时，中国史书除《旧唐书》卷83《苏定方传》、《新唐书》卷111《苏定方传》中未有相应的具体时间记载外，《新唐书》卷3《高宗本纪》记载："八月庚辰，苏定方及百济战，败之。"《旧唐书》卷4《高宗本纪》载："八月庚辰，苏定方等讨平百济，面缚其王扶余义慈……"《资治通鉴》卷200载：显庆五年三月辛亥，唐高宗任命苏定方为神丘道行军大总管，率水陆十万大军以伐百济。唐罗联合攻伐百济的整个过程均发生在八月。《册府元龟》卷986《外臣部·征讨五》载："三月，以左武卫大将军苏定方为神丘道行军大总管，率左骁卫将军刘伯英，右武卫将军冯士翙，左骁卫将军庞孝泰等，并发新罗之众，以讨百济……八月，苏定方拔百济之真都城。"

根据以上记载，唐罗征伐百济的具体时间呈现十分有趣的情景：其一，韩、日史书的记载较为一致，即认定唐罗联合攻灭百济的时间为660年七月中旬，中国文献史料则记载其为同年八月；其二，中国文献资料，以及当时在唐朝境内的日本遣唐使人员的记载出奇的相同。①

那么，金石文资料如何呢？现存韩国扶余市定林寺遗址的五层石塔，其上镌刻有著名的《大唐平百济国碑铭》，从碑文记载可知，该碑建于显庆五年八月十五日。又据上引《新唐书》卷3《高宗本纪》、《旧唐书》卷4《高宗本纪》，唐罗联军结束百济都城战斗的时间为八

---

① 《日本书纪》卷26又引用《伊吉连博德书》曰："十二月三日（显庆四年，即659年），韩智兴傔人西汉大麻吕，枉谗我客，客等获罪唐朝，已决流罪。前流智兴于三千里之外，客中有伊吉连博德奏，因即免罪。事之了，敕旨：国家来年必有海东之政，汝等倭客，不得东归。遂匿西京，幽置别处，闭户防禁，不许东西，困苦经年。"综合上引《伊吉连博德书》的史料，可以看出显庆五年（660）九月十二日之前，伊吉连博德其人居住于唐西京长安，他所了解的唐罗联合军对百济战争的时间，应当是来自唐官方的消息，也就是说，当时唐朝官方或民间均认为唐罗征伐百济战事结束时间在当年八月。

月庚辰,即八月十二日。也就是说,唐罗在攻取百济都城后三日,即建了此碑。① 显然,中国方面文献资料、金石资料关于此事的记载是相吻合的。

现在的问题是,关于唐罗联军攻伐百济的时间,中国文献、金石史料,以及当时逗留在唐的日本遣唐使的记载比较一致,即认定当时战事开始以及结束的时间为显庆五年八月;韩国、日本两国的史料则主张事件结束于该年七月。而且,值得注意的是,双方记载的具体时间正好相差一个月(是八月十二日,还是七月十三日)。

二 对史料差异的解释及论辩

如何解释这种差异?学者黄清连氏认为:"衡诸百济使者及高句丽沙门对当时战事,或为亲自闻见;而苏定方纪功碑(即上述的《大唐平百济国碑铭》)书于八月十五日,如果战事发生于十二日,则三日之内撰文、刻石,是否时间充裕,也不无疑问。"故他认为"七月(或者说七月十三日)的说法,也许是正确的"。② 笔者认为,在没有强有力的证明史料的前提下,简单地否定以上任何一种说法都是缺乏事实依据和说服力的。

首先,从韩国、日本方面的资料来源看,虽然《三国史记》编纂于12世纪中期,但其史料除取材此前中国正史等记载之外,也有相当多的史料来自新罗官方或民间原有的记载(如《古记》《旧三国史》等),其具体的日期出现记载错误当可理解,但一般月份发生错误的可能性实在不大。更何况在此之前出现的《日本书纪》所引诸书,均为当时人记载当时战事,即以当时亲历战事的高句丽僧侣自述

---

① 参(清)王昶《金石萃编》卷53《大唐平百济国碑铭》及其跋文。
② 参黄清连《从〈扶余隆墓志〉看唐代的中韩关系》,《大陆杂志》第85卷第6期,1992。

为首,① 大多主七月说,其信凭性当是较高的。同时,据《三国史记》卷5《新罗本纪·武烈王》,该年七月二十九日,新罗"遣弟监天福,露布于大唐"。② 依据一般的行程,天福到达长安最早也是九月中旬。也就是说,唐朝廷可能到九月才接到百济战事的最新报告。当然,也不排除苏定方此前单独派人渡海传达消息的可能。但无论如何,即不管是中、韩、日三方的任何记载,这次露布传达战事胜利的消息应该是最早的。

其次,《旧唐书·高宗本纪》《新唐书·高宗本纪》中关于唐罗联军八月庚辰(十二日)结束战事的记事,当是出自《唐高宗实录》。③ 而"实录"所采相关战争记事,例如"露布"、战报之类即是其资料来源的途径之一,也就是说,单就其时间出错的可能性相对不大。

再次,《大唐平百济国碑铭》载该碑于八月十五日建立,上引黄清连氏所论,认为若战事结束于八月十二日(黄氏认为战事发生的时间为八月十二日不确,应该是战事结束的时间),"则三日之内撰文、刻石,是否时间充裕,也不无疑问"。笔者以为,以碑文撰者陵州长史判兵曹贺遂亮④、书者洛州河南权怀素,二人表现出来的为文为书水准,以及当时唐朝全社会重视文学、书学的风气,短时间完成此碑

---

① 李基白、李基东编《韩国史讲座(古代篇)》,一潮阁,1982,第292页。
② 这里应该理解为新罗王与唐军的共同行动,因为按照当时的惯例,苏定方亦要派遣兵士回返,报告战胜的消息。也可能是双方共同派人,即天福与苏定方所派告捷使者共同渡海西去唐都长安。
③ (清)赵翼:《廿二史札记》卷16《唐实录国史凡两次散失》,台北,华世出版社,1977。
④ 贺遂亮其人不见于正史记载,生平事迹亦不明确。《大周故兖州都督彭城刘府君墓志铭》载,刘氏长安元年(701)死亡,享年72岁,其当生于629年。刘氏七岁时曾随其父宦游四川,"时成都令独孤仁宗,益府户曹贺遂亮,或德业推重,或词学称优,一方之龙门,四海之人物,每招迎宾客,必引君在膝前,辄命赋诗,曾无加点。气骨道迈,标致清新"。此史料可说明,636年,即贞观十年,贺遂亮在当时的益州担任户曹职务。见周绍良主编《唐代墓志汇编续集》(长安007),上海古籍出版社,2002,第392页。唐人刘肃《大唐新语》卷8中有其一则记事,云:"贺遂亮与韩思彦同在宪台,钦思彦之风韵,赠诗曰:'意气百年内,平生一寸心。

的撰写乃至书丹都不会成为问题。也就是说，怀疑自八月十二日战事结束到八月十五日三日间撰文、刻石时间紧迫，似不能成为否定中国史料记载正确性的证据。还有，因为碑铭为当时直接参与战事的贺遂亮撰写，又要建石塔竖立于大庭广众的注视之下，其所记时间的可信度是不容置疑的。当然，碑铭撰写者亦没有必要在碑文中混淆战事发生的具体时间。

最后，上引《日本书纪》收录的《伊吉连博德书》亦主张八月说，其理由上文已有说明，即此书作者当时在唐朝境内，故沿用唐朝廷通用的有关战事的时间说法。这样，简单地否定八月说也是不具备说服力的。

应当说明的是，《三国史记》的撰写者金富轼，在该书行文及随文注释中，根据新罗当时史书《古记》《旧三国史》等的记载，对于中国史书对朝鲜半岛的相关记事多有论辩指正（不含《三国史记》直接采用中国史料纪年的记事），其中对中国史书中明显人名、地名等误载的指正，提高了后代学者对《三国史记》史料价值的信赖感。①也就是说，金富轼在编纂《三国史记》之时，已经明了对于某些具体时间中国史书与新罗当时的记载不同，但其并未言及韩国当时固有的史书与中国史书在某些事件具体时间上产生差异（特别是在同年中的

欲交天下士，未面一虚襟。君子重名义，贞道冠衣簪。风云行可托，怀抱自然深。落霞静霜景，坠叶下风林。若上南登岸，希访北山岑。'思彦对曰：'古人一言重，常谓百年轻。今投欢会面，顾眄尽平生。簪裾非所托，琴酒冀相并。累日同游处，通宵款素诚。霜飘知柳脆，雪冒觉松贞。愿言何所道，幸得岁寒名。'"此记事说明贺遂亮确曾在宪台担当职务（判兵曹），并能诗善文。另外，传永徽元年完成的《益州学馆庙堂记》亦为贺遂亮撰写［（宋）赵明诚：《金石录》］。再者，《大唐平百济国碑铭》中有"亮滥以庸才，谬司文翰。学轻俎豆，气重风云。职号将军，愿与廉颇之列；官称博士，差共贾谊争衡。不以衰容，犹怀壮节，提戈海外，冀效清尘。十载贼庭，九摧逋冠。……"说明其此时年龄已在六十岁以上，而且长期备职军队文翰之务，有十年海外征战的经历。正因如此，其文"则整练华赡，善状涉险。破敌事情，可称巨构"。

① 〔韩〕李康来：《三国史记典据论》，第一章"分注论：《三国史记》分注类型的检讨"，韩国民族社，1995。

月份差异）的原因等问题，此显然有点美中不足。那么，是什么原因导致出现时间月份差异？此种差异应该怎样解释？

三 七世纪中叶唐与新罗的天文观测及历法

笔者希望将当时唐罗双方使用的历法及新罗的天文观测推测能力作为突破口，进而检讨此一问题，以期找出问题的原因所在。

具体说来，现在没有资料明确清楚地说明新罗在使用《麟德历》之前使用何种历法，只是后代推测，新罗在唐朝建立之前使用南朝宋何承天所推演的《元嘉历》。① 唐朝建立之后，则可能采用唐初由傅仁均创设的《戊寅历》。唐高宗永徽元年（650），即新罗真德王四年，新罗始采用中国皇帝年号纪年，也就是说，此时新罗正式采用唐朝年号纪年方法。史书未载百济此时所用历法，但从史料可以推证，此时百济与新罗所用历法不同。《旧唐书》卷84载："初，仁轨将发带方州，谓人曰：'天将富贵此翁耳！'于州司请历日一卷，并七庙讳，人怪其故，答曰：'拟削平辽海，颁示国家正朔，使夷俗尊奉焉。'至是皆如其言。"《册府元龟》卷358《将帅部·立功十一》记载与上引相同。此记载说明至少当时百济地域并未使用唐朝的历法。

新罗采用唐朝的《戊寅历》，新罗的天文观测推算能力又如何呢？

关于新罗的天文观测机构及设施，首先应该提及现存于当时的国都庆州、新罗善德女王时代建立的瞻星台。韩国著名的野史《三国遗事》卷1"善德王知几三事"条引《别记》记载，"是王代（善德女王时代），炼石筑瞻星台"，但正史《三国史记》对此只字未提。此后《高丽史·地理志》、《世宗实录·地理志》以及《新增东国舆地

---

① 〔韩〕高丽大学民族文化研究所编纂《韩国文化史大系·科学技术史卷》（下），1979。该书认为新罗此时所用历法为《戊寅历》。

胜览》诸书，均依此得出善德女王时，新罗已经能够独立观测星象的结论。对此，韩国学者提出多种见解。如金容云氏认为"瞻星台并不是用于实际观测，仅仅是综合反映当时集数学、天文学大成的权威著作《周髀算经》的内容，筑造的一种象征性的建筑物"，即所谓的"周髀算经说"。① 李龙范氏认为"瞻星台与天文观测没有关联，只是依据佛教宇宙观中须弥山的模样制造的一种祭坛而已"，也就是所谓的与佛教关联的"须弥山说"。② 而另一学者南天佑氏批判以上诸说，重新认定瞻星台是利用浑天仪观测星辰，为新罗常设的观测设施。③ 总结以上诸说，其问题点是相当突出的，即都是在没有文献记载的前提下，利用现代人对遗物的实际考察，加上丰富的想象所得。虽然这种结论的信凭性究竟能有多大值得怀疑，但有关现存瞻星台的实际用途的最终结论是相当简单的，这就是：（1）当时作为观测天象的观测设施；（2）不是作为观测天象之用，是善德女王时期建造的，和皇龙寺一样，作为特殊的具备象征意义的建筑物。应该提及的是，致力于古代中韩关系史研究的权憙永氏，对现藏日本尊经阁文库的《天地瑞祥志》一书的作者问题提出商榷，认为该书作者萨守真并非唐人，而是当时的新罗人薛秀真；推定其可能在唐朝留过学，并在天文地理方面有独到的成就，其7世纪中叶所撰的《天地瑞祥志》一书，即是将在唐朝时收集的资料排比编辑而成。据该书卷前启文称，该书撰者萨守真（薛秀真）的官职为太史。④ 如果权氏的立论没有问题的话，薛秀真其人可能作为天文地理方面的专门人

---

① 〔韩〕金容云：《瞻星台的构造和周髀算经》，*Korea Journal*，1974。
② 〔韩〕李龙范：《瞻星台存疑》，《震檀学报》第64辑，1974。
③ 〔韩〕南天佑：《关于瞻星台诸观点的考察》，《历史学报》第38辑，1974。
④ 〔韩〕权憙永：《对于〈天地瑞祥志〉编撰者的新认识——以从日本传来的新罗天文地理书为例》，《白山学报》第52辑，1999。另外，金日权氏对权氏的观点提出质疑，见氏著《〈天地瑞祥志〉的历史意义和在韩国史上的资料价值——以对撰者的相反的见解的再检讨及其〈高丽史〉引用该书的资料为中心》，《韩国古代史研究》第26辑，2002。

才，受到新罗王的器重。也就是说，7世纪中叶，新罗已经有独立的天文观测者以及相应的观测设施，因为一般来说，太史的职责①即是观测记录天象祥瑞的奇异现象。

但是，现存新罗最古的正史《三国史记》对以上所论的瞻星台及《天地瑞祥志》没有半点流露。只是记载了唐罗联合灭亡百济前后，新罗王或许基于对更多更新的唐文化受容的需要，或许对当时所用的《戊寅历》历法计算年月亦不满意，令入唐使者大奈麻德福利用在唐都城宿卫滞留之便，潜心学习唐朝的历法。文武王十四年（674），德福不顾当时唐罗关系紧张、战云密布的境况，学成返回新罗，新罗文武王随即下令改用《麟德历》。笔者以为，自7世纪40年代中叶新罗频繁派遣使者、留学生赴唐，在政治、军事、文化各个领域，唐文化受容的旋风一波接一波，新罗对当时关系王朝未来宿命的历法的引进当是首先应该想到的。这样，上文提及的《天地瑞祥志》的作者萨守真（薛秀真）及德福赴唐专门学习天文历法，唐朝最新的历法在新罗使用，不仅是现实的需要，而且是当时时代潮流的集中表现。然而，如何客观历史地评价新罗由此形成的天文观测事业的水准，这是问题的关键。显然，否认7世纪中叶新罗天文观测的记事，无疑是片面和不符合历史事实的。因为现存的瞻星台实物等，以及上文提及的新罗与唐在天文历法方面的交流关系的史实难以否认。同时，过高地估计、夸大当时新罗的天文观测能力亦有悖历史的真实，也不能如实地解释为什么到五六十年后，即圣德王十七年（718）新罗才"始造漏刻"②，31年后的景德王八年（749），新罗天文观测的常设机构"漏刻典"才最终设立（设博士六人，史一人）；③ 更不能如实地反映

---

① 《新唐书》卷47《百官志·秘书省·司天台》，第1215页。
② 《三国史记》卷8《新罗本纪·圣德王》，上册，第224页。
③ 《三国史记》卷38《杂志·职官上》。另据《三国史记》卷9《新罗本纪·景德王》，景德王八年（749）三月，新罗"置天文博士一员，漏刻博士六员"。

《三国史记》对善德女王时代建造瞻星台如此重大的事件只字未提的原因,以及当时代表世界科学发展水准、新罗力主学习的对象唐朝在天文历法方面的实际发展状况。

那么,唐朝当时的天文历法状况如何呢?唐朝建立之初,太史傅仁均上奏"首陈七事,言戊寅岁时正得上元之首,宜定新历,以符禅代,由是造《戊寅历》"。但是,《戊寅历》推行之时,其他学者,如祖孝孙、李淳风等即提出异议。《戊寅历》使用于唐太宗贞观年间,随着时间的推移,到唐高宗之时,此种历法"加时浸差",① 即推算相当烦琐,亦不精密,在唐朝廷内再次引起争论。麟德年间最终因"时《戊寅历法》渐差,淳风又增损刘焯《皇极历》,改撰《麟德历》奏之,术者称其精密",遂废除沿用近50年的《戊寅历》,改用李淳风创设推演的《麟德历》。② 也就是说,由于当时统治者自身的各种原因(如避讳等)以及时代的局限,当时历法涉及的朔望、节气、闰年月等的计算还不甚周全精确,历法频繁改变。③ 就是当时颇有时誉的《麟德历》,据今人黄一农氏考校文献中尚存的大量记日史料,并利用计算机推算,得出其实际启用时间为麟德二年,并认为:"其推步的方法亦屡有更动……且因附会或避忌等因素,部分朔闰亦被强改……"同时,"在麟德二年至开元十六年的六十三年间,现通行各历表中,共有五十一个月的朔日干支可能有误,其中仪凤三年甚至连置闰亦差了一月,不合的比例约占6.5%!亦即每约十五个月中即有一个月的朔闰有差"。④《麟德历》尚且有这样那样的问题,为当时诸

---

① 《旧唐书》卷32《历志》,第1152页。
② 《旧唐书》卷79《李淳风传》,第2719页。
③ 继《麟德历》之后,又有武则天时期瞿昙罗创设的《光宅历》;唐中宗时南宫说创设的《神龙历》;开元年间,僧一行等创设《大衍历》;唐肃宗时韩颖又造《至德历》;代宗时郭献之造《五纪历》;德宗时徐承嗣造《正元历》;宪宗时徐昂造《观象历》;穆宗时徐昂又造《宣明历》等。唐朝近300年的历史中,历法变化达10余次之多。
④ 黄一农:《中国史历表朔闰订正举隅——以唐〈麟德历〉行用时期为例》,《汉学研究》第10卷第2期,1992。

第二章 新罗与唐朝联合及对百济的征伐行动

多论者批判,可想而知,落后于《麟德历》、处在行用末期的《戊寅历》,其计算的误差可能更大,这一点应当是没有问题的。而传至新罗后,或许再经当地天文学者推演,其大概情况亦可想而知。唐与新罗使用同一《戊寅历》,双方产生记事年月差异的原因可能就在于此。传到新罗的历法,如果不是全盘照搬唐朝的朔闰、日月食及各种记事年月的话,以新罗渡唐留学生,即上文提及的萨守真(薛秀真)、德福等人的天文学功底,运用新罗相对简陋的观测工具及观测手段,虽然对某些特定的天象可能有独到的观测成果,① 但其计算时日的误差可能不会太小。这样,必然形成虽然使用同一历法(《戊寅历》)推算记载年月,但其所得结果存在一定差异的现象。② 上文所及有关唐罗联军攻陷百济都城战事的时间是否与此有关,或者即属此种情形,实在值得进一步探讨。

可能正因如此,才出现唐朝所记年月与新罗当地所记月份的差异。与此相关联,是否当时新罗与唐朝之间的记时存在一种换算?此是应当慎重考察的问题。当然,新罗派遣使者经历惊心动魄的海上风浪以及长路漫漫的陆上行程,到达唐京传达各种消息,其中是否有可能造成传达错误?此亦应当引起注意。因为《新唐书》卷48《百官志·鸿胪寺》记载:"(诸蕃)所献之物,先上其数于鸿胪。凡客还,鸿胪籍衣赍赐物多少以报主客,给过所。蕃客奏事,具至日月及所奏之宜,方别为状,月一奏,为簿,以副藏鸿胪。"《唐会要》卷63《史馆上·诸司应送史馆事例》亦有"奏状,中书录状报;露布,兵部录报;军还日,军将具录陷破城堡,杀伤吏人,掠掳畜产,并报"。也就是说,唐朝有严格的有关外藩及军事文件收集上报史馆制度,以

---

① 〔韩〕申滢植:《三国史记研究》,第192~205页。
② 韩国学界普遍认为,《三国史记》早期纪事年月,往往和实际年份差一年。但中代以后,由于许多事件纪年沿用中国的纪年方法,这种差异就不甚明显了。

确保藩属地信息的上达及记录。① 另外，末松保和认为，因为新罗国内政情的原因，不能排除对新罗发生的一些事件的一部分内容，新罗使者在传达、告知过程中，有意识地转换角度或者回避的可能性。虽则如此，但对一些事件发生的具体时间，新罗似乎没有必要对唐朝保密或者采取回避的态度。② 唐朝廷无疑都是根据新罗使者的报告记录来编纂国史、实录的。

笔者还注意到与此相类似的事例。如新罗真德王死亡月份，《三国史记》卷5《新罗本纪·真德王》记为永徽五年（654）三月，《资治通鉴》卷199则记作高宗永徽五年四月（闰月）；《三国史记》卷5《新罗本纪·武烈王》记武烈王金春秋死于龙朔元年（661）六月，《资治通鉴》卷200则记作龙朔元年九月；《三国史记》卷7记文武王金法敏死亡月份为永淳元年（682）七月，《资治通鉴》则记作十月。以上均是相差两三个月。因为《三国史记·新罗本纪》中未记载朔日干支，其置闰月份除记载神文王九年（689）为闰九月、圣德王十三年（714）为闰二月、景德王三年（744）为闰三月外，对于7世纪中叶相关的朔闰记载完全是一个空白。这就成为从朔闰方面探讨此问题的最大障碍。但无论如何，此时新罗诸王的死亡月份，应该能够成为上述事件的旁证。③

另外，贞观年间在唐以外的其他地域也存在与此相近的事例，进而和唐朝的纪年存在差异。如贞观年间在今云南一带的松外蛮，"其地有杨、李、赵、董等数十姓，各据一州，大者六百，小者二、三百户，无大君长，不相统壹，语虽小讹，其生业、风俗，大略与中国

---

① 黎虎：《汉唐外交关系史》，兰州大学出版社，1998。
② 〔日〕末松保和：《新罗史の诸问题》，东洋文库，1954，第418~420页。
③ 上引《资治通鉴》的记载，其中均比韩国的记录晚，那么，是否可以认为唐朝所记诸王的死亡年月，为新罗使臣到达唐都长安的时间，笔者以为这种看法难以成立。因为从唐实录的记录角度看，根本就不存在将新罗使臣到达唐长安之时日，记为新罗王死亡时间的可能。参〔日〕末松保和《新罗下古诸王薨年存疑》，《新罗史の诸问题》。

同，自云本皆华人，其所异者以十二月为岁首"。①

总之，笔者的上述看法是否合理，希望得到学界同人的指正。

第二节　嵎夷道行军总管所辖军队的编制问题

如上所述，唐显庆五年（660），唐高宗派遣左武卫大将军苏定方持节神丘、嵎夷、马韩、熊津等一十四道大总管，② 率水陆军十三万，③ 联合新罗征伐百济。但十四道中，现在只知道上述四道，以及加林道、含资道、唐山道三道，④ 其余七道情况如何？因史料缺乏，难以说明。

值得注意的是，唐朝任命新罗王金春秋为嵎夷道行军总管，协同唐军作战。如果按一般的境况，嵎夷道行军总管金春秋辖下，必然是新罗军将兵士，现存文献资料亦是以这种模式记载的。然而，立于今韩国忠清南道扶余市定林寺的《大唐平百济国碑铭》（以下简称《碑铭》）却在记载嵎夷道行军总管金春秋的同时，还记载了唐将"嵎夷道副总管右武侯中郎将上柱国曹继叔"、"行军长史杜爽"、"左一军总管使持节沂州刺史上柱国马延卿"以及新罗将军"右武卫中郎将金

---

① 《资治通鉴》卷199，唐太宗贞观二十二年。再者，武周天授元年（690）十一月"始用周正，改永昌元年十一月为载初元年正月，以十二月为腊月，夏正月为一月。……"久视元年（700）冬十月，"制复以正月为十一月，一月为正月"。即所谓的武周纪年存在了十年时间。见《资治通鉴》卷204、卷207。

② 关于这一问题，《资治通鉴》卷200引《考异》有考辨，后依《唐高宗实录》的记载，即苏定方此时所任官职为"神丘道行军大总管"，但《大唐平百济国碑铭》则详载苏定方官职为"使持节神丘、嵎夷、马韩、熊津等一十四道大总管"。笔者以为应该重视当时出现的金石资料。

③ 中国史书如《资治通鉴》《旧唐书·东夷·新罗传》等记作"水陆十万"。韩国史书《三国史记》卷5《新罗本纪·武烈王》、同书卷42《金庾信传中》，《三国遗事》卷1等记为"十三万"；《三国遗事》又引《乡记》云："军十二万二千七百十一人，舡一千九百只。"《日本书纪》无载。书中依韩国史书的记载。

④ 参本书下篇第九章"柴哲威与《含资道总管柴将军精舍草堂之铭》"。

良图"等。无疑,苏定方率领的"神丘、嵎夷、马韩、熊津等一十四道"中,不可能设立两个"嵎夷道"。退一步说,就是设立了两个名称相同、人员组成各异的嵎夷道,其中另外一个的行军总管应该记载,而不是只记载其部下副总管、行军长史,左、右军将领,当然,这一嵎夷道中亦不可能出现新罗人"右武卫中郎将金良图"。对证《碑铭》及其他文献记载,设立两个名称相同、人员组成各异的嵎夷道的假说事实上是不存在的。也就是说,嵎夷道行军总管金春秋所辖不仅有新罗军队(可能是所谓的"中军"),而且包括部分唐军的主力,即左、右两翼部分军队,行军副总管、行军长史亦由唐朝所派人员担任。为什么会出现这种军队编排格局?其在当时对唐朝及新罗有什么现实羁绊和意义?这些是需要解答的问题。

应该看到,唐朝在此前后的历次征讨中,曾出现唐军主要将领下辖其他民族组成的军队的先例。如贞观八年(634)六月,"遣左骁卫大将军段志玄为西海道行军总管,左骁卫将军樊兴为赤水道行军总管,将边兵及契苾、党项之众以击之"。贞观十八年(644)十一月,唐朝征伐高句丽,其中任命"太子詹事、左卫率李世勣为辽东道行军大总管,帅步骑六万及兰、河二州降胡趋辽东"。除此之外,还有另外一种方式,就是以唐军为主力,其他与唐关系密切或者是和唐有羁縻关系的边地民族军队协同作战。如贞观十八年十二月甲寅,"诏诸军及新罗、百济、奚、契丹分道击高丽",贞观二十一年(647)十二月,唐朝征伐龟兹时,就是诏命"使持节,昆山道行军总管左骁卫大将军阿史那社尔、副大总管右骁卫大将军契苾何力、安西都护郭孝恪等将兵击之,仍命铁勒十三州、突厥、吐蕃、吐谷浑连兵进讨"。① 此后,唐罗联合征伐高句丽之时,唐高宗敕令新罗将军智镜、恺元赴辽东参战,"王即以智镜为波珍飡,恺元为大阿飡。又皇帝敕以日原大

---

① 上引资料分别见《资治通鉴》卷194、卷197、卷198。

第二章　新罗与唐朝联合及对百济的征伐行动

阿飡为云麾将军";不久,唐军统帅李勣还遣派尔同兮村主大奈麻江深率契丹骑兵80余名,到新罗督促兵期,①说明当时唐军统帅李勣辖下即有新罗军队。唐朝联合新罗征伐百济,其军队的组建似乎和此前的历次征伐并不相同。这主要表现在以下几点。

其一,行军大总管由唐军将领担任,下设三名副行军大总管,其中之一则由熟悉百济情形的新罗武烈王金春秋派遣在唐的质子金仁问(王子)充当,以便协调唐与新罗的战时关系,另外两名副行军大总管则由唐朝大将刘伯英与董宝德担当。

其二,唐军与新罗军混合编制,即上文提到的新罗王金春秋辖下亦有唐朝军队,这样有利于快速有效地打击百济,少走弯路,避免或减少唐罗两军不必要的损失。但这样做是否还有其他考虑不得而知。

其三,征伐百济的主导者是唐朝当无疑,这从征伐军的编排、战时状况及战后唐军俘获百济王、贵族等返唐,并在当地建立羁縻府州等可看出。但是,从新罗的立场看,其长期与百济激战,征伐百济的动议也是其首次提出,其在征伐战中的表现也是有目共睹,其需要的只是唐朝的兵力支持,而不是唐朝对百济事务的全盘包揽。这大概就是此后双方产生摩擦的主要原因之一。② 当然,唐罗联合之初,双方当事者不可能不了解对方的目的,其相互利用是相当明显的。也就是说,双方在唐朝天下秩序框架内的合作,有其共同的接合点(双方以认同宗主国与藩属国关系为前提),如果这种共同利益不复存在,"德礼"的方法不能解决问题,那么双方通过非和平方式解决争端将是不可避免的。

另外,对于此问题,现存韩、中文献资料只是笼统记载,并不如《碑铭》记载得具体详细。如记苏定方的官职,均为"神丘道行军大

---

① 《三国史记》卷6《新罗本纪·文武王》,第163页。
② 参本书上篇第一章"新罗真德王时期的对唐交涉"、第三章"新罗文武王时期的对唐交涉"。

总管";《资治通鉴考异》还仔细排比了《旧唐书·苏定方传》《旧唐书·新罗传》《旧唐书·高宗本纪》《新唐书·高宗本纪》《唐高宗实录·苏定方传》《唐鉴》,最后采从《唐高宗实录》的记载。但据目前了解的情况看,《旧唐书》、《新唐书》乃至《资治通鉴》的编撰者可能并不知晓《碑铭》的存在,① 故未能涉及嵎夷道军队的具体编排。也就是说,文献记载的军队组成样相并没有反映当时唐罗军队的实际编排状况。同时,《三国史记》《三国遗事》等韩国史书对此事的记载,则是完全采录中国文献资料的记录,亦未运用当地固有的金石史料。这样,唐罗联合军,特别是嵎夷道军队的实际组成样相,长期以来被忽略或者不为人们知晓。无疑,这是应当说明的事情。

第三节 苏定方与对百济战考论

一 苏定方在征伐百济战中的表现

根据《三国史记》《三国遗事》的记载,唐罗联合征伐百济战斗中,苏定方其人表现疑惑畏缩、疑神疑鬼,其作为实在难以和其在此前后享有的声名相吻合,而新罗大将军金庾信则表现神异超凡、英勇睿智、敢作敢当,成为唐罗对百济战斗中联军的主心骨人物。

《三国遗事》卷1载:

进军合兵,薄津口,濒江屯兵。忽有鸟回翔于定方营上,使人卜之,曰:"必伤元帅。"定方惧,欲引兵而止。庾信谓定方曰:"岂可以飞鸟之怪违天时也?应天顺人,伐至不仁,何不祥

---

① 现存《旧唐书·经籍志》、《新唐书·艺文志》、欧阳修的《集古录跋尾》以及欧阳棐的《集古录目》,未见著录该碑铭。

第二章　新罗与唐朝联合及对百济的征伐行动

之有？"乃拔神剑拟其鸟，割裂而坠于座前。于是定方出左涯，垂山而阵，与之战，百济军大败……

《三国史记》卷5《新罗本纪·武烈王》记云：

> 十二日，唐罗军□□□围义慈都城，进于所夫里之原。定方有所□□□前，庾信说之，二军勇敢，四道齐进……

对于《三国史记》记载中"定方有所□□□前"语，已故韩国史著名专家李丙焘教授释"□□□"为"忌不能"三字，故其全句变为"定方有所忌不能前"。① 但是，事实到底如何呢？应怎样看待和评价上述记载？

应当看到，此时似乎不存在任何唐军消极作战的可能，原因主要有四。其一，唐朝之所以征伐百济，是因为百济不听唐朝的一再劝告，频繁地进攻新罗，而此不符合唐朝所倡导的天下秩序观念，为了维持这种天下秩序，唐朝必须行使天子对藩属国征伐的权力，即德、刑并用原理。② 其二，唐高宗永徽之后，百济已完全脱离此前与唐朝建立的相互信赖关系，成为朝鲜半岛另外一个危险之源，此亦为促成唐朝"欲吞灭高丽，先诛百济"③战略构想出现的重要原因。也就是说，灭亡

---

① 〔韩〕李丙焘：《译注三国史记》卷5，韩国乙酉文化社，1997。正因如此，有的学者认为，唐对于和百济作战采取非常消极的态度，进而与新罗的积极态度形成鲜明对照。参〔韩〕申滢植《韩国古代史的新研究》，第120页。申滢植等《反外势统一의君主文武王——遏止中国的霸权主义和最初统一国家形成》（《月刊中央》第11辑，1996）认为"检讨百济灭亡当时状况，金庾信所率新罗军队和阶伯所领百济精锐部队已经决战完毕，唐军只是渡过黄海而已，没有作其他任何事情"。另参〔韩〕李明植《新罗文武大王的民族统一伟业》，《大邱史学》第25辑，1985；《韩民族战争史》，集文堂，2001，第121页。

② 参高明士《从天下秩序看古代的中韩关系》，《中韩关系史论文集》；高明士《隋唐天下秩序与羁縻府州制度》，《中华民国史专题论文集》第5辑。

③ 《旧唐书》卷84《刘仁轨传》，第2791页。

百济，在高句丽南线建立据点，这是唐朝急切需要解决的事情。故唐朝廷在准备征伐的前一年末，就限制在唐的倭国使者活动，展开一系列的准备事宜。其三，唐朝出动水陆兵十三万人，起用在西北战场屡建功勋的名将苏定方统领军队，苏定方亦精选随从兵将，足见唐朝廷对此次征战的重视。① 其四，唐朝如此重视的联合征讨行动，苏定方如果消极对待，由此产生的一切后果，将是其难以承受的。唐初对临阵畏敌、损失部队及战败者的处罚苏定方应该是十分清楚的，② 更何况此时正是苏定方声名鹊起、备受朝野关注之时，苏氏为自身考虑，也不会犯这种低级错误的。再者，苏定方在此前的历次征战中，常常身先士卒，置生死于度外，进而获得战斗的最后胜利。③ 正是由于卓越战功，苏定方才取得"前后灭三国，皆生擒其主"④ 的美名佳誉。也就是说，经过无数次战阵磨炼的苏定方，率领十余万水陆大军出

---

① 黄约瑟认为，唐高宗"有任命刚凯旋的军将再去指挥外征的倾向；苏定方先后征伐贺鲁、西突厥、百济及高句丽，刘仁轨的伐新罗和守洮河，裴行俭三平东突厥，都是比较突出的例子。……高宗的作风，或可以本身缺乏军事经验，故没有可以信赖的将领为依靠去解释"。参《两唐书·薛仁贵传》，《第一届国际唐代学术会议论文集》，台北，台湾学生书局，1989。另外，苏定方亦精选随从将领，做了充分的准备。

② 唐太宗征伐高句丽，行军总管张君乂战斗不力，唐太宗斩其于旗下；后果毅都尉傅伏爱私离阵地，亦被斩杀。此前曾与苏定方共同征讨西突厥的大将军程知节"坐逗留追贼不及，减死免官"，王文度"坐矫诏当死，特除名"；此后刘仁轨"坐督海运，覆船，以白衣从军自效"；刘仁愿"坐征高丽逗留，流姚州"；薛仁贵也因"坐事徙象州"。虽则如此，唐高宗仪凤年间（676~678），时为太学生的魏元忠仍上封事言，声言唐朝廷刑罚不力，因未斩杀薛仁贵等人，才导致唐军在一系列战事中失利。

③ 如贞观四年（630），苏氏随李靖出讨突厥颉利可汗，其"率二百骑为前锋，乘雾而行"，直袭颉利可汗营帐，唐军大获全胜。显庆元年（656），苏定方又随葱山道行军总管程知节西讨西突厥，其"帅五百骑驰往击之，西突厥大败，追奔二十里，杀获千五百人，获马及器械，绵亘山野，不可胜计"。显庆二年（657），苏定方为伊丽道行军总管，率诸军出讨西突厥沙钵罗可汗，面对沙钵罗所率十万军队，苏定方以一万唐军与之对阵，终以少胜多，"追奔三十里，杀获数万人"；接着又冒着"平地二尺"的大雪，昼夜兼行，掩其不备，纵兵进击，斩杀数万人，最终活捉西突厥沙钵罗可汗，在当地"通道路，置邮驿，掩骸骨，问疾苦，画疆场，复生业，凡为沙钵罗所掠者，悉括还之，十姓安堵如故"，取得整个战役的胜利。龙朔元年（661），苏定方又率军出征，在战争初期屡战皆捷，攻陷高句丽浿江防线，直接包围平壤城。虽然后来因种种原因唐军被迫撤军，但苏定方作战勇敢当是无可置疑的。见《资治通鉴》卷200，唐高宗显庆元年至显庆二年，第6299~6307页。

④ 《旧唐书》卷83《苏定方传》，第2780页。

战，不可能因一只飞鸟的缘故，改变此前一贯勇猛无敌的军人作风，疑神疑鬼、放弃唾手可得的胜利。那么，唯一的选择当是从上引《三国史记》《三国遗事》两书的记载中寻找问题所在。

首先，《三国史记》及《三国遗事》和金庾信关联的事件中，其记事多取材于金庾信的玄孙金长清为其先祖所作《金庾信行记》（下文简称《行记》）。《行记》共10卷，高丽时代大行于世。因为是后人为其祖先所撰写的纪功作品，故在该书中，撰者千方百计夸大祖先的神异无穷、功高盖世，而为了达到此目的，必须找到相应的参照物，这样，与金庾信相关的人物（如新罗善德女王等），以及与新罗军协同作战的唐朝将领就成为这种可悲的对比对象。

其次，金富轼在编撰《三国史记》之时即认为其"颇多酿辞，故删落之，取其可书者为之传"，① 从现存删节过的长达三卷的金庾信传记（《三国史记》总50卷，金庾信个人传记长达3卷，单从卷数看，就占全书总量的6%）的固有内容，即对其事迹的极度铺陈程度可以看出《行记》原书是何等状况。对此，有的研究者已指出其流弊。② 另外，李昊荣氏在论述苏定方处罚新罗督军金文颖事件中，指出新罗大将金庾信表现得英豪无比，而唐大将军苏定方则凸显无能，认为："从统一以后开始，对统一战争中功臣们英雄般的美化是可以想象的事情，现存《三国史记》记录中受到多少程度的影响，事实上是相当大的问题。"③ 也就是说，从现存采自《行记》的记载所看到的金庾信，是经过美化、神化的超英雄人物形象，其和实际意义上真正缔造

---

① 《三国史记》卷43《金庾信传下》。关于《金庾信行记》的写作背景、写作目的以及新罗中代反专制主义思潮的诸样相、金长清其人的行迹等，参〔韩〕李基白《金大问和金长清》，《韩国市民讲座》创刊号，1987。

② 〔韩〕李基白《〈三国遗事·纪异篇〉的考察》一文，对金长清所撰《行记》中《三国遗事》涉及的内容有详细的论述，并录出五条可能采自《行记》的记事。认为或许是《三国史记》中抛弃的记事，而《三国遗事》将其收录。文载《新罗文化》创刊号，1984。

③ 〔韩〕李昊荣：《新罗三国统一的再检讨：以统一意识为中心》，《史学志》第15辑，1985。

三国统一的元勋金庾信应该有所区别。同时，《三国遗事》的作者一然和尚撰述该书，很大程度上是为了批判当时高丽朝野风行的儒教合理主义思潮，① 其在书中加入许多"神异"荒诞记载当可理解。这样，《行记》中既有颂扬金庾信的睿智多谋，又有神异的飞鸟和"胆怯优柔"的唐将苏定方，一然将其相关内容收入书中当是十分自然的事情。②

应当说明的是，针对"苏定方被杀说"，一然和尚通过比定当时可能看到的新罗及唐朝的记载，认为其"乡传之无据耶！"显示了一位乡土史学家应有的求实精神和史学素养。对此，笔者在相关章节将做考辨，③ 故不再赘言。

二 苏定方在新罗当地的影响

那么，苏定方在当时新罗人的心目中究竟是怎样的形象呢？笔者以为，必须在摒弃荒诞神异美化的前提下，探讨现存史书中的相关记载，才能得出使人信服的结论（此应当是研究历史人物乃至历史事件的基本准则）。应该看到，因苏定方代表唐朝联合新罗灭亡百济，又与高句丽作战，故出于民族心理之原因，自高丽时代以来，历代对其评价往往带有这样或那样的先入之见当是不言自明的。虽则如此，史书的记载在某种程度上还是反映了当时的实际状况。

且看《三国遗事》卷1的记载。曾在黄山（连山）战役中与百济军鏖战而死的新罗兵将长春郎、罢郎，在与复兴军初期的战斗中，托梦给新罗王金春秋，云："初与百济兵战于黄山之役，长春郎、罢

---

① 〔韩〕李基白：《〈三国遗事〉的史学史意义》，李佑成、姜万吉编《韩国的历史认识》（上），创作和批评社，1992。
② 除李基白氏认定的五条资料之外，笔者认为《三国史记》卷5善德女王条、同卷武烈王条、卷42《金庾信传中》等，因其在美化、神化、颂扬金庾信的同时，亦极力贬低其他相关人物，故可能同样出自金长清的《行记》一书。
③ 参本书下篇第六章"苏定方的活动及行迹"。

第二章　新罗与唐朝联合及对百济的征伐行动

郎死于阵中。后讨百济时，见梦于太宗，曰：'臣等昔者为国亡身，至于白骨，庶欲完护邦国，故随从军行无怠而已。然迫于唐帅定方之威，逐于人后尔，愿王加我以小势。'大王惊怪之，为二魂说经一日于牟山亭；又为创壮义寺于汉山州，以资冥援。"① 可以看出，此记载与其说是以战死者长春郎、罢郎二人的口吻，倒不如说是新罗王金春秋本人发自内心的感受，即对苏定方其人的作战勇猛、治军有方，唐军军威强盛的感叹和惊服。据载，唐罗军对百济作战胜利之后，金春秋从今突城出发，到达原百济所夫里城和苏定方见面。② 在此之前，关于唐罗双方和百济作战的具体情况，特别是唐军的作用及战斗状况，新罗参战将领，即当时的太子金法敏、将军金庾信不可能不向他汇报。此时，金春秋亲眼看到唐军的军容军威的真实情况，亲身感受到作为当时唐朝最负盛名的大将军苏定方的军人气概。此后，金春秋还和苏定方共同商议百济都城留守军问题，决定双方留守军的军力和担当军将人选，③ 其间两人的交往过从当不是简单的只言片语可以说清楚的，但至少可以认定当时双方的合作还是令人满意的。如果苏定方在对百济作战中唯唯诺诺，处处都要得到新罗将领金庾信的指点和教诲，那么历经战阵、最终与百济敢死队鏖战牺牲的新罗兵将，乃至周游列国、见多识广的新罗王金春秋本人，是绝对不会产生如此敬畏感的。

《三国遗事》卷2记载："又泗沘河边有一岩，苏定方尝坐此上，钓鱼龙而出，故岩上有龙跪之迹，因名龙岩。"此当是民间传说，而

---

① 李基白氏认为此和其他记载国王的条目不同，是比较独立的记事。其实，这里记载的重心并非长春郎、罢郎，而是武烈王金春秋，故与国王的其他记事并没有明显的差异。参〔韩〕李基白《〈三国遗事〉的史学史意义》，李佑成、姜万吉编《韩国的历史认识》（上）。另外，《三国史记》卷5《新罗本纪·武烈王》将此事编排于武烈王五年，此与《三国遗事》卷1的记载明显不同，似乎长春郎、罢郎死于显庆五年之前，但此条对长春郎、罢郎之死，从时间、地点上均不如上述记载明确，故本书不采此说。

② 《三国史记》卷5《新罗本纪·武烈王》，上册，第140页。

③ 《三国史记》卷6《新罗本纪·文武王·答薛仁贵书》，上册，第192~195页。

龙岩的存在，更为人们提供了想象的广阔空间。如果苏定方在对百济战中，仅仅因为一只小小的飞鸟就"有所忌不能前"，必然在新罗军中乃至百济当地产生影响，苏定方所率唐军还有什么威势可言？此民间传说也不可能出现。另外，从上引文中可以了解到，当地人已经将苏定方神化，苏氏竟如同神人，能够从水中钓鱼龙而出；试想，若没有强大的法力威势，无论是海龙还是江龙，岂肯束手上钩？小小的一只飞鸟竟还要金庾信劝导说服，进而借金庾信的神剑将其击落，最终才挥众进军，这可能吗？这是苏定方其人吗？上引《三国史记》《三国遗事》的记载是否可信？这些疑问应该得到合理的解释。百济故土所存百济末期的遗迹并不多，著名的如政事岩、落花岩、大王浦、三山（日山、吴山、浮山）、堠石以及颁诏院、军藏洞等，而龙岩以其民间传说所蕴含的奇异神话，成为当地人茶余饭后的谈资，或者猎奇观览、倾诉故国情思的理想之地。① 无疑，作为率领千军万马的大将军，苏定方的个人魅力以及在民间的广泛影响，当是不可低估的。

还有，龙朔元年（661），苏定方受命出讨高句丽，唐军包围平壤城，并终于接到新罗军北运的粮草等物资。当时新罗王"欲兴师会唐兵，庾信先遣然起、兵川②等二人，问其会期。唐帅苏定方，纸画鸾、犊二物回之。国人未解其意，使问于元晓法师。解之曰：'速还其兵'，谓画犊、画鸾，二切也。于是庾信回军"。③ 可以看出，在激烈复杂的环境下，苏定方不仅保持其勇猛作战的一贯作风，而且将自己的聪明才智运用到具体的作战实践中去，非常注意军事情报的保密。

---

① 朝鲜初期卢思慎等编《新增东国舆地胜览》卷18，以及后来出现的《韩国近代邑志·扶余志·古迹》（1910）等书，更是将此事演义，其神话色彩更加浓厚，引人入胜；而众多的文人骚客则以龙岩为创作素材，抒发怀古之情思。
② 《三国史记》卷47《裂起传》作裂起、仇近等人。
③ 〔高丽〕释一然：《三国遗事》卷1，"太宗春秋公"条，韩国乙酉文化社，1998，第134页。

第二章 新罗与唐朝联合及对百济的征伐行动

当时唐军虽然包围了高句丽都城平壤,但平壤以外的高句丽辖域,并不在唐罗军的掌握之下。同时,唐军在平壤外围旷日持久,寒冬考验着参战的唐军将士;新罗的粮草支持因各种原因不能如期到达,唐军陷入相当困难的境地。此时唐军虽收到新罗历经险阻长途运送的粮草物资,但随后的撤军亦是在所难免。此消息既要让新罗援军知晓唐军的动向,但又恐信使中途被高句丽所截,故只有采取这种蕴藏智能的情报传送手段。此记事显示了苏定方不但有勇,同时兼备智谋韬略的统帅风采。此后,乾封年间(666~667)唐军征伐高句丽战斗中,唐将军郭待封为传达军中情报,作"离合诗"与唐军统帅李勣,寻求援助,亦获得了预期的效果。① 郭待封是否受到苏定方的启发不得而知,但当时采取这种传递情报的手段,其产生的军事战略意义当是十分明显的。

另外,韩国大兴郡大岑岛上有苏定方祠,到高丽时代,当地官吏仍"春秋降香祝致祭"。② 在下篇第六章中,笔者将对高丽中期著名文人李奎报所作《祭苏挺方将军文》行文错误做考辨。可以肯定,在当时的东京(今韩国庆州),确实有苏挺方(或苏定方)的祠堂存在。但不能因为该处有苏挺方(或苏定方)的祠堂就断定苏挺方(或苏定方)死在当地,李奎报的用意只是想借苏挺方"昔日虎步鹰瞵之威,俾官军汛扫丑俗,不日班师,则将军虽以客魂,得食于此无愧矣!"即想利用往昔苏挺方(或苏定方)的军威,祈祷尽快扫平盘踞东京的叛乱而已。如果苏定方作战之时疑神疑鬼,处处畏缩不前,那还有什么军威可言?相信李奎报亦不会以其为号召,鼓励兵士冲锋陷阵。今仁川广域市辖域还有来苏山、来苏寺、来苏郡、苏爷岛等地名,据韩国地方志书记载,均与苏定方其人有关。庆尚北道军威郡有

---

① 《资治通鉴》卷201,唐高宗乾封二年,第6353页。
② 《高丽史》卷56《地理志一》,韩国亚细亚文化社,1990,中册,第266页。

孝灵祠（俗称三将军堂，三将军为苏定方、金庾信、李茂）；忠清道扶余郡有颁诏院、望海亭，当地"每年端午日，自罗丽至今，不绝香火"，① 鉴于此资料来自晚出的《金庾信实记》，此书并未注明原史料的来源，故在此不做详论。

最后，朝鲜时代初徐居正等编撰《东国通鉴》（卷7），以及此后安鼎福编撰的《东史纲目》（卷4上）、韩致奫编撰的《海东绎史》（卷9）等著名通史著作中，均未收录上引金庾信劝导苏定方，苏定方"有所忌不能前"的记事，此可从另一侧面证明上引记事不具备信凭性。

总之，笔者认为，对上引《三国史记》《三国遗事》中有关唐将军苏定方在征伐百济战斗中畏缩不前的记载应当重新认识。后辈出于自身现实的原因，为其祖先歌功颂德，抬高夸大其祖先的地位功绩，无形中贬低相关人物的作用及人格，这样的史料显然不能成为今天论述当时人物事件的依据，研究者对此应当给予足够的注意。同时，从上述论证的结果看，苏定方在新罗人的心目中并非怯懦无能，而是勇猛智能的象征。另外，唐罗同盟是7世纪中期东亚世界特定的历史环境下产生的合作关系，它的产生发展乃至最终走向消亡，是由当时东亚世界中国天下秩序之运营衍变，以及唐罗双方利益因素所决定的。

---

① 此两处遗迹均与苏定方有关。前者云：在扶余郡"世道面，俗传唐将苏定方征百济时，颁诏于此，故名"；后者在扶余郡"石城北九里，深邃广阔，苏定方伐百济时藏兵处"，参〔韩〕李秉延编《扶余郡志》，《朝鲜寰宇胜览》，1929；另参卢思慎等编《新增东国舆地胜览》卷25。

第三章

新罗文武王时期的对唐交涉

新罗文武王金法敏在位21年（661~681），是统一新罗国家的创立者。① 文武王继立后，为解除来自半岛北部高句丽的威胁，继承其父武烈王金春秋的既定国策，积极展开对唐交涉，巩固唐罗同盟，最终于668年联合强大的唐朝打败高句丽，实现了新罗数代人的心愿。但是，随着百济、高句丽的相继灭亡，新罗与唐朝的矛盾日趋尖锐，这表现为：新罗力图在实际领有原半岛三国领土的基础上，与唐朝建立宗属关系，而唐朝则力主在半岛建立其对周边政权故有的羁縻府州体系。唐罗同盟因此破裂。面对强大的唐朝，文武王一面灵活、积极地对唐交涉，一面继续不遗余力地攻略百济故地，收留吸纳高句丽移

---

① 有关新罗文武王的主要研究论文如下：〔韩〕李明植《新罗文武大王的民族统一伟业》，《大邱史学》第25辑，1985；〔韩〕李昊荣《新罗三国统一的再检讨：以统一意识为中心》，《史学志》第15辑，1985；〔韩〕李钟学《文武王和新罗海上势力的发展》，《庆州史学》第11辑，1992；〔韩〕金寿泰《文武王》，《韩国市民讲座——变革期的帝王们》，1993；〔韩〕卢泰敦《对唐战争期（669~676）新罗的对外关系和军事活动》，《军史》第34辑，1997；〔韩〕崔在锡《新罗文武大王的对唐、对日政策》，《韩国学报》第95辑，1999；〔韩〕崔在锡《663年白江口战争参战的倭军的性格与新罗、唐战后对外政策》，《韩国学报》第90辑，1998。

民，壮大自己的力量，并与唐军展开正面冲突。唐朝则面临开辟东西两面战场的艰难抉择，最终选择了退出半岛，全力以赴对付西北边境崛起的吐蕃之策略，新罗因而完成了统一。本章即对此一时期的重大事件做一探讨。

第一节 文武王前期（661~668）的对唐交涉

龙朔元年（661）六月，新罗武烈王金春秋病逝，太子金法敏继立。史载：金法敏"姿表英特，聪明多智略"。650年，他曾赴唐交涉，① 征伐百济战前，又代表其父到唐军营帐共商军机；此后两个多月，又与唐军将帅密切合作。他的两个弟弟金仁问、金文王肩负对唐交涉使命，频繁往来于唐罗之间。应该说，文武王金法敏对唐朝的内政外略有一定了解，也积累了较为完备的交涉经验。以前的宿敌百济已经灭亡，对不断壮大的百济复兴军采取什么措施，怎样对付北方的高句丽，新形势下如何协调唐罗同盟，这些现实而不容忽视的问题摆在文武王面前。从随后形势的发展来看，在最大限度维护新罗利益的前提下，文武王前期的对唐交涉无疑是卓有成效的。

一 与百济复兴军的鏖战

唐罗联合攻占百济都城，但都城之外的一些地域仍在百济军将的控制之下。部分此前投降的百济将领，因不满唐罗军"纵兵劫掠，丁壮多被掳"之行为，走上叛离之路。曾任达率的西部人黑齿常之②即率众据守任存山，"抄掠罗、唐人"，苏定方率军进讨未果，旋即奉命回唐。郎将刘仁愿领兵万人，新罗亦遣王子金仁泰领兵七千人，共同

---

① 参本书上篇第一章"新罗真德王时期的对唐交涉"。
② 对黑齿常之生平事迹的研究，参〔韩〕李文基《百济黑齿常之父子墓志铭的检讨》，《韩国学报》第64辑，1991；马驰《〈旧唐书〉黑齿常之传的补缺和考辨》，《百济的中央和地方》，韩国忠南大学百济研究所，1997。

据守泗沘城。唐朝命左卫中郎将王文度为熊津都督，但王氏济海而卒。此时，百济僧道琛、将军福信起兵，占据周留城①，并迎立时在日本做质子的百济王子扶余丰为王，②各地百济遗民纷纷响应，百济复兴运动空前壮大。复兴军包围了泗沘城。唐高宗诏起刘仁轨为检校带方州刺史，率王文度原所辖唐军以及新罗军救援唐罗留守军。唐罗联军与百济复兴军大战于熊津江口，复兴军败退，死者万余人。府城之围暂时得以解除，新罗军亦以粮尽而还。退保任存城的复兴军首领福信自称霜岑将军，僧道琛称领军将军，招集百济遗民，不久即势力重起。刘仁愿、刘仁轨等退守熊津府城，休息士众，并表奏唐廷求援。唐诏令新罗出兵救援，但新罗援军竟被复兴军击退，熊津守军处境维艰。然而，此时复兴军内部出现变乱，福信杀僧道琛，与扶余丰之关系亦很微妙，从而为唐罗军再次胜利创造了条件。龙朔二年（662），唐罗联军偷袭真岘城成功，顺利打通了通往新罗的粮道。唐朝左武卫将军孙仁师亦奉诏领兵七千济海东援，形势大变。这时，复兴军内再生变乱，扶余丰袭杀福信，并遣使高句丽、倭寻求援助。一场东亚大战随即展开。

唐罗联军首脑聚集熊津府城召开军事会议，刘仁轨建议先攻周留城，并获各方一致赞同。刘仁愿、孙仁师、新罗文武王金法敏率陆军，刘仁轨与部将杜爽、扶余隆率水军及粮船自熊津入白江，共趋周留城。唐罗联军水陆并进，"遇倭兵于白江口，四战皆捷，焚其舟四百艘，烟炎灼天，海水皆赤"，扶余丰逃亡高句丽，复兴军与倭军皆降。③ 此后，

---

① 今韩国忠清南道舒川郡韩山面乾止山城。参〔韩〕李丙焘《译注三国史记》，第147页。
② 韩昇：《唐平百济前后东亚国际形势》，《唐研究》第1卷，1995。
③ 《日本书纪》天智二年三月条称："八月戊戌，贼将至于州柔，绕其王城。大唐军将率战船一百七十艘，阵烈于白村江。……己酉，日本诸将与百济王，不观气象，而相谓之曰：'我等争先，彼应自退。'更率日本乱伍，中军之卒，进打大唐坚阵之军。大唐便自左右夹船绕战。须臾之际，官军败绩，赴水溺死者众。舻舳不得回旋。朴市田来津仰天而誓，切齿而嗔，杀数十人，于焉战死。是时，百济王孝璋，与数人乘船逃去高丽。"与《资治通鉴》记事相比，上引《日本书纪》记事较为详细。另外可参胡戟《中国水军和白江口战斗》，忠南大学百济研究所编《百济历史上的战争》，书景文化社，2000；〔韩〕卞麟锡《白江口战争和百济、倭关系》。

刘仁轨将兵留守百济，安抚百姓，百济"大悦，阖境各安其业"；①又屯田训卒，储备粮草，为征伐高句丽做准备。麟德元年（664），唐高宗诏刘仁轨还朝，针对百济面临的具体情况，为实现唐王朝对半岛的既定策略，刘上表俱陈利害，请求继续留守百济。②直到次年七月，即在新罗与百济会盟之后，他才和新罗、百济、耽罗、倭国使者一起浮海西还，结束了长达四年之久的海外生活。

由于有共同的利益，在年复一年对百济复兴军的战斗中，唐罗双方联合作战，交涉亦主动积极。首先，对留守熊津府城的唐军，新罗数派援军解救，不惜一切。661年二月，新罗王遣将军品日、文王、义服、武欻、旭川、文品、义光、良图、忠常、文忠、真王等率军解救泗沘之围。虽然救援中途受阻，未达预期目的，但新罗动用如此多的军将，足见其对复兴军围攻泗沘城事件的重视。此后，唐罗军虽历尽艰难，但仍几度共同作战。特别是白江口大战中，唐罗联军水陆并进，击败有倭国水军参战的百济复兴军，在古代东亚海战史上留下了辉煌的一页。同时，新罗还对留守泗沘、熊津府城的唐军提供了一定的衣食支持，其间交涉非同寻常，文武王《答薛仁贵书》中有充分的表述。另外，下面的两则记事，可从其他方面说明此时双方交涉的状况。其一，唐高宗给刘仁轨敕书中有"平壤军回，一城不可独固，宜拔就新罗；若金法敏藉卿留镇，宜且留彼，若其不须，即宜泛海还也"。③其二，百济复兴军派使至刘仁轨营，传语曰："闻大唐与新罗约誓，百济无问老少一切杀之，然后以国付

---

① 《资治通鉴》卷201，高宗龙朔三年，第6338页。
② 〔韩〕任大熙据《资治通鉴》卷201记载，认为刘仁轨自愿留镇百济的真正原因，"显然与李义府有关，因为当时存在李义府复归中央的可能性"。刘氏此时归国，将会有生命之危。参氏著《唐高宗统治前期的政治与人物》，《金文经教授停年纪念东洋史论丛》，1995，第594~595页。
③ 《资治通鉴》卷200，高宗龙朔二年，第6329页。

新罗；与其受死，岂若战亡，所以聚结固守耳！"① 对于前者，从唐朝的立场看，此时唐罗间实为同盟一体关系，而且唐朝一直以宗主国姿态自居，故有若熊津府城艰于据守，留守唐军可退居新罗，然后寻找机会乘便出击之语。但唐高宗亦考虑到如此处置后新罗的态度，故云："若其不须，即宜泛海还也。"也就是说，唐高宗相当注意留守百济唐军与新罗之间的关系，不容许并尽量避免造成不必要的误会。② 唐高宗此诏令，也可能与此前征伐高句丽不利，并考虑到留镇唐军的实际状况有关。虽则如此，唐朝重视唐罗同盟应是事实。刘仁轨处在唐罗交涉之前沿，故深知双方的好恶需求，并妥善处理，终于使留守军走出困境。对于后者，笔者以为这是复兴军为聚合更多的百济遗民加入反对唐罗军的行列所采取的宣传手段，因为唐朝绝不会主张将百济人全部杀光，这不符合唐朝对半岛的一贯立场。关于这一点，从此前唐朝所发诏书、玺书以及此后要求罗济会盟可以得到证明。然而，从《三国史记》与此相关的记载中并未发现在其他场合相类似的这种宣传辞令，而且此为复兴军使者专对唐留守军而言，其中意味耐人寻思。是否复兴军有挑拨唐罗间关系之企图？是否新罗人在百济区域内散布与此有关的言辞？史书缺载，只能于此存疑。

  无论如何，唐罗双方在百济复兴军问题上所表现出的热情和协作是有目共睹的。

---

  ① 《三国史记》卷28《百济本纪·义慈王》，下册，第118页。
  ② 《三国史记》卷42《金庾信传》载："唐人既灭百济，营于泗沘之野，阴谋侵新罗，我王知之，召群臣问策……"《三国遗事》卷1亦有类似记事。唐罗联合攻灭百济，是因百济内政多故，双方经苦战才告胜利。以当时唐朝的实力，对付高句丽尚历数十年，若灭百济，再攻新罗，一者恐无此实力，二者此不符合唐朝的最终利益，因为唐朝历来以征伐高句丽为终极目的。疑以上记事，系百济灭亡后，新罗直接面对唐朝，颇感威胁，因而才有这种假想的"以防万一"之策。

二 联合对高句丽的军事行动

就在唐百济留守军与百济复兴军战斗之初，唐高宗诏见在唐宿卫的金仁问，云："朕既灭百济，除尔国患，今高句丽负固，与秽貊同恶，违事大之礼，弃善邻之义。朕欲遣兵进讨，尔归告国王，出师同伐，以殄垂亡之虏。"① 龙朔元年四月，唐廷任命左骁卫大将军契苾何力为辽东道行军总管，左武卫大将军苏定方为平壤道行军总管，兵部尚书同中书门下三品任雅相为浿江道行军总管，领水陆三十五军征伐高句丽。接着，金仁问及其随从返回新罗，传达唐军出兵日期，"兼谕出兵会伐"。文武王即令金庾信为大将军，金仁问、真珠、钦突为大幢将军，于八月亲率诸将进发；同时派金仁问的随从文泉持书信前往唐营转达新罗军之进发动向。但于进军途中，因百济军据守瓮山城阻道，苦战月余，九月末始攻陷该城。

此前八月，苏定方所率水军攻陷高句丽浿江防线，占领马邑山，进而包围平壤城；另一路唐军巧渡鸭绿江，与高句丽军激战。但苏定方军所输军粮有限，加之天渐转寒，处境危急。时赴唐营传达信息的大监文泉回到新罗复命，并告知唐军的艰难处境，即"我受命，万里涉沧海而讨贼，舣舟海岸，既逾月矣。大王军士不至，粮道不继，其危殆甚矣"，② 而《三国史记》卷6《新罗本纪·文武王》亦载有"含资道总管刘德敏至，传敕旨，输平壤军粮"，笔者认为，当是苏定方登陆作战之间隙，顺托文泉回新罗转告军情，唐朝廷方面亦计苏定方军之行程时日，遣刘德敏转达敕旨。③ 文武王与众臣僚商议后，于十二月十日，命金庾信、金仁问、金良图等九将军，以车两千余辆，

---

① 《三国史记》卷44《金仁问传》，下册，第400页。
② 《三国史记》卷42《金庾信传》，下册，第368页。
③ 文武王《答薛仁贵书》记载："六月……含资道总管刘德敏等至，奉敕，遣新罗供平壤军粮。"此处显系误载。今从《三国史记》卷6《新罗本纪·文武王》。

载米四千石,租二万二千石赴平壤。天大寒,风雪封道,新罗军将历尽磨难,终将军粮运到。金庾信遣懂汉语的金仁问、金良图及其儿子军胜等赴唐营馈送军粮。① 时天寒大雪不止,唐军经数月激战,已疲惫,不堪再战,故唐廷诏令班师。新罗军返回途中与高句丽军殊死激战,终得胜回返。

唐廷出动水陆三十五军,起初唐高宗本人亦欲亲征,终因则天武后及众臣僚劝谏才未成行。其攻战时间长达半年之久,这是唐朝历次征伐高句丽动用军队最多、费时较长的一次。虽有新罗从南面支持,唐军水陆两栖攻伐,但依然是因气候诸缘故,② 最终不得不撤军。另外,唐王朝陷入两面作战,原先的南北夹击态势未能最终实现,此亦是其中原因之一。

三 高句丽的灭亡

麟德二年(665)初,高句丽莫离支渊盖苏文病死,③ 其长子泉男生继为莫离支。不久,泉男生与其弟男建、男产猜忌内讧,泉男生被迫走保别城,无奈派其子泉献诚赴唐求救。四月,文武王急派"天存之子汉林,庾信之子三光,皆以奈麻,入唐宿卫"。此时金仁问尚在唐都长安,故金汉林、金三光二人的使命不单是担当宿卫,而且肩负请兵之任务。《三国史记》卷6即载:"王以既平百济,欲灭高句丽,请兵于唐。"六月,唐遣右骁卫大将军契苾何力为辽东道安抚大使,率兵救援。十二月,又任命李勣为辽东道行军大总管,郝处俊为副,前所遣庞同善、契苾何力并为辽东道行军副大总管兼安抚大使,水陆诸军总管

---

① 《三国史记》卷6载:"二月六日,至獐塞,金庾信遣阿湌良图,大监仁仙等致军粮。"其中未提及金仁问。
② 陈寅恪先生认为,隋唐王朝征伐高句丽失败的主要原因之一就是气候。参《唐代政治史述论稿》,第140页。
③ 参罗振玉《唐代海东藩阀志存》及〔韩〕李丙焘《韩国史·古代篇》,第521页。

及运粮使等所辖，亦受李勣节度，"河北诸州租赋悉诣辽东给军用"。①此时，金仁问奉命回新罗招集兵马，联合唐军作战。

乾封二年（667），唐高宗敕命新罗以智镜、恺元二人为将军，赴辽东参与战斗，又命日原大阿湌为云麾将军。同时，遣留镇将军刘仁愿、金仁泰从卑列道进发，新罗军马从多谷、海谷两道进发，②兵会平壤。文武王率大角干金庾信等二十名将军及兵众出京，九月至汉城停，等待大总管李勣约期。十月二日，李勣兵至平壤北二百里处，派尔同兮村主大奈麻江深率契丹骑兵八十余名，至汉城"以督兵期"。十一月中旬，新罗兵马到达獐塞。此时唐军数路进击，而新罗军未能从南面开辟新的战场，故李勣派人前来督战。另外，《三国史记》卷6载此年十一月中旬，李勣所率唐军班师（兵回），《答薛仁贵书》中亦有相同记载。但现存中方史书如《旧唐书》《新唐书》《资治通鉴》《册府元龟》等均未载此事，而且，次年二月，李勣等率军攻打高句丽扶余城。如果唐军果真班师，此一来一往，绝非短暂的两个半月所能办到。当然，也有可能退至营州或山东半岛，但无史料佐证，难能断定，这里姑且存疑。

总章元年（668）正月，唐廷以右相刘仁轨为辽东道安抚副大使、辽东道行军副大总管兼熊津道安抚大使行军总管，协助李勣。但从记载看，笔者认为，刘仁轨再次东下，很可能是以其在百济颇有声誉，又兼具安抚统御才能。也就是说，刘仁轨的任命，在很大程度上是为协调战时唐罗同盟的。六月中旬，刘仁轨及乾封元年（666）赴唐宿卫、请兵的金三光等人到达新罗党项城。文武王闻讯急遣归国的金仁问前往迎接，双方拟定新罗军进攻方向及突破口后，刘氏即与随从前往泉冈。二十七日，新罗出兵北上。与此同时，留镇将军"刘仁愿遣贵干未肹，告

---

① 《资治通鉴》卷201，高宗乾封元年，第6351页。
② 参〔日〕池内宏《唐高宗的讨灭高句丽之战役和所谓的卑列道、多谷道、海谷道》，《满鲜史研究》（上世）第2册，吉川弘文馆，1980。

第三章　新罗文武王时期的对唐交涉

高句丽大谷□、汉城等二郡十二城归服"。① 接着，文武王命金仁问、金天存、朴都儒等人领一善州等七郡及汉城州军队前赴唐营协同作战。很快，金仁问等和唐军会合，进军高句丽婴留山（现朝鲜平壤市以北的大城山）。七月，罗、丽大战于蛇水（现朝鲜平壤市东的合掌江一带），高句丽败退。九月，唐罗大军合围平壤城。

从《三国史记》卷6以及《答薛仁贵书》可知，新罗军参与的攻战主要是蛇水大战以及围攻平壤城之战。《资治通鉴》卷201载，高句丽王藏遣泉男产率首领九十八人，持白幡向李勣投降，泉男建仍据守平壤城，并屡派军出城作战，但均失败。后泉男建信重的守城统帅僧信诚，密遣人至唐营请求内应，② 不久果然大开城门，"（勣）纵兵登城鼓噪，焚城四月"，新罗军攻城战中所建功勋当在此时。此后，李勣带高句丽宝臧王、王子福男、德男、大臣等二十余万人回唐，新罗角干金仁问、大阿湌助州以及金仁泰、义福、薮世、天光、兴元等人亦从赴唐。

在长达一年余的攻灭高句丽之战中，唐罗双方联合作战总的来说还是比较好的。首先，征伐高句丽是唐罗双方共同利益所在，故渊盖苏文死，高句丽内讧伊始，新罗即派使赴唐请兵，唐朝得到泉男生求援消息后，很快派契苾何力前往援救，③ 并不失时机地派李勣率大军征伐。其间在唐担当宿卫的金仁问、金三光及其随从，不仅是作为新罗方面的联络人，而且是唐朝派赴新罗的敕使和督使。由于他们的双重身份，其中交涉的通达是显而易见的。例如李勣遣尔同兮村主大奈

---

① 《三国史记》卷6《新罗本纪·文武王》，上册，第164页。
② 《新罗书》卷110《泉男生传》、《卞国公泉男生墓志铭》均有记载，墓志铭见罗振玉《唐代海东藩阀志存》。
③ 唐高宗曾遣左威卫修仁府左果毅都尉崔献前去迎接泉氏，即"特进泉男生……思转祸而为福，请归有道，使者相望。天皇慭一物之推沟，诏公于国城内迎接"。《全唐文》卷196《左武卫将军成安子崔献行状》。依据上引《卞国公泉男生墓志铭》及《泉献诚墓志铭》，泉男先先后遣大兄弗德、大兄冉有赴唐求救，最后又遣其子泉献诚入唐。崔献当是最终到国城内迎接的唐朝代表。但契苾何力率唐军救援应该是在崔氏之后。

麻江深率契丹骑兵八十余人传达命令，江深其人除因传令之功获任级飡、赐粟五百石外，其他事迹未见记载。疑此人或是随金仁问一起赴唐的随从，或是此年（667）七月随智镜、恺元二将军赴辽参战的新罗军将。总之，此人在唐罗交涉中所扮演的角色，因中韩双方记载有限，很难做更深入的探讨。文武王对他的奖赏，抑或和他受李勣差遣有关。

再者，见于《答薛仁贵书》，《三国史记》卷6《新罗本纪·文武王》不载，乾封三年（668）[①]，文武王派遣大监金宝嘉入海，取英公进止，李勣使新罗军同赴平壤。显然，当时新罗军队虽然得到唐朝"兵会平壤"的敕令，李勣亦遣派使人江深督促兵期，但文武王未获唐军的准确消息，故驻屯罗、丽边境一带。因为一旦唐军在北线进展缓慢，或者进攻不利，新罗贸然出击有孤军深入之危险，故文武王此前曾派细作深入高句丽打探唐军消息。文武王这种应对措施无疑是可以理解的。唐军虽多路进讨，但陆路突破鸭绿江防线，从历次进讨经验看，其艰难当是在所难免；海路尽管便捷，只是时人对海浪风暴的预测有限，船破人溺事件频繁发生。新罗若北上进攻高句丽，相比之下却相当便利。这或许就是文武王《答薛仁贵书》中提到新罗受到李勣失军期讥责的原因所在。

刘仁愿受到"坐征高丽逗留，流姚州"[②]处罚，当和他所率留守军未能从南线进攻、牵制高句丽，减轻北线唐军进攻压力有关。如前所述，唐罗联合攻灭百济，既为新罗报了累世之仇怨，从唐朝立场看，重要的是建立了南线攻伐高句丽的据点。此前唐高宗敕令刘仁愿、金仁泰从卑列道出击，但从记载看，刘仁愿乾封二年（667）末

---

① 乾封三年即总章元年，此年三月庚寅，唐高宗赦天下，改元。也就是说，文武王派大监金宝嘉入海与唐军交涉，时间当在三月之前。此处似是迎合上文所及唐军班师之记载。

② 《资治通鉴》卷201，唐高宗总章元年，第6355页。

第三章　新罗文武王时期的对唐交涉

曾向文武王宣敕,即"助征高句丽,仍赐王大将军旌节"。也就是说,新罗及留守百济唐军此年未从南线出击,故唐高宗敕令督促。总章元年(668)六月,刘仁愿所率军队不战而获高句丽二郡十二城;但两月后,其即被解职,并流放至遥远的姚州。也就是说,刘氏作为唐留守军统帅,不但有配合北面唐军从南线进攻的义务,更重要的是,他还担负协调与新罗方面联合开辟南线战场的使命,而从乾封二年至总章元年八月长达一年多时间内,刘氏的作用未见有所发挥。此前对刘仁轨的任命,可能是唐朝对此缺陷的一种弥补,因为虽任命刘仁轨为辽东道行军副大总管等,但值得注意的是他还兼任熊津道安抚大使行军总管。① 其结果固然是因高句丽北方防线很快崩溃,而刘仁轨处事周密,并与新罗文武王友好合作无疑是令人满意的,此绝非武将出身的刘仁愿所能办到的。另外,唐朝廷内似乎早就有一股反刘仁愿势力存在(也可能是厌战的官僚)。② 刘仁愿在唐军历数年苦心经营的南线据点,未能迅速有效出击牵制敌人,特别是对新罗的交涉、督促未见成效,其发挥的作用在唐廷看来是难以令人满意的。这样,他的罢黜流放乃是迟早的事情。

刘仁愿的结局,是此一阶段唐罗微妙关系的集中反映。

四　唐罗间的摩擦

唐罗同盟何时出现真正意义上的摩擦,是考察文武王时期对唐交涉的重要问题之一,因为此直接牵涉到对这一同盟关系的估价和把握。依照现有研究,很可能让人以为唐罗征伐百济战中,双方即同床异梦,

---

① 此前唐廷曾任命郝处俊、庞同善、契苾何力为辽东道行军副大总管,庞、契苾二人兼辽东道安抚大使。笔者认为,唐朝此时任命刘仁轨为辽东道副大总管兼安抚副大使并不重要,重要的是其还兼任熊津道安抚大使行军总管。

② 《资治通鉴》卷201麟德元年(664)载,刘仁愿云:"吾前还海西,大遭谗谤,云吾多留兵众,谋据海东,几不免祸。今日唯知准敕,岂敢擅有所为!"

· 071 ·

矛盾不可调和。笔者认为，此问题应当慎重探讨，① 唐罗间摩擦，似应始于唐敕令罗济会盟之时，时任岷夷道行军长史、前岐州司马杜爽传唐廷敕令，命罗济会盟。从新罗的立场来看，累代郁结的仇怨，一朝击溃宿敌而得以申雪举国欢腾，但唐朝即刻要求其与此前的宿敌、已成为阶下囚的扶余隆会盟，新罗的自尊心无疑是受到了伤害。故新罗认为，"准敕，既平以后，共相盟会，任存未降，不可以为既平；又且百济奸诈百端，反复不恒，今虽共相盟会，于后恐有噬脐之患"，② 奏请停盟。也就是说，新罗以任存城未克、百济人奸诈无信为理由拒绝会盟。但唐朝以宗主国的姿态，一味要求罗济会盟，这不能不引起新罗方面的反感。

在此之前，即龙朔三年（663）四月，唐朝在新罗置鸡林州大都督府，任命文武王为鸡林州大都督。唐罗讨灭百济之后，唐即在百济原辖区设置熊津、马韩、东明、金涟、德安五都督府，各统州县，擢渠长为都督、刺史、县令管理，并留唐军万人与新罗军七千人留守熊津府城。也就是说，唐朝力图将百济纳于其固有的对周边政权统辖模式——羁縻府州体系，唐此时亦将新罗纳入此体系之内，这当是唐自太宗以来对周边政权奉行的一贯立场。③ 然而，新罗渐具"一统三

---

① 《三国史记》卷6、卷7，特别是同书卷41~卷43有关金庾信的记事，均是依金庾信的玄孙、新罗执事郎金长清为其先祖所作《金庾信行记》10卷编辑而成。关于这一点，本书上篇第二章中"苏定方与对百济战考论"已有论述，此不再多论。简言之，《三国史记》与此有关的记载，为突出金庾信的英勇睿智，往往贬低相关人物，特别是唐军将领，这无形中就给人造成唐军将领皆怯懦无能、无所作为，唐罗双方似乎一开始就矛盾重重，难以调和的印象。笔者认为，探讨这段历史，此情况应该引起研究者注意。
② 《三国史记》卷7《新罗本纪·文武王》，上册，第194页。
③ 贞观十七年（643），唐太宗向新罗使者提出解决危机的三种办法；显庆五年（660）任命金春秋为岷夷道行军总管，以及此时以新罗为鸡林州大都督府，这是唐自太宗以来对半岛奉行的一贯立场，并非一些学者所说，唐朝此时才露出对半岛的"野心"。而新罗神文王以后，唐罗之间即是循着唐的羁縻府州体系发展关系的，即新罗名义上是唐朝的藩属国。参〔韩〕李明植《新罗文武大王的民族统一伟业》，《大邱史学》第25辑，1985；〔韩〕申滢植《韩国古代史的新研究》，一潮阁，1984。有关羁縻府州问题，参马驰《试论唐代的藩州管理体系》，《第三届中国唐代文化学术研讨会论文集》，台北，乐学书局，1997；刘统《唐代羁縻府州研究》，西北大学出版社，1998。

韩"的自主意识，特别是百济灭亡后，这种意识空前高涨。① 因而，前有敕令将新罗纳入羁縻府州体系统御之下，现又要求与百济会盟，虽无直接的资料说明新罗上下的动向，但从此后事态的发展看，其对此的不满极为明显（《答薛仁贵书》可提供一些信息）。麟德元年（664）二月，唐廷再降敕令，责备新罗未遵前旨，文武王迫于形势，遣金仁问、伊飡天存，与唐敕使刘仁愿、熊津都督扶余隆于熊津会盟。因上述原因，会盟草草收场，唐朝亦感到未达到目的。与此同时，文武王对唐朝文化积极吸纳的热情并未消减。三月，选派星川、丘日等二十八人，前往熊津府城学习唐乐的演奏。由此可推定，驻屯熊津的唐人身份当是多样的。②

665 年，伊飡金文王病卒。唐高宗遣使吊唁，并赠紫衣、腰带、彩绫罗、绡等物。金文王十余年前曾随其父金春秋赴唐朝贡，唐授其左武卫将军官职，后又几度入唐。由于他的去世，唐罗最初交涉的重要见证人业已不存。唐朝遣使既是对死者的追悼吊唁，亦有安抚新罗之意味；文武王亦赠唐吊唁使金帛等物。八月，文武王与唐敕使刘仁愿、熊津都督扶余隆会盟于熊津就利山，依例"刑白马而盟。先祀神祇及川谷之神，而后歃血"。其盟文为刘仁轨所书。盟文强调唐朝"怀柔伐叛，前王之令典；兴亡继绝，往哲之通规"信条，进而以熊津都督扶余隆"守其祭祀，保其桑梓。依倚新罗，长为与国，各除宿愿，结好和亲。恭承诏命，永为藩服"。随后又"埋币帛于坛下之吉地，藏其盟书于新罗之庙"。③ 会盟既非新罗意愿，文武王为何最终同

---

① 参〔韩〕李铉淙《统一新罗的自主意识和对唐抗争》，《国土统一》第 11 辑，1973；〔韩〕李昊荣《新罗的统一意识和"一统三韩"意识的成长》，《东洋学》第 26 辑，1996。
② （清）毕沅、阮元编集《山左金石志》卷 11 载乾封元年二月《刘仁愿等题名》摩崖石刻，刘仁愿的随从中有"笙博士沈小奴"，此石刻当是刘仁愿及其随从赴半岛途经岱岳，或是与随从参与唐高宗封禅大典后在此停驻所留，无论如何，此史料可做佐证。详论见本书下篇第七章第五节"《刘仁愿题名》中所见刘仁愿的行迹"。
③ 《旧唐书》卷 199 上《百济传》，第 5334 页。

意呢？笔者认为，其一，此时高句丽仍雄踞北面，单靠新罗之力量，要想实现"一统三韩"目标，短时间内是不可能的，只有借助唐朝势力，并趁机发展壮大自己，这是现实而可行的。其二，当初唐朝征伐百济的直接原因，即是所谓"昔齐桓列土诸侯，尚存亡国；况朕万国之主，不可不恤危藩"云云；此时唐朝又将此运用于新罗，即为上引盟文所及，对此，新罗似无可辩驳。其三，经过平百济之役，其后又经四年，始讨平百济复兴军，如即刻和唐朝反目，这对新罗来说是得不偿失的。另外，此时百济事实上已不能对新罗构成威胁，熊津都督扶余隆于会盟后不久即因惧怕新罗报复返回唐朝，可为证明。

正因唐罗在以上问题上的分歧，文武王此后与唐交涉中，采取更为现实利己的处置措施。派遣金三光等人赴唐请兵，唐军水陆全面进讨，新罗军则屯集边界，探听唐军消息，不做贸然出击。唐留镇将军刘仁愿则因此"坐征高丽逗留"而被流放。再者，麟德二年（665）末，高句丽内讧之后，渊盖苏文的弟弟渊净土，恐遭男建兄弟倾轧，以所辖13城763户3543口，投向新罗。文武王迅速安置渊净土及其随从20余人，派兵镇守所得之城池。668年春，文武王派遣元器、渊净土入唐。文武王此举是为讨好唐朝，以此缓解与唐朝之摩擦，还是渊净土个人意愿或唐朝要求？史书不载，不得而知。笔者据《三国史记》卷6分析，认为此可能是文武王为缓解与唐摩擦而采取的交涉手段。因为前年九月，新罗军驻屯汉城等待唐军，李勣遣大奈麻江深移书以督兵期，至十一月中旬，新罗军始到獐塞。李勣以新罗军贻误军期当是此时。文武王以渊净土作为与唐交涉之筹码是可以理解的。此后，元器返回新罗，唐高宗敕令"此后禁献女人"，渊净土"留不归"。新罗对此事的反应如何，亦不得而知。

可以看出，唐罗联合讨灭百济之后，唐朝以宗主国姿态敕令罗济会盟，并力图将新罗纳入羁縻府州统治体系之内。而新罗在很大程度上只是借助唐朝势力，以实现"一统三韩"。双方因不同利益冲突出现摩擦乃至同盟破裂是不可避免的。文武王在维护新罗利益前提下，采取现实而有利于新罗的交涉措施，达到了预期的目的。

第二节　文武王后期（669～681）的对唐交涉

文武王后期，百济、高句丽业已灭亡，唐罗双方共同利益已不复存在，同盟很快趋于瓦解。针对现实情况，文武王实施了一系列壮大新罗之策略，对唐交涉更趋频繁和多样化。

一　频繁多样的对唐交涉

总章二年（669），唐高宗遣使僧法安至新罗求磁石。五月，文武王派祇珍山级飡入唐献磁石两箱。与此同时，又遣角干金钦纯、波珍飡金良图入唐谢罪。从《答薛仁贵书》可知，当时熊津都督府嫁百济妇女与新罗汉城州都督朴都儒，文武王认为此有百济渗透之嫌疑，故果断派军斩杀朴都儒，并可能进攻了熊津都督府辖区，[①] 金良图等人赴唐谢罪当与此事有关。《答薛仁贵书》中未载朴都儒事件的确切时间，权悳永氏定其时间为文武王八年、九年之间，可备一说。[②] 笔者比证《三国史记》前后记事，认为此事当发生在文武王九年初。很可能事件发生之初，文武王即派使赴唐谢罪，以期对新罗的行动进行辩解，

---

① 如按《答薛仁贵书》所云，文武王只是派军斩杀朴都儒，专门派遣使者赴唐谢罪是没有必要的，即使如此，唐朝也不可能因禁金良图。当是斩杀朴都儒的同时，又攻取百济辖地，故才遣使谢罪。

② 〔韩〕权悳永：《悲运的新罗遣唐使们——以金仁问为中心》，《新罗文化祭学术论文集》第15辑，1994。如果该事件发生于文武王八年、九年之间，新罗五月以后派使赴唐，到达唐长安时已是八月或九月；当时唐罗间并未公开决裂，文武王仍积极对唐交涉，故不可能在事件发生近半年或半年之后才遣使赴唐。

并求得与唐交涉之主动。同年冬，唐使者至新罗传诏，随后与新罗弩师仇珍川沙飡一起回唐。仇珍川为唐造弩几经周折，最终仍未将其造弩特技透露于唐。此记载的真实性虽不无可疑，但从另一方面亦可窥见唐罗此时隔阂之深，以及新罗强烈的自保意识。唐朝当是得到熊津都督府方面报告后，以新罗擅取百济土地及百姓为由，让金钦纯返回，囚禁金良图。金良图终死于唐土。此次对唐交涉，文武王失去一位了解唐朝实情（金良图曾六次赴唐，懂汉语，汉文学修养极高）、忠于新罗的智囊人物，也开了大规模攻略百济辖域之先例。咸亨元年（670）七月，新罗托故出动大军，一举攻陷百济八十二城，占熊津都督府所辖城数近一半之多。同时，又对新罗内部的亲唐分子予以肃清，以防后患；收留高句丽渊净土之子安胜及其随从百姓，将其安置于金马渚。唐罗同盟此时已名存实亡。

次年（671），唐罗间正面冲突开始，这样就出现了薛仁贵致书文武王，文武王答书薛仁贵之事件。① 有关此两封书信，下文将予以论及，此不赘言。咸亨三年（672）七月，唐廷派遣高侃、李谨行领兵四万与新罗军激战，获胜；另外，当年新罗年景不好，"谷贵人饥"。文武王权衡再三，遣级飡原川、奈麻边山以及前所俘唐兵船郎将钳耳大侯、莱州司马王艺、本烈州长史王益、熊津都督府司马祢军等，另有兵士百七十人，前往唐朝请罪；并上一措辞卑谦、极尽自悔的奏表，兼进贡金银、铜、针、牛黄、布等物。② 此应是新罗为缓解危机局面而采取的权宜之计。因为国内"谷贵人饥"，战事又不利，如继续与唐交战，后果实难预料。对唐的谢罪交涉，无疑会争取到休整的机会，国内的紧张状况亦可得到缓解。经过近一年的休整，新罗军在瓠泸、王逢两河周围的战斗中取得胜利。

---

① 《旧唐书》卷83《薛仁贵传》载："寻而高丽众相率复叛，诏薛仁贵为鸡林道总管，以经略之。"此史料记于上元元年（674）之前，加之虽云高丽反叛，但任命薛氏为鸡林道总管，故应是《三国史记》卷7所载咸亨年间史事。

② 《三国史记》卷7《新罗本纪·文武王》，上册，第195页。

第三章 新罗文武王时期的对唐交涉

唐罗交战间隙，文武王对唐文物制度的吸纳以及和唐的交涉从未停止。上元元年（674）初，入唐宿卫的大奈麻德福传学唐历返回新罗，文武王即令新罗改行《麟德历》。同年，唐高宗以新罗攻略百济故土、收纳高句丽叛众，下诏削夺文武王官爵，诏时在唐长安的王弟金仁问为新罗王；同时任命中书门下三品刘仁轨为鸡林道大总管，卫尉卿李弼①、右领军大将军李谨行为副大总管，发兵征伐新罗。675年二月，唐军于七重城获大胜，"又使靺鞨浮海，略新罗之南境，斩获甚众"，刘仁轨随即返回唐朝。② 李谨行继为安东镇抚大使，屯军于买肖城，"三战皆捷"。此时，新罗第三次遣使谢罪并朝贡。因西北边境不安，唐高宗下诏赦免文武王之罪，并恢复其王爵，已在赴新罗途中的金仁问一行奉敕返回长安。然而，据《三国史记》卷7记载，新罗七重城之败损失似并不惨重，故文武王战后很快遣使谢罪当另有原因。当时唐罗虽处于交战状态，但唐朝的宗主国地位并未有丝毫改变，唐朝削夺文武王新罗王爵位对新罗国内造成的震荡，现代人是难以想象和理解的。③ 文武王及其臣僚当明晓其利害，遣使谢罪显然是明智之策。这样，既避免了因金仁问归国新罗内部可能出现的混乱和分裂倾向，也为进一步调整部署赢得了时间。可见，谢罪交涉别具现实而深远的意味。九月，新罗仍与唐军在水陆两面作战，文武王依然

---

① 卫尉卿李弼虽受任命，但并未随刘仁轨出征。据《资治通鉴》卷202载，上元元年九月甲寅，唐高宗御翔鸾阁观大酺，"卫尉卿李弼暴卒于宴所"，唐高宗"为之废酺一日"。

② 黄约瑟认为，刘仁轨之所以在半岛对新罗草草收兵，"或与武后在朝影响有关"，参氏著《黄约瑟隋唐史论集》，中华书局，1997，第65页。

③ 贞观十七年（643），新罗使臣前往唐朝求救，唐太宗提出三条方案，其中第三条有"尔国以妇人为主，为邻国轻侮，失主延寇，靡岁休宁"片言只语，却在新罗政权内部引起相当大的混乱，此表现为贵族会议守旧派和强化国王权力改革派之间的殊死斗争，最终导致毗昙之乱的发生，善德女王死于非命。参〔韩〕文暻铉《弑王说和善德女王》，《白山学报》第52辑，1999。笔者认为，此时虽非当时可比，但由于金仁问的归来，以及当时新罗人观念中对唐朝宗主国的心理定式，新罗统治阶层内部出现混乱乃至摩擦的可能性是很大的。退一步说，就是不出现这种情况，文武王采取的这种预防性措施也是值得称道的。因为这种妥协方针，可以统一整备内部思想，避免可能出现的隐患。

遣使入唐贡方物。

仪凤元年（676），《三国史记》卷7载薛仁贵所率唐军，与新罗军激战于所夫里州伎伐浦，大小22战，唐军皆败。但据中方史书《旧唐书》卷83《薛仁贵传》载，此时薛氏尚在唐长安数千里之外的流放地象州，故没有可能到半岛率军作战。因而，不能不使人怀疑《三国史记》与此相关记载的可信度。此后至文武王去世数年间，唐罗间直接交涉史书不载，故难作论。

二 关于文武王与《答薛仁贵书》

如上所述，671年七月，唐鸡林道总管薛仁贵，遣新罗琳润法师致书文武王，此后，文武王又复薛仁贵信一封。此两封书信只载于高丽朝史家金富轼撰著的《三国史记》，中方史书如《旧唐书》、《新唐书》、《资治通鉴》、《唐会要》、《册府元龟》、《文苑英华》以及清代编集的《全唐文》等，均未见收录。① 如何对待此两封书信？其史料价值到底怎样？从现出版的学术专著及论文可以看出，韩国学者对其基本上是全盘接受，中国学者在其著作中引用此资料的相对不多，似对其可信度及史料价值存有疑问。②

笔者认为，对于书信所载内容应慎重考察，既不能全盘接受，盲

---

① 清代陆心源光绪十四年（1888）付梓的《唐文拾遗》卷16、卷68，据朝鲜《东国通鉴》，分别收录了薛仁贵《致新罗王金法敏书》（部分内容）及文武王《答薛仁贵书》（全部）。

② 高明士《从天下秩序看古代的中韩关系》（《中韩关系史论文集》），吴葆棠、文川《唐与新罗关系研究》（《烟台大学学报》1990年第1期），韩国磐《南北朝隋唐与百济新罗的关系》（《历史研究》1994年第1期），以及此前出版的隋唐史关联著作中似均未见征引。韩昇《唐平百济前后东亚的国际形势》（《唐研究》第1卷）对此有辩驳。杨通方《前秦至后唐时期中国与新罗的双边关系》（《朝鲜学论集》第1辑，北京大学出版社，1992）、蒋非非、王小甫等著《中韩关系史（古代卷）》，其中前者全文转引此两封书信，后者亦有论及。学者黄约瑟在其遗著《薛仁贵》一书中，对书信做了较为全面的分析，既肯定书信有真度高，同时指出因书信作者站在各自的立场上，故对史实多有夸大，有些地方纯为狡辩。参黄约瑟《薛仁贵》，第140～144页。

目地否定亦大可不必。《致新罗王金法敏书》显然不是薛氏本人所写，当是出自唐军中行军管记、行军长史辈之手。在当时特定的背景下，又是作为类似战书传送，故以宗主国姿态，谴责新罗忘恩负义，也为唐朝的行为辩护，其中粉饰、夸大事实之处甚为一目了然。据学者研究，《答薛仁贵书》（以下简称《答书》）出自新罗文章大家强首之手；① 强首所作奏表曾使唐高宗感动流涕，② 足见其为文技艺之精湛。既然强首有如此高的为文技艺，而他所作答书恰是为新罗的行为申辩，无疑，作为外交交涉书信，捍卫新罗利益，为新罗的行为寻找根据，其文堪称"绝唱"。但是，将其作为史料运用，确应深入辨考。此前学者对《答书》反映的真实情况多有论考，笔者上文亦多处征引其文，故在此不再做论。下面只对该书信的几处记载提出质疑，并做相应论考。

唐罗间是否有一"密约"？《答书》载：

> 先王贞观二十二年入朝，面奉太宗文皇帝恩敕："朕今伐高丽，非有他故，怜你新罗摄乎两国，每被侵陵，靡有宁岁；山川土地，非我所贪，玉帛子女，是我所有。我平定两国，平壤已南，百济土地，并乞你新罗，永为安逸，垂以计会……"③

唐太宗之世及唐高宗初期，唐朝一直奉行打击高句丽、收复辽东失地的战略，只是后来百济一再攻略新罗，对唐朝历次劝解竟全然不顾，以至于新罗遣使求救"相望于路"，加之唐亦有构筑南北夹击高句丽战略态势之目的，故才有派军联合新罗攻灭百济之举，此已是高

---

① 〔韩〕李丙焘：《韩国史大观》，许宇成译，台北，正中书局，1961。
② 《三国遗事》卷2"文虎王法敏"条载："王闻文俊善奏，帝有宽赦之意，乃命强首先生作请放仁问表，以舍人远禹奏于唐。帝见表流涕，赦仁问送之。"唐朝囚禁的是金良图，此处记为金仁问，显然误载，但另一方面亦可看出强首所作奏表感染力之大。
③ 《三国史记》卷7《新罗本纪·文武王》，上册，第192页。

宗永徽以后的事情。也就是说，唐太宗虽对百济的行为不满，但灭亡百济不符合其对半岛事态的一贯立场；此前唐太宗对新罗请兵使者提出的上、中、下三策足以佐证，① 更何况其已经认定高句丽困弊，准备全力征伐，因而，说此时唐罗间有针对百济的战后秘密协议，似绝无可能。此为其一。其二，金春秋入唐，虽然以其外表风范、谦恭，以及合乎情理的交涉，给唐太宗留下了良好的印象，故以礼相待、恩荣备至；但以唐太宗的气度，当时新罗的藩属地位以及金春秋赴唐朝贡、请兵的使命，即使唐朝此前有征伐失利之情形，也还未到金春秋乞兵求助，唐太宗即与其谈论战后分赃问题的程度。其三，如上所述，文武王三次遣使谢罪，其中第二次谢罪奏表今可看到。从表文中对攻略百济行为的检讨反省，丝毫看不出攻略百济是因所谓"密约"之缘故。若唐罗间真有"密约"存在，在奏表中不可能不有所表现，但表文中没有，此亦可作为反证。故韩昇先生以为："这是新罗声称合法拥有朝鲜领土的片面之辞，颇难完全相信。"② 黄约瑟亦有类似的观点。③ 笔者认为，这应是强首先生秉承文武王之意，为新罗此前攻略百济故地行为的辩护之词，应当予以澄清。

唐含资道总管刘德敏到达新罗时间问题。《答书》文武王元年六月条载："含资道总管刘德敏等至，奉敕遣新罗，供运平壤军粮。"但同书卷6则记刘德敏十月二十九日到达。如果按《答书》的记载，唐敕使六月到达新罗，传敕令输平壤军粮，而新罗则踌躇拖延至次年正月（《答书》所载），天寒地冻之时，此不能不使人怀疑新罗的诚意。当是《答书》作者为表现唐朝不仁义，在新罗丧服未除之时，即令新罗会伐，但步入了时间的误区。《东史纲目》作者将刘德敏到新罗督

---

① 《三国史记》卷5《新罗本纪·善德王》，上册，第135页。
② 韩昇：《唐平百济前后东亚的国际形势》，《唐研究》第1卷。
③ 黄约瑟：《薛仁贵》，第144页。

输军粮时间系于十二月,① 尽管和《三国史记》卷6稍有差异,但还是合乎情理的。

征伐高句丽战后新罗将士奖赏问题。《答书》论及讨平高句丽之役,新罗军先与高句丽战于蛇水之上,后作为唐军先锋突入平壤城,此应是事实。但因新罗失军期,唐军统帅李勣否认新罗所建功勋,新罗军将既未受奖赏,又多受指责。此亦与史实不符。《三国史记》卷43《金庾信传》载:"总章元年,唐皇帝既策英公之功,遂遣使宣慰,济师助战,兼赐金帛;亦授诏书金庾信,以褒奖之,且谕入朝而不果行,其诏书传于家,至五世孙失焉!"可见,唐朝在嘉奖唐军将领有功之臣的同时,并非如《答书》所言,忽略或埋没新罗军将之功劳,而是派使长途跋涉赴新罗宣慰,赐予有功军将金帛(史书未载赏赐数量,估计当不会少);因金庾信的声望及功劳,唐高宗特授诏褒奖,并诏其入唐。金氏虽因年老或其他原因未能成行,但诏书竟流传数代。看来,所谓李勣否认新罗军将所建的功勋,并未影响唐朝廷对新罗有功将领的奖赏。再者,平高句丽战后,文武王使掳掠的高句丽人七千名入京,这些人当非一般百姓,恐系高句丽富民或官吏人等,亦非《答书》所云种种。

咸亨元年(670)是否遣使问题。《答书》载:"去年(670)九月,具录事状,发使奏闻,被漂却来;更发遣使,亦不能达。于后风寒浪急,未及闻奏……"考察文武王十年记事,七月间新罗攻取百济总城数的近二分之一(82城),八月又册封安胜为高句丽王,九月无记事。再者,文武王第二次遣使谢罪,"王以向者百济往诉于唐,请兵侵伐,事势急迫,不获申奏,出兵讨之。由是获罪大朝",表文中有"臣前代已来,朝贡不绝;近为百济,再亏职贡,遂使圣朝出言命将……"查阅其他记载,669年新罗曾遣使入唐,671年双方书信来

---

① 〔朝鲜〕安鼎福:《东史纲目》卷4上,景仁文化社,1994。

往，只有670年缺载，此正与上引奏表相合。可见，《答书》此处的记载是不可信的。

另外，新罗输送供给唐留守百济军军衣、军粮应是事实，但数量是多还是少；攻伐百济及高句丽都城时，新罗军将功劳是如《答书》所云很大还是一般；这些都是较为模糊并很难准确论断的问题。鉴于《答书》写作的特殊背景，又是由文章大家执笔，文风倾向是为新罗的行为申辩，故文中出现诸如夸大事实、混淆视听的情形当属正常并无可指责。此为当时对唐交涉的现实需要，无论是何种政权，处于此种境况，都会采取相应措施，并多方辩解的。应该特别强调的是，将其作为史料运用，研究者要慎重，应充分了解《答书》产生的背景，深入考察，避免做出有悖于史实的结论。

原载于韩国《新罗文化》第16辑，1999

＃ 第四章

金仁问的交涉活动研究考论

金仁问是活跃于 7 世纪中叶的新罗著名外交家。他曾七次往返于朝鲜半岛与唐朝之间，并在唐朝居住 20 余年，最终客死唐都。无疑，在朝鲜半岛的历史发展进程中，金仁问其人应当占有一席之地。然而，由于史料的缺乏，学界对金仁问相关事迹的研究并不充分。本章即依据相关史料，辨析既存研究成果，并对金仁问七次渡唐的时间、其在唐罗战争期间的立场及在唐朝逗留期间事迹提出自己的看法。

第一节 金仁问七次赴唐时间问题考

关于金仁问的生平事迹，韩国现存文献资料《三国史记》卷44《金仁问传》中有较为明确的记录，即金仁问 694 年病死于唐都，享年 66 岁，以此可以推断其出生时间为 628 年。其第一次入唐时间为 651 年，时年 23 岁。另外，被认定为《金仁问碑》的金石资料，由于碑面磨灭破损严重，现在只有部分文字可以释读，故对金仁问事迹的研究帮助相当有限。① 金仁问共七次入唐，对于其每次入唐的时间，学者的见解稍有差异。如权悳永氏认为金仁问的第二次入唐时间为 653 年到 655 年三月之间。② 其依据为《三国史记》所载新罗武烈王二年（655），在册封太子金法敏的同时，亦对当时诸王子授予相应官职，但唯独看不到次子金仁问受封的记载，权氏进而断定金仁问此时可能滞留在唐。这种推定是值得肯定的，但是，权氏随后出版的专著中却将其具体化，即认为金仁问第二次入唐时间为武烈王二年一月，不知是以何为据。陈景富氏认为金仁问第二次入唐时间为 659 年，未谈及 653 年之后金仁问入唐事，③ 此显然不妥；同时，陈氏根据 675 年金仁问奉诏返回新罗，中途因新罗文武王谢罪，唐高宗赦免文武王之罪，金仁问中道返回唐朝之事件，认为金仁问第七次入唐即是此时，此亦有进一步探讨的需要。笔者在认同权氏界定金仁问第二次入唐时间区间的同时，通过辩证清代以来金石学

---

① 参韩国古代社会研究所编《译注韩国古代金石文》卷 2，驾洛国史迹开发研究院，1992，第 134～141 页。该碑于朝鲜时代中期曾被发现，后不知下落。1931 年，日本人有光教一在庆州西岳书院内重新发现该碑。由于碑石破损严重，学者对碑文内容的解读差别很大。碑文如下：□□□□□则□□□□□□栋梁之材存□□师之兵符作其茾爪□龙熏孤之经史五之君少悼扩墟分星于而超碧海金天命□太祖碧王启千龄之（空二格）圣临百谷之（空二格）□□强汉将孙策限三江而则土（空六格）其日（空四格）祖文兴大王知机其神多（空一格）□□号之验本枝□盛垂裕后昆（空五格）□骇目贞观廿一年（空三格）诏授特进荣高（空一格）用仪左貂右蝉定中国之行礼奏闻（空五格）高宗大皇大帝遣派□曰惟金特进而量冲（空一格）罗王公乃遵月□□别幹发星河以派原戚（空一格）标志尚远涉沧泽□朝绛阙无亏藩职载未□□□鸿河□以千之雄堞高塪似锦越夫（空二格）太宗大王欢美其功特授食邑三百户（空一格）之所□被□就之□公乃聚不成图以开八陈□背诏大军凭怒□肯陵以载驱公义勇冠时百济而讦击□豪□□面缚于辕门凶党土崩□阝□途违事大之礼（空三格）大帝赫然发愤□（空三格）王授公为副大总管盛发师徒运粮□□其本国兵军□房境以横行返于瓠卢水三之粮举三□之□□之日至于河岸公乃万余及此时如云猛将仰公龙豹之韬若雨谋在国（空三格）诏曰□让忠果幹力公强式遵赏□之□□□六之禊纪德刺登村之礼是知□□□□顺动□□□□□□□接天人之乾封元年加授□□□□□□卫□□开国□。

② 〔韩〕权悳永：《悲运的新罗遣唐使们——以金仁问为中心》，《新罗文化祭学术论文集》第 15 辑，1994；〔韩〕权悳永：《古代韩中外交史——遣唐使研究》，第 33～35 页。

③ 陈景富：《新罗著名外交家——金仁问》，《新罗文化祭学术论文集》第 23 辑，2002。

者对唐《万年宫碑阴题名》的诠释,认为金仁问第二次入唐时间应为唐永徽四年(653)末,或者永徽五年(654)初,即新罗武烈王元年。① 因为只有这样,才能对现存文献资料及金石资料做圆满的解读。其次,金仁问被立为新罗王、鸡林州大都督,奉诏赴新罗代替其兄,但中途又返回唐朝,此不能算作再入唐。因为金仁问一行只能是从陆路东向,这样才有"中路而还"的可能。如果从海路进发的话,根本就不可能"中路而还"。② 就是说,陈氏的见解可能存在问题。

第二节　金仁问的政治立场

关于金仁问在唐罗战争时期的立场问题,权悳永氏认为其为亲唐人物,而金寿泰氏在随后发表的论文中主张金仁问并非亲唐派人物,而是自始至终坚定的反唐人物。③ 其实,所谓亲唐、反唐说实质上就是对史料的解说存在差异。权氏注重史料的考订,金氏则是基本上不加考订,只要对自己观点有利,即全盘接受。事实上,现在可以论辩金仁问在唐罗战争中的立场的核心史料,除《三国遗事》记载之外,似乎再也难以找到,即便如此,现存史料存在的疑点也是显而易见的。为说明方便,兹抄引相关史料如下:

---

① 根据(清)王昶《金石萃编》卷50、(清)毛凤枝《关中金石文字遗存》卷10、今人岑仲勉《金石论丛》诸书的考辨,以及《三国史记》卷44《金仁问传》的记载。另参本书附录第一章"朝鲜半岛古代史关联的金石文的现状"。

② 即从陆路前往,估算其出发时日和唐高宗下赦免诏书之间的时间,金仁问一行似乎根本不可能到达新罗境内。更何况唐朝只是将金仁问作为压迫新罗的一个手段,路上的行走快慢,完全是唐朝当事者根据前线战况所决定;加之从记载来看,金仁问表面上亦是"恳辞",即是说不愿意前往,也可能影响行程的速度。而事实上唐朝674年二月下诏,刘仁轨等率兵出发则延至同年十二月,金仁问一行要么随从刘仁轨出发,要么在刘仁轨等出发之后再出发。而675年二月,新罗迫于唐朝的压力以及国内诸多原因,很快就上表谢罪,唐高宗随即下诏赦免其罪,这才有金仁问的"中路而还"的情况出现。

③ 〔韩〕金寿泰:《罗唐关系的变化与金仁问》,《白山学报》第52辑,1999。

a. 明年，高宗使召仁问等，让之曰：尔请我兵以灭丽，害之何也？乃下圆扉；练兵五十万，以薛邦为帅，欲伐新罗。时义湘师西学入唐，求见仁问，仁问以事谕之，湘乃东还上闻。

　　b. 后年辛未，唐更遣赵宪为帅，亦以五万兵来征。又作其法，舡没如前。是时翰林郎朴文俊随仁问在狱中，高宗召文俊曰……王闻文俊善奏，帝有宽赦之意，乃命强首先生作请放仁问表，以舍人远禹奏于唐。帝见表流涕，赦仁问慰送之。仁问在狱时，国人为创寺名仁容寺，开设观音道场。及仁问来还，死于海上，改为弥勒道场，至今犹存。①

　　c. 既而本国承（丞）相金钦纯（一作仁问）、良图等，往囚于唐，高宗将大举东征，钦纯等密遣湘诱而先之。以咸亨元年庚午还国，闻事于朝。②

　　首先，金仁问在唐长安是否被囚禁。关于此问题，权悳永氏的论文中已有所辩证，即在唐被囚禁的是金良图，而非金仁问，这是首先应该明确的。同时，史料 b 中记载金仁问当时就渡海返回新罗，而不是 20 余年之后。再者，其不是正常地老死或者病死，而是死于返回新罗的海路上。虽然不能由此完全否定新罗民间传说或乡传资料的价值，但是，在有关金仁问最终归宿之具体问题上，上述记载是明显错误的，《三国史记》卷 44《金仁问传》以及发现的金仁问墓志铭可以证明这一点。在关键问题上错误百出的史料，其可信程度能使人放心吗？而引用这种史料来说明当时某个人的政治动向或者立场，其所得出的结论显然是难以令人信服的。

---

① 〔高丽〕释一然：《三国遗事》卷 2，"文虎王法敏"条。
② 〔高丽〕释一然：《三国遗事》卷 4，"义湘传教"条。

第四章　金仁问的交涉活动研究考论

其次，史料a、c中都有金仁问或者金良图（应该是金良图）被囚于唐，义湘法师时在唐朝求法，其将要返回新罗之前，和在狱中的金良图见面，得到金良图的指示（或者如史料c所载，义湘得到金良图的指示，诱使唐朝率先出兵，然后返回新罗），将唐朝要大举征伐新罗的消息传回新罗，这种记载更是超出常理。金良图被囚禁后，作为另外一个新罗人义湘法师能见到金良图实在值得怀疑。最明显的事例即是，就在唐罗决定征伐百济的前一年，唐朝就完全限制了在唐日本遣唐使的行动（对于在唐百济人行动的限制，没有史料记载，相信一定不会比日本遣唐使更轻松），将这些人囚禁于长安城内。当年的情况即是如此，十年后唐与新罗对立之时，作为交战一方，滞留在唐的新罗人的情况可能也不会有什么改观，在囚禁中的金良图不会见到义湘法师当是不容置疑的。同时，金良图能否得到唐朝的所谓机密消息亦存在疑问。唐罗关系在相对紧张的局面下，对滞留在境内的对方重要人物的防备当不会放松。与此相同，《三国遗事》卷2记载，此一时期到达新罗的唐朝使者乐鹏龟（可能是乐彦玮），处处受到新罗的各种"照顾"，其行动亦相当不自由。显然，这是由当时唐罗微妙的关系所决定的。但值得注意的是，著名僧人义湘法师，其获得情报消息的机会却可能更多，离开唐境也相对自由一些。此因为当时滞留在唐的新罗僧侣人数众多，唐朝可能防不胜防；同时，僧侣阶层和唐朝上层社会紧密的关系，更使其可能得到有关情报。还有，当时唐朝对于僧侣的一些活动采取默许的态度。以下史料的记载可以提供佐证。其云：

> 时东州道总管高侃破高丽余众于安市城，奏称有高丽僧言中国灾异，请诛之。上谓处俊曰："朕闻为君上者，以天下之目而视，以天下之耳而听，盖欲广闻见也。且天降灾异，所以警悟人君。其变苟实，言之者何罪？其事必虚，闻之者足以自

戒。"……特令赦之。①

此事件与上述义湘法师传达唐朝军事动向事件几乎是同时发生，事件的主角均是朝鲜半岛的僧侣，而且都是与唐朝和朝鲜半岛军事行动相关联，而实际的结果以及唐朝的处理方式可以证明笔者以上的判断。

再次，史料 a 中出现的薛邦其人，现存文献资料以及金石资料均未见记载，笔者以为可能是口传资料性质所致；而唐高宗要动员五十万军队征伐新罗，其动员兵力规模之大更是惊人。资料 b 中提到的赵宪其人，也是一个谜。《三国遗事》的一些记载，分明采自当时新罗的"乡传"及民间传说，有的可以为研究当时历史提供一定的依据，但有的实在是经不起推敲。笔者以为，研究者在考证现存史料之后，应该做到宁缺毋滥，不要用似是而非或者明显问题百出的资料论证严肃的历史问题。那么，金仁问的政治动向到底如何呢？笔者原则上同意权惠永氏的观点。其一，唐朝之所以让各藩属国派遣王子到唐朝京城宿卫，并对其厚赐重赏、加官晋爵，就是为了拉拢这些人，培植自己的代言人，增加其对唐朝的好感，必要时加以利用，进而牵制藩属国国内集权势力。金仁问七次往返于唐与新罗，唐高宗在世时，分别在 651 年、654 年、659 年、661 年、666 年、674 年接见金仁问，20 余岁即官至三品"左领军卫将军"；《万年宫碑阴题名》中，金仁问是唯一以藩属国宿卫者身份题名的人。此后，还参与唐朝盛大的泰山封禅仪式，其在唐朝获得的官品之高、赏赐之多，在当时诸藩属国宿卫者中亦不多见。如果金仁问极力反唐的话，其不可能在唐都城长期居留，受到唐高宗多次接见也是不可能的。金良图最终死于唐朝监狱即是明证。680 年，金仁问被授予镇军大将军行右武

---

① 《旧唐书》卷 84《郝处俊传》，第 2798 页。

威卫大将军。690年，武周政权授其为辅国大将军、上柱国、临海郡开国公、左羽林军将军。金仁问死后，女皇武则天"震悼，赠禭加等，命朝散大夫行司礼寺大医署令陆元景，判官朝散郎值司礼寺某等，押送灵柩。……"① 此不仅说明当时唐及武周与新罗关系得到进一步改善，金仁问在唐的表现，即和武周政权上下关系融和亦可从此窥其一斑。其二，唐高宗在剥夺新罗文武王官爵并派兵的同时，封金仁问为鸡林州大都督、新罗王，虽然"仁问恳辞不得命"，但其最终还是东向赴任。这种暧昧的行为，使人很难认定其所谓的"反唐"意向。退一步说，就是认定其"反唐"，也是一种机会主义行为。

最后，683年唐高宗驾崩，武则天从垂帘听政到最终登上皇帝宝座，其间酷吏政治使上至皇室贵族，下至藩属国使节移民，无不生活于血雨腥风之中。出身于高句丽泉氏家门、极力附和武周政权、当时在唐高句丽移民的代言人泉献诚，著名将领百济人黑齿常之，以及众多的王公官僚，皆死于酷吏的无端罗织之下。金仁问的情况如何呢？他能在694年，即酷吏大势已去的时刻病死，至少说明他是亲武周的。因为酷吏千方百计找寻理由罗织罪名、陷害忠良，如果他和当时的政权格格不入，或者对其持否定对立的态度，他可能根本就活不到694年。

第三节 金仁问的在唐活动及其结局

关于金仁问归国涉及的问题，上引金寿泰氏的论文中有详细的讨论，但其中推定演义的部分太多，特别是对一些史料的解释还有进一步商榷的必要。如金氏认为金仁问之所以20余年不能回国，

---

① 《三国史记》卷44《金仁问传》，下册，第401页。

是因为唐朝不让其离开,而新罗文武王末年、神文王时期均希望金仁问返回。当然,这种说法是建立在金仁问的反唐立场、新罗与唐关系紧张的前提下。笔者以为,金仁问的亲唐立场,以及此前以新罗王身份返回新罗的行动,在当时新罗朝野引起的震动当是极其深远的,特别是对其兄新罗文武王金法敏自身的冲击更大,对金仁问取而代之的恐惧、压力感,金法敏当不是短时间可以解除的。故认为文武王想让金仁问尽快归国不符合当时客观事实。再说,回来后如何安置?这些是十分现实的问题。金氏还引用《三国史记》卷8"神文王十二年"条、《三国遗事》卷1"太宗春秋公"条有关唐中宗、唐高宗遣使至新罗之事。关于此两条史料,日本学者金子修一等均有论述。[①]但无论如何,此两条史料本身的错误及疑点是无法回避的,不加分析地引用这样的史料证明相关问题,其得出的结论的妥当性不能不引起人们的怀疑。国立汉城大学的卢泰敦教授在分析此两条史料后,认为其可能源自金庾信玄孙金长清编撰的《金庾信行记》一书,故其不具备史料应有的信凭性。[②]笔者赞同卢氏的见解。

关于金仁问在唐都城期间的事迹,因为没有具体的史料说明,故难以得出相应的结论。在此,笔者利用一些间接史料,对金仁问在唐事迹进行了考察并做出推论。金仁问23岁第一次入唐,在此之前,依新罗当时贵族子弟结婚的年龄,特别是贵为王子的金仁问,其已经结婚当是没有疑问的。从651年到668年的17年中,依据权悳永氏的研究,其在唐居留时间为8年10个月,如果再加上往来于唐与新罗路途中的42个月(平均往返一次需要6个月),也就是3年6个月,17年中金仁问在新罗居住的时间最多也不过5年。特别

---

① 〔日〕金子修一:《中国的立场看三国统一》,《韩国古代史研究》第23辑,2001。
② 2001年2月韩国古代史学会在高丽大学举办学术年会,卢氏在讨论此问题后做了总结发言,具体见其发言文字。另参本书上篇第三章"新罗文武王时期的对唐交涉"。

是668～694年的26年间，金仁问滞留在唐朝都城，而668年，其刚满40岁。那么，此时金仁问的婚姻状况如何呢？

武则天时代著名文人陈子昂作有《馆陶郭公姬薛氏墓志铭》。墓志铭的主人公薛氏出自新罗，薛氏和当时名士郭元振婚后时间不长即暴病身亡。笔者根据《全唐文》卷233所载郭元振行状，推出郭元振693年时年龄为39岁，薛氏21岁和郭元振结婚，如果死亡时年龄为30岁的话（可能只有20余岁，这里按最大年龄计算），其出生年代为663年。据卢重国教授的研究，① 薛氏之父薛永冲是660年随金仁问入唐的，此说明薛氏的出生地是在唐朝，而非新罗。这样，另外一个问题不能不有所交代，即薛氏的母亲是新罗人还是唐朝人？当然，答案只有两种，其母亲要么是唐朝人，要么是随其父东来的新罗人。但是，当时唐罗联合针对百济、高句丽的战事紧迫，金仁问及其随行人员每次往返唐、新罗间都是身带使命、来去匆匆，故与家眷一同赴唐的可能性相对不大；② 这样，薛永冲与唐朝女子结婚的概率似乎更大一些。进一步说，660年之后，只有30岁出头的金仁问，其滞留在唐数十年，并和唐朝皇室关系密切，故与唐人女子结婚的可能性亦相当大。我们期待着在西安或洛阳有相关新的墓志铭出土，进而最终使此问题有一个圆满的解释。

金仁问在唐时期的史料不多，而现存和唐罗战争关联的史料却多

---

① 〔韩〕卢重国：《新罗时代姓氏的分枝化和食邑制的实施——以薛瑶墓志铭为中心》，《韩国古代史研究》第15辑，1999。
② 据《三国史记》新罗本纪、高句丽本纪，以及《旧唐书》《新唐书》东夷传的记载，新罗曾于631年、668年、723年、792年向唐献美女，高句丽于646年向唐献美女，唐朝皇帝均以各种形式，要么让其返回，要么禁止以后再献。其考虑多是孤弱女子远离故土、思念家乡。同时，往返路途遥远艰难、海上险况丛生，并随时都有生命危险，可能也是一个重要原因。以此类推，金仁问及其随从带家眷来唐的可能性很小。关于日本遣唐使来唐及新罗使者渡海艰难之状况，可参〔日〕木宫泰彦《日中文化交流史》，胡锡年译，商务印书馆，1979，第91～95页；〔韩〕权惠永《古代韩中外交史——遣唐使研究》，第241～250页。

有疑点，这样，研究者自身的主观意向往往直接影响对金仁问事迹的解读研究。发掘新的资料，辩证批判现有史料，充分把握 7 世纪中叶东亚世界各国的真实情况，是研究者应该正视的问题。

原载于《海交史研究》2003 年第 2 期

第五章
唐罗战争研究中的几个问题

669～676年，唐朝和新罗，昔日前后合作20余年的盟友，由于各自利益的缘故，处于交战状态。尽管交战双方投入了相当大的兵力和财力，也付出了一定的代价，但当时东亚世界固有的天下秩序观念，以及当时唐与新罗内部复杂的政情关系，使双方处于一种若即若离的不透明状态，进而也对此后双方关系的发展产生了影响。对于这场所谓的"战争"，中国学界相对比较沉寂，现有相关论著亦只是稍稍提及，专门的研究还未看到，韩日学界则多有论著发表。[①] 然而，仔细探讨以往的研究，就会发现其中仍有一些问题需要澄清。鉴于

---

① 关于唐罗战争，学界的研究成果主要有：〔美〕约翰·查尔斯·贾米森《罗唐同盟的瓦解——韩中记事取舍的比较》，《历史学报》第44辑，1969；〔韩〕李铉淙《统一新罗的自主意识和对唐抗争》，《国土统一》第11辑，1973；〔日〕池内宏《高句丽灭亡后的遗民的叛乱及唐と新罗との关系》，《满鲜史研究》（上世）第2册，吉川弘文馆，1980；〔日〕古畑彻《七世纪末から八世纪初たかけの新罗、唐关系——新罗外交史の一试论》，《朝鲜学报》第107辑，1982；〔韩〕梁炳龙《罗唐战争进行过程中所见高句丽遗民的对唐战争》，《史丛》第46辑，1987；〔韩〕闵德植《对罗唐战争的考察》，《史学研究》第40辑，1989；〔韩〕卢泰敦《对唐战争期（669～676）新罗的对外关系和军事活动》，《军史》第34辑，1997；〔韩〕徐荣教《关于新罗长枪幢的新考察》，《庆州史学》第17辑，1998；〔韩〕徐仁汉《罗唐战争史》，国防军事研究所，1999；〔韩〕金寿泰《罗唐关系的

此，本章即对唐罗战争研究中的史料问题、战争期间双方的交往、学界对唐罗战争结果的评论等问题做一探讨。

第一节　唐罗战争关联的史料再检讨

一　从唐史研究的视角看现存中国史料

对于唐罗战争的研究，中国史料主要有《旧唐书》《新唐书》《资治通鉴》《册府元龟》，以及新发掘的墓志铭等金石文资料，韩国的史料只是《三国史记》《三国遗事》中的记载。同时，因为韩国的记载相对详细，并且其中的有些记载能填补中国史料记载的空白，故韩国学界似乎更有理由相信并利用韩国的记载。不过，最早提及此问题并做过一定研究的是美国学者约翰·查尔斯·贾米森教授。其发表于韩国《历史学报》第44辑的《罗唐同盟的瓦解——韩中记事取舍的比较》一文，通过对比《旧唐书》、《新唐书》与《三国史记》有关唐罗战争关联人物的传记及考察其他记事，首次清楚地谈及唐罗同盟乃至唐罗战争关联的史料问题，进而成为此后韩国学者研究该问题的经典文献。

无疑，约翰·查尔斯·贾米森在论文中，对于《旧唐书》《新唐书》对赴韩唐将军，如李谨行、薛仁贵、刘仁轨等记载简略，高侃等人竟未立传的指责均是事实，但笔者以为，由此似乎并不能证明后出的《三国史记》所载全部正确。同时，他在分析《旧唐书》《新唐书》所载参战唐将薛仁贵、刘仁轨、高侃、李弼、杨昉、李谨行诸事迹之后，认为，"尤其是检讨668年以后参与高句丽、新罗诸会战的

变化和金仁问》，《白山学报》第52辑，1999；〔韩〕徐荣教《关于九誓幢完成背景的新考察——罗唐战争的余震》，《韩国古代史研究》第18辑，2000；〔韩〕张学根《新罗的征服地支配防御战略——以对唐战争为中心》，《军史》第41辑，2001。

唐朝诸将的传记,传记作者故意保持沉默当是十分明白的"。就是说,他以为传记作者为掩饰唐朝在朝鲜半岛的失败,对此时的一些事件故意保持沉默。应该订正的是,李弼其人死于意外,并未跟随刘仁轨出征,其自身亦未有什么过人的文略武功可表。① 杨昉虽然官司平太常伯(工部尚书),其事迹除因职务之故,受命摄同文正卿监护李勣死后坟墓葬仪之外,就是文中提到的副李谨行前往高句丽"绥纳亡余"② 而已。《旧唐书》《新唐书》未为此二人立传并不奇怪。高侃在薛仁贵之后曾官安东都护,后来又前往西北战场,曾官左监门卫、左武卫大将军,死后陪葬乾陵。《旧唐书》《新唐书》中没有他的传记,具体原因不明。③

笔者以为,从唐宋史学史,以及唐高宗在位后期朝廷内不同势力的斗争,唐、武周改朝换代诸视角综合研究,约翰·查尔斯·贾米森有关《旧唐书》《新唐书》的观点实在有重新认识的必要。

首先,对照现存刘仁轨、薛仁贵、李谨行的传记,其中对唐罗战争的记载确实不多,但此似乎不是《旧唐书》《新唐书》编撰者的过错。因为编撰《旧唐书》的后晋时代,乃至编撰《新唐书》的北宋中叶,对于以上诸人的相关事迹,可能除当时唐朝编撰的"国史""实录"之外,再没有其他可资参考的东西。而为后世编撰者信从的"国史""实录",其成书的过程仍需进一步考察。对此,笔者在下文中将予以探讨。最明显的事例,《旧唐书·刘仁轨传》末直接引用当

---

① 李勣死亡之前,李弼任晋州刺史,因李勣弥留,召为司卫卿(《资治通鉴》记为司卫少卿)。唐高宗敕令随刘仁轨征伐新罗之时,其为卫尉卿;但其于上元元年九月死于宴会场所,唐高宗为其"废酺一日",故其不可能随刘仁轨出征。相信唐朝廷之所以任命李勣之弟为将,是想利用李勣在高句丽的影响,收到意外的效果。此时李弼保守估算亦应在70岁以上。参《资治通鉴》卷202,唐高宗咸亨四年条;《新唐书》卷93《李勣传》。
② 《新唐书》卷220《东夷传·高丽》,并参《旧唐书》卷67《李勣传》。是否因为杨昉此前和李勣乃至李勣家族关系密切,不得而知,因为以工部尚书赴高句丽"绥纳亡余",实在有点离奇。
③ 岑仲勉:《唐史余沈》,上海古籍出版社,1980。

时史臣韦述的话，云："世称刘乐城与戴至德同为端揆，刘则甘言接人，以收物誉……"同书《苏定方传》赞则曰："邢国公神略翕张，雄谋戡定，辅平屯难，始终成业。疏封陟位，未畅茂典，盖阙如也。"① 看来，到编撰《旧唐书》的后晋时代，有关苏定方的史料记载就很少，撰著者只好沿用唐"国史"中史臣的原话说明此情况。北宋中期编撰的《新唐书》，在此方面并没有增加多少分量。如《旧唐书》没有为李谨行立传，《新唐书》增加的"蕃将列传"中虽然有李谨行的传记，但其无论是量还是对朝鲜半岛关联事件记录的缜密程度，都不能令人满意。看来，因为没有史料，就是勉强立传亦难以有所收获。其次，据已故著名东亚古代关系史专家黄约瑟先生考察，7世纪70年代的唐朝对外交涉及军事趋向，是以直接威胁唐朝西北边防的吐蕃为重点，薛仁贵、高侃、李谨行等人的西调，进而促使安东都护府一步步北移。② 既然此时东北地域已不再是唐朝的注目之地，当时有关这一地域的记载不多也是可能的事情。最后，笔者对《资治通鉴》中唐高宗咸亨、上元、仪凤、调露四个年号十年间的记事做过比较，其记载史事的分量较其他年份明显为少，《新唐书》《旧唐书》等史书的状况与此相同。而此十年中，唐朝发生了许多大的事件，例如对西北边境的吐蕃之战、宫廷权力斗争等，无疑，这些记事的数量亦减少。为什么如此？如何解释出现这种状况的原因？应该引起研究者的注意。

众所周知，此前致力于史书修撰的特进许敬宗咸亨三年（672）八月病死。次年三月，唐高宗即任命上年十一月起复同中书门下三品的刘仁轨等"改修国史，以许敬宗等所记不实故也"。③ 这次改修"国史"（"实录"），可能对许敬宗虚妄撰作部分进行了彻底的修

---

① 《旧唐书》卷84《刘仁轨传》，第2797页；卷83《苏定方传》，第2786页。
② 黄约瑟：《武则天与朝鲜半岛政局》，《黄约瑟隋唐史论集》，中华书局，1997。
③ 《资治通鉴》卷202，唐高宗咸亨四年，第6371页。

改。但是，刘仁轨、郝处俊等人此时厌战主张息兵，以及出于自身的好恶，在修改过程中，将和许敬宗关联的主战人物的事迹亦大加改修，进而有矫枉过正之嫌，致使一些人物的事迹不明于后世。苏定方最后数年间安集吐谷浑的具体事迹不见史载可能即与此有关。①此后，调露元年（679）八月，诏"侍中郝处俊，左庶子高智周，黄门侍郎崔知温，给事中刘景先兼修国史"，②又据《新唐书》卷106《高智周传》载："是时崔知温，刘景先修国史，故智周与郝处俊监莅。"但是，自唐高宗驾崩到武则天临朝称制数年间，此数人（包括刘仁轨）或死或贬，而担当宰相者亦无一幸免（除武承嗣、武三思之外），宰相监修"国史"的职能已不复存在。同时，此前为唐政权效力的文臣武将，因为效忠唐帝国，大多成为武周政权改朝换代的祭品，他们以往为唐朝廷建立的功勋伟绩，并没有给其带来荣耀或者成为庇护后代的资本，反而成为被酷吏罗织屠杀的绝好依据。

如数度往返朝鲜半岛、享誉中外的宰相刘仁轨，虽然死后获陪葬乾陵的虚名，但其长子刘濬未摆脱被酷吏罗织的命运，客死岭南；刘仁轨墓前的碑石还是50余年之后，其孙刘晃奏请唐玄宗获准而立。③李勣则由于其孙徐敬业起兵反对武则天临朝称制，"追削敬业父祖官爵，复其本姓徐氏"，原陪葬昭陵的李勣坟墓竟被推平，直到唐中宗反正之后，才"诏还勣官封属籍，葺完茔冢焉"。④高宗后期著名的相臣、曾经参与征伐高句丽战事、监修国史的郝处俊，在世时为唐高宗近臣，和武则天政见多有不同；后其孙郝象贤被诬谋反，"令斩讫仍

---

① 参本书下篇第六章"苏定方的活动及行迹"。
② 《旧唐书》卷5《高宗本纪》，第105页。
③ 《大唐故十学士太子中舍人上柱国河间县开国男赠率更令刘府君墓志》，周绍良主编《唐代墓志汇编》，第1365页。另参《新唐书》卷108《刘仁轨传附》。
④ 《旧唐书》卷6《则天皇后本纪》，第117页；《新唐书》卷93《李勣传》，第3823页。

支解其体，发其父母坟墓，焚热尸体，处俊亦坐斫棺毁柩"，即郝处俊死后也难得安宁，暴尸荒野。① 曾经随苏定方出讨百济、后又被任命为平壤道行军大总管（可能后来未行）、最终官职为左监门卫大将军的刘伯英，其子刘行宝被酷吏来子珣罗织，刘行实、刘行瑜、刘行威（《新唐书》作刘行感）及长孙刘虔通均被诛杀，而酷吏并没有放过已经死亡、有功于国家的刘伯英，竟派人奔波数千里到达今江苏省的盱眙毁其棺柩。② 声名显赫的战将、百济人黑齿常之，以及极力拥护武周改朝换代的高句丽移民泉献诚，无不死于酷吏之手。酷吏们丧心病狂的杀戮，使武周的改朝换代完全浸泡在腥风血雨之中，而唐宗室乃至此前为唐朝建功立业但不屈服于新朝的功臣及其后代，几乎无一能免除被罗织的横祸，他们为唐朝建立的功勋又有谁来记载，记载的功业被毁灭又有谁敢据理力争呢？唐罗战争期间在半岛的唐朝诸将领的事迹，乃至唐最终退出朝鲜半岛的详细记录亦被殃及，其不见史载，不能说与此无关！

同时，自唐高宗驾崩到唐中宗反正的长达20余年间，修史机构几乎完全瘫痪。武则天末年（703），为了使武周的改朝换代正当化，曾下令组织编撰"唐史"，但因种种原因，武则天钦定"唐史"的修撰最终破产。③ 另外，据清代学者赵翼研究，到编撰《新唐书》之时，有关唐高宗朝的实录有以下四种："《高宗实录》三十卷，为许敬宗、令狐德棻撰；《后修实录》三十卷，令狐德棻所撰，止乾封，刘知几、吴兢续成之。又有武后所定《高宗实录》一百卷。韦述所撰

---

① 《旧唐书》卷84《郝处俊传》，第2801页。
② 《旧唐书》卷186上《酷吏·来子珣传》，第4847页。另外，参与征伐高句丽的元万顷、郭正一，于永昌元年（689）被酷吏诬陷，流配岭南而死，参《旧唐书》卷190《文苑中》。
③ 桂罗敏：《武则天与钦定唐史的修撰》，赵文润主编《武则天研究论文集》，山西古籍出版社，1998。

《高宗实录》三十卷。"① 也就是说，唐高宗在位期间唐人直接编写的实录当时仍然可以看到。但是，如上所述，许敬宗参与编撰的两种实录，只记载到乾封年间，乾封以后事迹是唐中宗神龙年间由刘知几、吴兢两人补撰。武则天所定实录亦当是武周后期（695）所敕修，而韦述所修更是数十年以后的事情。这样，《旧唐书》《新唐书》的编修者看到的所谓"高宗实录"，以及编撰者信从的韦述所撰"国史"，皆是武则天改朝换代之后所作。特别是唐高宗乾封以后十余年的实录，并没有所谓"原稿"，纯粹是当时编修者收集劫后余录所得，对唐王朝此时朝鲜半岛的诸事件的记载，其史料的不完全应该是相当严重的。同时，安史之乱爆发之后，安史叛军占领唐都长安，火烧兴庆宫，收藏宫内的实录、起居注等书3682卷全部化为灰烬，只有史官韦述藏"国史"113卷送官，此为唐代史籍的第一次大量散失；唐末的广明之乱，政府收藏的史学典籍又一次受到损失。上述《旧唐书》苏定方、刘仁轨等人的传记中，直接引用韦述所撰唐"国史"的内容，应该是此一时期可资参考的资料极少的缘故。

总之，检讨唐高宗末期以及武则天统治时期的史事，了解唐宋史学史的发展概况，对于现存《旧唐书》《新唐书》诸史书有关唐罗战争记载诸问题的源流会有较为明白的认识，故约翰·查尔斯·贾米森的观点的偏颇亦一目了然。与此同时，如何客观、历史地评价韩国与唐罗战争关联的史料，这是唐罗战争史研究中十分敏感但也是相当关键的问题。

二 韩国所存史料的优点及其存在的问题

正如约翰·查尔斯·贾米森论文所云，编撰于12世纪中期、韩国现存最古的史书《三国史记》，对唐罗战争记载的详细程度，参考

---

① （清）赵翼：《廿二史札记》卷16，第343页。

对比唐宋时代中国所撰诸史书的记载，以及当时新罗自身撰述的"乡传"、史书等，是极为可贵的。同时，总撰者金富轼的指导方针即是弥补中国史书对朝鲜半岛事件"详内略外"之不足，故研究唐罗战争诸问题，《三国史记》中的资料无疑是首先应该重视的。有关此问题，不仅上引论文屡屡提及，韩国学界与唐罗战争关联的论著中亦多有论述，故不再赘述。虽如此，笔者以为该书的一些资料仍然存有疑问，个别记载亦不可信。

首先，20世纪80年代，韩国的李钟学教授在《新罗三国统一的军事史考察》一文中，首次指出唐罗陆上最重要的买肖城战役①相关史料存在"疑问"。其引用《三国史记》卷7《新罗本纪·文武王》的记载，指出："当时新罗的领兵将领是谁？参战军队的数量有多少，以及什么作战计划促使唐军失败，唐军战死者又有多少，现在都是一个谜。这不能不说是一件遗憾的事情。"② 事实上，所谓的买肖城战役，是由于吐蕃势力东侵，唐西北边境地域受到直接威胁，唐政府迫于形势，故而抽调远在朝鲜半岛的唐军西上，李谨行所领以靺鞨人为主的唐军即在敕令之列。③ 在此状况下，驻屯买肖城唐军的战略大转移势在

---

① 买肖城具体地址史料缺载，韩国学界有四种说法。其一，闵德植氏将其比定在现京畿道涟川郡大田一里1-1的大田里山城（见氏著《买肖城址考》，《孙宝基博士停年纪念考古人类学论丛》，1988）。其二，为京畿道杨州郡州内面于屯里所在的南坊里土城。其三，同在杨州郡州内面于屯里所在的杨州山城。其四，根据《三国史记》卷43《金庾信传》的记载，比定为今京畿道杨州郡州内面古邑里内。参〔韩〕闵德植《对罗唐战争的考察》（《史学研究》第40辑，1989），以及〔韩〕李丙焘《译注三国史记》（第237页）。《三国史记》卷7《新罗本纪·文武王》记载买肖城战役曰："（675年9月）29日，李谨行率兵二十万名屯买肖城，我军击走之，得战马三万三百八十匹，其余兵杖称是。"这是有关这次战役的唯一记载。
② 韩国国防部军史编撰研究所编《军史》第8辑，1984年。
③ 岑仲勉氏认为李谨行西调时间为上元二年（675）二、三月间，见氏著《金石论丛》，第298~299页。马驰氏认为李谨行西调时间为仪凤二年（677）八月至十二月，见氏著《李谨行家世和生平事迹考》，《唐代的历史和社会》，武汉大学出版社，1997。但通读二人的论著，其均未参考《三国史记》的记载，故对李谨行西调前的事件似乎并不了解。笔者以为，李谨行上元二年九月末西调，依《旧唐书》卷199、《新唐书》卷110的记载，上元三年其出现在西北战场上，这是符合史实的。

第五章　唐罗战争研究中的几个问题

必行。可能是撤退敕令过于紧急，一些不必要的物资及不堪远行的战马不可避免地被遗弃。新罗与唐军断后部队的战斗，应该是买肖城战役的主要内容。① 而《三国史记》中除上引资料之外，再没有其他资料证明唐军如何大败或新罗军怎样大胜的。既然是唐军战略大转移，新罗军只是随后清理战场及尾随追踪，故两军战斗的激烈程度、兵力投入等，都不能以常规战役论列；《三国史记》卷7只记载新罗获得战马及兵器等，并未记载唐军战死人数，亦未记录新罗军投入兵力及领军将领，此应该是相当正常的事情。至于有学者通过考古调查或当地传说认为买肖城故址有所谓的"李将军城"，李将军即李谨行，但这只能说明唐将军李谨行或许确曾在此驻屯，② 似乎并不足以证明买肖城战役的强度和双方兵力投入，以及新罗大胜或唐军大败的具体样相。另外，按韩国学界现有研究，李谨行所率唐军在战斗中遭到新罗军队四面包围攻击，几乎全军覆没。如果此说属实，按照当时唐朝对败军将领的处置惯例，造成如此重大损失（唐军全军覆没）的主将李谨行，是难逃脱流配或其他处罚的。因为在此前后，无论是程知节还是薛仁贵，乃至边疆少数民族将领阿史那道真（阿史那社尔之子），都难能逃脱谪罚的命运。李谨行未受到任何处罚，朝廷文臣、御史所上奏折中亦未见论及，③ 而且此后还被唐朝廷任命为积石道经略大使，从职务看至少也是平级调动。④ 为什么如此？可能的解释应当是：要么是上文所述唐军战略大转移，

---

① 关于所谓买肖城战斗，参〔韩〕闵德植《对罗唐战争的考察》，《史学研究》第40辑，1989；〔韩〕徐荣教《罗唐战争的开始和背景》，《历史学报》第173辑，2002。
② 此为韩国学者崔根咏、闵德植的观点；但依据安国承氏的研究，这里的"李将军"并非7世纪中叶来韩的唐军将领李谨行，而是17世纪初（1624）李适之乱时殉节的李朝王室韩原君李穆，"李将军城"是李穆所筑，和李谨行没有任何关系。参氏著《买肖城研究》，《京畿乡土史研究》第2辑，1994。
③ 仪凤年间太学生魏元忠上奏唐高宗，历数贞观以来战事赏罚，对于败军者如薛仁贵、郑仁泰等大力批判，要求严格赏罚，重整军风。其奏折中涉及的将领很多，但未见提及李谨行。参《全唐文》卷176《上高宗封事》。
④ 《大唐故积石道经略□□右卫员外大将军检校左羽林军□检□□州刺史上柱国燕国公赠镇军大将军幽州刺史（李谨行）（下缺）》，吴钢主编《全唐文补遗》第5辑，三秦出版社，1998。

即奉行唐朝廷的旨意撤军西行；要么就是和新罗军作战损失并不大，即不构成处罚的条件。无论如何，似乎都和现有的研究存在差异。

另外，笔者以为《三国史记》中所记李谨行率二十万唐军驻屯买肖城，这里的驻屯买肖城唐军数量可能存在问题。因为此前唐军对朝鲜半岛的历次战斗中，唐太宗亲征也不过出动十万余人的水陆军队，苏定方联合新罗征伐百济出动唐军十三万人（其中可能还包括五万新罗军）。① 随后龙朔初征伐高句丽，虽然号称三十五军，其总兵数也不会超过二十万人。

买肖城战役之前的咸亨二年（671）二月，"唐将高侃率兵一万，李谨行率兵三万，一时至平壤，作八营留屯"。次年，李谨行所率靺鞨军和新罗军交战，从《三国史记》记载看，军队可能有一定的减员损失。其间高侃率先受命返回唐朝，其所领军队去向不明。上元二年（675）二月，刘仁轨率军到达朝鲜半岛，在取得七重城战斗的胜利之后，随即"引兵还"，唐朝廷诏李谨行为安东镇抚大使。虽如此，从记载看，刘仁轨并未将所率唐兵交付李谨行，而是将其带回唐境。这样，李谨行所领唐军要达到二十万人无论如何都相当困难。笔者以为，有可能《三国史记》在雕刻版印刷过程中出现衍文，即在原来的"十万"前面多刻了一个"二"字，进而造成驻屯买肖城的唐军达二十万人之多之错误，而十万唐军亦当是此时唐朝在朝鲜半岛的总兵数（应包括军队的后勤人员）。因为李谨行担当安东镇抚大使，故说其率军十万人也没有错，但在买肖城的唐军则不会有十万人。当然，也有可能如李昊荣氏所论，其二十万人当是夸张之词，李谨行所领军队最多可能只有四万人，似不会再有更多。②

其次，针对仪凤元年的所夫里州伎伐浦海战，《三国史记》卷7

---

① 《三国史记》卷5《新罗本纪·武烈王》。
② 〔韩〕李昊荣《新罗三国统合和丽、济败亡原因研究》一书指出："20万名唐军是《三国史记》作者大大的夸张所致，当时高侃所率唐军2万，李谨行麾下亦为2万，高侃此前已返回唐境，即使高侃将所率军队全部交予李谨行，其军队总数亦不过4万名。"即认为李谨行当时所率唐军人数为四万人，这种说法从史料推理看有其合理性。

载:"冬十一月,沙湌施得领兵船,与薛仁贵战于所夫里州伎伐浦,败绩。又进,大小二十二战,克之,斩首四千余级。"对此,李钟学氏认为:"当时双方投入兵船的多少不可知晓,只是新罗文武王673年曾命大阿湌彻川等率兵船一百艘,镇守西海,只是这里记载的一百艘兵船的数字似乎有点少。"但笔者以为,号称唐罗战争转折点的所夫里州伎伐浦海战,其中的疑点并非李氏认为的史料记载的新罗兵船太少,亦不是薛仁贵在所夫里州所率唐军的"大小二十二战"全部失败,而是《三国史记》关于此次海战资料的信凭性问题。因为依据《旧唐书》卷83《薛仁贵传》的记载,所谓指挥所夫里州伎伐浦海战的唐军将领薛仁贵,此时正在远离唐都长安近五千里的流配地象州过着贬谪生活,其根本没有机会和可能到朝鲜半岛指挥与新罗水军的战斗,此是其一。① 既然是海战(事实上只是水战而已),特别是古代概念的海战,无论战斗大小,都应该有一定规模,即有相当数量的船只和军队投入;这22次海战,双方要投入多少船只和军队,简直是不可想象的。因为果如韩国学界认定的为唐军补给船的话,② 假若10次已经被新罗军截获,不可能还继续运输粮秣物资,再被新罗军队取得。更何况早在上年(上元二年)九月,由于西北边境局势紧张,李谨行所率唐军主力已经战略转移,前往唐西北吐蕃前线;唐朝亦改变此前直接介入政策,安东都护府于此年(仪凤元年)二月从平壤迁往辽东故城,"先是有华人任东官者,悉罢之。徙熊津都督府于建安故城;其百济户口先徙徐、兖等州者,皆置于建安",③ 故根本不需要从海上向半岛运输大批的军粮及军用品,此是其二。如果是兵船,所俘俘虏的数字是否和交战次数及交战规模相矛盾?唐朝所造"海

---

① 〔日〕池内宏:《满鲜史研究》(上世)第2册,第460页,其首次提出薛仁贵不可能在韩作战说。
② 〔韩〕李钟学:《文武大王与新罗海上势力的发展》,《庆州史学》第11辑,1992年。
③ 《资治通鉴》卷202,唐高宗仪凤元年,第6379页。

船"或"大船"一般"大者或长百尺,其广半之"(长30米、宽15米),其运输的军兵数量当是十分可观的,① 此是其三。在此前提下,笔者推断,新罗水军作战的对象极可能是熊津都督府下辖的百济系统的残余军队,当然可能也有部分未能撤离的原留守唐军。② 同时,唐军领兵将领不是薛仁贵,战斗也没有大小22次之多。为什么会出现这样的记载?或许新罗军队在战后亦有虚报战果的情况。是否《三国史记》与此关联的资料来源于当时"乡传"或小说类书籍的记录?③ 对此,有待发掘新的史料,对其进行深入细致的探讨,以避免被假象迷惑。

鉴于上述买肖城战役、所夫里州伎伐浦海战的史料存在这样或那样的问题,似乎对学界现有关唐罗战争后半期的成说应该做进一步认识。

第二节 战争期间的交涉及其交涉性质

一 唐罗战争中双方的交往

唐罗战争研究中,一个重要的现象往往被研究者忽略,那就是贯

---

① 参胡戟《中国水军与白江口之战》,《百济史上的战争》,第215~222页;张泽咸《唐代工商业》,中国社会科学出版社,1995,第86~95页。

② 河南巩义市石窟寺石刻中有"不可思议(宜)清信女王婆为儿宋元庆东行,愿得平安,敬造观音一躯。上元三年三月日"佛像题记,说明在676年(此年十一月改元仪凤)仍有唐军人在朝鲜半岛参加战斗。参(清)陆增祥编《八琼室金石补正》卷31,《石刻史料新编》第1辑,台北,新文丰出版公司,1982;孙贯文《龙门造像题记简介》,《考古与文物》1983年第6期。

③ 日本学者池内宏、古畑彻认为《三国史记》卷7《新罗本纪·文武王》中有关薛仁贵在文武王十五年(675)、十六年(676)的记事混乱,应该排列于十一年(671)。参〔日〕古畑彻《七世纪末から八世纪初たかけの新罗、唐关系——新罗外交史の一试论》,《朝鲜学报》第107辑,1982;黄约瑟《武则天与朝鲜半岛政局》,《黄约瑟隋唐史论集》,中华书局,1997。黄约瑟氏认同日本学者的看法。

穿战争始终的唐罗使节往来。正是由于使节的沟通,双方原有的关系才得以维持,并避免了双方可能采取的极端行为。《三国史记》卷6、卷7详细记载了当时唐罗交往的史实,云:

> 九年,夏五月,遣祇珍山级湌等入唐献磁石二箱;又遣钦纯角干、良图波珍湌入唐谢罪。
>
> 冬,唐使到传诏,与弩师仇珍川沙湌回,命造木弩……
>
> 十年,春正月,高宗许钦纯还国,留囚良图,终死于圆狱。以王擅取百济土地遗民,皇帝责怒,再留使者。
>
> 十一年,秋七月二十六日,大唐总管薛仁贵使琳润法师寄书(文武王)……大王报书云……
>
> 十二年,九月,王以向者百济往诉于唐,请兵侵我,事势急迫,不获申奏,出兵讨之,由是获罪大朝。遂遣级湌原川,奈麻边山及所留兵船郎将钳耳大侯……上表乞罪曰……
>
> 十四年春正月,入唐宿卫大奈麻德福传学历术还,改用新历法。王纳高句丽叛众,又据百济故地,使人守之。唐高宗大怒,诏削王官爵,王弟右骁卫员外大将军临海郡公仁问在京师,立以为新罗王,使归国。以左庶子同中书门下三品刘仁轨为鸡林道大总管,卫尉卿李弼,右领军大将军李谨行副之,发兵来讨。
>
> 十五年,二月,刘仁轨破我兵于七重城,仁轨引兵还。诏以李谨行为安东镇抚大使,以经略之。王乃遣使入贡,且谢罪,帝赦之,复王官爵;金仁问中路而还,改封临海郡公。
>
> 同年,九月,遣使入唐贡方物。

除此之外,研究韩国古代史的重要野史著作、与《三国史记》堪称双璧、高丽末期僧一然编撰的《三国遗事》一书,亦载有唐高宗遣礼部侍郎乐鹏龟①到新罗，观新创四天王寺之事。就是说，虽然双方处于交战状态，但相互使节的来往并未中断。对于双方的这种交涉，一般论著中的讨论相当有限，只是强调新罗如何和唐朝激战，最终将唐势力驱逐出朝鲜半岛。无疑，从中韩关系史研究的角度看，这种表述应该说是不完整的。值得提及的是，国立汉城大学的卢泰敦教授在论文中指出：新罗"和唐既存的朝贡、册封关系，并未成为新罗对唐政策的障碍，而是能动的利用这个关系，将与唐的交涉引向有利于新罗的方向。即唐军的攻势激烈，形势危急之时，新罗依照臣礼，前往朝贡，以蒙骗唐廷。战争期间，双方始终满足于已有朝贡、册封关系，其中交涉从未中断。这不仅维持了和唐朝固有关系，而且从此后的形势发展看，也有牵制日本的意味和效果"。② 应该说，卢氏虽阐明唐罗战争期间双方交往的部分事实，但对新罗文武王的"朝贡""谢罪""上表谢罪"等的探讨，似乎与当时史实仍有一定差距。那么，唐罗战争期间唐罗双方交往的真实状况又是如何呢？

首先，唐罗战争期间唐罗双方的交往，是在唐朝天下秩序的范畴内进行的。③ 交战期间，唐朝仍然行使天子对藩属国的权力；不管新罗统治层采取何种对策，其承认这种秩序约束无论如何都是不可否认的事实。如文武王九年（669）派金钦纯、金良图赴唐请罪，其乞罪表文（672）的开头即是"臣某死罪谨言"，又有"然深仇百济，逼近臣蕃，告引天兵，灭臣雪耻。臣忙破灭，自欲求存，枉被凶逆之名，遂入难赦之罪。臣恐事意未申，先从刑戮，生为逆命之臣，死为

---

① 乐鹏龟其人在《三国遗事》卷2、卷4连续出现，此当为"乡传"或小说家言资料。中国史书，毋论《旧唐书》《新唐书》《资治通鉴》，类书如《册府元龟》《全唐文》《全唐诗》等，以及野史笔记、金石文史料中，均未见与其人关联的任何载录。笔者以为，其可能是当时的乐彦玮。

② 〔韩〕卢泰敦：《对唐战争期（669~676）新罗的对外关系和军事活动》，《军史》第34辑，1997。

③ 关于中国的天下秩序，参高明士《从天下秩序看古代的中韩关系》，《中韩关系史论文集》。

背恩之鬼。谨录事状，冒死奏闻"等语。谢罪表文说明以下几个问题：其一，新罗始终承认唐朝的宗主国地位；其二，文武王明确说明了唐罗冲突产生的原因，即"王以向者百济往诉于唐，请兵侵我，事势急迫，不获申奏，出兵讨之，由是获罪大朝"，在此丝毫未有提及近三十年前所谓的"唐罗密约"；其三，"不获申奏"语，说明上年薛仁贵的《致新罗王金法敏书》并非唐朝廷的授意，完全是薛仁贵自己想通过战争以外的方式解决唐罗冲突，① 文武王也不认为《答薛仁贵书》是向唐朝廷申诉。另外，战争期间，唐朝削新罗王金法敏官爵，在唐宿卫的新罗王子金仁问被"立以为王，令归国以代其兄，仍册为鸡林州大都督，开府仪同三司……"② 新罗迫于政治、军事及国内政局的形势，派使入贡谢罪，唐高宗赦新罗之罪，恢复新罗王官爵，金仁问亦于半路返回唐都。在此，唐朝的宗主国地位十分清楚，无须多论。

其次，唐罗战争是在当时唐朝天下秩序下，宗主国和藩属国之间矛盾的产物。关于宗主国、藩属国的论议，可能有的研究者依据现在的国家形态否认或不愿承认当时的历史事实，但无论如何，其确是历史存在。③ 成书于唐贞观十九年（645）、此后又数次修订、唐僧侣道宣（596~667）撰述的《续高僧传》，言及新罗僧侣时，往往题为"唐新罗国"，如"唐新罗国大僧统释慈藏传"（卷24），"唐新罗国皇隆寺释圆光传"（卷13）；而提及百济僧侣时则直言"伯济国"，前面并未加"唐"字，如"伯济国达拏山寺释慧显传"即是如此。位于陕西礼泉县唐太宗昭陵原献殿前的十四尊石人像，史称其为"十四番君长像"，石人像是"写诸蕃君长擒伏归化之状"，其中位列第七名

---

① 黄约瑟：《薛仁贵》，第129~146页。
② 《三国史记》卷44《金仁问传》，下册，第401页。
③ 〔韩〕金翰奎《韩中关系史Ⅰ》，韩国大宇学术丛书，第422号，아르케，1999，第25~31页。

的即是新罗王金真德；唐乾陵前的"六十一蕃臣像"，因其背部题名多已不能辨认，故不能确认是否有朝鲜半岛人物之石刻。① 这些都说明唐高宗时代，在唐人的心目中，唐朝的宗主国地位是相当明确的。当然，新罗采用唐年号历法、频繁派遣使者朝贡、新罗王子在唐宿卫、新罗王历次所上表文等，亦证明新罗承认唐朝的这种宗主国地位。双方矛盾产生在一定的范围之内（在唐朝天下秩序之内），故战争期间，出现一系列在现在看来十分奇怪但在当时并不足为奇的现象：七年间新罗三度上表谢罪入贡，但随后仍然备战交战；唐朝在接受新罗历次入贡、赦免新罗罪过的同时，又积极派遣一定的军队介入冲突。对此，学界一般多言及新罗文武王如何积极活用交涉手段，面对强大的唐朝，终于按照新罗的方式取得半岛统一，但对于唐朝此时的反应及应对措施绝少论及，这对探明此一时期唐罗关系不能说不是一大欠缺。

应该看到，唐罗共同灭亡高句丽之后，唐朝构筑于平壤的安东都护府体制，其实质只是针对高句丽故地，而对朝鲜半岛全域仍然采取既往的羁縻府州体系进行统治，此大概也是唐朝一贯的以高句丽为中心半岛政策的延续。然而，这在某种程度上忽视了此前共同战斗的新罗的实际感受。因为此时鸡林州大都督府事实上沦为和熊津都督府同等的地位。假若在安东都护府内明确新罗的某种地位或影响，对此后整个半岛事务的处置可能会容易一些。更何况此前刘仁愿主持，刘仁轨撰写的新罗、百济盟约中，承诺熊津都督府所在的百济"依倚新罗，长为与国，各除宿怨，结好和亲，各承诏命，永为藩服"，而此时却没有任何体现。对新罗来说，这无疑是难以接受的。特别是《答薛仁贵书》所言："入朝使金钦纯等至，将划界地，按图披检百济旧地，总令割还。黄河未带，太（泰）山未砺，三四年间，一与一夺，

---

① 章群：《关于唐代乾陵石人像问题》，唐代学者联谊会编辑《第一届国际唐代学术会议论文集》，台北，台湾学生书局，1989；孙迟：《昭陵十四国君长石像考》，《文博》1984年第2期。

新罗百姓，皆本失望……"① 即新罗对唐朝在处置其与原百济的关系方面采取的措施相当不满，进而直接导致新罗派兵攻占百济故地。这是唐朝对高句丽灭亡之后半岛的整体处置缺乏新思维导致的恶果。因为唐朝虽然在西、北、南三面建立了安西、安北、安南三都护府，但朝鲜半岛三国数十年与中国统一王朝只能用复杂两字表达的交往、这里长达数世纪接受汉文化的卓越水准②、半岛住民对长期相互杀戮的厌恶和对统一的期求、不断增长的军事综合实力③和山岳遍布的独特地理环境，似乎在唐朝的其他边地很难看到，故采取与其他地方相同的政策显然有待反省。同时，新罗希望的是唐朝势力全部退出朝鲜半岛，由新罗自身收拾百济、高句丽灭亡之后的半岛局势，但在以唐朝为中心的东亚世界里，半岛的最终定位无疑是要受唐朝势力制约的。故唐朝在维持自己天下秩序的前提下，容忍新罗对半岛事务的自主统辖方式。唐朝对新罗及此后出现的渤海采取的管辖策略，应该说是修正以往政策的结果。进而形成在新罗主导下的半岛的最终统一，但须加入并尊重唐朝的天下秩序及宗主国地位的半岛与唐朝关系的格局。再者，唐朝西北方面吐蕃势力的壮大，时时影响唐朝对半岛事务处置的决心。如果轻视或避开此原因探讨唐罗战争，其得出的结论必然是不完整的。

金石墓志资料可以提供这方面的证据。就在唐高宗任命刘仁轨率兵征伐新罗之时，④ 刘仁轨曾推荐当时朔州尚德府果毅王方翼为将帅，

---

① 《三国史记》卷7《新罗本纪·文武王》，上册，第195页。
② 〔韩〕朱甫暾：《新罗的汉文字定着过程和佛教受容》，《岭南学》创刊号，2001。
③ 〔韩〕李仁哲：《6～7世纪的武器、武装和军事组织的编制》，《韩国古代史论丛》第7辑，1995。
④ 卢泰敦氏认为唐朝675年二月派刘仁轨等人率兵出讨新罗，是为了挽回674年唐军的损失而采取的军事行动。对此，徐荣教检讨史料，认为没有史料证明674年唐军与新罗军有过战斗，故其说法不能成立。参见卢泰敦《对唐战争期（669～676）新罗的对外关系和军事活动》，《军史》第34辑，1997；徐荣教《罗唐战争的开始和背景》，《历史学报》第173辑，2002。事实上，刘仁轨等674年正月接受诏令后，并未即刻出兵，可能一直到该年末才出发，并于次年二月投入对新罗的战斗。

· 109 ·

唐高宗诏其为"持节鸡林道总管";然而,由于西北战事之故,王方翼并未东行,而是临时改派沙州刺史,未至沙州,又改任肃州刺史。其在肃州"大筑雉堞,严备橹械,人知有恃,戎亦来威",① 为备防吐蕃入侵建立功勋。此后,刘仁轨获得七重城战斗之胜利,唐廷诏其率军返回,任命李谨行为安东镇抚大使,全权负责半岛事务。唐朝为什么如此处置?史料中并没有明确的解答,研究者的解释亦莫衷一是。其一,从唐朝廷内部主战与厌战势力均衡考察,认为7世纪70年代的刘仁轨,已经成为唐政权内厌战的主要人物,他的撤军极可能和武则天本人的意向有关。② 其二,认为刘仁轨的胜利其实很有限,因为刘仁轨在此前后承担国史编撰任务即"监修国史",故为收拾国内人心,对与新罗战斗的收获及自身功劳过分夸大。③ 笔者以为,唐派刘仁轨出兵朝鲜半岛,并册封在唐新罗王子金仁问为新罗王,回国取代其兄的王位;新罗在七重城战斗中失败,特别是考虑金仁问回国可能导致的内部混乱,故遣使谢罪入贡。唐高宗很快赦免新罗王的罪责,恢复其王爵。唐朝之所以如此,一方面是希望采取双管齐下策略,迫使新罗降服,即认为此已达到维持唐朝天下秩序的目的;另一方面,唐朝西北边境瞬息万变的形势,不容许大量军队长期滞留新罗(虽然现在并不清楚刘仁轨所领军队的数量)。还有,刘仁轨入朝后,颇受唐高宗、武则天的信任,④ 可能"二圣"并不希望年逾古稀的刘仁轨长期出征在外。

---

① 《全唐文》卷228《唐故夏州都督太原王公神道碑》,第1016~1017页。
② 黄约瑟:《武则天与朝鲜半岛》,《黄约瑟隋唐史论集》,中华书局,1997。
③ 〔美〕约翰·查尔斯·贾米森:《罗唐同盟的瓦解——韩中记事取舍的比较》,《历史学报》第44辑,1969。
④ 《资治通鉴》卷202,唐高宗仪凤三年(678)条载:刘仁轨奏请中书令李敬玄代己为洮河道大总管兼安抚大使,李敬玄推辞,唐高宗云:"仁轨须朕,朕亦自往,卿安得辞!"足见唐高宗对刘仁轨的信任。

二 唐罗战争后双方的交往

唐罗战争结束前后，唐罗的实际交往样相到底如何？

既往研究要么避而不论，要么用"国交断绝"① 或"冷冻关系"② 作论，造成此时唐罗之间一切来往均已完全断绝的印象。对此，笔者以为仍有进一步探讨的必要。应当看到，现存《三国史记》《三国遗事》文武王十六年（676）到神文王六年（686）的 10 年间，未见双方交流的任何记录，中国的史书亦是如此。这是产生双方没有来往论议的主要原因。

然而，考古新发现为立论双方重启交涉提供了有力论据。从事中韩关系史研究的权惠永氏认为："庆州雁鸭池出土的'调露二年'砖铭，可知其制作时间为新罗文武王二十年（调露二年，680），因为新罗仍然使用唐的年号，可见两国之间此时依然保持一定形态的外交交涉关系。"③ 就是说，权氏主张此时唐罗之间仍然维持一种交涉关系，至于如何交涉，未见权氏具体说明。在此，笔者根据相关史料试做辩证。依据《唐会要》的记载，唐高宗调露二年八月二十三日改元永隆，也就是说，改元永隆之前的多半年时间中唐朝廷乃至相关周边地域仍然使用调露二年年号。此砖铭为"汉只伐部君若小舍……三月三日作囗……"即在此年八月二十三日改元永隆之前，故认为调露年号只使用一年及新罗不知道改元永隆说成立的可能极小。除此之外，韩国考古工作者在清理庆州月城附近的望星里瓦窑遗址时，还发现有

---

① 〔韩〕申滢植：《韩国古代史的新研究》，一潮阁，1984，第 327 页。
② 王小甫：《唐朝与新罗关系史论——兼论统一新罗在东亚世界中的地位》，《唐研究》第 6 卷，北京大学出版社，2000。
③ 〔韩〕权惠永：《古代韩中外交史——遣唐使研究》，第 43 页。另外《译注韩国古代金石文》载有朱甫暾师注释的"调露二年"砖铭文。依据朱先生的研究可知，该砖铭是韩国文化财管理局 1975～1976 年发掘庆州雁鸭池遗址时出土的，并且是所出土的唯一有铭文的砖石。砖铭全文为："调露二年，汉只伐部君若小舍……三月三日作囗……"参《译注韩国古代金石文》（新罗 1、伽倻编），1992。

"仪凤四年皆土"字样的铭文板瓦。① 仪凤四年即调露元年,此年六月十三日改元调露,故此铭文板瓦制作当在改元调露之前。还有,20世纪70年代初东国大学蔚山地区佛迹考察队,在庆尚南道蔚山郡斗东面川前里山207-3番地发现了著名的"川前里书石"摩崖石刻,为研究6世纪新罗上层社会政治人物事件提供了重要史料;与此同时,在书石的周围还发现有"上元二年铭"与"上元四年铭"。② 其中上元四年即文武王十七年(677),即说明在唐罗战争结束一年后,新罗王京邻近地域仍然使用唐年号。

上述三件考古发掘的铭文资料,可以说明以下几点。其一,正如权悳永氏所云,唐罗战争结束的676年之后,唐罗双方并未"国交断绝"或处于"冷冻关系"状态。同时,考察"上元四年铭"铭文纪年,至少可以断定,自676年伎伐浦战斗结束到所谓"上元四年十月"一年多时间里,唐罗可能没有来往。因为上元年号严格讲使用不到三年时间,但新罗记有上元四年,从另一侧面可以推出新罗并不知道上元二年十一月已改元为仪凤元年。其二,结合仪凤四年板瓦铭文,可以断定,仪凤二年到三年,唐罗已恢复双方使节或民间交往。至于双方以什么形式、什么人物重新结交来往,没有史料说明,难以作论。但以金仁问为首担当宿卫的新罗外交使团仍滞留唐都长安,此前新罗求法僧侣、留学生等在唐人数恐亦不少;从唐朝派金仁问以新罗王身份代替其兄,文武王即刻派使谢罪上贡看,新罗内部或明或暗的亲唐势力(当然也可理解为热衷唐文化者)仍不可低估。再者,依

---

① 韩国国立庆州博物馆编《美丽的新罗矶瓦,千年的呼吸》,2000,第348页。
② "上元二年铭"全文为"上元二年乙亥三月囗日,加具见之也。大阿干……""上元四年铭"全文为"上元四年十月四日,夫米(?)坪宅猪鸟"。按:唐代有两个上元年号,其一为唐高宗时,共有两年余时间,即674年八月至676年十一月;其二为唐肃宗朝,即760~761年。基于有"上元四年"之辞,故可排除唐肃宗上元年号之可能。上引铭文见《译注韩国古代金石文》(新罗1、伽倻编)。

据《三国史记》及其他史籍的记载，在新罗的唐人数目也不会少，[①]可能主要是被俘唐军及滞留半岛的唐朝人士。其三，唐高宗及武则天时期，是唐朝年号变换最为频繁时期。新罗远离大陆，一次往返常常需要半年左右，此时（仪凤、调露年间）能及时采用并接受唐年号，说明双方交往已经恢复，来往已趋频繁。正因如此，文武王去世后，新罗即遣使通报唐朝，唐朝亦派使节吊唁并册封继立的神文王。随后也就有了神文王六年（685）遣使入唐，"奏请礼记并文章；则天令所司写吉凶要礼，并于文馆词林，采其词涉规诫者，勒成五十卷赐之"[②]事件，以及此后金仁问客死唐都，武则天遣"朝散大夫行司礼寺大医署令陆元景，判官朝散郎司礼寺某等押送灵柩"至新罗双方密切交往事件的发生。当然，双方更频繁的交往，还要随着时间的推移，在七、八世纪交替的岁月里才能实现。也就是说，唐罗此前数十年千丝万缕的关系，唐文化在当时东亚世界无可匹敌的优势地位，东亚以唐为中心，包括日本、新罗等国在内的新型国际秩序或东亚文化圈的构成发展，特别是处于发展变化之重要时期的统一新罗国家对先进文化的强烈需求，不会因为唐罗双方此前的冲突而中断或动摇；双方重开交涉大门亦是不以任何人的意志为转移的，任何政治家都不能无视此客观存在。

第三节　有关唐罗战争结果的论议

如上所述，676年二月，唐安东都护府从平壤移至辽东故城。次年，又移安东都护府于新城，唐朝军事势力完全退出朝鲜半岛。与此

[①] 参高丽时代编撰的《弘赞法华传》卷10"唐汝州梁县刘老"条。此资料虽有点离奇，但有明确的年代"仪凤年"，即唐罗战争结束前后，故应该是和新罗有关。其"高丽"可能是"新罗"之误，因为此时高句丽已经灭亡近十年了。参大正新修《大藏经》第51册，史传部3，昭和48年（1973）再版。

[②]《三国史记》卷8《新罗本纪·神文王》，上册，第221页。

同时，唐朝改变此前直接介入半岛事务的做法，利用归化的高句丽、百济王室成员对其移民实行统治。① 唐朝这种转变的原因是什么？其和唐罗战争的关系如何？这些是应该解决的问题。

对此，从20世纪70年代起，韩国学界李铉淙、申滢植、卢泰敦、梁炳龙、李钟学、李昊荣、闵德植、徐仁汉、张学根等学者，在民族主义史学的框架内，均强调唐罗战争中，新罗支持高句丽复兴军，逐步攻占百济故土，并且上下同心协力顽强战斗，最终将唐朝势力驱逐出半岛，取得了半岛的统一。而徐荣教氏的研究与上述研究稍有不同，即强调吐蕃势力对唐压迫，唐军主力的转移因素在唐罗战争乃至新罗三国统一达成中的重要作用。②

中国学界对此涉及的很少，通史著作及一些学者在其论著中只是简单提及。如著名学者陈寅恪氏认为："高宗时代唐朝获胜之重要原因在乘高丽之内乱及据新罗百济之形势。然既得其国，而终不能有，则以吐蕃炽盛，西北危急，更无余力经营东北，观其徙新克高丽胜将薛仁贵以讨吐蕃，而致大败之事可知也。自此以后，高丽废而新罗、渤海兴，唐室对于东北遂消极采退守维持现状之政策。"③ 吕思勉氏以为："高宗虽因高丽、百济之衅，蕲灭之。然兵力不充，故得其地而不能守。"④ 岑仲勉氏认为安东都护府撤出半岛是因为：其一，辽东道远，粮运艰阻；其二，突厥、契丹、奚脱离中国控制，使唐室顾此失彼。⑤ 对此观点，黄约瑟氏曾有辩驳。⑥ 高明士氏认为："675年，唐军三战新罗皆捷，但以新罗遣使入贡……翌年，竟自动将安东都护府从平壤移至辽东城（今辽阳）。结果，太宗、高宗两朝，以全盛之势，

---

① 〔韩〕金贤淑：《中国所在高句丽遗民的动向》，《韩国古代史研究》第23辑，2001。
② 徐荣教：《罗唐战争的开始和背景》，《历史学报》第173辑，2002。
③ 陈寅恪：《唐代政治史述论稿》，第150页。
④ 吕思勉：《隋唐五代史》上册，上海古籍出版社，1983，第155页。
⑤ 岑仲勉：《隋唐史》，上海高等教育出版社，1957，第127页。
⑥ 黄约瑟：《武则天与朝鲜半岛政局》，《黄约瑟隋唐史论集》。

第五章 唐罗战争研究中的几个问题

历经艰困始克高丽，但仅得之后旋即退出，其因当非由军事上之失败或新罗坐大后唐无法节制之观点来解释。论军事，如上所述，当时之唐军并非处于绝对劣势；论新罗对唐之态度，也非倨傲不恭，由上述之谢罪，可为证明，而统一新罗时代对唐更是恭顺有加，则唐朝统辖机构后撤之因自皆不在此。"高氏还引用《旧唐书》卷85《张文瓘传》的记载，佐证陈寅恪的观点。与此同时，高氏进一步指出："若就天下秩序而言，隋以来对朝鲜所要求之藩臣礼，则在统一新罗时代实现。另一方面，也因新罗之恭顺，且积极摄取中国文物，到八世纪以后，在中国的天下秩序里，由新罗、渤海、日本及中国所构成的'东亚世界'完全形成。"① 这样，高氏看法的妥当性是毋庸置疑的。另外，黄约瑟在指出薛仁贵、高侃、李谨行三将军西调西北吐蕃战场之后，认为："670年代高宗朝的外务，是以吐蕃为重。了解到高侃和李谨行西调的背景，也不难明白到676年安东都护府迁移的原因。没有强力的军队作后盾，唐室实不易控制潜伏着强大反对势力的高句丽旧地。比较可行的解决办法，是利用旧日的皇族，这在初唐是有例可援的。……"黄氏亦谈及唐对新罗的态度，其主要是以唐朝廷内部主战派与厌战派的势力转换来立论的。综上所述，安东都护府内移的原因主要是：当时唐朝面临东西两面作战的困境，固有的兵力不能满足两面作战的需要，而对于唐朝来说，西北战线的重要性显然大于东部战场；朝廷中故有的反战、厌战人士亦施加影响，唐高宗最终在新罗承认并加入唐朝固有的天下秩序前提下，承认新罗三国统一的既成事实，将安东都护府北移，全力以赴对付西北崛起的吐蕃势力。②

总之，中韩学界对唐朝撤离朝鲜半岛、新罗完成三国统一，此一

---

① 高明士：《从天下秩序看古代的中韩关系》，《中韩关系史论文集》。
② 678年，唐高宗曾试图出兵新罗，侍中张文瓘带病面见皇帝，奏曰："比为吐蕃犯边，兵屯寇境，新罗虽未即顺，师不内侵。若东西俱事征讨，臣恐百姓不堪其弊。请息兵修德以安百姓。"高宗从之。看来，唐高宗对于因唐军撤离造成的半岛既成事实并不甘心，但面对吐蕃的内侵及百姓的疲惫，最终采纳了张文瓘的建议。

东亚古代关系史中的重要事件,由于研究的视角及研究者主观意向的差异,其结论亦有若干的不同。笔者以为,刻意强调唐罗战争最终结果的任何方面,都会对正确理解这一时期唐罗关系产生负面影响。战争的终结是在新罗积极抵抗、唐朝军事目标转移及唐罗双方交涉前提下达成的一种妥协,应该说双方没有严格意义上的胜者或败者,但双方都达到了预期的目的。学术是没有国界的,学者只有客观、科学地分析现有的史料,抛弃各种因素而导致的主观意识,才有可能取得相近的研究成果。

原载于韩国《中国学报》第46辑,2002

修订者按:有关唐罗战争涉及的其他问题,可参拜根兴《"唐罗战争"关联问题的再探讨》,荣新江主编《唐研究》第16卷,北京大学出版社,2010。收入同氏《石刻墓志与唐代东亚交流研究》,科学出版社,2015。

下篇
从唐朝赴朝鲜半岛将军的行迹看七世纪中叶的唐罗关系

第六章

苏定方的活动及行迹

苏定方，名烈，字定方，以字行，是唐初声名显赫、军功卓著的大将。然而，现存《旧唐书》《新唐书》苏定方本传却多有疑点，① 关于苏氏的墓志铭文等相关的金石资料至今未见面世，② 对苏定方其人事迹的研究亦未引起学界更多的注意，仅有的研究成果似乎还有进一步商榷的必要。③ 本章即对苏定方的生年、苏定方与朝鲜半岛关联的事迹、苏定方之死诸问题提出质疑，并试做考论。

---

① （宋）吴缜《唐书纠谬》卷4、卷6、卷14考出《新唐书·苏定方传》的三处谬误；（清）赵绍祖《新旧唐书互证》亦指出一处。但《十七史商榷》《廿二史札记》《日知录》诸书，未见再有同类考论。

② （宋）陈思道人纂辑《宝刻丛编》卷8载有"唐左武卫大将军邢国公碑"。碑建立于唐高宗咸亨四年（673），碑目采自《京兆金石录》一书。根据碑名及碑石建立年代，并对证此一时期其他人物传记，此为苏定方碑当是无疑；另外，碑出自当时京兆府咸阳县，以此似可推定苏定方墓就在今陕西省咸阳地区。只是《京兆金石录》一书现已不存，故不能目睹碑石全文，这不能说不是一个遗憾；但此足以证明苏定方是安葬在唐都附近，并非如论者所言种种。参见《石刻史料新编》，台北，新文丰出版公司影印吴兴陆氏十万卷楼雕本。

③ 查阅诸论著目录，苏定方其人相关的专题论文并不多见，通史类或相关专著也是一带而过。因苏氏率军与新罗联合讨灭百济，故韩国学界提及苏氏的相对较多，其中有名的论点就是"苏定方被杀说"，见〔韩〕李道学《罗唐同盟的性质和苏定方被杀说》，《新罗文化》第2辑，1985；〔韩〕李道学《唐桥"苏定方被杀说"的历史意义》，《芝邨金甲周教授花甲纪念史学论集》，1994。关于此论点，笔者下文将会涉及。

第一节　苏定方的生年考辨

有关苏定方的生年问题，或许人们认为其无关紧要，历来就没有引起研究者的注意。然而，探讨7世纪中叶唐与朝鲜半岛的关系，此却是一个不可以回避的问题。因为按照现存史书的记载，苏定方于乾封二年（667）去世，享年76岁。那么，显庆五年（660）苏定方渡海联合新罗征伐百济、龙朔元年（661）征伐高句丽时已年届古稀。依当时的航海条件，长达数旬风云变幻莫测的海上行程，对于一个高龄长者来说，不能说不是一件艰难的事情。虽然李勣668年出征高句丽时也已超过70岁，但与苏定方相比，李勣所率唐军是从辽东陆路进发高句丽的，其旅途条件差异很大。可以想象，陆路可能的一系列保护措施，对于唐高宗赋予重任、德高望重的唐军最高统帅，一个70余岁的老者，不可能不做到周到齐备，这当然不能和苏定方艰难恶劣的海上旅程相提并论。以此之故，笔者对苏定方的生年问题一直存有疑问。下面就先对苏定方的生年问题做一探讨。

关于苏定方的生年问题，现存最完整的史料来自《旧唐书》《新唐书》苏定方本传。不妨先征引上述史书有关部分如下。

《旧唐书》卷83《苏定方传》载：

> 苏定方，冀州武邑人也。父邕，大业末，率乡闾数千人为本郡讨贼。定方骁悍多力，胆气绝伦，年十余岁，随父讨捕，先登陷阵。父卒，郡守又令定方领兵，破贼首张金称于郡南，手斩金称。又破杨公卿于郡西，追奔二十余里，杀获甚众，乡党赖之。……乾封二年卒，年七十六。

第六章　苏定方的活动及行迹

《新唐书》卷111《苏定方传》曰：

> 苏烈字定方，以字行。冀州武邑人，后徙始平。父邕，当隋季，率里中数千人为本郡讨贼。定方骁悍有气决，年十五，从父战，数先登陷阵。邕卒，代领其众，破巨贼张金称、杨公卿，追北数十里，自是贼不舍境，乡党赖之。……乾封二年卒，年七十六。

乾封是唐高宗年号，乾封二年即667年。《中国大百科全书·中国历史Ⅱ》《辞海》诸书依上引记载，考定苏氏生于592年。① 如果不做深入细致的考察，这种考论似没有什么不妥，但是，仔细检讨上引资料，就会使人产生一系列疑惑。需要说明的是，《新唐书》苏定方本传因编撰体例所限，文字较为简洁，但也增加了一些《旧唐书》未载之内容；但苏氏传开头（如上引），似未有明显的增益，基本上沿用旧传。无疑，探讨此问题《旧唐书》《新唐书》的记载可做互证。

"大业末"（《新唐书》作"隋季"），苏定方的父亲苏邕率乡间数千人为本郡讨贼；"大业"是隋炀帝的年号，共有14年（605~618）。按一般观念推算，大业末至少应从大业十年算起，② 假若这种推定不错的话，以上引资料为基准计算，此时苏氏的年龄应是22岁，而非上述的"十余岁"或"年十五"。两相比较，其相差多达7年以上。如果向前推7年，当是大业三年（607），当时正是隋朝的鼎盛

---

① 《中国大百科全书·中国历史Ⅱ》，中国大百科全书出版社，1992；《辞海》上册，商务印书馆，1979。另外，〔韩〕李丙焘《译注三国史记》第758页，则记苏定方生于591年，此可能是对中国古代计算年龄以虚岁的习惯不甚了解，同时，其亦是以《旧唐书》《新唐书》苏氏本传为根据的。

② 参赵文润《关于瓦岗军起义的年代》，《中国古代史论丛》1981年第1期。该文认为，"大业末，应指614年以后"，笔者以为至少应从614年算起。

期，所谓的"贼"还不可能出现，也不会有苏定方父亲苏邕率大队人马讨贼的事件发生。显然，上引苏氏本传的记载是自相矛盾的。另外，苏定方乾封二年死亡似是可以认定的。① 鉴于此，不妨首先搞清楚隋末"贼"何时出现，特别是苏氏故乡所在的河北信都郡的"贼"何时出现。兹征引史料如下。

《隋书》卷85《段达传》载：

> 帝征辽东，百姓苦役，平原祁孝德，清河张金称等并聚众为强盗，攻陷城邑，郡县不能御……

《资治通鉴》卷181，隋炀帝大业七年云：

> 帝自去岁谋讨高丽，诏山东置府，令养马以供军役。又发民夫运米，积于泸河、怀远二镇，车牛往者皆不返，士卒死亡过半，耕稼失时，田畴多荒。加之饥馑，谷价踊贵，东北边尤甚，米斗值数百钱。所运米或粗恶，令民籴而偿之。又发鹿车夫六十余万，二人共推米三石，道途险远，不足充糇粮，至镇，无可输，皆惧罪亡命。重以官吏贪残，因缘侵渔，百姓困穷，财力俱竭，安居则不胜冻馁，死期交急，剽掠则犹得延生，于是始相聚为群盗。……时鄃人张金称聚众河曲，蓨人高士达聚众于清河境

---

① 如果苏氏乾封二年以前死亡，"大业末"其"年十五"，其间的年龄差更大，此可能性明显不大；再者，乾封二年以后死亡亦不可能，因为查阅史籍，非但没有此方面的记载，而且任何可资旁证的资料更是阙如。《旧唐书》《新唐书》苏氏本传的记载是可以认定的。王小甫《唐、吐蕃、大食政治关系史》（北京大学出版社，1992）亦认定苏定方死于乾封二年。吕思勉《隋唐五代史》（上册）却认为苏氏死于乾封元年，但未见其征引史料及论证，不知以何为据得此结论，抑或是印刷上的错误？不得而知。另外，中国古代计算年龄多是以虚岁，故苏定方"年十五"，可理解为满14岁。《中国大百科全书》《辞海》计算年龄即是以上述计算法为据的，故下文考出苏定方享年也是以虚岁计算，特此说明。

内为盗……自是所在群盗蜂起，不可胜数，徒众多者至万余人，攻陷城邑。

从上引史料并参照《隋书·炀帝本纪》可知，隋炀帝第一次亲征高句丽始自大业八年（612）正月，下诏书则在大业七年二、三月。可以看出，各地百姓疲于军输及贪官污吏的逼迫，于大业七年末纷纷起兵，其中以河北、山东地区为主，后扩散到其他地区。据唐人李吉甫撰著《元和郡县图志》卷17及今人谭其骧主编《中国历史地图集》第5册，鄃县属清河郡，蓚县于开皇五年划归信都郡，清河、信都两郡相邻，漳水从两郡交界处流过。苏定方的故乡武邑县与蓚县接壤。值得注意的是，史书除记载蓚县人高士达①聚众起兵外，再未见有信都郡辖下其他义军起事的记载，而且，高士达亦非在蓚县境内起事，而是在清河郡。此或许和《新唐书》卷85《窦建德传》所载清河境内"高鸡泊，广袤数百里，葭苇阻奥，可以违难，承间窃出，椎埋掠夺，足以自资"的自然环境有关，而信都郡却无险可据。因而，信都郡百姓到邻郡相聚为盗者似为数不少，进而给清河郡造成相当大的压力。这样，纠合信都郡各地的地方武装，由郡守或其他将领率领，到邻郡协助剿抚的可能性很大，此大概就是上引苏定方本传中所言"为本郡讨贼"的实际情况。那么，苏氏父子随郡守出郡剿抚的时间，应该是解决此问题的关键。

如上所述，大业七年末，河北各地义军蜂起，其中以清河郡境内最为有名，而苏定方故乡所在信都郡武邑县却相对平静。因隋朝此时正动员全国力量准备征讨高句丽，故对各地义军未予以特别注意，只

---

① 《隋书》卷71《杨善会传》、卷64《王辩传》、卷63《杨义臣传》均载高士达为渤海人，但《旧唐书》卷54《窦建德传》，《新唐书》卷85《窦建德传》，《资治通鉴》卷181、卷183则记其为蓚人，今从后者。

是"敕都尉、鹰扬与郡县相知追捕,随获斩之",① 因而,此时苏邕率数千人剿抚的理由还不充分。另外,《隋书·地理志》载:大业五年,信都郡下辖 12 县 168718 户。若按平均数计算,每县约有 14059 户,隋朝每户平均为 5.17 口,② 当时武邑县总人口是 7 万人左右。又据《隋书·食货志》载:开皇年间"制人五家为保,保有长。保五为闾,闾四为族,皆有正。畿外置里正,比闾正,党长比族正,以相检察焉"。也就是说,隋朝基层组织以保、闾(里)、族(党)三级结构统辖,一族(党)有百户,总人数为 500 余口。可见,苏邕所率乡间数千人当是武邑县或信都郡的地方武装,因为从人数看,组织数千丁壮,绝不是某个或某几个乡间所能办到的事。各地大规模组织地方武装,应该是到了万分危急之时,隋王朝必然有相应的诏敕发布,此当是解决此问题的重要线索。按:大业十年(614),因各地义军蜂起,"举天下之人十分,九为盗贼……"地方百姓"皆结堡自固,野无所掠",③ 隋炀帝"命郡县置督捕以讨贼"。④ 次年二月,炀帝以"户口逃亡,盗贼繁多",诏令"民悉城居,田随近给。郡县驿亭村坞皆筑城"。笔者认为,因形势严峻,隋炀帝诏令郡县置督捕讨贼后,才会出现上述几个或众多的乡间共同组织地方武装的可能,苏邕即是在此时担当乡间武装首领,协助郡县出讨。苏定方随父出征亦在此时或稍后。那么,信都郡当时情况如何呢?上文言及信都郡蓚县人高士达于郡南起兵,后活跃于清河郡境内,但检索史书,从未见信都郡遭受大规模义军侵扰的记载,而隋炀帝在大业十年前后,复令鹰扬郎将王辩"往信都经略"。⑤ 笔者推测,信都郡可能是隋军及地方武装南下攻讨义军的军事据点之一。苏邕此时随本郡官员或朝廷派遣将领出

---

① 《资治通鉴》卷 181,隋炀帝大业七年,第 5658 页。
② 参梁方仲《中国历代户口、田地、田赋统计》,上海人民出版社,1980,第 69 页。
③ 《资治通鉴》卷 182,隋炀帝大业十年,第 5693 页。
④ 《隋书》卷 24《食货志》,第 688 页。
⑤ 《隋书》卷 64《王辩传》,第 1520 页。

境讨贼当是无疑。① 据上引《新唐书·苏定方传》，苏氏此时"年十五"，大业十年为614年，那么，苏定方的生年当可推定为600年，即隋文帝开皇二十年。

这里还有一疑问，有必要予以澄清。上引《旧唐书》《新唐书》苏定方本传均载苏邕死后，苏定方"郡守又令定方领兵"，"代领其众"；接着，苏定方"破贼首张金称于郡南，手斩金称"（《新唐书》则云"破巨贼张金称、杨公卿，追北数十里"）。首先，这里的郡守是谁？史籍缺载，不得而知。但据《资治通鉴》记载，两年后，有"隋信都郡丞东莱麴棱"降唐，唐高祖拜其为冀州刺史。此人在当时信都郡担当什么角色，亦难以知晓。其次，苏定方是否手斩张金称，《新唐书》未有明确记载。另据《资治通鉴》卷183大业十二年三月条载，"张金称陷平原，一朝杀男女万余口，又陷武安、巨鹿、清河诸县。金称比诸贼尤残暴，所过民无孑遗"。清河县位于信都郡正南，属清河郡。仔细考察上述记载，不能不使人对苏定方之父苏邕之死产生疑问，他是病死还是战死？史书不载，难以明言。但当时正值战乱，苏邕又亲率地方武装与义军作战，似战死的可能性更大，并极有可能和张金称所率义军有关。另外，关于张金称是谁斩杀，诸史记载各异。《旧唐书》载苏定方手斩张金称，但《隋书·杨善会传》则载："金称将数百人遁逃，后归漳南，招集余党，善会追捕斩之，传首行在所。"《资治通鉴》卷183大业十二年十二月条记载更为详细，云："金称大败，与左右逃于清河之东。月余，杨善会讨擒之。吏立木于市，悬其头，张其手足，令仇家割食之；未死间，歌讴不辍。"综合上述三家记载，不难发现其关联性，姑且试做比证。

---

① 《资治通鉴》卷182大业十年四月条载："榆林太守成纪董纯，与彭城贼帅张大虎战于昌虑，大破之。"同书卷183大业十二年载："涿郡通守郭绚，将兵万余人讨高士达……"似皆是出郡作战，可见当时出郡征讨为战时需要，当属平常之事。

首先，张金称是被杨善会所率隋军及地方武装擒杀当是无疑；其次，到大业十二年，苏定方可能已归属在清河、信都两郡主持征讨的隋太仆卿杨义臣及清河郡丞杨善会统领，而且直接参与了追捕张金称之战斗。如果这种推定成立的话，可否做这样的理解：苏定方之父苏邕死于张金称义军之手，苏氏年轻气盛，对此一直耿耿于怀；追捕缉拿张金称的军事行动苏氏积极参与，而且表现突出；缉拿张金称之后，苏氏作为"仇家"（相信当时所谓的"仇家"不会少，苏定方只是其中之一而已），最终手斩张金称。

有关苏定方的史料相对不多，其中矛盾之处非细致检讨终难得其详。《资治通鉴》对此问题似亦存有疑问，即表现为回避此问题，对苏氏的生卒年一字未载（当然，此亦可能与该书的体例有关）。苏氏的生年，须从《旧唐书》《新唐书》的记载，并援引其他史料仔细考证方可得其端倪。苏定方当是生于隋文帝开皇二十年（600），死于唐高宗乾封二年（667），享年68岁，而非76岁。

第二节　苏定方的生平考议

关于苏定方之死，其实也是一个谜。为什么如此？且看史籍的记载。《旧唐书》卷83《苏定方传》云：

> 乾封二年卒，年七十六。高宗闻而伤惜，谓侍臣曰："苏定方于国有功，例合褒赠，卿等不言，遂使哀荣未及。兴言及此，不觉嗟悼。"遽下诏赠幽州都督，谥曰：庄。

《新唐书》卷111《苏定方传》云：

> 乾封二年卒，年七十六。帝悼之，责谓侍臣曰："定方于国

有功，当褒赠，若等不言，何邪？"乃赠左骁卫大将军，幽州都督，谥曰：莊。

可以看出，《旧唐书》《新唐书》苏定方本传相关记载大同小异，应该很好地反映了当时的实际情况。但是，苏氏是怎么死的？侍臣为什么不向唐高宗报告？是不愿意报告，还是有难言之隐不予报告，这些是问题的重心所在。另外，《旧唐书》苏定方本传赞曰："邢国公神略翕张，雄谋戡定，辅平屯难，始终成业。疏封陟位，未畅茂典，盖阙如也。"很明显，到编撰《旧唐书》的五代后晋时代，有关苏定方的史料记载就很少，撰著者沿用唐国史中史臣的原话说明此情况。同样，为什么有关苏定方其人的记载那么少？是唐朝官方记载少，还是当时人为的不记载，抑或原来有记载，后来因故删除，这是需要解决的另一问题。鉴于此，有必要对苏定方其人的生平做一考察，以便找到问题的突破口。

贞观三年（629）二月，苏定方作为定襄道行军总管李靖的前锋战将，进攻突厥颉利可汗大本营牙账。苏定方"率二百骑为前锋，乘雾而行。去牙帐七里，虏乃觉之，颉利乘千里马先走。靖军至，虏众遂溃……靖斩首万余级，俘男女十余万，获杂畜数十万……"①唐军获得大胜。不久，颉利可汗被俘至长安。查考史书，这是史载苏定方以唐军将领身份参与的首次作战。返回长安后，苏氏即升任左武侯中郎将（《新唐书》作左卫中郎将）。但是，从贞观四年（630）到永徽六年（655），在长达26年时间内，再未见有关苏定方的任何记载。众所周知，此20余年间，唐朝西灭高昌，东讨高句丽，与突厥、吐蕃、吐谷浑诸族的和战更是异常频繁，与苏氏年龄相当、辈分不差上下的将领如郑仁泰、薛仁贵等屡立战功、誉满朝野，苏

---

① 《资治通鉴》卷193，唐太宗贞观四年，第6072~6073页。

氏却声名不显、默默无闻。是有关他的资料经过千余年丢失了？这种可能性当然不可排除，但概率似乎不大。那么，极可能另有其他原因。值得注意的是，贞观四年五月，"御史大夫萧瑀劾奏李靖破颉利牙帐，御军无法，突厥珍物，掳掠俱尽，请付法司推科"，"持军无律，纵士大掠，散失奇宝"。唐太宗召见李靖责备有加，李靖"无所辩，顿首谢"。① 可见，萧瑀所奏当是事实。那么，纵兵大掠的当事人是谁？苏定方是前军先锋，显然他所负责任当是重大的。以李靖当时的声望，加之唐太宗的信任，除当面接受批评之外，其本人似并未受到任何处罚，但苏定方作为李靖的部下，首当责任者，以贞观初年唐朝廷上下雷厉风行的政情，以及有萧瑀等高官的紧盯不放，其仕途受到影响当不难想象。笔者认为，此大概就是苏定方20余年冥灭史册，不能参与此后历次王朝征讨的主要原因。至于是否还有其他原因，还有待于进一步深入探讨。尽管如此，苏定方却从李靖处接触到许多阵法战术，并充分发挥于20余年后的征战中，取得了令后代叹为观止的战绩。

永徽六年二月，不知出于何种考虑，埋没20余年的苏定方被唐高宗派往高句丽前线，随同营州都督、东夷都护程名振进讨高句丽。此次进讨起源于永徽六年初，高句丽与百济、靺鞨联合进攻新罗北境，攻取33城，新罗遣使向唐求救。唐朝派遣程、苏二人出讨的同时，又使中郎将李德武、骑都尉韩仁楷率兵共同进伐。② 无论如何，苏定方从此开始了其一生中彪炳史册的辉煌时期。此时顾命大臣长孙无忌为中书令，又知门下省事，毫无疑问，苏定方的复出，当是与长孙氏或李勣有关。

---

① 《新唐书》卷93《李靖传》、《资治通鉴》卷193作"御史大夫萧瑀"，而《旧唐书》卷67《李靖传》载"御史大夫温彦博"，今从前者。
② 《大唐故荆州大都督府长林县令骑都尉昌黎韩君墓志铭并序》，周绍良主编《唐代墓志汇编》（调露015），第661页。该墓志铭的内容值得注意。

苏定方此时任何种军职？《资治通鉴》卷199、《新唐书》卷111、《册府元龟》卷986均载其为"左卫中郎将"，但如上所述，贞观四年中，苏定方已是"左卫中郎将"。可见，此20余年间，苏氏的官职未有任何改变。另外，《旧唐书》卷84《裴行俭传》载："贞观中，举明经，拜左屯卫仓曹参军。时苏定方为大将军，甚奇之，尽以用兵奇术授行俭。"以此，似乎苏氏贞观中已是左屯卫大将军。然而，现存《赠太尉裴公（行俭）神道碑》中并未提及苏定方，而只是说到房玄龄。① 另外，据《程知节墓志铭》及《旧唐书》卷68《程知节传》载，贞观十七年至永徽六年，程知节为左屯卫大将军"多历年所"。② 再者，据《资治通鉴》卷191及《新唐书》卷94《薛万均传》载，贞观九年（635）七月，薛万均由左屯卫将军迁左屯卫大将军，直到其死（贞观十七年之前）。就是说，从贞观九年到永徽六年，左屯卫大将军分别由薛万均、程知节二人担任，苏定方不可能在此期间担任此职。那么，贞观九年之前苏定方是否担任此职？因没有资料说明，难以作论，但即使如此，恐亦和事实不符。这是因为，裴行俭永淳元年（682）病死，享年64岁，其生年为618年；贞观九年，裴氏17岁，其为左屯卫仓曹参军，此与裴氏传记及墓志铭是相矛盾的。可见，《旧唐书》《新唐书》裴氏本传有关苏定方官职的记载是不可信的。可能传记作者只是想说明裴氏兵法的传承关系，故未考虑其他。苏定方并未担任过左屯卫大将军，其为右屯卫将军③亦在显庆二年（657），而永徽六年，裴氏因反对立武昭仪为皇后，已左迁西州都督府长史，根本就不在唐长安。

如上所述，永徽六年苏定方随营州都督、东夷都护程名振进讨

---

① 《全唐文》卷228《赠太尉裴公（行俭）神道碑》，第1017页。
② 《陕西金石志》卷8，《续修陕西省通志稿》排印本，1934。
③ 《旧唐书》卷194、《新唐书》卷111、《册府元龟》卷964诸书作"右屯卫将军"，《资治通鉴》卷200作"左屯卫将军"，今从前者。

高句丽，返回后拜右屯卫将军、临清县公。显庆元年（656），苏定方作为葱山道行军大总管程知节的前军总管，进击西突厥；副大总管王文度坐矫诏当死，特除名，程知节亦坐逗留追贼不及，减死免官，苏定方独以功获唐高宗的嘉奖。次年，苏定方独当一面，任伊丽道行军大总管，率任雅相、萧嗣业等将军征伐西突厥，唐军出奇制胜、以少胜多，最终擒获西突厥沙钵罗可汗贺鲁，"由是修亭障，列蹊隧，定疆畛，问疾收胔，唐之州县极西海矣！"① 苏定方因功拜左骁卫大将军、邢国公，别封其子苏庆节为武邑县公。接着，思结阙俟斤都曼劫所部及疏勒、朱俱波、喝磐陀三国复叛，苏定方为安抚大使，俘获都曼，葱岭以西得以安定。苏氏以此迁左武卫大将军，加食邢州、巨鹿300户。显庆五年（660），唐廷任苏定方为神丘道行军大总管，率水陆十余万军兵征伐百济。唐军自山东半岛的成山角济海，并在新罗军的援助下，直捣百济都城泗沘城，百济王扶余义慈及王子等出降，苏定方随即率唐军及俘获的百济王等返回。

可以看出，从永徽六年到龙朔元年，是苏定方一生中最为荣光的时期，这表现在以下三个方面。其一，在征战过程中，苏定方将从李靖处学到的兵法战术，经此前数十年的默默探索，最终运用到实际的战斗中。"前后灭三国，皆生擒其主"，即是最恰当的写照。这不仅使大唐的声威播及西北边隅和东方遐邦，奠定了盛唐广袤疆域的基盘，而且为其本人赢得了极高的荣誉。数年间，苏氏从一个四品下的中郎将，成长为正三品的十六卫大将军之一。其二，苏氏获得了唐高宗近臣的青睐，并与其保持相当好的关系。永徽六年初，中书舍人李义府、卫尉卿许敬宗等，因翊赞武昭仪为皇后之功，以庶族地主身份跻

---

① 《新唐书》卷111《苏定方传》，第4138页。参王永兴《唐代前期西北军事研究》，中国社会科学出版社，1994，第142~143页。

身唐廷中枢,深得唐高宗及皇后武氏的信从。在此过程中,以长孙无忌为首的元老重臣遭到重创,李、许势力在永徽末、显庆乃至龙朔年间,达到登峰造极的地步。虽然没有直接的资料可以证明苏定方与此二人私人关系如何亲密,但从以下旁证可清楚地看到这一点。显庆三年(658)十一月,苏定方俘西突厥沙钵罗可汗贺鲁至长安,经许敬宗的极力促成,实施太庙、昭陵献俘礼仪;苏定方在唐高宗和文武百官、外国君长使臣的啧啧赞叹声中,"戎服,操贺鲁献于乐悬之北",① 极尽荣光。五年初,苏定方跟随唐高宗巡幸并州,许敬宗、李义府亦随同东上,这对苏氏来说,增加了与许、李二人交往的机会。次年三月(此年二月已改元龙朔),"上欲伐辽,于屯营教舞,召李义府、任雅相、许敬宗、许圉师、张延师、苏定方、阿史那忠、于阗王休阇、上官仪等,赴洛城门观乐。乐名《一戎大定乐》,赐观乐者杂彩有差"。② 特别是在许敬宗编撰的《高宗实录》中,对苏定方的功勋有大量记载,所谓"汉将骁健者,唯苏定方与庞孝泰耳!曹继叔、刘伯英皆出其下"。③ 单就许敬宗在史书中对苏氏的功劳肯定得相当多这一点,从反面亦可证明许、苏关系非同寻常。因为许敬宗的人品、史德历来受到传统史家及正人君子的声讨责难,和许氏没有任何关系的人,一般是不会受到这种待遇的。正因如此,苏定方其人身后的种种谜团产生了。对此,笔者下文将予论及,此不赘言。其三,此时苏定方的威名可以与唐开国以来的任何将领相媲美。上文业已谈及,显庆三年末,唐朝举行盛大的献俘仪式,苏定方荣光备至;五年正月、十一月,在东都洛阳又先后两次演出这种轰动京城、极具刺激效应的献俘仪式,苏氏仍是当然的主角。一年中两次得胜还朝,献俘都城,在唐朝历史上,似乎再没有另外任何人享受过这种荣耀。然而,在此

---

① 《唐会要》卷14《献俘》,上海古籍出版社,1991,第372页。
② 《旧唐书》卷28《音乐志》,第1047页。
③ 《旧唐书》卷82《许敬宗传》,第2764页。

之前，给事中刘仁轨因触犯权臣李义府，左迁青州刺史；唐军进击百济，李义府"欲斥以罪"，令其督海运，结果，漕船覆没，刘氏以罪"白衣从军自效"。① 也就是说，当苏定方沉浸于胜利的欢乐之时，7世纪70年代及其之后唐廷的另一主要人物刘仁轨，却正在默默吞食着因权臣陷害而造成的恶果。

但是，此后形势的发展对苏氏并非十分有利。苏氏十一月返回洛阳，十二月即收到诏命，准备实施新的征伐计划。龙朔元年（661）四月，唐廷以任雅相为浿江道行军总管，契苾何力为辽东道行军总管，苏定方为平壤道行军总管，"与萧嗣业及诸胡兵凡三十五军，水陆分道并进"。② 这次征伐前后经过八个多月，苏定方所率水军先破高句丽浿江防线，随后乘胜突破马邑山，进围平壤城。虽如此，随后形势的发展却不尽如人意。陆路唐军的进攻受到强力抵抗，气候及其他因素再次成为唐军进攻的羁绊。渊盖苏文遣其长子泉男生率精兵数万，固守鸭绿江防线，唐军被阻挡在江北；契苾何力到达之后，适天大寒，鸭绿江水瞬息结冰，唐军因此踩冰而过，鼓噪奋击，高句丽军大溃，泉男生仅以身免。次年一月，左骁卫将军、白州刺史庞孝泰所率的另一路唐军，与渊盖苏文高句丽军大战于蛇水之上，唐军全军覆没，庞孝泰及其十三子全部战死；浿江道行军总管任雅相因病亦薨于军中。此种情况显然对唐军不利。

苏定方军包围平壤城后，也遇到非常严重的问题。首先，军中所带粮草已尽，此前唐高宗曾派新罗宿卫金仁问返回新罗，令新罗"举兵相应"，③ 两军协同作战，同时敕令新罗输送平壤唐军军粮。但现实状况令苏定方忧心忡忡，这就是苏氏让新罗信使文泉传语文武王时所

---

① 《资治通鉴》卷200，唐高宗显庆五年，第6322页；（清）赵绍祖：《新旧唐书互证》卷12。
② 《资治通鉴》卷200，唐高宗龙朔元年，第6324页。
③ 《三国史记》卷6《新罗本纪·文武王》，上册，第161页。

说的:"我受命,万里涉沧海而讨贼,舣舟海岸,既逾月矣。大王军士不至,粮草不继,其危殆甚矣。王其图之。"① 此后,新罗军虽输运粮草抵达唐营,但进攻的最佳时机已不复存在。其次,唐军经历数月激战已经疲惫不堪,加之此年天气格外寒冷,平壤周围大雪持续不止。鉴于此,龙朔二年(662)二月初,唐高宗诏令班师。此次征伐,唐高宗起初想御驾亲征,后在皇后武氏及众大臣的劝阻下,才未能成行。这次征伐未能如期成功,对唐朝野产生了相当大的影响。同年,唐高宗"以方讨高丽、百济,河北之民,劳于征役,其封泰山、幸东都并停"。② 这是苏定方复出后首次遇到挫折。

龙朔三年(663)五月,唐朝西北边境局势又告不安。吐蕃与吐谷浑两边境民族政权相互攻伐,各自遣使赴唐都长安"上表论曲直",并都希望得到唐朝的援助,唐朝面临与此前朝鲜半岛三国互相赴唐举讼相同的问题。鉴于吐蕃势力东侵之威胁,加之吐谷浑所处优越的地理位置,唐廷不愿意看到吐谷浑被吐蕃完全吞并,故表面上对其所请皆不许,实际上暗中支持吐谷浑。③ 同月,吐谷浑一亲吐蕃大臣素和贵叛逃吐蕃,吐谷浑内部虚实尽为吐蕃所知,此后双方交战,吐谷浑大败。吐谷浑可汗无奈,率数千帐弃国投奔凉州,请求徙居内地。唐高宗权衡利弊,以凉州都督郑仁泰为青海道行军大总管,率右武卫将军独孤卿云、辛文陵等分屯凉、鄯二州,防备吐蕃入侵。六月,苏定方再次踏上西去的征程,即以左武卫大将军职任凉州安集大使,节度诸军,为吐谷浑之援。④ 十一月,郑仁泰病

---

① 《三国史记》卷42《金庾信传》,下册,第368页。
② 《资治通鉴》卷201,唐高宗龙朔二年,第6332页。
③ 参任树民《论吐谷浑在唐蕃关系中的枢纽地位》,《西北民族研究》1992年第1期。
④ 《旧唐书》卷198《吐谷浑传》载:"诺葛钵以亲信数千帐来内属,诏左武卫大将军苏定方为安置大使,始徙其部众于灵州之地,置安乐州,以诺葛钵为刺史,欲其安而且乐也。"但据《册府元龟》卷991及《资治通鉴》卷201,似安置吐谷浑部落在乾封之后,故不从《旧唐书》上引记载。

死任上,①而对吐蕃战事却日紧一日。苏定方正是在西北边陲萧萧马鸣、瑟瑟寒风中,度过他戎马生涯的最后时刻。

第三节 苏定方之死的新考察

据上引《旧唐书》《新唐书》苏氏本传,苏定方死于乾封二年(667),有的学者已予认定,② 笔者在上文也做了考辨。但是,苏定方是怎么死的?史书不载。其死于唐西北前线当无疑问,这从《新唐书》《资治通鉴》《册府元龟》诸史书的记载可以推定;另外,鉴于苏氏此时年事已高,似乎病死的可能性较大。但是,侍臣为什么不向唐高宗报告?此问题至关重要。

要搞清此问题,首先需考察当时的侍臣(宰相)都是些什么人。

《资治通鉴》卷201载,乾封元年(666)七月,以大司宪兼检校太子左中护刘仁轨为右相,司元太常伯兼检校左相窦德玄不久病死。二年四月,又以西台侍郎杨弘武、戴至德,正谏大夫兼东台侍郎李安期,东台舍人昌黎张文瓘,司列少常伯兼正谏大夫河北赵仁本并同东西台三品。且看此数人的出身及政治动向如何。

如上文所述,刘仁轨在征伐百济战中督运粮秣,结果船覆人溺,李义府想因此除掉他,但未能得逞,刘氏被处以"白衣从军自效";而此时此刻,却正是苏定方誉满朝野、声名赫赫之时。在长达五年的海外征战间隙,刘氏仍不时惊悸于被权臣陷害的噩梦之中。麟德元年(664),唐高宗敕令刘氏返回,而刘氏竟以百济留守军处境艰危为由,上表提出继续留守百济,并最终得到唐廷的许可。实际情况则是,李义府虽然被贬远离朝廷,但其影响还在,刘氏此时返回,极可能会有

---

① 《大唐右武卫大将军使持节凉州刺史郑仁泰墓志铭》,周绍良主编《唐代墓志汇编》(麟德018),第406~407页。
② 王小甫:《唐、吐蕃、大食政治关系史》,第48页。王氏认定苏定方死于乾封二年。

生命危险。① 次年八月，刘氏认为朝廷潜在的威胁已经解除，加之已督使罗、济于熊津就利山缔结盟约，半岛紧张局势已有所好转，故与新罗、百济、耽罗、倭诸国使者一同浮海西还，参加泰山盛大的封禅大典。考察刘氏此时及以后的事迹，可以认定，他是一个具有一定正义感但精于权术、睚眦必报的官僚，② 他是不会忘记陷害他的任何人及他所认为的同党的。

杨弘武，史载其"无他才，特谦恭自守，然居职以清简称"。③

张文瓘曾受到李勣的奖掖，是一位勤于政务、时刻以百姓利益为重，主张和平、反对战争的官僚，他对唐高宗历次出兵半岛似持有不同看法，并多次上奏论及。④ 可能他对向来东征西讨的苏定方及其他将军亦有偏见。

戴至德，贞观年间宰相戴胄之兄子。从他在许敬宗死后谥号事件中的表现可以看出，他和许氏的隔阂是何等之深。⑤

另外，李安期任职数月即外放为荆州刺史。赵仁本与许敬宗关系本来就很紧张，⑥ 可能对和许敬宗相关的人物亦抱有成见。

应当说明的是，许敬宗此时仍为同东西台三品、太子少师，并依

---

① 参〔韩〕任大熙《唐高宗统治前期的政治与人物》，《金文经教授停年纪念东洋史论丛》，第594~595页。
② 刘仁轨重返朝廷后，为获朝野好感，将此前侮辱过他的袁异式迁任詹事丞，时论纷然，但刘氏未知众意，很快再升迁其为司元大夫。结果弄巧成拙，引起朝野更大的非议。《旧唐书》卷84《刘仁轨传》载："仪凤二年，以吐蕃入寇，命仁轨为洮河道行军镇守大使。仁轨每有奏请，多被中书令李敬玄抑之，由是与敬玄不协。仁轨知敬玄素非将才，冀欲中伤之，上言西蕃镇守事非李敬玄莫可。高宗遽命敬玄代之。敬玄至洮河军，寻为吐蕃所败。"《资治通鉴》卷203载："炎（裴炎）之下狱也，郎将姜嗣宗使至长安，刘仁轨问以东都事，嗣宗曰：'嗣宗觉裴炎有异于常久矣。'仁轨曰：'使人觉之邪？'嗣宗曰：'然。'仁轨曰：'仁轨有奏事，愿附使人以闻。'嗣宗曰：'诺。'明日，受仁轨表而还，表言'嗣宗知裴炎反不言'。太后览之，命拉嗣宗于殿庭，绞于都亭。"
③ 《新唐书》卷106《杨弘礼传附杨弘武传》，第4046页。
④ 《旧唐书》卷85《张文瓘传》，第2815页。
⑤ 《资治通鉴》卷202，唐高宗咸亨三年，第6369页；《旧唐书》卷82《许敬宗传》，第2765页。
⑥ 《旧唐书》卷81《赵仁本传》，第2759页。

旧监修国史。不同政见的官僚同朝共事,这是中国历代帝王统御朝政的手段之一。然而,因李义府已死于贬所,数年前与其一起冲锋陷阵的其他人如袁公瑜、任雅相等人或死或不在朝廷,许敬宗亦因年老并专心于史书编撰,他在朝廷的影响力似已降到了最低点。元老重臣如李勣等人,此时正全力奋战于东北高句丽战场,对朝廷发生的一系列事情,已是鞭长莫及,难以发表看法。同时,因苏定方军功卓著,"赏赉珍宝不胜记",他是否散财善施,史书不载,看来其缺乏此优点美德,或许此亦是唐高宗侍臣极为不平之处。这样,由刘仁轨领头,戴至德、张文瓘、赵仁本、杨弘武为主流的唐高宗侍臣,① 对一位曾誉满朝野、后数年奋战于西北边远前线、他们并不喜欢的超级武将的死,保持沉默当是不难理解。以至于唐高宗从其他渠道了解到苏氏死亡的消息后,他们才极不自然地说明情况。还有,因苏定方战功显赫,其子苏庆节受封武邑县公、尚辇奉御,而尚辇奉御只不过是五品下的小官,对此人的其他事迹史书缺载,其未有大的作为当不会错。可能此亦是苏氏之死未显于时的重要原因之一。

然而,事情到此并未结束。

---

① 新疆吐鲁番阿斯塔那第346号墓出土《唐乾封二年郭瓱醜勋书》的署名,可以佐证笔者上文的论点。这里不妨转录如下:
兼右相检校太子中护上柱国乐成县开国男臣　刘仁轨　宣
西台侍郎道国公戴至德奉
兼西台舍人轻车都尉臣萧德照行
左　相　缺
朝议大夫守台侍郎兼检校太子右中护上轻车都尉　仁本
东台舍人上骑都尉　臣佺　等言
诏书如右请奉
诏付外施行谨言
乾封二年三月十五日
制可
三月廿五日未后　都事韩仁宝　受
上引史料中,出现刘仁轨、戴至德、赵仁本三人名称和官号,此时未见有人担任左相。萧德照、佺两人史书记载不甚明确,似难以推断。见《吐鲁番出土文书》第6册,文物出版社,1985,第504~505页。

第六章　苏定方的活动及行迹

咸亨元年（670）初，太子少师许敬宗请求致仕，^①并获唐高宗批准。两年后，即咸亨三年（672）八月，许敬宗病死。接着，围绕许氏的谥号问题，朝廷内展开了激烈的争论。太常博士袁思古议谥"缪"，户部尚书戴至德、太常博士王福峙附和，而许敬宗的孙子太子舍人许彦伯则请求改正。结果，唐高宗诏令在朝五品以上官员集中重议，最终采纳礼部尚书阳思敬之建议，改"缪"为"恭"。^②次年初，有关许敬宗其人品行、史德问题再次成为朝野争论的焦点。其中重要的问题之一，就是上文提到的对庞孝泰、苏定方功劳的夸大记载，此问题可能也引起当时还健在的刘伯英、曹继叔等人的不满。唐高宗亦感到忍无可忍，诏令中书门下三品刘仁轨、中书侍郎郝处俊等人负责改修国史，"以许敬宗等所记多不实也"。^③笔者认为，可能就是这次改修实录，将有关苏定方的记事大段删除，其中当然包括其663年至667年死亡前后在西北前线的记事。^④到韦述开元、天宝年间总撰"国史"113卷及《高宗实录》30卷时，关于苏定方的记载就已经很少了，以至于出现如上文所引史臣无奈的感叹。^⑤总之，苏定方活跃的永徽、显庆、龙朔年间，正是许敬宗、李义府等人权倾内外之时，不少人受到许、李的倾轧和陷害，如后来主持改撰实录、"国史"的刘仁轨等；同时，许、李的个人修养、史德的确为时人所不齿，而苏

---

① 应当说明的是，刘仁轨几乎和许敬宗同时离职，但不同的是，次年，刘氏又重新上台，并掌握朝廷大权，而许敬宗则从此一蹶不振，直到死亡。参〔韩〕任大熙《唐高宗统治前期的政治与人物》，《金文经教授停年纪念东洋史论丛》，第604页。
② 《旧唐书》卷82《许敬宗传》，第2765页。
③ 《资治通鉴》卷202，唐高宗咸亨四年，第6371页；并参（清）赵翼《廿二史札记》卷16及刘仁轨、郝处俊两人本传。
④ 《新唐书·艺文志二·实录类》；另，《唐会要》卷63记许敬宗等编撰的《高宗实录》，起自贞观二十三年，迄至显庆三年。但既然书中记载了庞孝泰、苏定方征伐高句丽时之事迹，其记事最少应到龙朔元年或二年，故《唐会要》此处的记载可能有误。《新唐书》记载许敬宗等编撰的《高宗实录》"至乾封"当是可信的。笔者不同意瞿林东先生的观点，见氏著《令狐德棻和唐初史学》，《人文杂志》1982年第1期。
⑤ （清）赵翼：《廿二史札记》卷16《旧唐书前半全用实录国史旧本》，第348页。

氏却与其有相当的关系，这样，苏氏无形中亦受到影响，并直接体现在对许敬宗所撰实录中苏定方事迹的删改上，进而使苏氏的若干事迹不显于后世。当然，如果将所记载的不正确部分删改，此并不应感到可惜，相反应当庆幸。然而情况是否果真如此？是否大量掺杂主持删改者个人恩怨成分？对此应当做全面公正的探讨。但是，至少从苏定方的重要事迹由此不明于后世这一点看，此次删修史书无疑是有矫枉过正之嫌。

尽管如此，苏定方在当时和此后，并没有被世人淡忘。30余年之后，即唐中宗神龙元年（705）七月，唐朝廷追封前代功臣25家，苏定方当之无愧名列其中，"所食实封，并依旧给"。大历十四年（779）六月再定前代功臣，苏氏名列第二等24人之内（第一等共11人），显示出历史评判的公正无邪。①

第四节 "苏定方被杀说"质疑

因为苏定方曾率唐军联合半岛三国之一新罗讨灭百济，故研究7世纪中后期朝鲜半岛历史，苏氏无疑是一个重要人物。对苏氏研究突出并引起轰动的成果，是韩国李道学氏的两篇论文，两文分别发表于1985年、1994年，认为苏定方在新罗被杀死，即所谓的"苏定方被杀说"。② 此观点的重要依据，首先是对《旧唐书》《新唐书》苏氏本传有关苏定方之死的记载提出疑问。关于此一点，笔者在上文已有涉及，故不再赘述。其次，"苏定方被杀说"论者（以下简称"论者"）以韩国重要的野史著作、13世纪末由当时僧侣一然撰写的《三国遗事》一书转引《新罗古传》的记载立论。为说明方便，兹抄录其

---

① 《唐会要》卷45《功臣》，第942页。
② 韩国放送公社（KBS）据上述论点制作了《新罗的苏定方被杀事件》电视专题片，于1999年10月23日播放。

文如下。

《三国遗事》卷1"太宗春秋公"条载：

> 又《新罗古传》云，定方既灭丽、济二国，又谋伐新罗而留连，于是庾信知其谋，飨唐兵鸩之。今尚州界有唐桥，是其坑地。

对《新罗古传》的记载，一然和尚提出自己的看法。他认为：

> 按《唐史》，不言其所以死，但书云卒，何耶，为复讳之耶？乡谚之无据耶，若壬戌年高丽之役，罗人杀定方之师，则后总章戊辰，何有请兵灭高丽之事，以此知乡传无据。但戊辰灭丽之后，有不臣之事，擅有其地而已，非至杀苏、李二公也。

显然，一然不同意上引看法。笔者以为，上引《新罗古传》的记载，以下几个可疑问题应当予以辩证。第一，苏定方所率唐军联合新罗军一举讨灭百济，随后苏氏又协同唐军其他将领共同出讨高句丽，但并未灭亡高句丽，讨灭高句丽是李勣率唐军并联合新罗军所为，此事实从现存中韩双方史籍记载及唐人表奏，[①] 即可得到答案。可见，此处记载的可信度令人怀疑。第二，从引文中可以看出，金庾信直接主持并参与了鸩杀苏定方的整个事件，即是整个事件的策划者和具体执行者。果真如此，以苏定方当时的身份，以及金庾信在新罗统治层及军中的地位，此无疑是爆炸性的特大事件，其产生的轰动效应当是持久和巨大的，《三国史记·金庾信传》理应大段记载，退一步说，至少也应该提及。但遗憾的是，长达三卷的《金庾信传》中却只字未

---

① 《全唐文》卷176魏元忠《上高宗封事》，第789页。

提,难道这还不能说明问题吗?此亦可反证上引记载的不可信。第三,从《金庾信传》中可以看出,自乾封元年征伐高句丽伊始,金庾信似乎实际上并未亲身参与交战,特别是总章元年,他可能因年龄及身体诸缘故,并没有亲临前线。① 同时,从上引记载似亦可看出,好像李勣当时也被所谓"鸩杀",但李本人返回唐境内是无可辩驳的事实,这从保存完好的李氏墓志铭、墓室(现唐太宗昭陵博物馆就建在李勣的墓园内),以及中韩双方现存史籍的相关记载,可以得到确实可信的验证。总之,上引《新罗古传》的记载不能成为"苏定方被杀说"的根据。还有,《三国遗事》一书历来为韩国史界所推崇,作者一然和尚对重大事件的记载论证可信度较高;作为出家人,他对某些事件的分析可以看出他对古朝鲜历史以及三国时代历史的精通。对于乡传资料予以记录保留,但指出其问题所在,并毫无隐瞒地提出自己的看法,没有任何牵强附会,这是一个乡土史家值得推崇赞赏的品德。他对此问题的看法,应当是经得起时间和历史检验的。

论者的另一重要论据,是出自高丽中期武人执政时期宰相李奎报(1168~1241)《东国李相国集》中的一篇祭文。为避免断章取义之嫌,下面原本抄录该祭文。

祭苏挺方将军文

云云,夫外国不宾中国久矣!太宗将臣服万国,混一文轨,使将军统师侵轶我高丽,将军不幸驻骖骑于我国,便未西辕,故有遗祠在兹。且外国不宾常理也,文皇帝犹愤然怒作,使劳师远后,乃至自将而经略,是将军所识也。况东京者,是我国之陪邑也,敢举兵叛国,呀喙吠主,为狗畜所尚不为,未识将军之意,其视何如也?伏望酌今古所以伐下国轻重之宜,奋将军昔日虎步

---

① 参《三国史记》卷41~43《金庾信传》及同书卷6《新罗本纪·文武王》。

鹰瞵之威，俾官军汛扫丑俗，不日班师，则将军虽以客魂，得食于此无愧矣！①

李奎报是高丽中期著名的官僚文人，在当时及现在都享有极高的声誉。根据上引祭文内容及《高丽史》卷102《李奎报传》、《东史纲目》卷9诸记载，此文似应作于高丽神宗五年（1202）到六年（1203）末。②因为据学者研究，李奎报在东京（庆州）军幕任职的时间是神宗五年十二月到神宗七年（1204）三月，③又据上引祭文内容及一般常规，笔者做了这种比证。如以上记载和推定可信的话，此时李奎报应为34~35岁。且看祭文题目，并结合"苏定方被杀说"论者的结论，似乎苏挺方就是苏定方，能否做此比证暂且不谈，姑且认为就是。文中提到唐太宗想臣服万国，混一文轨，派苏挺方将军率军侵伐，然稍涉猎这段历史的人都知道，唐太宗于贞观十九年御驾亲征，与其同行的主要将领为李勣、李道宗、张亮、张士贵、常何、左难当、冉仁德、刘英行、张文幹、庞孝泰、程名振，以及张俭、执失思力、契苾何力、阿史那弥射、姜德本、麹智盛、吴黑闼等人，④苏定方此时根本未随唐太宗出征，他因故远离当时权力中心，上文已有论述。可见，此一比证是缺乏史实根据的。况且，苏定方联合新罗讨

---

① 上引祭文出自汉城大学所藏壬乱以后刊本影印本《东国李相国集》。据该影印本今人黄义敦先生所写序可知，该书现存有高丽时代再刊本、壬乱以前刊本、壬乱以后刊本。东国文化社选择后者影印，说明该刊本具有各方面优点。书见明文堂刊行的"韩国古典影印大宝"丛书。

② 论者在1985年发表的论文中，推定李奎报作祭文的时间为高丽明宗二十三年（1193）前后，"苏定方被杀说"在此之前形成；但在1994年刊发的论文中又说祭文应作于1202~1212年，"苏定方被杀说"亦产生于此一时期之前。论者是否修正了前说，未见后文中有明确的解释。事实上，据《高丽史》《高丽史节要》《东史纲目》诸史书记载，庆州民乱发起于明宗二十年（1190），到神宗七年（1204）初最终结束，其间断断续续长达10余年。而李奎报本传中载李氏随军征讨的时间不甚清楚，这是应当慎重考察的。

③ 见〔韩〕朴菖熙《李奎报的东明王篇诗》，《历史教育》第11、12期合集，1969。

④《新唐书》卷220《东夷传·高句丽》，第6189页。

平百济，征伐高句丽是在唐高宗显庆、龙朔年间，①可以说和唐太宗是没有任何直接关系的。鉴于这种情况，笔者认为，苏挺方≠苏定方，苏挺方可能是随唐太宗出征的另一不为后人知晓的将领。当然，也有这样的可能，即李奎报当时涉猎范围仍相当有限，②对500余年前唐朝与半岛三国之复杂关系知之不多，只是根据记忆所及或传言所得，在戎马倥偬间隙借题发挥，结果写下了这篇洋洋洒洒的祭文。显然，这种情况的出现也不是没有可能。然而，假若这种推论成立，这一论者立论的主要依据，又有什么理由去捍卫、支撑论者构筑的论点呢？综上所述，要么祭文中提到的苏挺方是随唐太宗出征的另一将领，和本书中所论的苏定方没有任何关系；要么祭文作者对唐朝数十年与半岛三国之关系模糊茫然，加之草于征讨间隙，故其中疑误频出。但无论如何，此祭文作为"苏定方被杀说"论者立论的主要依据是根本没有说服力的。

同时，不难发现，以上引述的论者立论的两条史料，其在时间上也是自相矛盾的。此表现为：《新罗古传》所记苏定方是在百济、高句丽灭亡之后被所谓"鸩杀"（上文已有辩证，此不再及），而《东国李相国集》中则不知所然、茫然糊涂地说是在唐太宗贞观年间，其间相差近30年。用两条本身错误明显又互相矛盾的史料来推出一个让人信服并希冀流传后世的结论，此显然是不可能的。

至于论者提到朝国境内至少有两处苏定方或苏挺方的祠堂，这当和朝鲜半岛自三国时代以来形成的祭祀习俗有关。《旧唐书》卷199

---

① 《三国史记》卷41《金庾信传》载：金春秋赴唐请兵，唐太宗"敕将军苏定方以师二十万徂征百济"。此记载明显有误，难以相信。《三国遗事》卷1《真德王》文中对此已有辩驳，可以信从。另外，《三国史记》的其他记载，以及《旧唐书》《新唐书》的记载均可证明以上记载之谬误。

② 《高丽史》卷102《李奎报传》载其"幼聪敏，九岁能属文，时号奇童。稍长经史百家佛老之书，一览辄记"。同时，李氏以其诗作《东明王篇》享誉后世，历来为韩国学界所推重，但李氏所写祭文为什么出现这种张冠李戴现象，令人费解。文中的推论只是一种可能，是否有其他原因还有待于深入研究。

上《东夷传》载:"其俗多淫祀,事灵星神、日神、可汗神、箕子神。国城东有大穴,名神隧,皆以十月,王自祭之。"《三国史记》卷32《杂志·祭祀》有类似的记载。但是,有祠堂和祠堂的主人公死在该地似乎并不能天然地画上等号。新罗神文王以后,新罗与唐朝的关系至为密切,此前十余年间双方紧张的关系已烟消云散,代之而来的是双方频繁持续的交往和各个方面的合作。在这种大的社会氛围下,作为半岛三国统一的主导者,当然也是既得利益者,新罗王廷对统一战争中各方人物,有这样或那样的新评判当极有可能。这样,建立某人的祠堂或许就是这种动议的结果。因为《世宗实录·地理志·大兴县》记载,在黄海附近韩国一侧(韩国西海),属于韩国的大岑岛上亦有苏定方祠堂,在绀岳山上有薛仁贵祠堂,[①] 至于是否还有其他与此一时期相关人物的祠堂,以及对出现这种情况的总体估价,还有待致力于古代中韩关系史的研究者进行深入细致的探讨。同时,据载,上述祠堂在新罗一代享受春、秋祭祀,由当地地方官主持,此亦可以证明笔者上述推论。新罗当时(三国统一以后)人的观念,显然与论者无形中加在他们头上种种与唐朝似乎敌对的、和实际情况形成偏差的言行存在距离。近300年新罗与唐朝双方关系中,友好交往应该是主流。如果不掺杂现代人因特殊历史时期积淀的非理性意识,公正客观,而不是功利、主观地研究这段历史,笔者的这种看法是可以获得大多数人认同的。言归本传,当然,也不能因为绀岳山有薛仁贵祠堂,就认定或断言薛氏亦死在当地吧?论者的上述论据也是站不住脚的。

如果通览上引论者的两篇论文就会明白,其论证苏定方被杀只是一个铺垫,真正的目的可能是希望以此全盘否定唐罗同盟,这种学术

[①] 《高丽史》卷56《地理志》,韩国亚细亚文化社,1990,第255页;《海东金石存考》卷1。

观点是值得慎重考察的。有关此问题的相关探讨，笔者在以后的文稿中将更详细地阐述自己的看法。

另外，唐朝对死去的文官武将都有严格的谥号制度，定谥号由礼部官员具体运作。① 如果谥号不当，有可能会惊动朝野上下，上文中谈及许敬宗谥号事件足以说明此一点。苏定方死后谥曰"莊"，其含义是"威而不猛"。如果其真的被打死或战死，那么，其谥号应是"壯"，而非"莊"。苏定方的谥号问题没有在朝廷中引起反弹或争议，此亦可从另一方面证明笔者上述之论证。

原载于韩国《中国史研究》第 9 辑，2000

修订者按：有关苏定方事迹，可参拜根兴《也论苏君墓当为苏定方墓》，《考古与文物》2005 年第 5 期。7 世纪中叶赴朝鲜半岛的唐人将领除本书论及的刘仁愿、刘仁轨、薛仁贵、柴哲威之外，还可参拜根兴《初唐将领王文度事迹考述：兼论唐与百济、新罗的关系》，杜文玉主编《唐史论丛》第 10 辑，三秦出版社，2008；拜根兴《初唐将领张士贵行迹考述：以贞观十九年征伐高句丽为中心》，《唐都学刊》2017 年第 2 期。

---

① 《唐会要》卷 80《谥法》，第 1738 页。

第七章

刘仁愿的活动及行迹

在7世纪60年代唐与朝鲜半岛诸势力的交涉中,刘仁轨、刘仁愿无疑是两个举足轻重的人物,两人秉承唐朝廷的旨意,在百济故土奋战数年,为稳定新罗与百济关系、最终灭亡高句丽做了大量的工作。刘仁轨从朝鲜半岛返回后,获唐高宗及则天武后的信赖,曾执掌朝政,又几度往返朝鲜半岛,建立功勋,其死后得陪葬乾陵,极尽哀荣。《旧唐书》《新唐书》皆有其传记,其子刘濬亦得陪葬乾陵,墓志铭也已发表。① 历代学者对其褒誉不断,今人的研究论文亦有刊出。② 相反,刘仁愿的结局则相对令人惋惜。《旧唐书》《新唐书》未为其立传,其事迹也只能从《旧唐书》《新唐书》刘仁轨传及另外一些零星记载中窥知,对其专题研究及相关论著似未见刊出。显然,这对更深入地探讨此一时期唐与朝鲜半岛三国关系不能说不是一种遗憾。鉴于此,本章即利用现存金石资料及相关记载,对刘仁愿的出身

---

① 黄永年:《读刘濬墓志考释》,《历史论丛》第3辑,齐鲁书社,1983;廖彩樑:《乾陵稽古》,黄山书社,1988。

② 〔日〕泷川政次郎:《刘仁轨传(中)》,《古代文化》第36卷第9号,1984。

及其在百济诸活动，以及《旧唐书》《新唐书》刘仁轨传记中人为地拔高刘仁轨，混淆两人的事迹进行质疑，并对刘仁愿的其他事迹进行相应考述，以期对此一时期唐与新罗、百济关系的研究有所增益。

第一节　刘仁愿及《刘仁愿纪功碑》

一　关于《刘仁愿纪功碑》

如上所述，《旧唐书》《新唐书》没有为刘仁愿立传，其事迹只能从《旧唐书》《新唐书》刘仁轨传中得窥一二。对于刘仁愿的出身、赴百济前的事迹，《旧唐书》《新唐书》刘仁轨传亦缺少记载，故据此传记无从知道。然而，现存韩国忠清南道扶余市国立扶余博物馆院内的《刘仁愿纪功碑》（以下简称《纪功碑》），在某种程度上弥补了这种缺陷。此碑原立于扶余市境原百济都城泗沘城王宫遗址所在地扶苏山城内。20世纪初，日本人控制的朝鲜总督府对当时朝鲜境内的文物古迹进行了全面的调查统计，并将重要的古迹拍照，编成《朝鲜古迹图录》一书。该书第二册即收录了当时纪功碑身首异处、弃置荒山旷野的图片。值得庆幸的是，现韩国扶余市文物当局已将纪功碑接合维修，并移至博物馆大院，设置围栏、碑亭加以保护，此不仅有利于开发当地的旅游产业，也为学者研究这段历史保存了形象的实物资料。据研究者调查考订，纪功碑高237.9厘米，厚30.9厘米，宽133.3厘米。螭首高113.6厘米。碑文字径2.42厘米，楷书。题额字径6厘米，篆书阳刻，无撰者姓名。全碑共有34行，每行69字；现第20行内文字可以判读，第21行有18字能够判读，第22行以后的绝大部分文字不能够判读。[①] 因此碑远在海外，长期以来，中国历代

[①] 文中所引《刘仁愿纪功碑》见〔韩〕许兴植编《韩国金石全文》（古代），第65~71页；并参《译注韩国古代金石文》，第477页。

学者多未闻知，故现存《新唐书》《旧唐书》《资治通鉴》《册府元龟》诸史书均未有提及或征引。韩国现存最古的史书、高丽时代人金富轼主持编纂的《三国史记》一书也不知何故未见提及。同时，清代嘉庆中叶之前历代的金石集录、唐文总集类书籍亦未见任何著录，① 故长期以来不为研究者所知。

根据清人潘祖荫的考证，以及目前学界通行的看法，《纪功碑》作成于663年百济复兴军灭亡之后。② 朝鲜宣祖（1568～1608）之孙李俣编著的《大东金石目》书中，认为碑文是刘仁愿自书，但不知道其依据是什么。③ 当然这种可能也不是没有，因为刘氏贞观年间做过弘文馆学生，而弘文馆学生的主要任务之一就是练习书法，招收学生的标准也是"有性爱学书，及有书性者，听于馆内学书"。④ 当时书法名家亦常常亲临指点。可以认定，刘仁愿可能对书法有兴趣，也曾有过书法专门训练的经历，故书法水准当不会低。另外，笔者以为，《纪功碑》文极可能出自刘仁轨之手，刘仁轨当时担任熊津道行军长史、检校带方州刺史，他有此能力，又深知刘仁愿的家族史及其此前的经历和与百济复兴军战斗期间的具体情况。况且，事实上刘仁轨是刘仁愿的部下，此时其亦非像以后那样大红大紫，故他撰写《纪功碑》的可能性最大。

如上所述，朝鲜宣祖之孙李俣，在其所编著《大东金石目》书中，首次录有《纪功碑》文拓片（少许）并做了简单的批注。清嘉庆十九年（1814）编竟刊行的《全唐文》1000卷，其中卷990《阙名三十一》收录了此碑文。嘉庆、道光年间金石名家刘喜海（字燕庭）撰有《海东金石存考》一卷，该书对《纪功碑》有简单的考

---

① 清嘉庆十年（1805）刊印的王昶编著《金石萃编》一书亦未见收录。
② 参〔日〕葛城末治《朝鲜金石文》，亚细亚文化社，1987，第37页。
③ 〔朝鲜〕李俣编著《大东金石目》，亚细亚文化社，1976。
④ 《大唐六典》卷8《门下省·弘文馆》，三秦出版社，1991，第193页。

证；光绪年间始刊行同氏所辑《海东金石苑》一书，其卷1录有该碑文，并附有刘氏所写跋文。① 此后，朝鲜总督府编辑的《朝鲜金石总览》上册、《韩国金石全文》（古代）、《百济史料集》、《译注韩国古代金石文》等书均予收录。日人葛城末治《朝鲜金石考》《朝鲜金石文》两书，以及胡口靖夫《鬼室福信和刘仁愿纪功碑》②文中均专有论考，只是论述的重点并非刘仁愿本人。《纪功碑》前半部分依据拓本还可以辨认，后半部分则受损严重，难以辨认。这样，前半部分就成为学者研究刘仁愿赴百济之前事迹的最权威资料，弥足珍贵。下面即依据此碑文，并结合其他的零星记载，对刘仁愿的早期事迹做一考述。

二 刘仁愿的身世及经历

有关刘仁愿的身世，《纪功碑》记曰："君名仁愿，字士元，雕阴大斌人。"依据碑文的记载，自北魏末年起，刘氏的先祖就居住塞上，进而成为塞北有名的豪族大姓。

> 高祖□□，散骑常侍，宁东将军，徐州大中正，彭州穆公。属魏室不纲，尔朱陵虐，东京沦丧，□□西迁，陪奉銮舆，徙居关内。寻除镇北大将军，持节都督河北诸军事，绥州刺史，因官食封，仍代居之。□鼓□□之，□北州之望。曾祖平，镇北大将军，朔方郡守，绥州刺史，上开府仪同三司，袭爵彭城郡开国

---

① 见刘喜海辑《海东金石苑》，吴兴刘氏希古楼刊。跋文云："右碑在朝鲜忠清南道扶余县。无年月，书撰人姓名亦无考。《扶余县志》：县北三里有刘仁愿纪功碑，即此碑也。"《石刻史料新编》第1辑，台北，新文丰出版公司，1982，第23册。关于《海东金石苑》一书的由来及刊刻流传，参黄建国《中朝金石交流史上的奇迹——〈海东金石苑〉成书及佚而复得的经过》，《韩国研究》第2辑，1994；该书的定稿本问题，可参〔韩〕朴现圭《上海图书馆藏清刘喜海的定稿本〈海东金石苑〉》，《书志学研究》第21辑，2001。
② 《古代文化》第31卷第2号。

第七章 刘仁愿的活动及行迹

公。祖懿，周骠骑大将军，仪同三司，随使持节绥州诸军事，绥州总管，□州刺史，□□郡开国公。父大俱，皇朝使持节（因）同、绥二州总管，廿四州诸军事，绥州刺史，寻迁都督，左武卫将军，右骁卫大将军，胜、夏二州道行军总管，冠军大将军，镇军（北）大将军，上柱国，别封彭城郡开国公。

也就是说，刘仁愿祖上在西魏时即徙居关中，历经西魏、北周、隋、唐诸朝代，镇守北部边防，并建立功勋，成为一方豪杰。其父刘大俱，在现存唐史史料中，事迹不见于载。只是成书于中唐的《元和姓纂》卷5中，在谈及刘氏雕阴一系时稍有涉及，载："唐左武卫大将军、绥州总管、义成公大俱。"为西晋时代"右贤王豹之后，绥州代为酋望"。① 显然，其记载与上引《纪功碑》稍有差异。也就是说，刘仁愿的祖上有可能属于匈奴族。

贞观中期，刘仁愿因"地荫膏腴，门承勋业，令闻之誉，佥议攸归"，起家为弘文馆学生，随后被选为右亲卫，"膂力□健，胆气过人"，曾经随唐太宗出巡外地，"手格猛兽"，受到唐太宗的赏识，特受恩诏"入杖内供奉"。后参与贞观十九年（645）的征伐高句丽战争，因战功受到唐太宗的嘉奖，"超拜上柱国，别封黎阳县开国公，擢受右武卫凤鸣府左果毅都尉，压领飞骑于北门长上"。贞观二十一年（647），任行军子总管，随英国公李勣经略薛延陀，并迎接车鼻可汗，安抚九姓铁勒，因功"改授右□卫郎将，依旧□□供奉"。② 贞观二十二年（648），任行军子总管，经略辽东；同年，授右武卫神通府左果毅都尉。唐高宗永徽五年（654），任葱山道行军子总管，随卢

---

① （唐）林宝撰，岑仲勉校记《元和姓纂（附四校记）》卷5，中华书局，1994，第703页。
② 文中所引未注出处者，均见《刘仁愿纪功碑》，〔韩〕许兴植编《韩国金石全文》（古代），第65~71页。

国公程知节出讨西突厥沙钵罗可汗阿史那贺鲁,唐军无功而还。此次出讨,苏定方为前军总管,可能此次共同出征加深了苏、刘二人的私人关系,同时,刘氏的才干为此后苏定方选拔刘仁愿随军出讨百济提供了可能。① 显庆元年,刘仁愿被授予左骁卫郎将。此期间,刘氏还作为唐朝廷全权代表,数次前往回纥铁勒抚慰,奔赴吐谷浑、吐蕃宣敕,均圆满完成使命。

从刘仁愿的官场经历,可以得出以下几点。其一,《新唐书》卷49上《百官志》载:"武德、贞观世重资荫,二品、三品子,补亲卫;二品曾孙,三品孙,四品子、职事官五品子若孙,勋官三品以上有封及国公子,补勋卫及率府亲卫……"刘氏因祖上的功勋官职,先为弘文馆学生,随后以资荫担当唐太宗的右亲卫。以荫袭担当皇帝亲卫,对于武将等家庭出身的子弟来说,可以不经过科举进入仕途,在当时不失为步入官场的途径之一。其二,因为担当唐太宗的亲卫,刘仁愿有机会接近皇帝,展现发挥自己的才干,进而得到唐太宗的赏识。其三,刘氏曾跟随当时著名的将领李勣、程知节、苏定方东征西讨,又作为唐朝廷的使节,数次往返抚慰回纥九姓铁勒;前往吐谷浑、吐蕃宣谕不辱使命,无疑为此后在百济从事复杂的军政活动积累了一定的经验。

---

① 现存的《大周故持节巂州都督陆府君(仁俭)墓志铭并序》文中载:"……显庆五年,神丘道大总管苏定方地均卫霍,术妙孙吴,引公为人。公有纵横之算,扫除秽貊,我有九鸟(岛)……"《唐故左武卫将军上柱国张掖郡公冯府君(师训)碑并序》亦载:"显庆四(五)年,鸡林道大总管苏定方受制专征,聊申薄伐,知公英略冠众,奏请同征,挫敌摧凶,果无与匹……"《大周故唐州司马上柱国严府君墓志铭并序》云:"大将军邢国公钦其峻格,屈与相见,眉睫子偶,便定旌旆之交。及有事辽东,定方之为总管,乃引君同行,以立功为事……"另外,其他墓志铭中亦有当时英国公李勣、乐城公刘仁轨奏请、荐引将领随军之事例。看来,唐初每次出征前,有名荐引、奏请随军将领的成例。刘仁愿是他人荐引,还是苏定方亲自选定?现不得而知,但从苏定方曾与刘仁愿共同出征的经历考察,笔者以为后一种可能性较大。上引墓志铭均见周绍良主编《唐代墓志汇编》。

第二节　唐留守军和刘仁愿的作用

如前文所述,刘仁愿受命率领万名唐军,并联合新罗王子金仁泰所率的七千新罗军,共同守卫百济都城泗沘城。虽然唐朝派遣左卫中郎将王文度为熊津都督,但其意外地死亡,而随后到达百济的刘仁轨,其实际职务只是检校带方州刺史而已。那么,留守军初期,唐朝在百济的最高领导人是谁?其中真实情况如何?此均为需要辩证澄清的问题。

《旧唐书》卷84《刘仁轨传》载:

> 诏仁轨检校带方州刺史,代文度统众,便道发新罗兵合势以救仁愿。……高宗敕书与仁轨曰:"平壤军回,一城不可独固,宜拔就新罗,共其屯守。若金法敏藉卿等留镇,宜且停彼;若其不须,即宜泛海还也。"将士咸欲西归,仁轨曰:"《春秋》之义,大夫出疆,有可以安社稷、便国家,专之可也。……主上欲吞灭高丽,先诛百济,留兵镇守,制其心腹……"众从之。

《新唐书》卷108《刘仁轨传》则记曰:

> 诏仁轨检校带方州刺史,统文度之众,并发新罗兵为援。……高宗诏仁轨拔军就新罗与金法敏议去留计。将士咸欲还,仁轨曰:"《春秋》之义,大夫出疆,有可以安社稷、便国家者,得专之。今天子欲灭高丽,先诛百济,留兵镇守,制其心腹……"众从其议,乃请益兵。

《三国史记》卷28《百济本纪·义慈王》记载与上引两书基本相

同。显然,根据上引记载,王文度死后,刘仁轨率其兵,即"代文度统众"和"统王文度之众",救援刘仁愿,唐高宗亲自下达敕书与刘仁轨,似乎刘仁轨就是唐在百济留守军的最高领导人。但是,笔者认为,事实并非如此。为什么这么说呢?理由如下。

首先,刘仁轨之所以在百济,是因为冒犯了当时颇受唐高宗、武则天信任的宰相(中书令、吏部尚书、同中书门下三品)李义府,即上文所引"青州刺史刘仁轨坐督海运,覆船,以白衣从军自效"。当时李义府得到唐高宗的支持,手握官吏除任大权,他是不可能让刘仁轨担当统领百济留守军的最高职务的。虽然前往百济任职并不是人人都愿意的事(漂洋过海,远离大陆,异域征战,时刻都有生命危险),但是,刘仁轨要摆脱李义府的迫害,就必须在此艰难的征程中找到本来就属于他自己的东西,他已经从中看到一线曙光,就是所谓"仁轨喜曰:'天将富贵此翁矣!'于州司请《唐历》及庙讳以行,曰:'吾欲扫平东夷,颁大唐正朔于海表。'"① 也就是说,刘仁轨抓住了这个机会,最终实现在都城长安以及担任地方州县官均难以达到的人生理想;此种状况是李义府之流不可能预料到的,当然,这是几年以后的事情。也就是说,刘仁轨虽被任命为检校带方州刺史,但唐中枢其实是让其戴罪立功。

其次,应该注意的是,刘仁轨只是"检校"带方州②刺史,意思

---

① 《资治通鉴》卷200,唐高宗龙朔元年。清人赵绍祖认为:"案通鉴不取征辽之说,然新旧唐书虽不同,同云征辽……观下文诏仁轨检校带方州刺史,发新罗兵以援仁愿,当时自辽而往百济也。"(《新旧唐书互证》卷12)但如上所述"于州司请《唐历》及庙讳以行",《旧唐书》卷84又载:"初,仁轨将发带方州,谓人曰:'天将富贵此翁耳!'于州司请历日一卷,并七庙讳,人怪其故,答曰:'拟削平辽海,颁示国家正朔,使夷俗尊奉焉。'至是皆如其言。"《册府元龟》卷358《将帅部·立功十一》记载与上引相同。从上引史料中的"于州司请历日一卷,并七庙讳""人怪其故"诸用语,以及史料行文的语气,似乎看不出其是从辽东行营出发的任何痕迹。故此,笔者认为刘仁轨当是受诏之后,从位于今山东半岛的青州出发,前往百济留守军本部。

② 关于百济带方州相关问题,参〔韩〕沈正辅《百济故地带方州考》,《百济研究》第18辑,1987。

是临时任用,并非实授。此反映了当时唐中枢在任用刘仁轨问题上的个人成分因素。下引史料可以具体详细说明此问题。

> 初,仁轨为给事中,按毕正义事,李义府怨之,出为青州刺史。会讨百济,仁轨当浮海运粮,时未可行,义府督之,遭风失船,丁夫溺死甚众,命监察御史袁异式往鞫之。义府谓异式曰:"君能办事,不忧无官。"异式至,谓仁轨曰:"君与朝廷何人为仇,亦早自为计。"仁轨曰:"仁轨当官不职,国有常刑,公以法毙之,无所逃命。若使遽自引决以快仇人,窃所未甘!"乃具狱以闻。异式将行,乃自掣其锁。狱上,义府言于上曰:"不斩仁轨,无以谢百姓。"舍人源直心曰:"海风暴起,非人力所及。"上乃命除名,以白衣从军自效。义府又讽刘仁愿使害之,仁愿不忍杀……①

李义府的"不斩仁轨,无以谢百姓",足以看出其对刘仁轨"置之死地而后快"的态度。刘仁轨到达百济之后,李义府仍未放弃杀害刘仁轨的想法,而是暗示刘仁愿,并希望借刘仁愿之手除掉刘仁轨。笔者以为,可能李义府与刘仁愿比较熟悉,而且想利用上下级的关系,假刘仁愿之手达到自己不可告人的目的。可以想象,和对监察御史袁异式所用手法一样,李义府可能对刘仁愿也是玩弄威胁利诱之手段。但面临百济复兴军四面围攻的险恶局势,无论是从刘氏自身还是从唐朝国家利益,以及其家庭出身、从军经历诸方面看,刘仁愿都是不可能顺遂李义府的险恶企图的,故不为所动,非但不难为加害刘仁轨,而且使刘仁轨充分发挥善于谋略之长处,并将其运用到对百济复兴军的实战中去。两人精诚团结,共同对敌,并联合新罗军

---

① 《资治通鉴》卷201,唐高宗乾封元年,第6348页。

队，使驻百济留守军最终摆脱困境，取得了对百济复兴军一系列战斗的胜利。

再次，本来刘仁愿在百济留守军初期，作为留守军的最高领导人，这无须多费口舌，但从上引《旧唐书》《新唐书》刘仁轨传中，似乎难以得出这种结论。此固然是《旧唐书》《新唐书》传记史家为了突出传主之地位无可指摘之行为，但过分夸大刘仁轨的功劳及地位，而使此一时期唐留守军的事迹陷入混乱，这显然是不可取的，故不妨再援引其他史料加以考论。笔者认为，由于李义府仍主持唐中枢事务，刘仁轨此时还不可能直接上奏唐高宗，同时，唐高宗亦根本不可能给刘仁轨下达敕书，收到唐高宗敕书的人不是刘仁轨，而是刘仁愿。当然，给唐高宗答书的作者是刘仁轨没有错，但他是以刘仁愿的名义写的。龙朔三年（663）十一月，唐罗军最终击败百济复兴军，唐高宗诏刘仁轨领兵镇守百济，召孙仁师①、刘仁愿二人返回唐境。刘仁愿到达唐都长安后，唐高宗直接问及百济留守军情况：

> 刘仁愿至京师，上问之曰："卿在海东，前后奏事，皆合机宜，复有文理。卿本武人，何能如是？"仁愿曰："此皆刘仁轨所为，非臣所及也。"上悦，加仁轨六阶，正除带方州刺史，为筑第长安，厚赐其妻子。遣使赍玺书劳勉之。上官仪曰："仁轨遭黜削而能尽忠，仁愿秉节制而能推贤，皆可谓君子矣！"②

---

① 孙仁师等返回唐朝途经都洲，曾刻石纪功，是为《孙仁师百济班师碑》。该碑石为"前随州光化尉马大斌撰，不著书人名氏"，碑石现已不存。其著录最早见于北宋中期著名文人欧阳修之子欧阳棐《集古录目》卷5，后南宋人陈思道人纂次《宝刻丛编》卷20收录欧阳氏著录文字。其著录文曰："高宗平百济，已而其国人复叛，右威卫将军孙仁师为熊津道行军大总管，伐而平之。师还，至都洲，刻石纪功，以麟德元年立。"见《石刻史料新编》第1辑，第24册。

② 《资治通鉴》卷201，唐高宗龙朔三年，第6338页。又见《旧唐书》卷84《刘仁轨传》，其记载大体相同，只是个别字词有异。

又，大将军刘仁愿克百济，奏以为带方州刺史。仁愿凯旋，高宗谓之曰："卿将家子，处置补署，皆称朕意，何也？"仁愿拜谢曰："非臣能为，乃前青州刺史教臣耳！"遽发诏征之，至则拜大司宪，御史大夫也。①

上引史料无可辩驳地说明龙朔三年十一月之前，刘仁愿是唐百济留守军的最高领导人。史料表明，唐高宗对刘仁愿在百济的各种处置措施十分欣赏，并提出"卿本武人，何能如是"的疑问。显然，唐高宗只知道从百济发来的奏章是刘仁愿所作，如果奏章题写上奏人为刘仁轨，唐高宗绝对不会产生这种疑问。此从反面亦可证实，唐高宗的敕书是给刘仁愿而非刘仁轨。面对皇帝的提问，刘仁愿则显示出自己的耿直无私，他没有将别人的功劳据为己有，没有说出一点对刘仁轨不利的话，而是根据实际情况，推贤让能，将刘仁轨在百济的事迹直接禀告唐高宗，从而使唐高宗重新认识刘仁轨，并可能对以前李义府的做法有所反省，故奖励慰劳接踵而来，为刘仁轨重归唐中央奠定了基础。《旧唐书》《新唐书》刘仁轨传记中，有刘仁轨如何根据实际情况，采取措施，最终在对百济复兴军的战斗中取得胜利的记载，但就是没有提到刘仁愿，这也是难以说服人的。其中原因无非和刘仁轨从百济返回后，即受到唐高宗及武则天的重用，几度出掌唐中枢，并且与中书侍郎郝处俊等负责修改所谓许敬宗不实编纂《高宗实录》事件有关。② 同时，据上引《大唐新语》之记载，随后的刘仁轨正授带方州刺史职，也是刘仁愿奏请的。按照《旧唐书》《新唐书》刘仁轨传记的记载，一个下级军将竟然向皇帝奏请授任其上级官职，这在当时没有成例，也是不符合

---

① （唐）刘肃：《大唐新语》卷11，中华书局，1986，第168页。
② 参《旧唐书》《新唐书》刘仁轨传；《新唐书》卷115《郝处俊传》；《资治通鉴》卷202，高宗咸亨四年三月条。

常理的。再者，上文提到的《刘仁愿纪功碑》，是唐留守军与百济复兴军奋战数年的最直接见证，也是刘仁愿作为留守百济最高领导人功勋的真实写照。如果真如《旧唐书》《新唐书》刘仁轨传记所云种种，那么此碑应该改名为刘仁轨纪功碑了。还有，《日本书纪》卷27天智天皇朝记载当时日本与唐历次交涉中，"唐百济镇将刘仁愿"出现过3次，① 但始终未见提到刘仁轨。虽然据研究者考订，其中一次记载可能是误将刘仁轨记载为刘仁愿，② 但这正说明刘仁愿其人对当时唐、倭、朝鲜半岛各方的影响之大，以及在百济留守军中无可替代的领导地位。

最后，刘仁愿此时到底担当什么官职？其和刘仁轨的关系究竟如何？这些是问题的关键。故再征引其他史料记载，进一步明确刘仁愿、刘仁轨两人在百济的实际情况。史载：

> 刘仁轨为检校带方州刺史，兼熊津道行军长史。
> 刘仁愿龙朔中为熊津都督，与带方州刺史刘仁轨大破百济余贼于熊津之东。
> 刘仁轨龙朔三年为带方州刺史，与熊津道行军总管右威卫将军孙仁师，熊津都督刘仁愿大破百济余众及贼于白江，拔其周留城，百济伪王扶余丰走投高丽。
> 刘仁轨为带方州刺史，与熊津道行军总管孙仁师，都督刘仁愿大破百济，惟贼帅迟守信，据任存城不降。先是，百济首领沙咤相如……

---

① 见《日本书纪》卷27，天智天皇三年五月条、六年十一月条、十年正月条。
② 〔日〕木宫泰彦：《日中文化交流史》，胡锡年译，商务印书馆，1979，第73页；黄约瑟：《武则天与日本关系初探》，中国唐史学会编《中国唐史学会论文集》第3辑，三秦出版社，1989，第257页。前者认为天智天皇三年五月条所记，刘仁愿应为刘仁轨；后者认为天智天皇十年正月条所记，刘仁愿应为刘仁轨。

> 刘仁愿为熊津都督,既破百济余众,仁愿至京师,高宗谓曰……①

> ……合境遗黎,安堵如旧,设官分职,各有司存。即以君为都护,兼知留镇,新罗王金春秋亦遣少子金泰同城固守,虽夷夏有殊,长幼悬隔,君绥和接待,恩如弟兄……②

从《册府元龟》及《纪功碑》的诸多记载中可以看出,刘仁愿在百济留守军初期,担任熊津都督府都督(《纪功碑》记为都护,《三国史记》卷7《新罗本纪·文武王》中载录的《答薛仁贵书》亦记作都护,是否《三国史记》的撰修者参考过《纪功碑》,不得而知),这在《旧唐书》《新唐书》刘仁轨传,以及《资治通鉴》的有关记载中是看不到的。另外,刘仁轨此时为检校带方州刺史,上引史料记其还担当行军长史,此当是唐朝派遣孙仁师率援军到来之时,临时组建熊津道行军总管府时所设官职。孙仁师为熊津道行军总管,刘仁轨担当行军长史,行军长史属行军总管辖下官员。就是说,刘仁轨此时也是孙仁师的辖下军将。

综上所述,唐百济留守军初期,留守镇将刘仁愿的实际职务是唐熊津都督府都督,是留守军以及熊津都督府的最高领导人。苏定方之所以奏请刘仁愿留守百济,大概除上文言及的苏、刘二人曾经共同征战西域,还因为苏定方对刘氏多有了解,即所谓"资孝为忠,自家刑国,早闻周孔之教,晚习孙吴之书,既负英勇之才,仍兼文吏之道"。③ 然而,事实上只是一介武将的刘仁愿,虽然曾经随唐太宗出讨高句丽,并历次征战,也有出使安抚远方的经验,但朝鲜半岛唐罗留

---

① 上引史料见《册府元龟》卷358、366、366、405、413。
② 《刘仁愿纪功碑》,〔韩〕许兴植编《韩国金石全文》(古代),第65~71页。
③ 《大唐平百济国碑铭》,〔韩〕许兴植编《韩国金石全文》(古代),第53~60页。

守军与百济复兴军、倭国势力错综复杂的关系及瞬息万变的形势,无疑使其疲于应付。恰好,唐廷派年过60岁①、有丰富的智谋和治理地方经验但并不被唐中枢信任的刘仁轨来到百济,此前刘氏可能知道刘仁轨的遭遇,因为同情并需要刘仁轨这样的谋略之士,故不理睬来自唐中枢最高层的暗示。此后,刘仁愿发挥刘仁轨作为文臣应有的多智谋长处,弥补自己的不足,两人团结如一,并充分利用百济复兴军内讧之机,积极进取,从而使留守军走出危境,取得最后的胜利。故此,笔者以为,对于《旧唐书》《新唐书》刘仁轨传记中和刘仁愿相关的记载,应该重新认识,以使其更接近历史之真实。

第三节 刘仁愿和刘仁轨

龙朔三年(663)十一月,刘仁愿作为百济留守军的最高领导人,与孙仁师等人回唐朝报告百济战况,刘仁轨则代刘仁愿镇守,为检校熊津都督。可能是次年(麟德元年)十月之前,刘仁轨上书唐高宗,说明唐留守军兵士的现实状况,并阐明"陛下若欲殄灭高丽,不可弃百济土地。余丰在北,余勇在南,百济、高丽,旧相党援,倭人虽远,亦相影响,若无兵马,还成一国。既须镇压,又置屯田,事藉兵士,同心同德。兵士既有此议,不可胶柱因循,须还其渡海官勋及平百济向平壤功效"。同时,为自身的安全起见,向唐高宗列举西晋平吴国旧事,提醒唐高宗注意可能来自朝廷中不同势力对自己的威胁。②

---

① 依据《旧唐书》卷84《刘仁轨传》,刘氏垂拱元年(685)去世,时年84岁(《新唐书·刘仁轨传》记载刘氏去世时年龄为85岁),但无论如何,刘氏到达百济时年过60岁当是事实。

② 刘仁轨奏书云:"臣又见晋代平吴,史籍具载,内有武帝、张华、内有羊祜、杜预,筹谋策画,经纬咨询,王濬之徒,折冲万里。楼船战舰,已到石头,贾充、王浑之辈,犹欲斩张华以谢天下。武帝报云:'平吴之计,出自朕意,张华同朕见耳,非其本心。是非不同,乖乱如此。平吴之后,犹欲苦缚王濬,赖武帝拥护,始得保全。不逢武帝圣明,王濬不存首领。臣每读其书,未尝不抚心长叹。伏惟陛下既得百济,欲取高丽,须外内同心,上下齐奋,举无遗策,始可成功。……"显然,刘仁轨是以史喻今,有感而发,担忧自己的命运。

在此情况下，唐高宗"遣右威卫将军刘仁愿将兵渡海以代旧镇之兵，仍敕仁轨俱还"。就是说，从龙朔三年十一月到麟德元年十月此一年间，刘仁愿当是滞留在唐境内。

刘仁愿携唐皇帝的敕令，即按照刘仁轨奏章中提到的事项，实行换防，以抚慰唐留守军内部兵将的情绪，提高对海外驻军的各种待遇，当然也可以此减少朝廷中反对派对刘仁轨的攻击（见下文论述）。但是，刘氏到达百济后，检校熊津都督刘仁轨却极力说服刘仁愿，要求自己继续留守百济。因为此事，两人发生了激烈争执，并可能产生不和。《资治通鉴》卷201载：

> 仁轨对仁愿曰："国家悬军海外，欲以经略高丽，其事非易。今收获未毕，而军吏与士卒一时代去，军将又归。夷人新服，众心未安，必将生变。不如且留旧兵，渐令收获，办具资粮，节级遣还；军将且留镇抚，未可还也。"仁愿曰："吾前还海西，大遭谗谤，云吾多留兵众，谋据海东，几不免祸。今日惟知准敕，岂敢擅有所为！"仁轨曰："人臣苟利于国，知无不为，岂恤其私！"乃上表陈便宜，自请留镇海东，上从之。①

---

① 《资治通鉴》卷201，唐高宗麟德元年，第6341~6342页。关于此问题，《旧唐书》卷84《刘仁轨传》未有详载。《新唐书》卷108《刘仁轨传》记载与上引《资治通鉴》卷201所记基本基调相同，但也有明显差异。其文曰："时刘仁愿为卑列道总管，诏率兵度海，使代旧屯，与仁轨俱还。仁轨曰：'上巡狩方岳，又经略高丽。方农时，而吏与兵悉被代，新至者未习，万一蛮夷生变，谁与捍之？不如留旧兵毕获，等级遣还。仁轨当留，未可去。'仁愿不可，曰：'吾但准诏耳。'仁轨曰：'不然。苟利国家，知无不为，臣之节也。'因陈便宜，愿留屯。诏可。……"以上两书的差异表现为：其一，刘仁愿受命渡海到达百济之前，担当卑列道总管，《资治通鉴》卷201中似未见相应的记载；其二，《新唐书》记载两人的争执更直接或者针锋相对，给人的感觉是，两人此前在百济的合作就可能不怎么愉快。但据笔者上文考察，这种情况似乎并不存在。笔者以为，大概是《新唐书》作者为了突出表现刘仁轨的谋略及为国家利益不顾自身，进而无限夸大刘仁愿的无知和自私，这显然是不可取的。同时，《资治通鉴》的记事指明了刘仁愿固守皇帝诏书的原因，显得合情合理，也符合刘仁愿其人武将的性格，故笔者采用《资治通鉴》卷201的记载。

首先，刘仁轨所说可能是当时唐留守军面临的现实状况，刘仁愿所言亦是自己在唐都的实际遭遇。其次，因为刘仁愿是奉皇帝的诏敕而来，所以是贯彻皇帝敕令，还是根据当时当地的现实状况，就只有通过上书唐高宗才能最后决定，足见双方争执之激烈程度。刘仁愿在这次争执中处于不利地位是显而易见的，从此亦可了解作为武将的刘仁愿与文臣刘仁轨性格方面的差异。再者，上引史料清楚地表明，刘仁愿返回唐朝后，确实受到来自朝廷反对势力的强力弹劾，① 不然，他是不会死抱敕令不放的。

可以想见，留守百济的唐军主力，经过数年征战，各种战争减员当不可避免。② 从人员组成来说，刘仁愿所领万名兵士的大部分（孙仁师所率唐军可能大部返回唐境，以上可从刘仁轨所上奏章内容探知），仍是留守军的绝对主力，此一点当是可以认定的。可能正因为如此，朝廷反对出兵朝鲜半岛的官僚，以及上文言及的亲李义府朝野势力才有了口实，于是，他们将矛头直接指向刘仁愿，对其实施报复打压，即上引史料所谓"多留兵众，谋据海东"。刘氏要求按照诏令，可能也是希望将他原来所领军兵替换，进而消弭朝廷反对派之指责。

---

① 笔者以为，此前李义府使刘仁愿趁机杀掉刘仁轨，刘仁愿未从其愿，而是充分任用刘仁轨。刘仁轨亦尽心尽力协助刘仁愿，使留守军走出困境，取得胜利，进而受到唐高宗的奖拔重视，名满朝野。这对李义府及其同党来说，无疑是不可容忍的事情。这样，他们罗织罪名诬陷刘仁愿，以至于使刘仁愿有大祸降临、不能免除的感觉。应该指出的是，此时李义府已被流放离开唐都城（刘氏返唐五个月前，即龙朔三年四月，李义府被流配唐西南边地嶲州），然而亲李义府势力及其同党并未因此消亡，极可能是这些人向刘仁愿发难的。这大概亦是刘仁轨在奏章中向唐高宗提及西晋讨平吴国史事，此后又力求继续留守百济的主要原因之一。此一时期唐朝廷内部各种势力的斗争相当复杂激烈，进而无形中对朝廷对外政策产生一定的影响。这样，某些特定的人物受到牵连当是可以想象的。

② 《日本书纪》卷26齐明天皇六年（660）十月条载："百济佐平鬼室福信，遣佐平贵智等，来献唐俘一百人，今美浓不破、片县二郡唐人等也。"《三国史记》卷7《新罗本纪·文武王》中载录的《答薛仁贵书》载："至六年（660），福信徒党渐多，侵取江东之地，熊津汉兵一千往打贼徒，被贼摧破，一人不归……"此两书所载可能为同一件事，但记载唐军损失的方式、数量却不尽相同，亦可能有夸大等成分，但无疑都说明唐留守军在战争中兵员的减少。

唐高宗的最终决策，客观上扭转了唐留守军内部可能出现的危机局面，为实现唐王朝讨平高句丽战略铺平了道路。但是，这场表面只是两刘氏因百济留守军战略转换引起的争执（是迫于朝廷不同势力的压力，完全按照皇帝诏书，还是根据军中实际状况，同时为了自保，来处理留守军内部事务？），实际却蕴含着唐朝廷内部不同势力权力斗争的暗影，以及专制王朝皇帝个人好恶所造成的恶果等，唐百济留守军领导层个人的沉浮从此似露出端倪。刘仁愿在这场争执中受到相当的冲击当是无疑，是所谓"（刘仁轨）因陈便宜，愿留屯。诏可。由是以仁愿为不忠"。① 相反，刘仁轨得到唐高宗更多的注意，为此后归国进入唐中枢机构创造了条件。

第四节　罗济会盟中的刘仁愿

龙朔三年（663）九月发生的白江口战斗，不仅结束了长达三年的唐罗联军对百济复兴军的鏖战，而且将倭国势力逐出了朝鲜半岛，这在古代东亚国际关系史上具有划时代的意义。然而，唐王朝的最终目的，是要在稳固百济灭亡后原百济故土熊津都督府与新罗关系的同时，进而全力对付北面的高句丽势力，实现唐王朝梦寐以求的东亚天下秩序。这样，唐王朝此后所做的诸多努力，都是以实现这一目标为终极目的的。

那么，唐朝廷为什么还要扶植已经灭亡的百济政权呢？笔者以为，除上文谈及的原因之外，这亦和唐朝自太宗以来奉行的天下秩序观念有关。② 唐太宗时代不必多言，而永徽初年，唐高宗给当时百济义慈王所下玺书就清楚说明了这一点，即"昔齐桓列土诸侯，尚存亡

---

① 《新唐书》卷108《刘仁轨传》，第4084页。
② 参高明士《从天下秩序看古代的中韩关系》，《中韩关系史论文集》。

国；况朕万国之主，不可不恤危藩。"真是此一时彼一时也！当时屡次侵犯新罗、千方百计要置新罗于死地的百济，此时却沦落为与当时新罗同样的地位。如此，唐王朝要求在百济依附新罗的前提下，新罗、百济双方举行会盟。关于唐朝主持的新罗、百济会盟，黄清连氏的论文已经做了较为详细的论述，① 但是，对于和刘仁愿相关的问题还有进一步探讨的必要。也许是唐高宗为了安抚刘仁愿，也许是刘仁愿在百济的地位仍无人替代，抑或是刘仁轨有意将刘仁愿推到事件前面，此后，刘仁愿以唐皇帝敕使的身份，主持了唐王朝主导下的新罗与百济的会盟活动。

按照《三国史记》的记载，第一次会盟发生于新罗文武王四年二月，即麟德元年（664）二月。《三国史记》卷7《新罗本纪·文武王》载："……新罗即欲回还，杜大夫云：'准敕既平已后，共相盟会，任存一城，虽未降下，即可共相盟誓。'新罗以为，准敕，既平已后，共相盟会，任存未降，不可以为既平；又且百济奸诈百端，反复不恒，今虽共相盟会，于后恐有噬脐之患，奏请停盟。至麟德元年，复降严敕，责不盟誓，即遣人于熊岭筑坛共相盟会；仍于盟处，遂为两界。盟会之事，虽非所愿，不敢违敕。又于就利山筑坛，对敕使刘仁愿，歃血相盟……"显然，后者的记载非常模糊，没有指出第一次会盟参加的人员等事项，最重要的证据——盟文也不见于记载。

---

① 参黄清连《从〈扶余隆墓志〉看唐代的中韩关系》，《大陆杂志》第85卷第6期，1992。黄清连氏引用《旧唐书》卷199上《东夷传·百济》："百济诸城皆归顺，孙仁师与刘仁愿等振旅而还。诏刘仁轨代刘仁愿率兵镇守。乃授扶余隆熊津都督，遣还本国，共新罗和亲，以招辑其余众。"以及《扶余隆墓志铭》等史料记载，否定《资治通鉴》卷201中以扶余隆为检校熊津都尉的记载，此说极是。扶余隆何时被授熊津都督？《旧唐书·刘仁轨传》云："又遣刘仁愿率兵渡海，与旧镇兵交代，仍授扶余隆熊津都督，遣以招辑其余众。"《新唐书·刘仁轨传》载其事于刘仁愿等返回唐都，刘仁轨上奏唐高宗谈及唐兵招募诸问题之后，唐高宗因为看到刘氏的奏文，才敕令刘仁愿返回朝鲜半岛，故与上引《旧唐书·刘仁轨传》的记载并不矛盾。也就是说，扶余隆被授熊津都督是在麟德元年（664）十月之后。但是，不能因要证实扶余隆被授予的是熊津都督，而非熊津都尉，就否认此前《资治通鉴》记载刘仁轨龙朔三年（663）十一月至麟德元年十月担当检校熊津都督之事实。

第七章 刘仁愿的活动及行迹

那么，应该怎样认识这件事情？笔者以为，这次会盟，作为唐王朝代言人的刘仁愿根本就没有可能参加，主持这次会盟的可能另有其人。

首先，关于这次会盟，中国方面的史料如《旧唐书》卷199上《东夷传·百济》、《册府元龟》卷981《外臣部·盟誓》、《旧唐书》《新唐书》其他相关纪传、《资治通鉴》卷201均未见记载；《日本书纪》相关卷次、《三国史记》卷28《百济本纪》、《三国遗事》卷1"太宗春秋公"条亦不见载录。以上史书不予记载，至少说明此次会盟并非十分重要，故派遣任何人参与乃至主持亦无关紧要。其次，依据上引《三国史记》卷7《新罗本纪·文武王》中载录的《答薛仁贵书》，此次所谓的新罗、百济会盟，刘仁愿参与主持与否似乎难以认定。再次，会盟的另外一个当事人金仁问，在其《三国史记》卷46的传记中未见提及这次会盟的任何蛛丝马迹，这是极不正常的。因为传记中金仁问参与的其他重大事件均无一遗漏地记载，这次会盟的疑点从此一侧面可以得到验证。最后，刘仁愿、孙仁师等人于龙朔三年（663）十一月中旬返回唐朝，① 其到达唐都长安城大概已是次年正月末。即使受到唐高宗接见后，在唐长安住处片刻不停，再快马加鞭赶到海边，随后乘船飞速返回百济留守军本部，其间也要经过三个月左右，其到达留守军本部的时间，最早也是次年（麟德元年）三月中旬。② 更何况上文提及刘仁愿在唐都还受到来自朝野不同势力的弹劾，这不是短时间就能结束的事情，这就使得刘仁愿根本不可能即刻返回

---

① 刘仁愿等人动身返回的日子约在龙朔三年（663）十一月中旬。周留城战斗结束后，唐罗留守军从十月末起发起任存城之役，可能到十一月中旬结束战斗。刘仁愿返回唐朝的时间最早当在此时（十一月中旬）。参〔韩〕郑孝云《对于天智朝的对外政策的考察》，《韩国上古史研究》第14辑，1993。

② 黄清连氏引用《日本书纪》天智天皇三年五月的记载，即五月甲子"百济镇将刘仁愿遣朝散大夫郭务悰等进表函与献物"，进而说明刘仁愿"当以龙朔三年九月至麟德元年二月稍前在中国为较有可能"。但黄氏没有考虑刘氏从唐朝到百济留守军驻地的往返里程及时间，也就是说，刘氏二月根本不可能返回百济留守军驻地。当然，刘氏此年五月到达百济，从时间上来说是没有问题的。

百济；再者，从刘仁愿和刘仁轨的对话中亦可看出，刘仁愿是麟德元年十月之前刚到百济，而非此前人就在百济。故此，笔者认为，无论是从往返朝鲜半岛的行程、时间，还是当时刘仁愿其人返回唐朝的行迹等方面考察，所谓麟德元年二月由唐朝主持的第一次新罗、百济会盟，作为唐王朝敕使的刘仁愿，他似乎没有可能和理由参与主持会盟之事。鉴于此，笔者以为，代表唐王朝主持会盟的极可能是在百济的其他唐留守军指挥官，可能是刘仁轨，也可能是其他人，但不可能是刘仁愿。发掘新的史料，重新认识这次所谓的会盟，无疑是一个值得重视的课题。

新罗、百济会盟发生于麟德二年（665）八月壬子，地点为熊津所在的就利山。刘仁愿作为唐皇帝的敕使，监督双方会盟事宜。显然，促使新罗、百济会盟，符合唐王朝的朝鲜半岛利益。在此之前，龙朔三年四月，唐政府在新罗设立鸡林州大都督府，任命新罗王金法敏为鸡林州大都督，也就是说，唐王朝将原百济故地纳入其固有的羁縻体制之后，此时也把新罗纳入此体系之中。从现存史料中不能直接看出新罗对此事的态度，但随后新罗面对唐朝要求与百济会盟做出的姿态，似乎可以看作对此前事件的深层面反映。这次会盟，新罗决策层仍然保留态度，但又不能违背唐王朝的意愿，故虽然唐王朝在盟文中将新罗置于百济之上，百济完全处于依附的地位，但这无疑和新罗的希求相差太远。这种矛盾，导致此后唐朝与新罗发生非常激烈的摩擦直至最终决裂。① 这里不妨抄引盟文如下：

> 往者百济先王，迷于逆顺，不敦邻好，不睦亲姻。结托高丽（高句丽），交通倭国，共为残暴，侵削新罗，破（剽）邑屠城，略无宁岁。天子悯一物之失所，怜百姓之无辜，频命行人，遣其

---

① 参本书上篇第三章"新罗文武王时期的对唐交涉"。

第七章　刘仁愿的活动及行迹

和好。负险恃远，悔慢天经。皇赫斯怒，恭（龚）行吊伐，旌旗所指，一戎大定。固可潴宫污（犴）宅，作诫来裔；塞源拔本，垂训后昆。然怀柔伐叛，前王之令典；兴亡继绝，往哲之通规。事必师古，传诸曩册。故立前百济太子（大）司稼正卿扶余隆为熊津都督，守其祭祀，保其桑梓。依倚新罗，长为与国，各除宿憾，结好和亲。恭（各）承诏命，永为藩服。仍遣使人右威卫将军鲁城县公刘仁愿，亲临劝谕（诱），具（实）宣成旨，约之以婚姻，申之以盟誓。刑牲歃血，共敦终始；分灾恤患，恩若兄弟。祗奉纶言，不敢失坠，既盟之后，共保岁寒。若有弃信不恒，二三其德，兴兵动众，侵犯边陲，明神鉴（监）之，百殃是降，子孙不昌（育），社稷无守，禋祀磨灭，罔有遗余。故作金书铁契，藏之宗庙，子孙万代，无或敢犯（敢违犯）。神之听之，是飨是福！①

盟文强调唐王朝在朝鲜半岛事务中的领导地位，所谓"天子悯一物之失所，怜百姓之无辜，频命行人，遣其和好。负险恃远，悔慢天经"，对百济先王的行为大加谴责，强调是百济自己的过错才导致其最后灭亡，阐明唐王朝奉行吊伐的正当性。同时，说明在唐王朝的天下秩序观念中，扶植百济也是合情合理的，这就是"怀柔伐叛，前王之令典；兴亡继绝，往哲之通规。事必师古，传诸曩册"。由于牵涉到新罗的实际利益，刘氏在会盟之前宣示唐朝廷的旨意，进行必要的说服规劝当必不可少，对于熊津都督扶余隆亦是如此。盟文中"亲临劝谕（诱），具（实）宣成旨，约之以婚姻，申之以盟誓。刑牲歃血，共敦终始；分灾恤患，恩若兄弟。祗奉纶言，不敢失坠，既盟之

---

① 《旧唐书》卷199上《东夷传·百济》，第5333页。括号中的字，是笔者校订《三国史记》卷6《新罗本纪·文武王》的记载后，指出其中相异之字词。参〔韩〕李丙焘《译注三国史记》，第76页。

后，共保岁寒",即是对刘仁愿作为的真实写照。会盟中的具体事项，可能刘仁轨亦出谋划策、参与其中，盟文即是刘仁轨亲手起草，相信刘仁愿一定能从中获得许多新感受。另外，盟文对于可能出现的背盟，只是采用"明神鉴（监）之，百殃是降，子孙不昌（育），社稷无守，禋祀磨灭，罔有遗余"的自然界警示语言，此有别于此前唐王朝针对朝鲜半岛三国的其他文书。

作为唐王朝在朝鲜半岛的代言人，刘仁愿比较成功地主持了唐王朝十数年间兢兢以求的新罗、百济会盟，为唐王朝最终灭亡高句丽提供了良好的战略空间。

第五节 《刘仁愿等题名》中所见刘仁愿的行迹

新罗、百济会盟之后，《旧唐书》卷199上未有具体记载刘仁愿的行迹，《资治通鉴》卷201、《册府元龟》诸史书亦未见载。《三国史记》卷6只载刘仁轨率新罗、百济、倭、耽罗使者"浮海西还，以会祠泰山"。刘仁愿是继续留在百济，还是不久之后亦回到唐朝？单从现存文献资料考察，似乎难以得到明确的答案。那么，刘仁愿此时的行迹到底如何呢？

很少为研究者注意的摩崖石刻《刘仁愿等题名》，有助于此问题的解决。

《刘仁愿等题名》摩崖石刻位于东岳泰山岱顶仰天洞内。正书，崖高三尺六寸，广二尺。也许是因该题名摩崖石刻刻在洞内，也可能是刘仁愿其人并非著名人物诸原因，宋代以降出现的金石总目、金石题录诸书中，此题名摩崖石刻均未见著录。直到清嘉庆二年（1797）末，署前山东巡抚毕沅名，实际上是当时山东学政阮元具体编辑刊印的《山左金石志》卷11，才首次收入此摩崖石刻。此后，众多的泰

山地方志亦依此著录此题名石刻,① 然而并未引起研究者的注意。为说明方便,抄录如下:

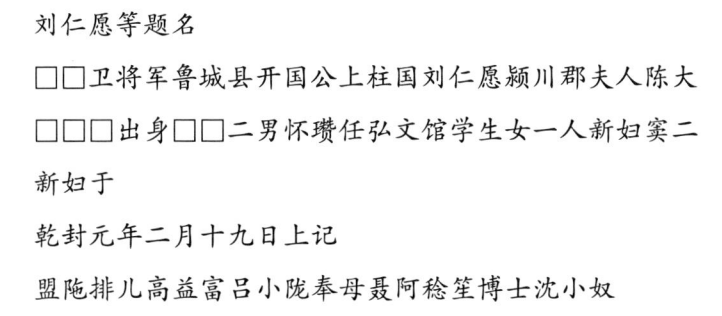

> 刘仁愿等题名
> □□卫将军鲁城县开国公上柱国刘仁愿颍川郡夫人陈大
> □□□出身□□二男怀瓉任弘文馆学生女一人新妇窦二
> 新妇于
> 乾封元年二月十九日上记
> 盟陁排儿高益富吕小陇奉母聂阿稔笙博士沈小奴

应该说明的是,孙星衍《泰山石刻记》载为"刘仁愿题名",并记载此题名的出处曰"岱帖录在岱巅云峰西",亦未载录题名的最后一行文字,此显然和上引不同。对此笔者暂不多言,留待以后详细讨论。那么,此题名能说明什么问题呢?笔者以为可以归结以下几点。

第一,"题名"有相当清楚的题名者名称、题名时间,并结合题名者的官职及其他内容(上引罗济会盟盟文中,刘仁愿的官职为"右威卫将军鲁城县公",此当是刘氏官职的简称),是刘仁愿其人题名应该不会错。也就是说,此"题名"可以作为论定刘仁愿事迹的依据。

---

① 如(北宋)欧阳修《集古录跋尾》、欧阳棐《集古录目》,(南宋)陈思道人《宝刻丛编》,无名氏《宝刻类编》,(明)于奕正《天下金石志》,以及清代乾隆末之前的金石总目、金石著录、泰山石刻等书,均未见提及此题记。清乾隆五十八年(1793),当时著名金石学者前山东学政阮元,奉山东巡抚毕沅之命,组织人力,收集山东历代拓本,或亲临考察,或分遣拓工四处跋涉拓印,经过两余年时间,编竟《山左金石志》24卷,并于嘉庆二年(1797)刻版付印(即今可看到的"仪征阮氏小琅嬛仙馆刊版")。该书卷11,首次收录了《刘仁愿等题名》摩崖石刻。此后清《山东通志》卷152《艺文志·金石存目》、《泰安县志》、孙星衍《泰山石刻记》、萧儒林《重修泰安县志》卷13《艺文志·金石》、缪荃荪《艺风堂金石文字目》卷4、法伟堂《山左访碑录》卷3《泰安府》,民国时代孟昭章《泰安县志》卷11《金石志》均有著录。

第二,"题名"有明确的题写年月日,即"乾封元年(666)二月十九日",这是应该重点探讨的问题。如上所述,罗济会盟后,刘仁轨率四国使者渡海西还,参加唐王朝在东岳泰山举行的盛大封禅仪式。在此之前,唐朝廷诏令"诸州都督刺史,以二年(麟德二年)十二月,便集岳下,诸王十月集东都,缘边州府襟要之处,不在集限……"① 唐高宗亦以此年十月丁卯,从东都洛阳出发,经过两个多月,于次年正月初一到达泰山脚下的泰山顿,并于初三日登上岱顶。九日,封禅活动达到高潮,改麟德三年(666)为乾封元年,直到十九日唐高宗等才离开泰山。从上述参加官员资格来看,刘仁愿参与封禅仪式当是没有问题,但诏书规定"缘边州府襟要之处,不在集限",恐怕就有一点障碍。是否因为罗济双方会盟关系趋于缓和,在刘仁轨率新罗、百济等使者返回唐境之后,刘仁愿安排好熊津留守军内部事务,并在唐朝廷同意的前提下,带领随从同赴泰山?"题名"记为二月十九日,即唐高宗离开泰山后的一个月,此时唐高宗早已结束泰山封禅活动,正在前往曲阜孔子故乡的路上。如果按照正常的程序,刘仁愿参加封禅仪式之后,理应尽快返回百济留守军本部。因为刘仁轨返回唐境后,时任熊津都督的扶余隆亦再回唐境,并于二月二日受唐高宗的差遣,以司稼正卿的身份前往曲阜"以少牢之奠,致祭先圣孔宣父之灵"。② 此时唐留守军处于无人统领之状态。或许因为要获得唐廷的最终同意,刘仁愿一行出发时间过于推后,亦可能是航程及海路的缘故,刘仁愿到达泰山时,盛大的封禅仪式已经结束,故只能和前来等候的夫人、子女等见面。这对刘氏来说不能不是一种遗憾。故他带领家人及随从登上泰山,目睹这里不久前发生的唐王朝建立后首次告天封禅的遗痕残迹,心中的滋味估计只有他自己清楚,这就为他在

---

① 《唐会要》卷7《封禅》,第113页。
② 《全唐文》卷15《祭告孔子庙文》,第77页。

仰天洞题写"题名"提供了可能。还有，如果刘仁愿正常地参与了封禅活动，他似乎是没有必要这么做的，因为参加这次封禅的文武官员、域外使节、皇亲国戚人数众多，至少清代乾隆末年以前可以看到的，除二月一日、□月十五日刻于仰天洞西的宫府寺丞"王知慎等题名"（包括检校造封禅□御作布政府、行宫门整备大使、内府监主簿王知敬），西台主书□都尉王行直、冯承素、孙表□等"题记"，以及奉敕投龙璧于介邱（即封磞埋玉之事）者一人题名外，题刻在仰天洞内的就只有"刘仁愿等题名"了。①

当然，经过1200余年的岁月，刻在泰山之上与这次封禅相关的其他有名人士的题名也许会有自然或人为（如后代人在原石刻上重新刻字等）的损坏，但一点痕迹也不留的情况似乎是不可能出现的。同时，如同在百济留下纪功碑一样，作为武将，刘仁愿有极强的荣誉感和表现欲，这可能是初盛唐时代征战海外的将领的共同点，在泰山上题刻题名亦足以说明这一点。再者，他一定是有所感受才这样做的，他可能想到的是与百济复兴军战斗的刀光剑影、唐朝廷反对势力的利诱和打压、与刘仁轨的患难与共及矛盾争执、自己对国家的忠诚和无私。他想让更多的人知道，是他一直为大唐帝国开疆拓土、奋战海东，此可能也是其题写"题名"的重要原因之一。

第三，上引《纪功碑》，对刘仁愿的祖上功勋、官职、刘氏本人的成长过程有详细的记载，"题名"则记载了刘氏的家庭情况，即其夫人姓陈，被封为颍川郡夫人。二男，可以理解为两个儿子，其名字分别为刘怀、刘瓒（当然，也有可能是指其第二个儿子刘怀瓒，不得而知），他们均为唐门下省所属的弘文馆学生。另有一个女儿及新妇窦二等。也就是说，刘仁愿有二男一女，其中儿子已经结婚。

---

① 参（清）毕沅、阮元编《山左金石志》卷11。

第四，笔者同意上引《山左金石志》卷 11 中，将"乾封元年（666）二月十九日"之后的人名，计为刘仁愿的随从人员的看法。① 唐代自武德以后，在太常寺隶属的太乐署设置内教坊，以备宗庙等大型的祭祀礼仪活动之用，笙博士当是其中机构的重要组成人员之一。② 另外，新罗文武王四年（664）三月，曾经"遣星川、丘日等二十八人于府城，学唐乐"，③ 其中"府城"是熊津都督府城当不会错。新罗王派遣众多的人员到熊津都督府所在地学习唐乐，证实当时新罗和唐留守军之间有多方面的沟通和交流；④ 当然，教授"唐乐"的不可能是百济人，一定是从唐朝来的专业音乐人员，此亦说明唐百济留守军组成人员的广泛。故此，这里的"笙博士沈小奴"当是前往百济或者是刚从百济返回的唐专业音乐者。

总之，从上述考察可以认定，麟德二年（665）十一月以后到次年（666）四、五月之间，刘仁愿、刘仁轨、扶余隆，即熊津都督府的主要官员均已回到唐境，参加唐高宗在泰山举行的大型封禅活动。在长达四五个月时间内，唐百济留守军及熊津都督府最高领导层处于

---

① 清人孙星衍《泰山石刻记》将其附在金代题名之后，名之为"高益富题名"；另外，清人武亿对此有相同的看法。
② 参《大唐六典》卷 14《太常寺·太乐署》，第 290~292 页。
③ 《三国史记》卷 6《新罗本纪·文武王》，上册，第 162 页。
④ 徐荣教认为，新罗遣星川、丘日等二十八人到熊津府城学唐乐，其"唐乐"并非唐朝酒宴上演奏的音乐，而是因当时唐罗联合作战的需要，为了统合两军作战的指挥系统，以及军令口号的一元化，新罗有必要学习唐朝的军事指挥技术等。笔者以为，此看法存在诸多疑点。首先，如果按照徐氏的说法，应该是学唐"军礼"，而非学习"唐乐"。其次，从《三国史记》的上下文记载来看，此处的"唐乐"应该是一般意义上的唐朝酒宴上演奏的音乐。假若要学习唐朝的军事指挥方面的技术，在唐罗共同灭亡百济之时，或者唐罗百济留守军组成之时就应当学，何必要等到四年之后百济复兴军独守孤城，大势已去之时？再说，经过双方四年多的共同作战，新罗对唐朝军事指挥方面的东西应该是多有了解，似乎没有专门派人前去学习的必要。再次，星川、丘日等二十八人应当不是军人身份。如果是，史书应记载为"将军"星川、丘日等，没有明确记载"将军"字样，即说明这些人当时的身份是技术者或者音乐爱好者。最后，依据"题名"原文，唐留守军中有专门的音乐演奏者，此可以为笔者的以上驳论提供佐证。参〔韩〕徐荣教《罗唐战争史研究》，博士学位论文，韩国东国大学，2001，第 79 页。

真空状态，其事务可能交与都督府内的百济系官员处理。① 此状况是否对此后熊津都督府的唐留守军产生影响？是否和刘仁愿本人此后的结局密切关联？无疑，这些都是值得进一步探讨的问题。

第六节　刘仁愿的结局

关于刘仁愿的结局，笔者在上篇第三章"新罗文武王时期的对唐交涉"中曾略有论述，认为"刘仁愿的结局，是此阶段唐罗微妙关系的集中反映"。为什么这么说呢？此和当时唐王朝的半岛政策、唐朝廷内部各种势力的微妙关系，以及新罗自身的利益有关。

众所周知，早在高句丽内讧之初，新罗文武王金法敏急派"天存之子汉林，庾信之子三光，皆以奈麻，入唐宿卫"，因此时金仁问尚在唐都长安，故金汉林、金三光二人的使命不单是担当宿卫，而且有请兵之任务。史载："王以既平百济，欲灭高句丽，请兵于唐。"可见，灭亡高句丽，是新罗和唐朝的共同需求。唐朝任命李勣为辽东道行军大总管，郝处俊为副，前所遣庞同善、契苾何力并为辽东道行军副大总管兼安抚大使，水陆诸军总管及运粮使等所辖，亦受李勣节度，"河北诸州租赋悉诣辽东给军用"。次年（667）七月，唐高宗命令刘仁愿、金仁泰从卑列道进发，并征调新罗军从多谷、海谷二道进发，进而和唐军在平壤城会合。但同年十二月，"唐留镇将军刘仁愿，传宣天子敕命，助征高句丽，仍赐王大将军旌节……"此前，唐军总指挥李勣派专人至新罗军营"移书以督兵期"。其原因可能是唐军数路进击，而新罗军未能从南面开辟新的战场，李勣派人前来督战未见

---

① 〔韩〕李道学：《熊津都督府的支配组织和对日本政策》，《白山学报》第 34 辑，1987。

成效，故刘仁愿又奉敕策应督促。另外，《三国史记》卷6载此年十一月中旬，李勣所领唐军班师（兵回），《答薛仁贵书》中亦有相同记载。但现存中方史书如《旧唐书》《新唐书》《资治通鉴》《册府元龟》等均未载此事。而且，次年二月，李勣等率军攻拔高句丽扶余城。如果唐军果真班师，此一来一往，绝非短暂的两个半月所能办到；当然，也有可能退至营州或山东半岛，但无史料佐证，难能断定，这里姑且存疑。就是说直到此时，唐朝廷联合新罗南北合击高句丽的计划并未实现。

总章元年（668）正月，唐朝任命身兼右相的刘仁轨为辽东道安抚副大使、辽东行军副大总管兼熊津道安抚大使行军总管，协助李勣。六月中旬，刘仁轨及乾封元年赴唐宿卫、请兵的金三光等人到达新罗党项城，新罗急遣归国的金仁问前往迎接；双方拟定新罗军进攻方向及突破口后，刘氏即与随从前往泉冈。二十七日，新罗出兵北上。① 与此同时，"（熊津府城）刘仁愿遣贵干未肹，告高句丽大谷□、汉城等二郡十二城归服"。然而就在该年八月，刘仁愿受到"坐征高丽逗留，流姚州"②的处罚。

---

① 见于《答薛仁贵书》，《三国史记》卷6《新罗本纪·文武王》不载，乾封三年（668），新罗王派遣大监金宝嘉入海，取英公进止，李勣使新罗军同赴平壤。显然，当时新罗军虽然得到唐朝"兵会平壤"的敕令，李勣亦遣派使人江深督促兵期，但新罗未获唐军的准确消息，故驻屯罗、丽边境一带。因为假若唐军在北线进展缓慢，或者进攻不利，新罗贸然出击会有孤军深入之危险，故新罗此前曾派细作深入高句丽境内打探唐军消息。新罗的这种应对态度是可以理解的。唐军虽多路进讨，但陆路突破鸭绿江防线，从以前的历次进讨经验看，其艰难当是在所难免；海上尽管便捷，只是由于当时人对海上风暴的预测仍很有限，船破人溺事件频繁发生。新罗若北上进攻高句丽，相比之下却相当便利。此或许就是新罗文武王在《答薛仁贵书》中，提到新罗受到李勣失军期讥责的原因所在。

② 《资治通鉴》卷201，唐高宗总章元年八月，第6355页。《新唐书》卷220《东夷传·高丽》载："刘仁愿与勣会，后期，召还当诛，赦流姚州。"此记载较为具体，但其深层的原因并非如此。另参〔日〕池内宏《唐高宗的讨灭高句丽之战役和所谓的卑列道、多谷道、海谷道》，《满鲜史研究》（上世）第2册。

第七章　刘仁愿的活动及行迹

刘仁愿被流放姚州之后，有关刘氏的蛛丝马迹即不见于史载。① 关于刘氏的流放地姚州，据刘统氏研究，唐武德四年（621）安抚大使李英置为羁縻州，后唐人王仁求开拓姚州，自置二十余羁縻州，上报武陵县主簿石子仁，石子仁于龙朔年间上疏唐高宗，请设置姚州都督府，麟德年间唐朝廷下诏设置姚州都督府。② 但是，这里远离唐王朝的中心地，此前担当都督府长史的李孝让、辛文协诸人均被当地少数民族豪酋杀害，以至于武周后期著名官僚张柬之上疏，请求罢黜姚州都督府建置。③ 刘仁愿被流放姚州，不但要渡过茫茫大海，随后还要经过漫长的陆路旅程才能到达。他的最终行迹，因没有任何史料可资佐证，难做进一步探讨，故在此从略。

原载于〔韩〕《中国史研究》第 18 辑，2002

修订者按：有关刘仁愿其他事迹，可参拜根兴、胡婷《唐将刘仁愿的流配生涯和悲惨结局：以〈刘仁愿纪功碑〉等史料为中心》，杜文玉主编《唐史论丛》第 20 辑，三秦出版社，2015。

---

① 笔者同意黄约瑟氏对《日本书纪》卷 27 天智十年二月条的见解，即此时担当百济镇将的人物是刘仁轨，而非刘仁愿。参黄约瑟《武则天与日本关系初探》，《中国唐史学会论文集》第 3 集。另外，日、韩学者对熊津都督府同日本的交往多有论述，其所引史料均来自《日本书纪》，参〔韩〕郑孝云《对于天智朝的对外政策的考察》，《韩国上古史研究》第 14 辑，1993。

② 参刘统《唐代羁縻府州研究》，西北大学出版社，1998，第 23 页。

③ 《全唐文》卷 175《请罢姚州屯戍表》，第 786 页。

第八章
薛仁贵的活动和唐罗关系

初唐时代驰骋疆场的武将中,武艺超群、能够奋战东西战线,并受到数位皇帝关注,历经起落沉浮者,大概非薛仁贵莫属。可能正因如此,自元明时代以来,与薛仁贵及其子孙关联的话本评书、小说、戏剧,如《薛仁贵征辽事略》[①]、《薛仁贵征东》、《白袍记》、《薛丁山征西》、《探窑》和《薛刚反唐》等风行民间,进而使薛仁贵成为家喻户晓的英雄人物。但是,历史上真正的薛仁贵到底如何?初唐时代国家对外关系的总体情况怎样?这些是历史研究者应当解答的问题。鉴于学界已有薛仁贵的传记出版,但专题探讨,即对薛氏与朝鲜半岛关联事迹研究却不十分充分[②]的现实状况,本

---

① 有关《薛仁贵征辽事略》一书,参〔韩〕朴大渊《〈薛仁贵征辽事略〉小考》,《中国学研究》创刊号,1984年。朴氏是从文学角度探讨此话本的。在结论部分,指出了宋末元初此话本出刊的历史和现实原因。

② 薛仁贵的传记《薛仁贵》一书,是已故东亚古代关系史研究专家、香港大学亚洲研究中心黄约瑟先生的遗作,西北大学出版社于1995年出版。专题论文主要有以下数篇:〔日〕日野开三郎《总章元年唐将薛仁贵攻陷扶余城》,《史渊》1949~1950年;罗元贞《名将薛仁贵及其子孙》,《山西大学校刊》1962年;尹承琳《薛仁贵其人其事》,《辽宁大学学报》1981年第1期;丛佩远《白袍先锋薛仁贵》,张博泉主编《东北历史名人传》(上),吉林文史出版社,1986;王立青《薛仁贵是征辽英雄》,《历史月刊》1988年第3期;

章在重点论述学界现有研究的前提下，对薛仁贵和朝鲜半岛关联事件试做考论。

第一节　薛仁贵研究现况

一　有关薛仁贵的史料

1. 《旧唐书》与《新唐书》

现存最完整的和薛仁贵关联的史料，无疑是《旧唐书》《新唐书》中的薛仁贵传记。①此两篇传记虽然繁简详略有所不同，但有关薛仁贵的具体事件记载并无根本的差异。相对而言，《新唐书》中增加了一些内容，如记载薛仁贵应募出征之前，《旧唐书》只是记曰："贞观末，太宗亲征辽，仁贵谒将军张士贵应募，请从行。"《新唐书》则记曰：

> 少贫贱，以田为业。将改葬其先，妻柳氏曰："夫有高世之才，要须遇时乃发。今天子自征辽东，求猛将，此难得之时，君盍图功名以自显？富贵还乡，葬未晚。"仁贵乃往见将军张士贵应募。

显然，《新唐书》增加了薛仁贵从军之前的事迹。正因为如此，研究者可以了解到薛仁贵的妻子为柳氏，其从军很大程度上是因其妻以疆场功名的劝诱。除此之外，《旧唐书》叙述事件比较具体，如对于薛仁贵流配象州的时间，《新唐书》载："未几，高丽余众叛，起为

齐东野《也替薛仁贵说几句话》，《历史月刊》1988 年第 6 期；王民信《薛仁贵北征九姓考》，《第一届国际唐代学术会议论文集》，台北，台湾学生书局，1989；黄约瑟《两唐书·薛仁贵传》，《第一届国际唐代学术会议论文集》。
① 《旧唐书》卷 83《薛仁贵传》，《新唐书》卷 111《薛仁贵传》。

鸡林道总管。复坐事贬象州，会赦还。"而《旧唐书》则载："寻而高丽众相率复叛，诏起仁贵为鸡林道总管以经略之。上元中，坐事徙象州，会赦归。"《旧唐书》明确记载了薛仁贵流配象州的时间为上元中（674～676）。

还有，《旧唐书》《新唐书》编纂的共同点就是数次引用皇帝，即唐太宗、唐高宗的话，称赞薛仁贵的武艺或者薛仁贵的功勋，这可能是古代史书编纂者惯用的一种写作手法，以提高传主的地位。其实，薛仁贵在唐太宗、唐高宗时代还算不上最优秀的将领。当时有名的将领，如李勣、李靖、苏定方等人，其所建功勋及在唐代当时的影响均远远大于薛仁贵。唐神龙元年（705）、大历十四年（779）两次厘定功臣，薛仁贵的排名都在李、苏之后。当然，有关薛仁贵历任官职，《旧唐书》《新唐书》的记载亦稍有差异。如《旧唐书》载，薛仁贵死后"赠左骁卫将军，官造灵舆，并家口给传还乡"，《新唐书》则载："赠左骁卫大将军，幽州都督，官给舆，护丧还乡里。"《新唐书》出现较晚，可能宋初发现有关薛仁贵的新资料，故《新唐书》增加了《旧唐书》所没有的内容。另外，《旧唐书》《新唐书》薛仁贵本传及其他人物传记中，还有高句丽传、吐蕃传、突厥传中亦多次提及其人事迹，但和本传记载差异不大，故在此就不一一摘引论证了。

《册府元龟》、《资治通鉴》及《三国史记》的资料。《册府元龟》中有关薛仁贵的记载和《旧唐书》《新唐书》中的记载差异亦不甚大，不过，有的记载更为具体。据笔者不完全统计，该书以下各卷目中载有薛仁贵的事迹，排列如下：

《册府元龟》卷134《帝王部·念功》
《册府元龟》卷149《帝王部·舍过》
《册府元龟》卷358《将帅部·立功》
《册府元龟》卷384《将帅部·褒异》

第八章 薛仁贵的活动和唐罗关系

《册府元龟》卷393《将帅部·威名》

《册府元龟》卷396《将帅部·勇敢》

《册府元龟》卷397《将帅部·怀忧》

《册府元龟》卷398《将帅部·明天时》

《资治通鉴》中的记载主要出现在卷198唐太宗贞观十九年条；卷199唐高宗永徽五年条；卷200唐高宗显庆三年、显庆四年条，龙朔元年、龙朔二年条；卷201唐高宗乾封二年、总章元年、咸亨元年条；卷202唐高宗仪凤二年条；卷203唐高宗永淳元年条。《三国史记》中的资料，除和中国史书中相同的记载（卷21《高句丽本纪第九》、卷22《高句丽本纪第十》）外，中国史书中没有的史料有以下几处。其一，文武王十一年（咸亨二年），薛仁贵作为大总管（《旧唐书》《新唐书》作鸡林道总管）率兵征伐，到达新罗之前，托新罗僧侣琳润法师给新罗文武王的信，是为《致新罗王金法敏书》，以及随后新罗王给薛仁贵的回信，即《答薛仁贵书》。其二，文武王十五年（上元二年），载"薛仁贵以宿卫学生风训之父金真珠伏诛于本国，引风训为向导，来攻泉城。我将军文训等逆战胜之，斩首一千四百级，取兵船四十艘。仁贵解围退走，得战马一千匹"。其三，文武王十六年（仪凤元年），"冬十一月，沙湌施得领兵船，与薛仁贵战于所夫里州伎伐浦，败绩。又进，大小二十二战，克之，斩首四千余级"。[①]

当然，除上引几种史书之外，相关的史书、文集、野史书籍亦或多或少提及薛仁贵其人事迹，[②]但可以肯定的是，其主体构造、史料内容雏形或者是直接来源于以上诸书，或者是和上述史书密切相关，故在此亦不列出。如果书中有特别引证的史料，笔者将在注释中说明

[①] 关于文中所及《三国史记》卷7《新罗本纪·文武王》中的记事，留待下文详论。
[②] 如《太平广记》《全唐文》诸书中，均记载有薛仁贵事迹。朝鲜初期编纂的《高丽史》卷56《地理志》中亦载有和薛仁贵相关的内容。

其出处。

2. 金石文资料

和薛仁贵关联的金石文资料，首先应该提及《薛仁贵碑》。有关薛仁贵碑志，北宋欧阳修《集古录跋尾》卷6、南宋陈思道人《宝刻丛编》卷10均有著录，但遍览清人金石著作总集及题跋等，根本未见提及此碑石，可能清代以前此碑即已不存。欧阳修在著录文中提及碑文为当时著作郎苗神客所撰，苗氏作为效命武则天的"北门学士"之一，在唐周改朝换代的血雨腥风中，亦未能幸免酷吏政治的灾殃，最终被杀于岭南流所。碑云："公讳礼，字仁贵，河东汾阴人。"此明显和《旧唐书》《新唐书》所载薛仁贵为"绛州龙门人"相异。另外，欧阳修、欧阳棐父子对碑中相关事项也做了辩证，云：

> 碑云："公讳礼，字仁贵，河东汾阴人"；唐书列传云："仁贵，绛州龙门人"又不云名礼。余家集录薛氏碑尤多，据仁贵子楚玉碑，亦云父仁贵尔。仁贵为唐名将，当时甚显著，往往见于他书，未尝有云薛礼，字仁贵者。仁贵本田家子，奋身行阵，其仅知姓名尔。其曰名礼，字仁贵者，疑后世文士或其子孙为增之也！列传（《旧唐书》《新唐书》列传）又载仁贵降九姓事，云军中为之歌曰："将军三箭定天山，战士长歌入汉关。"仁贵卒于永淳中，碑以天宝中建，不载"汉关之歌"，不应遗略，疑时未有此歌，亦后人所增尔！治平元年端午日书。①

> 唐著作郎弘文馆学士苗神客撰，仁贵玄孙左领军卫兵曹参军伯巖书。薛礼，字仁贵。河东汾阴人，官至明威将军，代州都督。碑以天宝二年立在安邑。②

---

① （宋）欧阳修：《集古录跋尾》，《石刻史料新编》第1辑，第24册。
② （宋）欧阳棐撰，（清）缪荃荪校辑《集古录目》，《石刻史料新编》第1辑，第24册。

因为现在看不到薛仁贵碑志原文，故欧阳修父子、赵明诚的著录辩证文字弥足珍贵。同时，通过欧阳修著录文可以了解到在薛氏死后若干时间内（极可能是在苗氏受到酷吏罗织之前），苗神客为薛仁贵撰写了碑文，但似乎当时并未即刻竖立，而是到天宝初年才刻石立碑。笔者以为，可能是因为撰写者苗氏的缘故，在当时立此碑是不合时宜的事情。然而，薛氏的两个儿子薛讷、薛楚玉均作为唐朝大将，在开元年间颇负盛名，担当重要职务，为什么还要等到天宝二年，才由薛仁贵玄孙薛伯巙书丹竖立？这是值得注意的一点。有学者认为"是否因迁葬又或其他原因"，重新刻作碑文所致。① 然而，当时薛氏坟墓迁葬几乎是不可能的事情。因为以薛仁贵的影响，以及唐高宗对其的重视，其死后葬礼完全是朝廷操办，故不可能将坟墓选在薛氏故乡地形不好的地方；其坟墓所处风水及形势可能都是当地一般人所难能比拟的。同时，薛氏数十年间子孙并未衰落，其死亡之日到天宝初年亦不过60余年；经过60余年，即使原来有苗氏撰文的碑石，也不至于到要重新雕刻新碑的程度。故除不可避免的自然原因外，迁葬的可能性几乎是零。唐代乃至中国古代人们对迁移祖坟是十分忌讳的事情。至于其具体原因如何，因为没有史料证明，在此难做结论。

除此之外，在河南洛阳龙门山还发现有薛仁贵造像记。该造像铭文，清末陆增祥氏编撰的《八琼室金石补正》卷31有收录，不过，陆氏称其为"薛仁贵题记"，而非"薛仁贵造像记"。1990年出版的《北京图书馆藏中国历代石刻拓本汇编》第15册、2000年出版的《全唐文补遗》第7辑亦收录。铭文拓片高24厘米，宽14厘米，正书；其字迹间架周正大方，清晰可辨，堪称精品。佛像雕造及造像记雕刻时间为唐高宗咸亨四年（673），造像记全文如下：

---

① 黄约瑟：《薛仁贵》，第169页。

薛仁贵奉为　皇帝　皇后敬造阿弥陀像一躯并二菩萨，普共法界仓生同得此福。

咸亨四年五月造①

值得注意的是，今人孙贯文《龙门造像题记简介》②、黄约瑟《薛仁贵》，以及其他和薛仁贵关联的论著中，均未见提及此铭文，可见对此造像记知道的研究者并不多，故不为人们所重视。然而，此造像记对了解薛仁贵其人行迹提供了重要的史料依据。也就是说，咸亨四年五月前后，薛仁贵没有出征他方，而是逗留在洛阳。据《旧唐书》《新唐书》薛仁贵本传记载，担当逻娑道行军大总管的右卫大将军薛仁贵与同时出征的左卫将军郭待封、左卫员外大将军阿史那道真，因在征伐吐蕃，即大非川战斗中失利，均被免死除名。虽然次年（671）薛仁贵被起用授鸡林道行军总管，但亦没有获得显著的战功，因而可能返回洛阳后未被除授新的职务。长期奋战疆场的战将，离开军队，脱离战场，其中滋味可能是难以想象的。故此，薛仁贵在洛阳龙门山为唐高宗、武则天建造佛像求福，以期引起皇帝皇后及朝野的注意。从"皇后"字前空格和前面"皇帝"空格相同的雕刻题记手法看，当时宫中确实是"二圣"体制，即此时武则天在朝廷中的地位及影响已非同小可。当然，也可能是薛仁贵本人恭信佛教，但龙门石窟造像题记多是佛教信徒所为，当时知名人士为皇帝求福造像者并不多见。同时，单从造像铭文考察，似乎政治意味更为浓厚。向唐高宗及武则天示好求媚，应是其主要用意。

---

① 《薛仁贵洛阳龙门造像记》，《北京图书馆藏中国历代石刻拓本汇编》第15册，中州古籍出版社，1990，第194页。

② 参《考古与文物》1983年第6期。

二 黄约瑟对薛仁贵在朝鲜半岛事迹的研究

如上所述，学界有关薛仁贵的研究并不充分，除一本传记和数篇论文之外，再未见专门的论著出现。考察现有论文，黄约瑟、王民信两位的论文属于专论，其他论文只是停留在人物介绍的层面。同时，王民信氏论文主要讨论薛仁贵和西北民族之间的关系，故亦不在本书论考之内。鉴于此，下面即重点论述黄约瑟的论著，以便找到问题的突破口。黄约瑟的论著即为《薛仁贵》一书，以及《两唐书·薛仁贵传》论文。鉴于唐罗间是以咸亨元年（670）作为关系转变的分界线，故笔者亦以此区分薛氏在此前后的活动事迹，介绍黄氏著作中与朝鲜半岛关联的观点和认识。

1. 咸亨元年之前

可以说，薛仁贵自参与唐太宗亲征高句丽战役之后即声名大显。但唐太宗死后几年，生活在唐都城长安的薛仁贵，除担当宫廷宿卫，在万年宫发生山洪灾害时将唐高宗背出之外，似乎再没有多少值得重点探讨说明的事情。

显庆三年（658），时任右领军卫中郎将的薛仁贵，作为营州都督兼东夷都护程名振的副手，出兵高句丽。唐军在贵端城大破高句丽军，斩首三千级。次年（659），薛氏又随梁建方、契苾何力两将军，与高句丽大将温沙多门在横山相遇，"仁贵独驰入，所射皆应弦仆。又战石城，有善射者，杀官军十余人，仁贵怒，单骑突击，贼弓矢俱废，遂生擒之"。对此，黄约瑟氏对比诸史书记载的永徽六年程名振和苏定方出讨高句丽的史实之后，认为薛仁贵可能亦参与了永徽六年的征战。[①] 同

---

① 关于此次征战，新旧唐书苏定方传中未见记载，但《新唐书》卷220《东夷·高丽》、《资治通鉴》卷199唐高宗永徽六年条载录，主人公为程名振、苏定方。但是，新旧唐书薛仁贵传中均记载显庆三年，程名振、薛仁贵进攻高句丽贵端城，《资治通鉴》卷200唐高宗显庆三年条则记载程、薛二人攻高句丽赤峰镇，而非贵端城。《新唐书》卷220《东夷·高丽》中，亦记载显庆三年，"复遣程名振、薛仁贵攻之，未能克"，第6195页。

时,关于显庆四年唐与高句丽之战,黄氏以为,《旧唐书》《新唐书》的《东夷·百济传》中,均把显庆五年唐出兵百济的记载,附于永徽六年新罗向唐投诉受百济、高句丽和靺鞨联兵攻击事件之后,似乎两者有因果关系。"其实唐对此事的反应,已见前述永徽六年程名振和苏定方的出兵高句丽。唐后来出兵百济的真正原因,其实在于薛仁贵有份参加对高句丽、唐军失利而史未详载的显庆四年一役。为了改变战略,唐朝在次年准备先灭百济,然后从南北两方夹攻高句丽。"还有,黄氏认为《旧唐书》《新唐书》薛仁贵本传中所记"横山""石城"两地名,"可能就是横山地方的石造防御工事"。① 也就是说,此两地名应该是在一个地方。这些都是值得注意的论说。

有关薛仁贵在灭亡高句丽战争中的表现,黄氏多依史书记载,并对薛仁贵建立功勋的扶余城战斗,② 多着笔墨。正是由于这次战斗,薛仁贵的名字再次享誉朝野。当时探查前线战况后返回洛阳的侍御史贾忠言,向唐高宗汇报前线诸将情况时云:"薛仁贵勇冠三军;庞同善虽不善斗,而持军严整;高侃勤俭自处,忠果有谋;契苾何力沉毅能断,虽颇忌前,而有通御才;然夙夜小心,忘身忧国,皆莫及李勣也。"贾忠言所言应是当时唐朝前线将帅的实际面貌。

黄氏对薛仁贵担当安东都护有独特的见解。其引用《全唐文》卷194中收录杨炯所作《唐右将军魏哲神道碑》,认为唐朝何时设立安东都护府不得而知,但魏哲应是第一任安东都护,薛仁贵只是在魏哲突然死亡之后接任都护职务的。对此,笔者将在下文论及,此不赘言。同时,黄氏认为唐廷任命薛仁贵和刘仁轨一武一文共同治理高句丽,但刘仁轨于次年(669)即以疾病请辞,高句丽的管治任务全部落在薛仁贵肩上。《旧唐书》卷83《薛仁贵传》记其在

---

① 黄约瑟:《薛仁贵》,第90~92页。
② 关于薛仁贵在扶余城战斗中的事迹,日本学者日野开三郎氏有专文探讨,参〔日〕日野开三郎《总章元年唐将薛仁贵攻陷扶余城》,《史渊》1949~1950年。

高句丽的治绩云:"移理新城,抚恤孤老,有能干者,随才任使,忠孝节义,咸加旌表,高句丽士众莫不欣然慕化。"但此显然是传记作者为美化传主所作。因为此后唐王朝大规模地移民内地,高句丽复兴运动的兴起,唐高宗放弃西巡计划等,都是因安东都护府问题多多所致。"薛氏没有行政经验,刘仁轨离去,局面更难应付。故薛仁贵未能有效的管治高句丽并不为奇……不过,灭高句丽之役却无疑使薛仁贵的军旅生涯推至近乎顶峰。"也就是说,黄氏对薛仁贵在安东都护府任内的作为是持否定态度的。再者,黄氏总结唐王朝数十年对朝鲜半岛用兵,"唐政府视为急救对象的高句丽人民,因为长年为抵抗外敌所付出的代价,自然难以计算。同病相怜的自然是为唐政府当兵卖命以至出任后勤部队的百姓。有征辽经验的军士,有时会获得一些优待。……对于统治者来说,长年征战对国家生产力的消耗,纵然不可以用数字表达,亦种下日后朝廷中在国防问题上反战派和主守派日渐抬头的种子。"这种评论是十分中肯和符合历史事实的。

正如黄氏所云,西北边境吐蕃对唐王朝的历次进犯,促使唐廷不得不抽调得力将领西向征讨备边。当时苏定方、李勣等将领已相继死去,唐高宗能够任命的得力将帅其实并不多。这样,素有"任命刚凯旋的军将再去指挥外征军倾向"(黄约瑟语)的唐高宗,想到在对高句丽战斗中"勇冠三军"的薛仁贵。咸亨元年(670),薛仁贵被任命为逻娑道行军大总管。然而,这次大规模的征伐行动却因种种原因以失败而告终。黄氏不同意学界王忠、周伟洲等学者以当时吐谷浑倾向于吐蕃、吐蕃熟悉地理以逸待劳、吐蕃兵力占优等为唐军失败辩解的说法,而是根据当时魏元忠、陈子昂的上奏文,得出"唐军并无必败理由,形势上或不利唐军,但领军者责任却不能不追究","郭待封在咸亨一役中不服军令,部分也是薛仁贵驾驭无方所致"的见解。进而评论道:"吐蕃一役,本来可以将薛仁贵的事业推上高峰,结果却是他一生中最大的浊点。"①

2. 唐罗战争期间

可能是《旧唐书》《新唐书》薛仁贵本传行文的缘故,黄氏认为随后薛仁贵被任命为鸡林道行军总管,率军东征新罗,是"受到朝廷的另眼相看"。当然,从同时被贬的郭待封、阿史那道真等将领从此不见史载的状况看,这种推理具有合理性。但是,事实并非如想象的那样轻松,薛仁贵名义上不过是"鸡林道行军总管",唐廷亦只是利用其此前在朝鲜半岛的影响,给其一个立功赎罪的机会而已。关于薛仁贵《致新罗王金法敏书》,黄氏在铺陈唐与朝鲜半岛数十年复杂关系,新罗与唐联盟的缔结与矛盾,一直到薛仁贵出兵前唐罗双方剑拔弩张的背景时,认为中国史料对这次征战,除上文提到的职务名称之外,并未半点言及,《三国史记》的记载则为探讨此问题提供了史料依据。首先,这封书信是通过在唐的琳润法师传送至新罗的,对此僧侣的身份,黄氏认为其可能是新罗赴唐求法的僧人,薛仁贵将其找来,"似乎有意通过交涉解决问题"。但书信在多大程度上代表唐朝廷的旨意值得探讨。新罗文武王金法敏接到薛仁贵信后,回复了一封更长的信,这就是著名的《答薛仁贵书》(以下简称《答书》)。

关于此两封信,黄氏认为:"此可能是现存唐军事外交史上最长的两篇文献,究竟是否又或在多大程度上经过后人润笔自是一个问题。但从《三国史记》的整体可信性来看,这两篇文书的存真度应相当高。"也就是说,黄氏在肯定书信价值的同时,对书信的信凭性存有疑问。对于《致新罗王金法敏书》,黄氏指出,唐代行军出征时军中有所谓的行军管记、行军长史等从军文人,不过此封信纵然不是薛仁贵亲笔,也应该在很大程度上反映了薛氏个人的态度

---

① 黄约瑟:《两唐书·薛仁贵传》,《第一届唐代国际学术会议论文集》。

与立场。对于书信内容,以为"在语气上虽然软硬兼施,基调却是寻求和解。然而,这是否是朝廷的方针,不无疑问"。有关此问题,笔者将在下文论及。

对于《答书》,黄氏认为,如同薛氏的书信一样,"同样极力为本身的立场辩护。在这个辩护过程中,也揭露了不少中国史籍未载的事实"。黄氏在此所说的事实,是指唐百济留守军曾得到新罗方面援助的史实,但援助的数量是无法说清楚的事。同时,黄氏指出,文武王"信中的部分内容却明显和事实不符"。此是指信中所云平高句丽战后,新罗军受到唐军总指挥李勣的责难,未得到任何实际利益之问题。但事实并非如此。黄氏还列举咸亨元年新罗攻取百济八十二座城池,随后又派两万兵士北上接应高句丽移民,并册封高句丽王族后人安胜为高句丽王,此绝不是文武王信中所云"割还旧地行为"或者"发兵征伐叛唐的高句丽人",进而得出"文武王给薛仁贵书最后的解释,不能不说流于狡辩"的结论。

还有,对于唐太宗和金春秋之间是否真的有一个所谓高句丽、百济灭亡后对其土地的处置密约,黄氏认为亦存在疑问。他列举唐太宗回应新罗请兵使者时提出的三个方案,其中两个方案都和攻击百济相关联,同时其对新罗的政治及军事缺乏信心是显而易见的。① 另外,黄氏认为,考察两封书信,可以看出唐与新罗对朝鲜半岛利益的错位。即书信中薛仁贵虽然关注新罗出兵百济,但把重点放在新罗对高句丽王族安胜的支持上;而新罗的答辩言辞中尽管提及高句丽安胜事件,但主要解释的是为什么出兵百济。可见,唐王朝决策者和新罗最高指导层认识的错位至此仍然存在。对此,黄氏详尽地探讨了双方认识产生错位的原因,认为:"唐和新罗这个矛盾,是长期酝酿而成的结果,不可能有如薛仁贵在信中所希望的单凭外交途径

---

① 以上引号中未注出处者均见黄约瑟《薛仁贵》,第 138~145 页。

可以解决。新罗愿意支持高句丽遗民军,多少已准备和唐军事对抗。薛仁贵以为新罗如果向唐赔罪,军事纷争或可暂时完结,只是一厢情愿的想法。"①

对于《三国史记》卷7《新罗本纪·文武王》所载和薛仁贵关联的文武王十五年、十六年的记事,黄氏认同日本学者池内宏、古畑彻的观点。② 认为《三国史记》所载上元二年(675)九月,薛仁贵以新罗宿卫学生金风训为向导攻新罗泉城,十月,唐漕船七十艘受袭,郎将钳耳大侯及百名士卒被俘,死者不可胜数;③ 上元三年(676)十一月,薛仁贵所率唐军与新罗将领施得所领海军在所夫里州伎伐浦战斗中,唐军虽初胜,但随后的大小二十二战,唐军死亡四千余人诸战役,均是发生于咸亨二年九月到十一月间的事件。之所以如此,是《三国史记》撰者将前后时间次序编排错了。还有,依据中国《旧唐书》卷83《薛仁贵传》的记载,上元年间薛仁贵正在远离唐都长安五千里之外的象州过着流配生活,根本不可能到朝鲜半岛指挥与新罗军的战斗。然而,这种解释关系到《三国史记》对新罗中代历史编纂的准确性、信凭性问题,其推理本身的合理并不能说明和当时的历史事实完全相符,其中可能还有进一步完善或修正的必要,但其作为对唐罗战争期间事件的一种解释还是应该认定的。黄氏最后认为:"薛仁贵征伐新罗,虽然未必是唐朝对百济旧地的最后措施,但唐在百济的军事据点,无疑是在薛仁贵兵败一役时丧失。"

---

① 黄约瑟:《薛仁贵》,第146页。
② 参〔日〕池内宏《高句丽灭亡后の遗民の叛乱及び唐と新罗との关系》,《满鲜史研究》(上世)第2册;〔日〕古畑彻《七世纪末から八世纪初かけの新罗、唐关系——新罗外交史の一试论》,《朝鲜学报》第107辑,1982。
③ 对此,黄氏认为,新罗记录不提本身死伤数,故不易正确估计战情。但与唐军交战的是海军,而受创的又是漕船,看来这支唐海军根本没有机会发挥所长,亦间接说明战事不会如目前记录所及,先后经过五年之久。总之,薛仁贵这一仗战败无疑。从死亡兵士数估计,他所率军队,兵员或许有数万人之多。但其中有多少是百济军队,难以估计。见黄约瑟《薛仁贵》,第147页。黄氏的推论并非完美,笔者下文对此将做论考。

第八章　薛仁贵的活动和唐罗关系

第二节　薛仁贵在朝鲜半岛诸问题考论

无疑，黄约瑟氏的研究已经涉及薛仁贵其人在朝鲜半岛的全部事迹，其中的一些观点可能至今仍是有关薛仁贵事迹研究的最合理解释。然而，纵观黄氏的研究，一些说法似乎还有进一步究明或延伸研究的需要。下面即依据现有史料，对与薛仁贵关联事件提出自己的看法。

一　有关唐形成南北夹击高句丽战略的时间问题

如上所述，在论述显庆四年薛仁贵参与的征伐高句丽战斗失利后，《旧唐书·东夷·高丽传》和《新唐书·东夷·高丽传》均把唐派苏定方率兵联合新罗灭亡百济事件，排列于永徽六年高句丽、百济、靺鞨联合进攻新罗事件之后，故学界以此认为唐派苏定方出兵百济的原因即是永徽六年之役。但黄氏以为唐出兵百济，是对显庆四年与高句丽战斗失利的报复行为。对此，笔者有不同看法。

首先，自唐太宗亲征高句丽之后，贞观末年唐军先后两次出兵高句丽，实施牵制策略；百济亦因违背战前的承诺，和唐朝的关系有所弱化。随着唐太宗的去世，原定大规模征伐高句丽的计划全面停止。唐高宗即位之初，百济即派使者入唐朝贡，观察新皇帝对百济的态度和动向。虽如此，新罗使者金法敏成功的对唐交涉，使百济的努力变得无足轻重，这体现为现存《旧唐书》《新唐书》所载唐高宗与百济义慈王玺书之中。笔者以为，"这件玺书应视为唐朝对百济事态处置措施调整的信号"，① 也就是说，一旦百济对新罗采取如前的侵略行动，唐将不会坐视。永徽六年、显庆年间的出兵即是如此。

---

① 参本书上篇第一章"新罗真德王时期的对唐交涉"。

其次，由于7世纪50年代东亚世界势力的重新组合，唐高宗为了维持当时的天下秩序，[①] 并继承其父遗绪，高句丽问题的解决历来是其首要重视的问题。而百济不听唐朝劝诱，新罗亦频繁将百济勾结高句丽如何侵扰边境、压迫自己、百济内部如何混乱腐败的信息传向唐廷，千方百计以灭亡百济为终极目标，进而也使唐廷对百济完全失去信心。这样，适应征伐高句丽战斗的需要，灭亡百济，进而在百济建立南线据点，南北夹击高句丽的战略构想随之产生。也就是说，此构想的形成，既是唐朝征伐高句丽的需要，而新罗自始至终派使赴唐，即新罗请兵乞师使节的活动亦起到了相当的作用。

再次，南北夹击高句丽战略的形成和执行完全是两回事。笔者以为，唐朝永徽初产生灭亡百济的初步想法，永徽末灭亡百济南北夹攻高句丽战略构想最终形成，显庆四年开始实施这种构想。但是，当时西突厥沙钵罗可汗阿史那贺鲁频繁进犯唐朝西、庭二州，对唐朝西北边境形成威胁，故从永徽四年开始，唐朝先后派遣梁建方、契苾何力、高德逸、萨孤吴仁、程知节、王文度、苏定方、萧嗣业、阿史那弥射、阿史那道真等众多蕃汉将领，进行了三次大规模征伐，到显庆三年十一月，才最后擒获贺鲁，唐西域的威胁始告解除。随后的苏定方平定葱岭以西疏勒、朱俱波、喝磐陀三国的叛乱，并于显庆五年初，擒获叛乱首领都曼，献俘东都洛阳，只是西北战线胜利的后续而已。而显庆四年唐朝派梁建方、契苾何力、薛仁贵出讨高句丽，可以说是随后征伐百济的序曲，当是唐朝将战线东移的试探性行为，其中可能有混淆视听、麻痹百济或高句丽的企图，此当有待于进一步探讨，但和次年苏定方出讨百济并不具有因果关系。也就是说，显庆四年之前，唐朝把注意力主要放在西北战场，永徽末显庆初出讨高句丽，其目的只

[①] 关于唐朝的天下秩序，可参高明士《从天下秩序看古代的中韩关系》，《中韩关系史论文集》；〔韩〕金善昱《隋唐时期中韩关系研究》，博士学位论文，台湾大学，1983。

是减轻新罗压力（有金石墓志资料明白说明永徽末出兵是为了援救新罗①），向高句丽施压，实际亦不过是此前牵制策略的延续。

最后，黄氏认为显庆四年对高句丽的战斗，唐朝出动两位大将军级的将领，《旧唐书》《新唐书》薛仁贵传未载双方战斗结果，故推测有两位大将军级人物指挥，"兵数必然颇多，目的必然不小。史籍缺载原因，无疑是此役即使未有失利，亦没有大的进展"。虽然这种推理不能说有错，但要得出其为显庆五年大规模征伐百济之役的"真正原因"，似乎有点牵强。笔者以为，正是因为出动了两位大将军级的人物，才说明唐朝此时战略已经东移。事实上，唐朝征伐百济的准备活动在显庆四年初确实已经开始，《日本书纪》卷26引用《伊吉连博德书》曰："（显庆四年）十二月三日，韩智兴傔人西汉大麻吕，枉谗我客，客等获罪唐朝，已决流罪。前流智兴于三千里之外，客中有伊吉连博德奏，因即免罪。事了之后，敕旨：国家来年必有海东之政，汝等倭客，不得东归。遂匿西京，幽置别处，闭户防禁，不许东西。困苦经年……"这里提到日本遣唐使可能因要东归而被拘留，而唐朝实际准备东征的时间必然更早。百济灭亡后，唐朝廷派遣苏定方、契苾何力、任雅相、萧嗣业等将领出讨高句丽，这是唐自显庆四年战线东移之后的又一次大规模的军事行动。

总之，关于唐朝出兵百济的原因，即实施南北夹攻高句丽战略的起因，必须在永徽、显庆年间唐朝对外关系的重心所向，唐朝都城所在关中的安全性，东西战场的重心转移的大环境下寻找。当然，对朝廷中庶族地主势力的抬头、经过两次战斗洗礼脱颖而出如苏定方等统帅人物的出现、武则天皇后地位的确立和巩固以及上文提到的与新罗

---

① 《大唐故荆州大都督府长林县令骑都尉昌黎韩君墓志铭并序》载："既而夷貊逆命，与邻告急，式遏之道，义在骁雄。其年（永徽六年）三月，敕令与中郎将李德武救援新罗，兼行城郭。"见周绍良主编《唐代墓志汇编》（调露015），第661页。该墓志铭中前段时间记载错误，从墓主的县令身份可以断定墓志铭撰著者恐非知名之士，故出现时间记载错乱问题当不为怪。但铭文内容是值得注意的。

同盟关系的缔结等进行综合考察，才能得出令人信服的结论。用单一偶然的事件解释此问题，其缺乏说服力也是显而易见的。

二 安东都护府首任都护问题

如上所述，黄氏引用《全唐文》卷194杨炯《唐右将军魏哲神道碑》中的史料，认为魏哲是唐安东都护府第一任都护，薛仁贵的任命只是填补魏哲突然死亡所出现的空缺。这种看法是值得商榷的。首先引出《唐右将军魏哲神道碑》，以便讨论。

> 公讳哲，字知人，钜鹿阳曲人也。……粤以皇家辟统之五十年，今上开基之十七载，登封告禅，玉牒金绳，建显号而施尊名，扬英声而腾茂实。华夷辑睦，皆承万岁之恩，朝野欢娱，咸奉千年之庆。乾封元年，诏加明威将军，本官如故。……是岁也，诏公为辽东道行军总管。军营对日，兵气横天。开玉堂而按部，坐金城而勒阵。阙巩之甲，犀兕七重，艅艎之船，舳舻千里。驾鼋梁于圣海，秦皇息鞭石之威，泛鳌钓于仙洲，愚叟罢移山之力。然后风行电卷，斩将屠城，塞丹浦之遥源，伐黑林之奥本。王孙公子，名沾皂隶之臣，深谷大山，境入樵渔之圃。二年，诏加上柱国，仍检校安东都护，道之以德，齐之以刑，威振六官，风扬五部。兵戈载戢，无劳尉候之虞；桴鼓希闻，宁有穿窬之盗。……总章二年三月十六日遘疾，薨于府第。春秋五十有四。……

黄氏认为魏哲是第一任安东都护，其根据即是上引文中的"二年，诏加上柱国，仍检校安东都护"记载，并说此处的"二年"应该是"三年"之误。但是，乾封三年三月改元总章，而高句丽灭亡时间为此年九月，故杨炯原碑文是不会犯此原则错误的。如果认定"二年"的记载，就等于承认唐安东都护府的设立时间为乾封二年。但现存史书中均载安东都护府设立于总章元年十二月。同时，一些记载也比较模糊，似容易产生歧义。① 如《唐会要》卷73云：

> 分高丽为九都督府，四十二州，百县。置安东都护府于平壤城以统之。擢其酋渠为都督及刺史县令，与华人参理。以右卫将军薛仁贵检校安东都护，总兵两万以镇之。

《唐会要》卷95载：

> 分其地置都督府九，州四十二，县百。又置安东都护府以统之。移其民两万八千于内地。

《新唐书》卷220《东夷·高丽传》载：

> （总章元年）十二月，剖其地为都督府者九，州四十二，县百。复置安东都护府，擢酋豪有功者授都督刺史令，与华官参治。仁贵为都护，总兵镇之。

《旧唐书》卷83《薛仁贵传》载：

> 高丽既降，诏仁贵率兵二万人与刘仁轨于平壤留守，仍授右威卫大将军，封平阳郡公，兼检校安东都护。移理新城，抚恤孤

---

① （唐）杜佑《通典》卷32《职官十四·都护》载："大唐永徽中，始于边方置安东、安西、安南、安北四大都护府，后又加单于北庭都护府。府置都护一人，副都护二人，长史、司马各一人。"从此记载看，似乎安东都护府在永徽年间已经设立，但是，上述记载并不可靠。因为安西都护府设立于贞观十四年（640），安北都护府、安南都护府均非永徽年间设立，故此记录不可信。同书卷186《边防二·东夷下·高句丽》未见安东都护府的记载。引文见王文锦等校点本，中华书局，1992。

老，有能干者，随才任使，忠孝节义，咸加旌表，高丽士众莫不欣然慕化。

《三国史记》卷37《地理志》载：

总章二年二月，前司空兼太子太师英国公李勣等奏称，奉敕高丽诸城堪置都督府及州郡者，宜共男生商量，准拟奏闻，件状如前。敕，依奏。其州郡应须隶属，宜委辽东道安抚使兼右相刘仁轨便稳分割，仍总隶安东都护府。

对此，黄氏在论文及《薛仁贵》中未见做出具体解释。笔者提出以下疑问，希望能引起研究者注意。其一，上引《新唐书》卷220有"复置安东都护府"，是否此前曾经设置安东都护府，中间中断，到总章元年又重新设置？安东都护和东夷都护①有无关系，史书有无可能将两者搞混？其二，《旧唐书·薛仁贵传》有"……兼检校安东都护"，这和魏哲神道碑中"仍检校安东都护"是否有什么联系？是否只是利用薛仁贵在高句丽的影响，而实际的事务则由魏哲处理，也就是说此时有两个安东都护存在的可能？或者魏哲只是担当安东副都护，碑文撰者为初唐四杰之一的杨炯，其为美化死者，将副都护写成都护了？② 因为按照上引《通典》的记载，安东都护下设两名副都护，现存史书并未记载安东都护府两位副都护的名字。以魏哲的官

---

① 东夷都护原为东夷校尉，大约贞观末期改设，其机构建在营州。当时著名将领薛万淑、张俭、程名振均担当过此职。其主要是针对契丹、奚等少数民族而设，但因地理位置之故，此一时期东夷都护经常参与唐对高句丽的征伐行动。如东夷都护程名振曾于永徽六年、显庆三年出讨高句丽。参《旧唐书》卷83《张俭传》《程务挺传附》、《新唐书》卷111等。

② 据骆祥发氏的研究，此神道碑文写于咸亨元年（670），时杨炯21岁，虽然"仍未居官，但已文名显赫，达官贵人，多有向其求文乞墨者"。参氏著《初唐四杰研究》，东方出版社，1993，第407页。另外，魏哲的最高官阶只是明威将军，明威将军为正四品下，并非高阶，故其担当安东都护的可能性实在值得怀疑。

阶,其做副都护的可能性相当大。其三,总章二年二月李勣等的奏书中亦只是提到同泉男生商议辽东地域都督府设置事宜,具体事项的办理即委托辽东道安抚使兼右相刘仁轨,根本未提及当时安东都护府任内的薛仁贵及魏哲两人。另外,笔者在《中国境内和韩国古代史关联的金石文的现况和展望》一文中,曾对上述魏哲神道碑的纪年提出疑问。在这里,拟对碑文中的其他方面再做探讨。首先,碑文的标题为《唐右将军魏哲神道碑》,对比同时期的其他碑文标题,一般多是先书官阶,然后书写"□□□府君",少有直呼其名的;同时,标题中以"右将军"概括魏哲的官职,亦觉新奇。按:魏哲曾为右监门将军、检校左威卫将军、明威将军,死后赠左监门将军,未见有右将军(是不是右监门将军的简称,不得而知)之称,不知以何为据。其次,可能是转写的原因,此碑文中将"麟德元年"写成"武德元年"。最后,此碑文中提及乾封元年,竟用三种书写方式。其一,"以皇家辟统之五十年,今上开基之十七载,登封告禅";其二,"乾封元年";其三,"是岁也"。此大概是杨炯为表现自己的写作技巧而作的一种文字游戏,但在关键部分,即对魏哲担当安东都护的时间,杨氏却只是用"二年,诏加上柱国,仍检校安东都护"作结,未明言"二年"是乾封二年,还是总章二年。虽然从文章结构上看应该是乾封二年,但对证现有史料及碑文上下文意思,完全可以得出是总章二年的结论。故笔者认为可能先是薛仁贵担当安东都护,随后魏哲接任。[①] 但现在看来其时间似乎有点紧张。这样,如上文所及,或许魏哲的职务只是副都护,或者是此时有两个安东都护存在,当然这种情况只维持了不到四个月的时间而已。有关安东都护府的设置时间、第一任安东都护是谁等诸问题,因史料记载混乱,辩证现有史料、发掘新的史料无疑是研究者的一个新课题。

---

① 参本书附录第一章"朝鲜半岛古代史关联的金石文的现状"。

三　薛仁贵《致新罗王金法敏书》及新罗王《答薛仁贵书》

有关此问题，笔者在上篇第三章"新罗文武王时期的对唐交涉"、第五章"唐罗战争研究中的几个问题"中有所涉及，这里针对黄氏的看法，再对以上两章的论述做一补充。

1. 《致新罗王金法敏书》的撰作缘起

谈及此问题，应该明了薛仁贵以书信传达信息，"在语气上虽然软硬兼施，基调却是寻求和解"，即想以外交交涉的手段解决唐罗之间的争执。此为唐朝廷的旨意，还是薛仁贵自己的想法？对此，黄约瑟氏根据书信内容，认为此前新罗派往唐长安谢罪的使臣金钦纯虽然回到新罗，另一使臣金良图却被拘留，后来死于唐朝，此说明唐朝已经放弃以交涉途径解决双方争端，改用强硬手段或者说战争方法解决唐罗纷争。黄氏的看法并没有明显的可疑之处，但笔者以为从另一角度亦可说明这一问题。兹抄引《三国史记》卷7相关史料，以便说明问题。

> 王以向者百济往诉于唐，请兵侵我，事势急迫，不获申奏，出兵讨之，由是获罪大朝。遂遣级飡原川、奈麻边山及所留兵船郎将钳耳大侯、莱州司马王艺、本列州长史王益、熊州都督府司马祢军、曾山司马法聪，军士一百七十人。上表乞罪曰，臣某死罪谨言：昔臣危急，事若倒悬。远蒙拯救，得免屠灭。焚身糜骨，未足上报鸿恩，碎首灰尘，何能仰酬慈造。然深仇百济，逼近臣蕃，告引天兵，灭臣雪耻。臣忙破灭，自欲求存，枉被凶逆之名，遂入难赦之罪。臣恐事意未申，先从刑戮，生为逆命之臣，死为背恩之鬼。谨录事状，冒死奏闻。伏愿少垂神听，照审元由。臣前代以来，朝贡不绝。近为百济，再亏职贡。①

---

① 《三国史记》卷7《新罗本纪·文武王》，上册，第195页。

笔者在上述章节中曾利用这一谢罪表文,证明唐罗战争的起因并非唐罗间所谓的"密约",而是唐罗双方对朝鲜半岛的处置方式不同而导致的冲突。同时,亦利用此表文指出文武王在《答书》中为新罗的利益争辩而与事实违背的部分。在此,笔者以为这一表文还可以反证薛仁贵致新罗王书的撰作缘起。首先,"王以向者百济往诉于唐,请兵侵我,事势急迫,不获申奏,出兵讨之,由是获罪大朝",从另一方面说明《致新罗王金法敏书》并非出自唐中央的授意。因为如果薛氏的书信是唐中央意旨的话,文武王已经有《答书》存在,故在这里不可能说"不获申奏"的话。其次,毫无疑问,文武王《答书》是针对薛仁贵书信中的指责所作的辩词。《致新罗王金法敏书》中有"王若劳者歌,事屈而顿申,具论所由,明陈彼此,仁贵夙陪大驾,亲承委寄,录状闻奏。事必昭苏,何苦忽忽……"故《答书》中有"请总管审自商量,具状申奏"之语。至于薛仁贵是否申奏唐朝廷,当然文武王是不可能知道的。但从此后事态发展及书信未能在中方史籍最终保存之事实判断,薛仁贵并未将此书信转奏至唐皇帝。此可证实薛仁贵以书信形式与新罗交涉并非唐朝廷的策略。最后,假若薛仁贵是以唐中央的名义向新罗传达信息,以唐朝历来对新罗的自大作风,以及作为宗主国的现实背景,书信的写作形式乃至内容,完全不可能是现在的这种格局。总之,薛仁贵致新罗王书信只是代表薛仁贵自身对当时唐罗双方交涉现实的理解和应对,从其效果及唐罗双方实际的利益看,其对形势的误判是很明显的。

2. 关于新罗文武王《答薛仁贵书》

如上所述,笔者在已发表的论文中对文武王《答书》曾做过探讨,主旨是在肯定此书信史料价值的前提下,对书信中一些和事实相违背的言辞进行考论。如对于唐罗间所谓的针对百济土地"密约"问题,认为"这应是强首先生秉承文武王之意,为新罗此前攻略百济故地行为的辩护之辞,应当予以澄清"。另外,笔者还对唐含资道行军总管刘德敏到达新罗传诏的时间问题、平定高句丽战后对新罗将领的奖赏问题、新罗咸亨元年是否向唐派遣使臣问题、新罗对留守百济唐军的支持等问题提出看法，认为书信中存在夸大其词、与事实相悖之处。同时指出出现这种现象的现实原因。

在这里，笔者认为还需补充以下两点。

第一，唐朝出兵百济体现了唐罗间的共同利益，并非如《答书》中所载是唐高宗为了却其父遗愿，单方面采取的行动。《答书》载：

> 至显庆五年，圣上感先志之未终，成曩日之遗绪，泛舟命将，大发船兵。先王年衰力弱，不堪行军，追感前恩，勉强至于界首。遣某领兵，应接大军。东西唱和，水陆俱进……

单从上引书信内容看，唐高宗是为了完成其父唐太宗李世民未竟之业，才派遣大将苏定方联合新罗征伐百济，此似乎没有什么不妥。但是，说此事件与新罗根本无关，或者说新罗武烈王只是"追感前恩"，派遣时为太子的金法敏率兵船迎接唐军，并倾新罗全力支持则不是事实。且不说善德王代新罗历次派使赴唐求救无不是针对百济，真德王代时为阿飡的金春秋赴唐的主要目的就是请兵，即希望唐朝出兵征伐百济。随后金法敏入唐告捷的同时亦举讼百济，其用意不言自明。金春秋登上新罗王位之后，随着百济国内外形势的变化，新罗向唐请兵灭亡百济的意愿更加强烈。《三国史记》卷43《金庾信传》载："永徽六年……是时百济君臣奢泰淫逸，不恤国事，民怨神怒，灾异屡见。庾信告于王曰：'百济无道，其罪过于桀纣，此诚顺天吊民伐罪之秋也。'"同书卷5《新罗本纪·武烈王》载，永徽六年（新罗武烈王二年）初，高句丽与百济、靺鞨联兵侵新罗北部，武烈王急遣使者入唐请兵求援。随后就有唐朝派遣程名振、苏定方等将领出兵征伐高句丽事件的发生。显庆元年（新罗武烈王三年，即656年），武烈王又派其子金文王入唐朝贡。特别是显庆四年（659），武烈王"以百济频犯境，王将伐之，遣使入唐乞师"。依据权悳永氏的研究，新罗武烈王在位期间，新罗六次派遣使节赴唐，其中两次请兵，两次向唐报告半岛形势，一次朝贡，一次庆贺。① 归根结底，新罗历来与唐朝交涉的出发点就是百济问题。永徽六年唐出兵高句丽之后，鉴于百济朝政多事、民不聊生，新罗觉得有机可乘，不仅内部积极准备对百济战争，而且频繁遣使赴唐请兵乞师。故此，不能罔顾事实说唐朝出兵只是唐皇帝为了却其父遗愿，和新罗无关。正确的表述应该是，灭亡百济，唐罗双方存在共同利益，这是唐罗联合的根基所在，如果没有这种共同利益，双方合作的可能性将不复存在。唐罗同盟的瓦解在某种程度上即证明了这一点。

第二，唐罗派兵留守百济都城是唐罗双方商议的结果，亦是当时共同利益及同盟关系的集中表现。《答书》记载：

> 两军俱到王都，共平一国。先王随共苏大总管平章，留汉兵一万，新罗亦遣弟仁泰领兵七千，同镇熊津。大军回后，贼臣福信……

唐朝自形成"欲吞灭高丽，先诛百济"②的战略之后，其建立高句丽南线据点的构想势在必行。当然，一方面百济虽然灭亡，但唐罗占领的只是百济都城及其附近地域，都城之外的广大地区存在的百济地方势力并未受到打击，如果百济故地没有唐罗势力的存在，或者说单靠新罗自身的兵力收拾百济局势，新罗肯定是无能为力的，唐罗留守军与百济复兴军长达三年余的鏖战即是最好的证明。唐罗只有共同

---

① 〔韩〕权悳永：《古代韩中外交史——遣唐使研究》，第41~42页。
② 《旧唐书》卷84《刘仁轨传》，第2791页。

派兵驻守百济,才能防止百济地方残余势力的反复。此后形势的发展验证了派遣留守军是符合双方利益的。另一方面,消灭高句丽,亦是唐罗双方都乐见其成的事情。这样,在百济设立的留守机构,可成为南北夹攻高句丽的南线据点,进攻高句丽的桥头阵地从而形成。共同的利益为唐罗缔结同盟关系奠定了坚实的基础。所以,在百济配置留守军是唐罗双方共同的愿望,对留守军的支持绝不是谁帮助谁的问题。文武王《答书》中的这种观念应该澄清。

正如笔者在前文中所言,当时唐罗间处于准交战状态,双方传递的书信实际具备战书的性质,但当时唐罗国力的悬殊对比、数十年来复杂的交往关系、东亚世界存在的中国天下秩序观念,以及战前双方主导者的主观意向等,使书信中浸透着强力恐吓劝诱,难掩夸大事实之态,万端委蛇狡辩,竟达虚实难分之境。双方书信起草者为文的功力堪称绝唱,此无疑是现存古代东亚军事交涉史上的重要文献。但是研究者运用此两封书信探讨当时历史事件时,应当仔细推敲考辨,否则得出的结论将是经不起时间检验的。

第九章

柴哲威与《含资道总管柴将军精舍草堂之铭》

柴哲威是唐初著名大将柴绍与唐高祖第三女平阳公主的长子。除《旧唐书》《新唐书》柴绍传、平阳公主传等有所涉及外，正史再未见有关柴哲威其人的记载。然而，1999年在韩国庆尚北道金泉市发现的《含资道总管柴将军精舍草堂之铭》（以下简称《精舍草堂铭》），为进一步了解柴哲威其人事迹，以及唐与朝鲜半岛关系提供了重要的史料。本章即对上述碑铭做一考释，并考述柴哲威其人与朝鲜半岛关联事迹。

第一节 《精舍草堂铭》的发现及铭文

1999年春，韩国庆尚北道文化财委员会在辖内金泉市南面月明1里203-1番地，即位于金泉市与尚州交界处的弥勒庵清理发掘庵内半身露在外面的石佛造像时，意外地发掘出《含资道总管柴将军精舍草堂之铭》碑及另外两个碑片。这是韩国继忠清南道扶余市扶苏山城《刘仁愿纪功碑》（该碑现移立于扶余市博物馆院内）、定林寺内《大唐平百济国碑铭》之后,发现的7世纪中叶唐朝与朝鲜半岛三国关联的又一石刻遗物,为研究这一时期唐与新罗、百济关系等历史诸问题提供了新的资料。本章即根据韩国东国大学美术史学科的张忠植教授《金泉弥勒庵柴将军碑的调查》(以下简称《调查》)一文,[①]以及笔者2000年1月21日随同韩国古代史学会研讨踏查组,前往金泉市直指寺博物馆探查原碑铭文所得,对该铭文碑石做一点考释。

《精舍草堂铭》石长61厘米,宽68厘米,厚约15厘米,为花岗岩石料。书为楷体,字径2~2.5厘米,碑文现存15行,每行21字,无撰者姓名。整个碑石平面呈长方形,因最下面一行文字只有部分或一半,加之碑文上下文意并不连贯,故笔者断定其为一残碑。[②] 下面首先抄录《调查》一文所断铭文碑石全文:

1. 含资道总管柴将军精舍草堂之铭□□谓天最身
2. 乎千日无常百年飞忽逝川易往风烛难停攸□□露
3. 神纳须弥于芥子□□包海水于微尘□内慈□□□
4. 念兴想即获善因倾心礼敬受福无量所以先觉之士
5. 精舍草堂者加林道行军总管柴将军之所造将军者
6. 武皇帝之外孙　太宗文皇之外甥　皇帝之外
7. 前基以兹亲重又多才艺祇奉　明诏镇压藩羯□
8. 杳然瞻望　阙庭长愁养病以今月十一日有新罗使
9. 元龙朔哲咸庸懦蒙授含资道行军总管闻之惊喜不
10. 足蹈无由申庆仰凭三宝用乃消尘藉此福田冀酬万
11. 区草堂一口庶使法界名僧振锡云草含灵动植永有

---

① 该文刊于《韩国古代史研究》第15辑,1999。
② 笔者将在下文予以论及。

12. 法王自在应变无穷不生不灭非实非空迹宣白马□
13. 恒多惟彼秽貊蚕食新罗　皇赫斯怒命将受柯龚受
14. 望国之□祝允文允武温故知新宿植德本恒修善业
15. 拱离□□□愿□乌穷极□□□□真□□衢面用□

按：上录铭文中标"□"者，是碑面破损而不能辨认的文字；字下画横线"—"者，是碑面已模糊不清的文字，《调查》一文据原碑石文辨认推定者。

第二节　《精舍草堂铭》碑石形态等问题的再认识

一　关于《精舍草堂铭》碑石

上文业已谈及，笔者认为此铭文碑石是一残碑，理由如下。

首先，铭文每行最后文句和下行开头的文句明显衔接不上。如第四行最后铭文"所以先觉之士"，第五行开头则是"精舍草堂者"，很明显，上引第四行末句肯定还有另外的铭文；第九行最后铭文"蒙授含资道行军总管闻之惊喜不"，第十行开始则是"足蹈无由申庆"，第九行末句"不"字之后还有其他文字当是没有问题的。同样情况还可在第五行与第六行之间，第七行与第八行之间，第十行与第十一行之间，第十三行与第十四行之间明显看到。

其次，第五行结尾是"将军者"，第六行开始为"武皇帝之外孙　太宗文皇之外甥　皇帝之外……"如果不做上下比证、详细考察，似乎此两句之间并无什么欠缺，但实际情况并非如此。查阅现存唐朝有关皇亲国戚、文臣武将诸金石墓志资料，当谈及某人出身，或者遇到与皇帝关联的人和事时，似已形成一种较为固定的写法。

如与铭文碑石建立时间相当、最近新发掘出土的新城长公主［死于唐高宗龙朔三年（663）］墓志铭载："公主讳字，陇西狄道人。高祖太武皇帝之孙，太宗文皇帝之女，皇帝之□母妹也。"① 就是这种形式。1962年在陕西乾陵附近发掘清理的《大唐永泰公主志石文》亦是相同的形式，云："公主讳仙蕙，字秾辉。高祖神尧皇帝之玄孙，太宗文武圣皇帝之曾孙，高宗天皇大帝之孙，皇上之第七女。"② 与此相同的例子还很多，此不一一列举。可见，上述"将军者"之后，"武皇帝……"之前，至少应该加上"高祖"二字。同时，据《精舍草堂铭》及同时期其他碑志铭文的惯例，每提到皇帝及与皇帝相关联的诏书、敕令、宫阙时，理应空出两格，以表示尊崇之意。这样，笔者估计此铭文每行至少缺少了四个字。鉴于此铭文作于戎马倥偬之时，不可能如上引公主墓志铭那样将皇帝的谥号、庙号完全写出，如铭文中将"太宗文皇帝"即写作"太宗文皇"，此可证明笔者的以上看法。因而，笔者进一步推定此铭文碑石每行可能有四个字缺落。如果此推定不错的话，铭文每行第21字之后的个别行的缺落文字，似还可以根据上下文推出。如第九行最后当是"……闻之惊喜不胜手舞乎"，与第十行开头"足蹈无由申庆……"相连贯；第十行最后当为"……冀酬万□法像一"，与第十一行开头的"区草堂一口"相连接。至于笔者以上的推定是否准确妥当，希望得到学界同人的批评。

最后，笔者观察此铭文碑石下端断面，基本上呈平整的状态，看不出有初断裂时粗糙不平的情形。铭文碑石制作至今已经过1300余年，其间是人为的破坏还是自然折断，因没有相应的记载，难以说明；但折断后断面经人工磨平或修整，并在原地堆放或另做他用

---

① 《大唐故新城长公主墓志铭》，吴钢主编《全唐文补遗》第5辑。
② 关于永泰公主墓志铭及其相关问题，参拜根兴《唐永泰公主研究中的几个问题》，台北"故宫博物院"编《故宫文物月刊》第139辑第3期，1996。

第九章　柴哲威与《含资道总管柴将军精舍草堂之铭》

当极有可能，其发掘地点在弥勒庵高丽时代石佛造像之旁的事实即可说明此一点。同时，与铭文碑石同时出土的另外两个碑片，从形态上考察，似明显是人为损坏致碎的。碑片上的文字也有人为磨刮的痕迹，但少数几个字如"唐山道行军"、"路上两千人"（碑片1，长58厘米、宽57厘米），"故虑变动"、"新罗之侵如还"（碑片2，长34厘米、宽28厘米），还可辨认。后代人为什么要搞碎此碑石？是碑石内容所致，还是其他意外的或偶然的变故殃及？亦不得而知。

二　《精舍草堂铭》碑建立时间及相关问题

此铭文碑石建于何时，文中没有具体说明，难以做出准确的推论。《调查》一文作者推定铭文碑石建立时间为百济复兴军败亡（664）到高句丽灭亡（668）之间，① 可备一说。但是，仔细考察铭文上下关系，似还有得出其他结论的可能。首先，铭文第八行有"以今月十一日有新罗使"，第九行开头为"元龙朔哲威庸懦"。《调查》一文作者断其为"龙朔哲威"，这样读的话，让人有点摸不着边际；将前边的"元"字不予理会，此显然是说不通的。其次，从古汉语语法及铭文上下句法模式诸方面看，"龙朔哲威"不能成为一个单独的句子，"龙朔"两字只有和前面的词语搭配，即与"□元"两字结合，才能成立，"哲威"则需与后面的"庸懦"连接，否则上下文意思根本就无法解释。"龙朔"是唐高宗的年号，这是确定该铭文碑石建立时间的关键之处。按上文的推定，第八行与第九行之间有四个字缺落，笔者据铭文碑石的上下文意，拟推定其四字为"来传敕改"，即"改元龙朔"。如此推定不错的话，铭

---

① 《韩国古代史研究》第15辑，1999，第135页。

文碑石建立时间应该是唐高宗显庆改元龙朔之后,① 即龙朔初年（661～662）。

铭文碑石的撰者是谁？铭文中未有涉及。根据铭文内容及行文语气，可以推定，其撰者不可能是柴哲威本人。《大唐平百济国碑铭》撰者为随军的陵州长史、判兵曹贺遂亮；薛仁贵《致新罗王金法敏书》，据研究者研究，其出自唐随军的行军管记、行军长史之流。据此，铭文碑石的撰者很可能是熟悉佛教修行并有一定的佛教知识素养、与柴哲威关系密切的随军文人。

当然，柴哲威何时担任加林道行军总管，这是应当解决的另一问题。据《大唐平百济国碑铭》，苏定方当时任"使持节神丘、嵎夷、马韩、熊津等一十四道大总管"。② 十四道行军总管中，只知道嵎夷道行军总管为当时新罗王金春秋，其余诸道行军总管因缺载，皆不可得知。笔者认为，加林道很可能就是十四道之一。因为当时唐罗已经结为同盟关系，金仁问即担当征讨军副大总管，故百济境内的具体情况，唐朝方面应当是很了解的，所以提前任命将要进攻地域的方面指挥官并不奇怪。柴哲威当是随苏定方率军征讨百济的唐军将领之一。至于铭文碑石中柴氏表现出的"□□杳然瞻望 阙庭长愁养病"，笔者以为，可能是其留驻半岛，在与百济复兴军的战斗中身体受创或染上其他疾病（《三国史记》详细记载了当时战争的激烈及此阶段唐罗联合军的窘迫处境），抑或有其他对其不利（将领间争执不和？因以

---

① 据《旧唐书》卷4《高宗本纪》载，唐高宗于显庆六年（661）三月下诏改元，从长安到朝鲜半岛一般要经过三个月左右的时间。这样，改元并改任的敕令传到柴氏留驻的地方，估计已经是六月下旬以后，加之当时战火蔓延百济故地，熊津府城备受威胁，可能使这种传递速度受到影响。铭文中的"今月十一日有新罗使"，或许已经是七月或八月十一日了。铭文碑石建立的时间可能就在此之后。

② （清）王昶编《金石萃编》卷53《大唐平百济国碑铭》；另外，《资治通鉴》卷200高宗显庆五年三月条，胡三省《资治通鉴考异》对《旧唐书》《新唐书》《唐高宗实录》《唐历》诸文献资料的记载多有考辨，最终采用《唐高宗实录》的记载。但文中未提及《大唐平百济国碑铭》，可能是此碑远在海外，编纂者不可能看到的缘故。

第九章 柴哲威与《含资道总管柴将军精舍草堂之铭》

前的经历，柴氏受到唐留守主将刘仁愿等的排斥？）的事情发生，柴氏希望得到唐朝最高统治者的抚慰或支持，故在闲暇间隙不断祈求佛祖的保佑，而唐朝敕令改任其为含资道行军总管，可以看作对其此前战功的肯定，所以柴氏感恩戴德、手舞足蹈，更加坚信佛陀解除疾痛危难的超自然能力。或许此正是柴氏建立精舍草堂铭文碑石的原因所在。

至于铭文出现的"……恒多惟彼秽貊蚕食新罗　皇赫斯怒命将受柯龚受……"中的"秽貊"，《调查》一文据《三国史记》卷46《金仁问传》和《刘仁愿纪功碑》的记载，认为此处应释为"靺鞨"。但检讨上引铭文，结合此一时期的其他记载，似未见"靺鞨"单独进攻、蚕食新罗的蛛丝马迹；同时，唐朝乃至新罗此一时期亦没有实施针对靺鞨的单独军事行动。[1] 如果释为"靺鞨"，那么"惟彼秽貊"句中的"惟彼"似很难解释。笔者认为这里的"秽貊"或许是指百济复兴军，因为现存的《大周故持节寓州都督陆府君（仁俭）墓志铭并序》文中载有："……显庆五年，神丘道大总管苏定方地均卫霍，术妙孙吴，引公为入。公有纵横之算，扫除秽貊，我有九乌（岛）……"[2]《故骑都尉张君（德）墓志》中亦提到"韩貊"。[3] 曾经留学唐朝，并获得宾贡进士的新罗著名文人崔致远，其所撰《圣住寺朗慧和尚白月葆光塔碑》中更有"武烈大王为乙粲时，为屠秽貊乞师计，将真德女君命，陛觐见昭陵皇帝，面陈愿奉正朔，易服章……"[4] 记载。根据墓志铭以及塔碑上下文关系分析，这里的"秽貊""韩貊"均应当理解为百济。《刘仁愿纪功碑》文中涉及的"蛮

---

[1] 《三国史记》卷5涉及靺鞨的记事出现了三次，即：（1）二年春正月，（2）五年三月，（3）八年五月。其中（1）（2）条记事不在碑文设定的时间之内，（3）亦是高句丽、靺鞨联合进攻述川城。《三国史记》卷6所载文武王初期亦未见有关靺鞨的记事。

[2] 吴钢主编《全唐文补遗》第5辑，第217页。

[3] 吴钢主编《全唐文补遗》第5辑，第145页。

[4] 〔韩〕金瑛泰：《三国新罗时代佛教金石文考证》，民族社，1992，第242页。

貊之俗"语句,也是指百济。总之,铭文中出现的"秽貊"是指"靺鞨"还是另有所指,有待于进一步探讨。

那么,《三国史记》卷6记载的唐高宗龙朔元年(661),"含资道总管刘德敏至,传敕旨,输平壤军粮",①该做何解释呢?检讨7世纪中叶至7世纪末唐朝的历次征讨,要么设立行军大总管,担任整个战役的总指挥,统领辖下的行军总管及总管;要么数路同进,设立行军总管,互不统属,独立作战。行军总管下辖总管诸军将,是一个战区的最高军事指挥官。也就是说,总管是行军总管的属下。②这样,刘德敏是柴哲威或其前任统辖下的军将之一当是无疑,其充当敕使传达敕令也是符合其身份的。

值得注意的是,柴哲威驻留的今金泉地域,距唐罗留守军驻守的熊津府城(今忠清南道公州市)仍有一段距离,其为什么要驻留于此?是如上文所及,柴氏染疾或在战斗中受创,于此暂时将养,还是柴氏受排斥滞留唐罗留守军后方?或是源自唐罗同盟友好关系,有些唐留守军特殊人物(如柴氏虔诚信奉佛教)此间曾经来往留驻在罗济边境的新罗一方?此亦因没有相应的史料佐证,难以进一步说明,只能留待其他新资料发现后再做探讨。

第三节 《精舍草堂铭》所见柴哲威事迹

铭文碑石的发现,为唐初人物行迹、唐与朝鲜半岛的关系诸问题的研究,提供了非常珍贵的史料。探讨铭文碑石,可以获得如下信息。

首先,到现在为止,《精舍草堂铭》形式的铭文碑石并不多见。

---

① 关于刘德敏到新罗传敕的时间,参本书上篇第三章"新罗文武王时期的对唐交涉"。
② 参孙继民《唐代行军制度研究》,台北,文津出版公司,1997。

第九章　柴哲威与《含资道总管柴将军精舍草堂之铭》

查阅《全唐文》，只有李商隐《唐梓州慧义精舍南禅院四证堂碑铭》①等少数几通，也是要么缺少"草堂"，要么缺少"精舍"字样，其余与《精舍草堂铭》相同形式的碑铭文没有见到。而如"草堂""精舍"之称者，《全唐诗》中作为诗名却多见于载。就是说，《精舍草堂铭》的发现，丰富了古代铭文碑石的类别及形式，同时为研究唐代官僚士大夫佛教徒礼佛诸问题提供了实物资料。

其次，有关"精舍草堂"主人公柴将军的记事，可弥补文献记载之不足。铭文中所言及的柴将军，"武皇帝之外孙　太宗文皇之外甥　皇帝之外……"显然，这里的武皇帝只能是指唐高祖李渊，太宗为唐太宗李世民，皇帝即是唐高宗李治。查《新唐书》诸帝公主传、《旧唐书·柴绍传附平阳公主传》，②唐高祖只有第三女平阳公主下嫁柴姓男子，即柴绍。柴绍其人作为唐皇室的姻亲，为唐政权的创立建有不朽的功勋。③同时，如上文所述，铭文中有"哲威庸懦蒙授含资道行军总管闻之惊喜"。显然，哲威是人名，即柴哲威。《旧唐书·柴绍传》载："（柴绍）子哲威，历右屯营将军，袭爵谯国公。坐弟令武谋反，徙岭南。起为交州都督，卒官。"《新唐书·柴绍传》亦载："（柴绍）二子：哲威、令武。哲威，为右屯卫将军，袭封。坐弟谋反，免死，流邵州。起为交州都督，卒。"看来，铭文中出现的柴哲威，就是上引《旧唐书》《新唐书》中所载唐高祖之女平阳公主与驸马柴绍所生的长子无疑。《吐鲁番出土文书》第4册载《唐永徽元年后付宋赟等物帐》中记有"谯公"云云，其时任西州刺史。北京大学

---

① 《全唐文》卷780，第3608页。
② 见《旧唐书》卷58《柴绍传附平阳公主传》；《新唐书》卷83《平阳昭公主传》，同书卷90《柴绍传》。
③ 《调查》一文对柴绍其人的事迹多有涉及。但其中的一些说法值得商榷。如该文中有武德元年（618），柴绍率兵征伐吐谷浑和新罗的党项城之说，此即明显错误。其原因是文中将唐初西北的一少数民族党项的名称与处于新罗西北濒海的党项城（地名）搞混了。同时，柴绍其人出讨吐谷浑、党项势力的时间是武德中期，亦非武德元年。武德元年唐朝廷初立，还没有能力对付来自西北方面少数民族势力的挑衅。

历史系荣新江教授据此考定"谯公"即是柴哲威，时间在贞观二十三年到永徽二年（649～651）。也就是说，柴哲威贞观末永徽初曾任唐西州刺史，此说甚是。①《旧唐书》《新唐书》只载永徽中柴哲威因其弟协同房遗爱等谋反（652），②坐免死流放岭南邵州，后起官交州都督，时间约为永徽显庆年间，③并死于交州都督任上。14世纪初安南人黎崱所著《安南志略》中，提及柴哲威。④除此之外，似再未见其他记事。《精舍草堂铭》则提供了新的信息，即柴哲威还曾于显庆末受命东征，并作为唐罗留守军的一部分，先任加林道行军总管，后又转任含资道行军总管，留驻朝鲜半岛。这样，柴氏是否死于交州任上，似有重新认识的必要。

再次，柴哲威虔诚地信奉佛教。据上引《旧唐书》《新唐书》柴绍传及平阳公主传，没有发现其夫妇有信奉佛教的任何迹象，而柴哲威在遥远的朝鲜半岛留驻地做精舍草堂，煞有介事地制作精舍草堂铭文并刻石立碑，且铭文满篇充斥佛教用语，足以证明柴哲威笃信佛教。柴氏信佛是基于唐初佛教盛行而信从，还是与柴氏坐免死流放岭南，整天北望长安，希冀佛陀保佑，尽快脱离苦海的现实有关？因无更具体的史料，故难以做进一步探讨。但无论如何，柴氏是一位虔诚的佛教信仰者当是事实。这样，铭文碑石亦可为唐代佛教史研究者提

---

① 参荣新江《〈唐刺史考〉补遗》，《文献》1990年第2期。另外，1979年在新疆吐鲁番五星公社发掘的《令狐氏墓表》云："大唐永徽伍年十月二十九日/董□隆母狐年八十有余/安西都护府天山县南平乡/右授魏州顿丘县达安乡君/牒奉诏版授官如右/右牒/贞观二十三年九月七日典王仵牒/朝散郎行户曹参军判使事姬孝敏/敕使使持节西伊庭三州诸军事兼安西都护西州刺史上柱国谯国公柴哲威。"可见，柴哲威当时的官职为"使持节西伊庭三州诸军事兼安西都护西州刺史上柱国谯国公"，此可验证上引荣教授的观点。《令狐氏墓表》见《隋唐五代墓志汇编·北京卷》第1册，天津古籍出版社，1991；另见柳洪亮《安西都护府初期的几任都护》，《新出吐鲁番文书及其研究》，新疆人民出版社，1997。
② 《旧唐书》卷58《柴绍传》；《资治通鉴》卷199唐高宗永徽三年、四年条。
③ 参郁贤皓《唐刺史考》第5册，江苏古籍出版社，1987，第2894页。
④ 其记载："高宗朝，坐弟令武与房遗爱反，流邵州。起为交州都督。即余庆。为吏清而刻。累迁御史中丞。引御史唑与议论，因左迁交州刺史。"此资料中，"即余庆"，"引御史唑与议论"两句意思不明确。参武尚清点校《安南志略》，中华书局，1995，第212页。

第九章　柴哲威与《含资道总管柴将军精舍草堂之铭》

供相应的史料。

最后，笔者据宋人撰著的《集古录目》①，清人编集的《全唐文》《唐文拾遗》《唐文续拾》②，以及今人影印已有金石资料（台湾出版的《石刻史料新编》），并综合新出土碑石编辑的《全唐文补遗》《唐代墓志汇编》《唐代墓志汇编续集》《洛阳新获墓志》诸书，③ 检索出唐朝自 7 世纪 40 年代末至 90 年代中期与朝鲜半岛相关人物的墓志铭、经幢题名、纪功碑、造像记共 100 余件，④ 发现其中直接、清楚地记载唐罗的百济留守军与百济复兴军相关联的碑铭文，只有《刘仁愿纪功碑》、《孙仁师班师百济碑》、《大周故左武威卫大将军检校左羽林军赠左玉钤卫大将军燕国公黑齿常之府君墓志文并序》、《大唐故光禄大夫行太常卿使持节熊津都督带方郡王扶余君（隆）墓志》及这件《精舍草堂铭》等。而这件铭文中提到柴哲威担任过加林道行军总管，后又被任命为含资道行军总管等官职，可为《旧唐书》《新唐书》《资治通鉴》《册府元龟》《三国史记》《三国遗事》诸史书所载唐留守百济军有关史实提供佐证。

原载于《唐研究》第 8 卷，北京大学出版社，2002

---

① （宋）欧阳棐撰，（清）缪荃孙校辑《集古录目》卷 5，《石刻史料新编》第 1 辑，第 24 册。
② 《全唐文》（附《唐文拾遗》《唐文续拾》），中华书局，1983。
③ 《石刻史料新编》（1～3 辑），台北，新文丰出版公司，1979～1987；吴钢主编《全唐文补遗》（1～10 辑），三秦出版社，1994～2008；周绍良主编《唐代墓志汇编》（上、下），上海古籍出版社，1992；李献奇、郭引强编著《洛阳新获墓志》，文物出版社，1996。
④ 参本书附录第一章"朝鲜半岛古代史关联的金石文的现状"。

附 录

附一

与朝鲜半岛古代史关联的金石文的现状

中国与朝鲜半岛不仅地理邻接，而且在漫长的历史发展过程中，在政治、经济、文化诸领域的交流无论是频度还是质量，都达到空前的程度。然而，研究韩国（朝鲜）古代史，最大的问题却是史料贫乏。虽然在过去的岁月里，韩国、朝鲜古代史学界为解决此问题做了大量的工作，但由于各种条件的限制，似乎需要做的事情还有很多，例如对中国古代和朝鲜半岛古代史关联的史料进行更深入的发掘整理仍然十分必要。这些分散于浩如烟海的汉文古籍中的资料，对于中国东北地方史、韩国（朝鲜）史、中韩（朝）关系史等领域的研究，其价值越来越为众多的学者所重视。[①] 本章即在阐明中国历代金石文的整理研究概况的前提下，重点探讨唐朝之前（含唐朝）和朝鲜半岛

---

① 韩国延世大学 1988 年出版了《高句丽史研究》Ⅱ（史料篇）。朱甫暾师从现存《文馆词林》佚本中搜录出与韩国古代史关联的外交文书三件，进而探讨当时中国王朝与朝鲜半岛之关系。见《从〈文馆词林〉看韩国古代史关联的外交文书》，《庆北史学》第 25 辑，1992。此外，还有〔韩〕张东翼编著《元代丽史资料集录》，汉城大学出版部，1997；《宋代丽史资料集录》，汉城大学出版部，2000。从宋元时代众多史书中集录出与韩国中世纪史相关的史料，足见韩国学术界开始以新的视角认识中国古代与韩国历史相关的汉文资料。

古代史等领域相关的金石史料整理研究现状，同时对金石资料的收集、研究也做一概观展望。

第一节　中国历代金石文的整理研究

一　金石文的整理和金石学的缘起

中国最初的金石文研究，当推秦代的李斯及西汉时期的叔孙通，此二人对传说的仓颉所造二十八字刻石进行研究辨认，取得了可喜的成果。南朝梁元帝时曾经编纂《碑英》120卷，集录当时可以见到的碑石文字，开碑石录文结集之先河，可惜此书已失传。对墓志等金石文的系统整理，特别是有意识的研究，则要等到11世纪的北宋时期。当时的文坛领袖、曾主持修撰《新唐书》的著名学者欧阳修，利用在各地任官的职务之便，收集到自周秦至唐五代的金石文（其中唐代的金石文占大部分）1000卷。同时，欧阳氏还对收集到的金石文，从书法风格、撰者名讳、碑主形迹等，结合已有的文献资料逐一"阐幽表微，补缺正误"，并题写跋文，这和此前目录式的艺文志类书籍著录多有不同。现存《集古录跋尾》10卷，即是欧阳氏汇集所写的跋尾396条，于宋仁宗嘉祐六年（1061）结集而成。不仅如此，欧阳修还命其第三子欧阳棐，将此前收集到的金石文"撮其大要，别为录目，因并载夫可与史传正其阙谬者，以传后学，庶益于多闻"，于宋神宗熙宁二年（1069）编成《集古录目》10卷。这样，经过欧阳父子的努力，自先秦至隋唐五代的金石文，后人得以观其概貌，进而为宋代"金石学"的形成奠定了基础。

北宋末年，另一好古之士赵明诚，鉴于欧阳氏所作"尚有遗漏，又无岁月先后之次"，故经过20年的访求藏储，使得仓史以来古文奇字，大小二篆，分隶行草之书，钟鼎簠簋尊敦甗鬲盘杅之铭，词人墨客诗歌赋颂碑志叙记之文章，名卿贤士之功烈行治，至于浮屠老子之说。凡古物奇器、丰碑巨刻所载，与夫残章断画磨灭而仅存者，略无遗矣。①

　　赵氏将收集到的2000卷（2000件）金石文，按时代前后，编辑为30卷。前10卷一般著录金石文名称、书体、撰者、时代等，后20卷则根据碑文，参照文献资料"考其异同"。从数量上看，赵氏集录多于欧阳父子（赵氏距欧阳父子约70年，其间可能有新的金石文出现，当然也有欧阳父子当时未见到或者遗漏未编入的）。从编辑类别考察，如上文所引，几乎包含了当时所见金石文的全部内容。此后，郑樵在其所撰《通志》书中亦有《金石略》3卷。南宋临安府的书商陈思道人于绍定四年（1231）编定《宝刻丛编》20卷；南宋末年无名氏编《宝刻类编》8卷。陈氏将收集到的金石文按照当时的行政区划（路、州、县）排列，地域未详者在末卷以时代编排，其数量乃至释文亦多于此前诸书；无名氏则将金石文按帝王、太子诸王、国主、名臣、释氏、道士、妇人、姓名残缺者八类排列。总之，经过宋代诸多金石学者辛勤努力，"金石学"作为专门的学问，无论是从形式、内容，还是研究范畴、体系来看，已初步形成，为此后金石学的进一步发展创造了条件。

二　19世纪末20世纪初金石文的大发现

　　元、明两朝，金石学未显于时。清入关统治全国后，随着一次次文字狱的兴起，读书人迫于时事，将学问研究方向逐渐转向一些与现实无关的领域，所谓的"乾嘉学派"由此出现，学者们对金石文的收

---

① （宋）赵明诚：《金石录叙》，《石刻史料新编》第1辑，第12册。

集、研究随之也进入了一个新阶段。① 当时的学界泰斗如顾炎武、朱彝尊，以及后来的学问大家钱大昕、毕沅、王昶、武亿、孙星衍、阮元、吴式芬、沈焘、刘燕庭、叶昌炽等人，同时是著名的金石学专家。当然，乾隆以后学者们为了适应学问专门化的潮流，将金、石分开研究，其中对碑志石刻的收集研究，代表了此一时期金石学研究的风气。一些金石学者亦开始将收集研究的视角转向海外地区。著名学者刘喜海（燕庭）在和朝鲜金石学者的交流过程中，对朝鲜半岛的金石文产生了浓厚的兴趣，其编辑的《海东金石苑》一书，至今仍是中韩学者了解朝鲜半岛金石文的首选必备工具书。

到19世纪中后期，清王朝迫于当时时势，改变了此前维持百余年的对其发祥地东北地域的封禁政策，迁徙河北、山东等地百姓实边。这样，沉睡百余年的黑土地得到开垦，一些和朝鲜半岛古代史相关联的重要金石文资料得以面世。其中著名的《广开土好太王碑》(1880)、《毌丘俭纪功碑》②(1906)，以及随后出土的《牟头娄墓志铭》，为朝鲜半岛古代史的研究提供了忠实可信的宝贵史料。与此同时，中国内地以古都著称的西安、洛阳等地，基于自然及人为的原因，③汉唐诸时代的石刻墓志大量出现。如九朝古都洛阳所

---

① 当时出现金石文收集研究之风气，有学者认为，"实与经学诸儒之剖析微文、考证坠简相等者，将借以证文考献，举凡氏族所系、功绩所存，以及职官之异同、爵秩之迁转，于诸史志传所载，有可考证其得失，订正其缪讹，正不特其文之引用经传，为说经家所取资耳"。见陈其荣《金石文字跋尾·序》。

② 关于此功碑，清末民初著名学者王国维撰有《丸都山纪功石刻跋》文。另见耿铁华《毌丘俭纪功碑考略》，《中国文物报》1988年4月29日。

③ 清末民初人张海若以为"世道交丧，老师宿儒惧旧学之浸亡，而远识之士、狷洁之流，亦怀才而寄托焉尔。抑吾国数千年文化最古，东西国人渐知趣重，遇有古物，争以重资购载而去。朝野人士，浸浸觉悟，故古金石诸刻日发现，而维护之道与搜讨之功相演并进，盖不知其止也……"（黄玄猷：《石刻名汇·序》）也就是说，历史交替时期有人将金石文作为生命的寄托，千方百计搜罗据为己有；东西列强由于觊觎中华文化遗产，往往不择手段，将其掠往海外；而贪图利益的商贾之流，以及穷凶极恶的盗掘者推波助澜，进而加速了大量金石碑志的流出。金石学家罗振玉在其《邙洛冢墓遗文·序》中，亦对"异邦"之人掠夺及盗掘现象多有论述。

在的北邙山,汉唐以来就一直是达官贵人死后理想的埋葬之地。北邙山地处黄土地带,由于长期以来的雨水冲刷,到清中叶之后,山体遂被雨水切割成一道道沟壑,历代累积的古坟亦不断在沟壑边沿被发现,进而使汉唐时代的墓志等文物大量散入民间;加之20世纪20年代陇海铁路的修筑,加速了这些石刻墓志的面世。到20世纪30年代,几个大的收藏家或者收藏机构,基本上收集了洛阳地区出土的全部金石墓志,著名的有张钫的"千唐志斋"、于右任的"鸳鸯七志斋"、李根源的"曲石精庐"以及原河南省博物馆等。据学者统计,洛阳出土的唐代墓志金石资料有五六千方,其他如龙门石窟造像文等也有一些。西安周围出土的金石碑志则大部分集中于西安碑林内,另外一些县文化馆或博物馆(如昭陵博物馆、乾陵博物馆、法门寺博物馆、临潼区文化馆、咸阳市博物馆、蒲城县文化馆、泾阳县文化馆、富平县文化馆)也有一些收藏。上述诸多金石碑志中,与朝鲜半岛古代历史、中韩(朝)古代关系史关联的金石文亦不时出现,并在当时已经引起部分学者的注意。

三 金石墓志资料的编辑和研究

20世纪20~40年代,对于出土的金石墓志文的编辑研究出现新局面。著名学者罗振玉、王国维、马雍、赵万里、中国东北史专家金毓黻、唐代史专家岑仲勉等,对金石碑志文编辑研究做出了突出的贡献。罗振玉不仅辑录有《邙洛冢墓遗文》(四集)等书,而且使其子罗福懿辑录《满洲金石志》(《补遗》《外编》)、《满洲金石志别录》等书,其中多有与中国东北史以及朝鲜半岛历史关联的金石墓志资料。罗氏还辑录洛阳出土的与朝鲜半岛关联的墓志铭,编成《唐代海东藩阀志存》一书,直接带动了此后对唐代高句丽、百济移民史的研究。唐史专家岑仲勉教授致力于金石墓志学研究,先后有《金石证史》、《贞石证史》、《续贞石证史》、《证史补遗》

以及《冬寿墓铭分析》、《李秀（李谨行之子）碑》等金石学著作问世，指出清代200余年金石墓志学研究的成就和缺陷，将金石墓志研究推向了一个新阶段。

进入80年代之后，中国编辑出版金石墓志拓本及释文汇编类著作蔚为风气。此固然是30余年间各地新的金石墓志不断出土使然，但中国经济的飞速发展无疑为出现这种状况提供了可能性。此一时期著名的如河南省文物研究所、河南省洛阳地区文管处合编《千唐志斋藏志》（上、下册，1983）；李希泌编《曲石精庐藏唐墓志》（1986）；北京图书馆金石组编《北京图书馆藏中国历代石刻拓本汇编》（1989～1991）；①《隋唐五代墓志汇编》（1991）；②周绍良主编《唐代墓志汇编》（上、下册，1992）；周绍良、赵超主编《唐代墓志汇编续集》（2001）；③吴钢主编《全唐文补遗》（1～10辑，1994～2008）；④中国文物研究所、河南省文物研究所合编《新中国出土墓志·河南［壹］》（上、下册，1994）；李献奇、郭引强编著《洛阳新获墓志》（1996）；中国文物研究所、陕西考古研究所合编《新中国出土墓志·陕西》（上、下册，2000）；毛汉光氏编撰《唐代墓志铭汇编附考》（1984年至今）；⑤《石刻史料新编》（1～3辑，1979～1987）等。这些金石碑志汇编类图书出版后，一些和朝鲜半岛古代史关联的金石墓志资料亦被介绍至韩国，为从事古代高句丽、百济史研究的学者提供了方便。

---

① 其中可能与朝鲜半岛古代史关联内容者共43册（战国秦汉时代1册，三国、晋南北朝7册，隋唐五代十国35册），拓本照片下有简单的说明文。中州古籍出版社出版。

② 《隋唐五代墓志汇编》共30册，按地域分卷，有洛阳卷、河南卷、陕西卷、北京卷（附辽宁卷）、北京大学卷、河北卷、山西卷、江苏山东卷、新疆卷及索引卷等。拓本照片下亦有简单的说明文。天津古籍出版社出版。

③ 周绍良主编《唐代墓志汇编》，上海古籍出版社，1992；周绍良、赵超主编《唐代墓志汇编续集》，上海古籍出版社，2001。

④ 吴钢主编，陕西省古籍整理办公室编《全唐文补遗》（至2008年已出版10辑，为金石碑志释文汇编），三秦出版社。同时出版的还有《安康碑石》《汉中碑石》《高陵碑石》《昭陵碑石》《鸳鸯七志斋藏石》等书，均为陕西省古籍整理办公室主持出版。

⑤ 毛汉光编撰《唐代墓志铭汇编附考》，台北，"中研院"历史语言研究所专刊。

第二节　与朝鲜半岛古代史关联的金石碑志文现状

据笔者统计,现存金石碑志中与朝鲜半岛古代史关联的金石文有160余件。依据其内容似乎可以分为两大类:一是与朝鲜半岛古代史关联的金石文;二是与中韩(朝)古代关系史关联的金石文。从数量上看,后一类的数量大大超过前者;但从朝鲜半岛古代史研究的角度看,前一类的影响则远远胜于后者。鉴于前一类已为众多的学者所了解,故笔者只是简单说明其研究现况,而对后一类的发掘整理乃至研究,仍有一些问题需要学者们关注。有关此问题,笔者在下文中将予以整理探讨。

一　与朝鲜半岛古代史关联的金石文现状

现存金石墓志中与朝鲜半岛古代史关联的金石文可分为两类。

其一,和古高句丽历史关联的金石文。众所周知的《广开土好太王碑》以及《牟头娄墓志铭》即属此类。

有关《广开土好太王碑》的研究,如果从日本人开始发表第一篇论著计算的话,到现在已经有100余年的历史。100余年来,围绕此碑石文发现的时间、碑石各个时期的形态、碑石的涂灰及改作问题、传拓分期、拓本的鉴定、拓本的收藏与流传,碑文重要部分的释读,碑文涉及的韩日古代关系史(所谓的"任那日本府说"问题),碑石中所见的广开土好太王时代高句丽史研究,碑石中出现的高句丽、百济、新罗关系史研究,碑石研究史分期,不同国家研究成果检讨等领域,中国、朝鲜、韩国、日本等国学界投入了大量的人力和物力,进而使《广开土好太王碑》的研究成为一门被广为关注的国际化学问。

由于《广开土好太王碑》在中国境内,并且和中国东北历史的研究息息相关,相较而言,中国学者对于碑石本身,例如碑石的发现、碑石的保护、碑石拓片的传拓和流传等研究相对多一点。① 但自80年代中期以来,全面的研究成果亦逐渐增多,已经出版的王建群《好太王碑研究》(1984)、朴真奭《好太王碑与古代朝日关系研究》(1993),耿铁华《好太王碑新考》(1994)三书,以及众多的论文选题即可说明此问题。同时,此一时期相关的国际学术会议在各国举行,中、韩、朝、日多国学者各抒己见,共同探讨。这种交流,为各国学者了解其他国家的研究动态提供了可能,也有助于中国学界旁采他山之石,提高整体的研究水准。

《牟头娄墓志铭》出土于中国吉林省集安市太王乡下解放村(原名下羊鱼头)。1935年,日本学者池内宏等在伪满洲国辖下的通化辑安(今集安)境内进行考古调查,发现了牟头娄冢,随即对其进行清理发掘。墓为石制双室,"方形之后室为主室,前室成扁方形",因为该墓此前曾被数次盗掘,故除发现"牟头娄墓志"之外,其他有价值的文物并未出土。墓志铭为写经体墨书,书写于涂石垩的前室正面壁上;纵横界格文79行,每行10字。墓志铭发掘至今,经过众多学者的研究,200余字可以判读,为探讨高句丽全盛期长寿王代的历史提供了珍贵史料。中国学界关于"牟头娄墓志"发表的论著相对不多,但著名学者劳干氏对墓志铭的主人公提出疑问,认为墓志主人公是冉牟,而非牟头娄。② 此观点在中国具有代表性,1984年出版的《集安

---

① 参徐建新《中国学界对高句丽好太王碑文及拓本的研究》,〔韩〕高句丽研究会编《广开土好太王碑研究100年》,学研文化社,1996。另外,高明士先生针对《广开土好太王碑》亦发表了多篇论著,特别是对台湾"故宫博物院"所藏拓本的研究,受到学界广泛关注。参氏著《台湾所藏的高句丽好太王碑拓本》,《韩国学报》第3辑,1983;《高句丽好太王碑研究的近况与展望》,《邪马台国》26辑,1985;《中央研究院历史语言研究所藏高句丽好太王碑乙本原石拓本的史学价值》,《古今论坛》第3辑,1999。

② 《跋高句丽大兄冉牟墓志兼论高句丽都城之位置》,"中研院"历史语言研究所编《历史语言研究所集刊》第11本,1943。

县文物志》一书即接受了此观点；另外，耿铁华亦有《高句丽贵族冉牟墓及墓志考释》论文发表。

其二，与高句丽、百济移民关联的金石墓志。

660年，唐罗联合军共同作战，最终击败百济。百济王义慈及太子、大臣88人，百姓120807人随唐朝大将苏定方渡海归唐。668年，唐罗军又灭亡北方的高句丽，唐将李勣领高句丽宝藏王、王子、大臣百姓等20万口返回唐朝。这样，在唐初高度开放包容、融合多民族文化的政权中，融入了朝鲜半岛民族之文化成分，加速了唐文化的世界化步伐。现明确了解的高句丽移民墓志共有九通，即高句丽王室高氏后裔——宝藏王高藏的孙子高震墓志铭（献书待制杨憼撰）、高震之女墓志铭①；高句丽权臣渊盖苏文的后裔——泉男生（王德真撰，欧阳通正书）、泉男产（其子泉光富撰）、泉献诚（梁惟忠撰文）②、泉毖（其父泉玄隐撰文）墓志铭；高句丽贵族及富裕阶层者——高慈、高玄、高足酉墓志铭。百济移民墓志碑石计有五件：即义慈王太子扶余隆墓志铭③、黑齿常之墓志铭、黑齿俊墓志铭、□部将军功德记（郭谦光撰并书）、难元庆墓志铭等。

高句丽移民墓志（泉男生、泉男产、泉毖、高震、高慈、高

---

① 《宣义郎唐守唐州慈丘县令邵公故夫人高氏墓志并序》，李献奇、郭引强编著《洛阳新获墓志》，第258页；又见吴钢主编《全唐文补遗》第6辑，第458页。

② 关于泉献诚墓志铭，罗振玉《唐代海东藩阀志存》中称，"献诚之父男生墓志前数岁出洛阳，此志今年继出"，从此语中可以判断泉献诚墓志出土时间即是《唐代海东藩阀志存》编竟之当年。按：此书编于"丁丑仲冬"，即1937年。也就是说，泉献诚墓志出土于1937年。另外，据笔者考察，早在南宋赵明诚所撰的《金石录》卷26中即著录有"唐卫尉正卿泉君碑"，只是著录文引用碑文"（君）讳寔，字行代"，而上及墓志则为"君讳献诚，字献诚"，显然，赵明诚所见碑文与上及墓志文存有差异。此后郑樵在其《通志·金石略》卷中著录有"左右卫大将军卫尉正卿卜国公赠羽林大将军泉君碑"，其注云："彭果书，开元十五年。"（上及墓志明确记载泉献诚迁葬日，即武后大足元年二月之后立碑。）看来，泉献诚碑早在宋代就被著录，为彭果书，后不知所终。墓志铭则于1937年出土，是"朝议大夫行文昌膳部员外郎护军梁惟忠撰"。

③ 对扶余隆墓志铭的考释研究，见黄清连氏著《从〈扶余隆墓志〉看唐代的中韩关系》，《大陆杂志》第85卷第6期，1992年。

玄）于20世纪20年代陆续出土于洛阳北邙山一带。现在收藏于河南省开封博物馆、洛阳古代艺术博物馆、新安县铁门镇千唐志斋等地。泉献诚墓志出土于1937年。高足西墓志铭1990年出土于洛阳市伊川县平等乡，现藏洛阳市伊川县文管会。高震之女墓志铭1990年出土于伊川县白元乡土门村，现亦藏于伊川县文管会。百济移民墓志铭出土时间各异。扶余隆墓志1919年在洛阳出土，现藏于开封博物馆；黑齿常之父子墓志1929年在洛阳出土，现藏于南京博物馆；□部将军功德记（刻于唐神龙元年十月十八日）在山西太原天龙寺发现；难元庆墓志铭1960年出土于河南省鲁山县张店乡，现藏于鲁山县文化馆。

　　早在高句丽、百济诸移民墓志金石文出土之初，著名金石学者罗振玉即投入精力，潜心研究。《唐代海东藩阀志存》一书中，罗氏据泉男生墓志铭，提出可以补正现存文献史料的八点意见。其中关于泉氏得姓之缘由、泉男生祖父之名姓、渊盖苏文死亡年月、泉男生逃至国内城后派人赴唐的具体情况等，对于高句丽后期史的研究，均是值得重视的学说。高慈墓志铭中记及"后汉末（当是晋末），高丽与燕慕容战大败，国几将灭，廿代祖密当提戈独入，斩首尤多。因破燕军，重存本国，赐封为王，三让不受，因赐姓高，食邑三千户。仍赐金文铁券曰：'宜令高密子孙，代代封侯，自非乌头白，鸭绿竭，承袭不绝'……"此可证《三国史记》卷17《高句丽本纪·烽上王》五年条的记载。罗氏还据泉男产的官职"累迁之迹"，并结合泉男生、泉献诚、高慈诸墓志铭，考证出高句丽十三等官职分别为：太大对卢、大对卢、太大莫离支、大莫离支、莫离支、中裹位头大兄、中裹大活、中裹大兄、中裹小兄、乌拙、使者、翳属、仙人。进而订正了《三国史记》所录《隋书》《新唐书》的十二等说，证明补充了《册府元龟》的十三等说、新罗《古记》的六等级说，将高句丽官制史的研究推上一个新的台阶。当然，依据泉男生、泉男产、泉献诚、泉毖诸墓志，还可以勾画出高句丽贵族泉氏入唐后数十余年的家族变迁繁衍史。可以说，罗氏开启了利用高句丽、百济移民墓志铭研究古代高句丽、百济史之先河；当然，高句丽、百济移民史的研究，无疑也是起步于罗氏的研究。

百济移民黑齿常之、黑齿俊父子墓志铭，①□部将军功德记②等金石墓志，可提供黑齿家族在百济时节的史料。一些韩国学者由此研究原百济黑齿地方的具体位置、黑齿常之与百济复兴运动的关系等课题。同时，通过以上金石墓志铭，可了解黑齿常之家族在唐活动繁衍生息情况。一向致力于唐代蕃将及中韩古代关系史研究的马驰教授，在刊出有关黑齿常之考释论文之后，针对出土的难元庆墓志，曾陆续发表两篇论文，提出"难元庆出自乌桓"等观点，在学界引起相当大的反响。③南开大学历史系的傅玫教授亦有《生活在唐朝境内的高句丽、新罗和百济人》论文发表，但其中绝少提及金石碑志资料。李健超、赵超诸先生也发表了论文，论述唐代墓志中所见的高句丽、百济人士事迹。④

同时，高震墓志铭、唐州慈丘县令邵公故夫人高氏（高震之女）墓志铭，则记载了高句丽王族高氏在唐100余年的行迹。高句丽宝臧王高藏入唐后，唐朝授其司平太常伯、员外同正官职，随后又为安抚

---

① 相关研究如赵超：《中州唐志跋尾六则》，《华夏文化》1988年第2期；李之龙：《唐代黑齿常之墓志文考释》，《东南文化》1996年第3期；束有春、焦正安：《唐代百济黑齿常之、黑齿俊父子墓志文解读》，《东南文化》1996年第4期；张乃翥、张成昆：《跋洛阳出土的圣历二年黑齿常之墓志》，《唐史论丛》第6辑，陕西人民出版社，1995。

② 关于"□部将军功德记"，清人钱大昕《潜研堂金石文字跋尾》卷5、洪颐煊《平津读碑记》卷5以及岑仲勉《贞石证史》、《历史语言研究所集刊》第8本第4分（1939年）等著作中均有论述，其中"□"字被释为"勿"字。

③ 马驰有《〈难元庆墓志〉简介及难氏家族姓氏居地考》《难元庆墓志铭考释》两文，后者刊于《春史卞麟锡教授停年纪念论丛》，2000。〔韩〕李文基《百济遗民难元庆墓志铭的绍介》（《庆北史学》23辑，2001）对马驰的观点提出商榷。

④ 金宪镛、李健超：《陕西新发现的高句丽人、新罗人遗迹》，《考古与文物》1999年第6期；赵超：《唐代墓志中所见的高句丽与百济人士》，《揖芬集——张政烺先生九十华诞纪念文集》，社会科学文献出版社，2002。

辽东地域，于仪凤二年（677）封其为辽东州都督、朝鲜郡王；但高藏到达辽东后，即与靺鞨联合图谋叛乱，遂被唐朝流放至西南的邛州，永淳二年（683）死亡。垂拱二年（686），唐朝又任命高藏之孙高宝元为朝鲜郡王。圣历初迁左鹰扬卫大将军，进封忠诚国王。但是，当时朝鲜郡王府的运行情况如何无从了解，而金石《三门主李师利等题名》中有"前朝鲜郡王府参军（李）文晟"题名。据考，三门楼建于如意年中（692），故李文晟做过高藏、高宝元祖孙时的王府参军（具体是祖孙二人何时难以考定）当是事实。也就是说，从唐高宗总章元年（668）高句丽宝臧王高藏到达唐都，至唐代宗大历末期其曾孙女高氏死亡止，唐朝基于统治东北地域的需要，一直令高句丽王族高氏保持着相当高的地位。

河南省平顶山市鲁山县出土的高足酉墓志铭，则提供了高句丽在唐移民的新类型。笔者曾据已出土的高句丽移民墓志铭，将7世纪末8世纪初在唐高句丽移民分为三种类型。第一，以高句丽宝臧王高藏为首的原高句丽王族成员。他们被迫在唐居留，时刻都想恢复在高句丽的王权地位，故一有机会就想反唐叛乱。对此，唐朝极力打击，毫不姑息；同时，基于统治唐东北地域的需要，唐朝又不得不利用他们。第二，泉男生家族以及迫于形势投降唐朝廷者。这些人来到唐都后，为唐廷屡建功勋，受到相当的重用，但因其在高句丽时享有极高的地位及权力，而此时频繁接受派遣，东征西讨，或许仍时常想念在高句丽时的特权及荣华富贵，故可能私下里心情郁闷，难于自已。第三，高足酉及高慈父子等。他们经过多方考虑，最后自愿投诚唐朝，在唐也颇受重用。因其在高句丽时的情况和第一、二类型诸人不同，这样就减轻了因地域、民族、执政者等差异所形成的心理负担，故可能很少回忆此前的生活，或者根本回避、不想触及他们在高句丽的情形，全身心投入新生活。在当时唐朝开放的大气候下，他们和其他在唐少数民族将领一样，很快适应了唐朝的朝野环境，并通过自己的努力，为唐朝建立了不朽的功勋，得到唐最高统治者的认可和嘉奖。当然，因为此一时期唐、武周政权轮替以及其他原因，一些在唐朝鲜半岛移民人士死于非命，进而使移民社会增加了特有的悲剧色彩。到8世纪中叶以后，高句丽、百济移民后裔已渐渐融入唐朝社会，如泉毖墓志中记其为"京兆万年人也"，高句丽王族出身的高震妻族亦为"真定侯氏"，其女也嫁与唐州慈丘县令邵氏等。

二 与中韩（朝）古代关系史关联的金石墓志文现状

如上所述，和中韩（朝）古代关系史关联的金石资料，至今还未见系统的整理研究。下面即分类介绍相关碑志金石资料及其研究概况，并阐述笔者的一些看法。

其一，中国动乱时期避难辽东及朝鲜半岛，后又回到中原王朝人士的墓志铭。

中、韩（朝）历史时期官方来往频见史载，民间往来的记载相对不多，中国处于动乱时代时更是如此。但新出土的墓志金石文可以弥补这方面的缺陷。隋《韩暨墓志》即记载了北魏末年韩暨家族被高句丽军队掳掠，后又返回的经历。

> 父祥，平州司马谘议参军……属群飞海水，天下乱离，戎狄窥疆，孝昌失驭，高丽为寇，被拥辽东。虽卉服为夷，大相引接，钦名仰德，礼异恒品，未履平壤之郊；递拜大奢之职，非其好也。出自本心，辞之以疾，竟无屈矣。执节无变，斯之谓乎。华夏人安，宗祧更立，率领同类五百余户归朝奉国，诚节可嘉。爵以酬功，授龙城县令。

此墓志铭1977年11月出土于辽宁省朝阳市北郊南坡，全文50

行，行24字，总1187字，是研究北魏末年乃至隋初中原王朝与东北各族政权交往的重要资料。墓志铭中记有"孝昌失驭，高丽为寇"字样。"孝昌"为北魏孝明帝年号（525～527），孝明帝六岁继位，生母灵太后临朝称制，结果引起天下大乱。在此形势下，出现了高丽（高句丽）军队入侵北魏边地掳掠之事件。① 韩暨之父韩祥被掳至高句丽即是发生于此时。韩祥虽然遵从高句丽习俗，改穿当地人的服装，但不接受高句丽所授"大奢"② 官职，终于在"华夏人安，宗祧更立"（可能是东魏建立之后）之时，率五百余户被掳者脱离高句丽返回，遂被魏政权任命为龙城县令。

还有中原王朝发生变乱，避难朝鲜半岛或辽东，其后裔于唐初回到中原者。《唐故右威卫将军上柱国王公墓志铭并序》载："公讳景曜，字明远，其先太原人。昔当晋末，鹅出于地。公之远祖，避难海东。"也就是说，西晋末诸少数民族入主中原，晋室南渡之时，王景曜先祖选择避难海东的道路。但"洎乎唐初，龙飞在天，公之父焉，投化归本"。结果，唐廷为其"赐第"长安，王氏遂为京兆人。按：王景曜死于开元二十二年（734），享年55岁，生年当为679年，其父投化可能在高句丽灭亡之前。当然，这里的"海东"，按一般的理解，应当是指朝鲜半岛。《故右龙武军翊府中郎将高府君墓志铭并序》所载墓主高德之先祖亦是在晋末"避难辽阳，因为辽阳□族"；唐朝

---

① 有的研究者检索史料，认为从520～531年的10余年北魏与高句丽之间交往中断。但事实并非如此。笔者依据《三国史记》卷19《高句丽本纪·安臧王》的记载：其间高句丽向梁朝贡四次，向北魏朝贡只有一次。高句丽此时明显偏向于梁，并且出现了高句丽使臣赴梁返回途中被北魏军队拘留之事件。这样，发生高句丽侵边掠民事件当是可能的。此碑志资料可补史书记载之缺。参朱子方、孙国平《隋〈韩暨墓志〉跋》，《辽宁省考古、博物馆学会成立大会会刊》，1981，第129～132页。

② 此"大奢"官职，是5世纪高句丽使用的官职之一。《三国史记·职官志》所引诸史书未见载此官名。从碑文的上下文考察，似乎不属高级职位。但据（唐）张楚金撰《翰苑》一书所引《高句丽记》记载："次大使者，比正四品，一名大奢。"也就是说，大奢是大使者的别称，是高句丽重要的官职之一。参〔日〕竹内理三校订、解说《翰苑》，大宰府天满宫文化研究所，1977。

建立后,"府君祖宗,恋恩归本,属乎仗内,侍卫紫宸……"又有《大唐故云麾将军行左龙武军翊府中郎将赵郡李公墓志铭并序》,其文曰:"昔晋氏乘乾,辽川尘起。帝欲亲伐,实要□□。公十二叶祖敏为河内太守,预其选也。克灭之后,遂留柘(拓)镇,俗赖其利,因为辽东人……"唐太宗亲征高句丽之时,曾经询访晋尚书令李公后裔,墓主李怀的曾祖李敬被征召,"尽室公行,爰至长安",但李敬到达长安后不久即死亡。

也有因战败而逃亡至高句丽安身,其后裔于唐、丽(高句丽)交战时又投诚唐朝的。《大唐故忠武将军摄右金吾卫郎将上柱国豆府君墓志并序》载:"君讳盖富,字晖,其先扶风平陵人也。……至后魏南迁,赐姓豆陵氏。六世祖步蕃,西魏将,为北齐神武所破,遂出奔辽海,后裔因家焉,为豆氏□。"唐朝征伐高句丽之时,墓主的父亲夫卒"慕远祖融河外纳款,遂斩九夷列城之将,稽颡旌门……"当然,肯定还有许多因各种原因滞留在高句丽的人士。在朝鲜发现的冬寿墨书铭,冬寿其人即因前燕政权内部斗争之故,亡命高句丽,老死于彼。此一时期亡命高句丽著名者还有宋晃①、慕容评等人,但其命运各不相同。隋末亦曾有大量的中原兵将因战败滞留高句丽,在当地生存繁衍,进而成为唐太宗征伐高句丽的重要原因之一。② 这些人是否此后亦有返回唐朝的?滞留者在高句丽生活的状况如何?此类金石墓志资料应当予以发掘整理研究。

西汉武帝在朝鲜半岛设立四郡,其统治历经数百年。4世纪初开始,中原王朝内忧外患交相出现,远在朝鲜半岛的乐浪郡政权遂被日益壮大的高句丽吞并。在朝鲜半岛居住数世纪的中原人士,绝大多数融入朝鲜半岛民族之中,为当地的文化发展兴盛做出了重要贡献。当

---

① 《资治通鉴》卷96,晋成帝咸康四年(338),第3021页。
② 参拜根兴《激荡50年:高句丽与唐关系研究》,《高句丽研究》第14辑,2002。

然也有少数人士于此前后返回内地。辽阳出土的《魏故处士王君墓志铭》《魏黄钺大将军太傅大司马安定靖王第二子给事君夫人王氏之墓志》《大魏扬列大将军太傅大司马安乐王第三子给事君夫人韩氏之墓志》《魏故恒州治中晋阳男王君墓志铭》等金石碑志，其墓主先世均是出自乐浪遂城。只是两位女墓主碑铭中的大部分文字相同，是后者抄袭前者，抑或两碑志的作者为同一人？令人费解。

其二，墓志碑石中所见的安东都护府。

史载，唐罗联合灭亡高句丽后，唐"分高丽五部、百七十六城、六十九万余户，为九都督府、四十二州，百县，置安东都护府于平壤以统之，擢其酋帅有功者为都督、刺史、县令，举华人参理"。接着，任命右威卫大将军薛仁贵检校安东都护，总兵两万，驻守平壤。文献史料论及安东都护，只提及薛仁贵、高侃二人，① 但薛仁贵不久即调往西北征伐吐蕃，高侃亦是咸亨元年再赴高句丽故地。此后安东都护府几经迁徙，其间安东都护的任职状况无从知道。② 现存金石墓志资料可提供此方面的信息。《唐右将军魏哲神道碑》载："公讳哲，字知人，钜鹿阳曲人也。……乾封元年，诏加明威将军……是岁也，诏公为辽东道行军总管。……二年，诏加上柱国，仍检校安东都护，道之以德，齐之以刑，威振六官，风扬五部。兵戈载戢，无劳尉候之虞；桴鼓希闻，宁有穿窬之盗。……总章二年三月十六日遘疾，薨于府第。春秋五十有四……"③《唐故明府君夫人陇西李氏墓志铭并序》中，墓主李氏的祖父李光嗣亦曾做过安东都护，只是不能确定其官任

---

① 岑仲勉：《唐史余沈·补高侃传》，弘文馆出版社，1985，第28页。
② 有关安东都护府的相关问题，金毓黻先生虽然在20世纪30年代就有专门研究，但并未涉及金石墓志文资料。见氏著《东北通史》卷4，台北，乐天书局，1976。
③ 此union未明为乾封二年，还是总章二年，但依据《旧唐书》《新唐书》纪传、《资治通鉴》卷198等记载，安东都护府是在高句丽灭亡之后才设置，故此处应为总章二年。也就是说，可能薛仁贵总章元年末即改任，随后魏哲接任检校安东都护职位。黄约瑟认为魏哲的任职在薛仁贵之前，参氏著《薛仁贵》。关于魏哲墓志铭文，参张存良《新出〈魏哲墓志铭〉及其相关问题》，《敦煌学辑刊》2014年第1期。

的具体时间。又有《大唐故检校安东副都护（下缺）》载，"君讳永，字隆，太原祁县（下缺）"，曾官安东副都护，唐高宗上元元年（674）薨于安东府之官舍，年58岁。《大周故银青光禄大夫行笼州刺史上柱国燕郡开国公屈突府君墓志铭并序》载："东隅未康，复伫八条之绩。册拜银青光禄大夫，守安东都护。……而玄菟泯黎，恭珍去思之叹。裹足万里，叫阍连月，长社之重借冠帼，襃乡之愿留种皓，无以逾也。朝廷嘉焉，复拜安东都护。"屈突诠载初二年病死于赴任笼州刺史途中，享年69岁。李献奇、周铮推测屈突诠首次担任安东都护应在咸亨二年（671）到咸亨三年（672）前后，其复拜安东都护约在调露二年（680）至开耀二年（682）。① 这些墓志碑石资料，或许能对研究安东都护府的嬗变、唐与朝鲜半岛关系提供帮助。

其三，唐朝征伐高句丽及唐罗联合攻灭百济、高句丽等与唐罗战争关联的金石文资料。

贞观十九年（645），唐朝发动征伐高句丽之役，文献资料对此记录颇多，但碑志金石资料的状况如何，似未见有人论及。② 据笔者考察，当时参战者著名的如李勣、尉迟敬德、契苾何力、张士贵、阿史那忠、郑仁泰、李思摩、斛斯政则、武希玄、常何等人的碑石墓志中均载录其事，现石刻大部分收藏于陕西省礼泉县昭陵博物馆所建碑林中。③ 有关薛仁贵碑志，《集古录跋尾》卷6、《宝刻丛编》卷10均有著录，但清人金石著作中未见提及，可能清代以前此碑即已不存。另

---

① 李献奇、周铮：《武周屈突诠墓志考释》，《中原文物》2002年第3期。
② 关于唐朝征伐高句丽战争，此前出版的中国通史及断代史、地方史、中韩关系史著作中均有论及。其中著名的如吕思勉《隋唐五代史》，上海古籍出版社，1985，第103~106页；蓝文澂《隋唐五代史》，台北，商务印书馆，1970，第113~128页，都有较详细的论述。另外，代表性的论文有高明士：《从天下秩序看古代的中韩关系》，《中韩关系史论文集》；刘进宝：《"唐丽战争"述论》，《韩国学报》第13辑，1995；刘永智：《隋唐对高句丽的战争》，《中朝关系史研究》，中州古籍出版社，1994；等等。但这些著作中绝少运用金石墓志资料。
③ 其中常何墓志铭见郑必俊《敦煌写本常何墓碑校释》，北京大学中古史研究中心编辑《敦煌吐鲁番文献研究论集》，北京大学出版社，1982。

外，还有一些参战兵将墓志及纪功碑等，如幽州都督牛秀（进达）、左武卫将军王君愕、郎将刘仁愿、游击将军韩逻、骑都尉赵洛、武骑尉任素、武骑尉张秀、旅帅忤祖仁、公士张仁、永嘉府队副张羊、上柱国贾感、浔阳丞马文超、故人刘辽、骁骑尉段雍、乙速神庆、维州刺史安附国、上柱国杨大隐、左骁卫大将军曹钦、高望府果毅□敬、吏部郎中张仁祎、大唐梁君基等墓志铭。当时平壤道大总管张亮率水军从山东登州进发，渡海之前曾举行祭祀海龙王神仪式，在蓬莱北海中的砣矶岛石刻就反映了当时的情况。河北元氏县有100余名兵士随张亮征战，历经艰险，战后均安全返回故土。为感谢佛祖神灵的保佑，其于显庆三年（658）建《大唐信法寺弥勒像碑》，以表其事。《大唐本愿寺三门之碑》则记载了中山次飞、麴名昉等六十人"忠勇冠时，言从簿伐"，虽遇海风"橹棹皆废"，但由于心中有佛，亦转危为安；其回到故乡后，建本愿寺三门之碑，以"崇昔愿也"。除此之外，奉唐太宗之命赴四川等地督造船舶，并激起江南百姓反叛的强伟其人墓志铭，结合文献资料的记载，足以展示当时备受徭役之苦的南方百姓对征伐高句丽的态度。这些碑石墓志，不仅可补充文献资料记载的不足，而且对了解当时唐朝内部情况、唐初的佛教信仰、一般百姓对大自然的敬畏、唐丽激战的概况等，均具有相当重要的价值。

反映永徽至上元年间唐与朝鲜半岛关系的碑志金石。永徽六年（655）二月，唐朝令苏定方随同营州都督、东夷都护程名振进讨高句丽。《大唐故荆州大都督府长林县令骑都尉昌黎韩君墓志铭并序》则证明此次进讨并非程、苏二将军的孤立行动；也就是说，唐朝廷派遣程、苏二将军出讨的同时，又使中郎将李德武、武骑尉韩仁楷率兵共同进伐。① 另外，据笔者考察，现存有明确纪年和朝鲜半岛关

---

① 该墓志铭中时间记载错乱，从墓主的县令身份，可以断定墓志铭撰著者恐非知名之士，故出现时间记载错乱问题当不为怪。但铭文内容还是值得注意的。

联的墓志：显庆年间随左武卫大将军苏定方征伐百济诸人物的墓志有5件；①龙朔年中在百济留守及征伐高句丽的唐人墓志等金石文有12件；麟德年中在百济的唐人金石墓志有7件，其中在山东都洲有麟德元年孙仁师等从百济返回时所建《孙仁师百济班师碑》；基本可以确定为乾封、总章年间参与征伐高句丽战之人物墓志及金石题记有16件；②咸亨、上元年间唐朝与新罗交战关联的金石墓志有9件。③不明年代的墓志金石资料有20余件。这些金石碑志资料，如果剔除当时唐人对朝鲜半岛住民的各种蔑视倾向，以及对墓主功劳可能的夸大成分，其所提供的资料、信息理应得到学界的关注。

其四，新罗在唐人士相关金石文资料。

从7世纪40年代初，新罗开始确定联合唐朝，突破来自领土西北两面百济、高句丽夹击方针之后，④在长达3个世纪的时间内，出于政治、军事，特别是文化之原因，派遣众多新罗使臣、留学生、僧侣、商人等前往唐朝，唐朝亦派使者东赴新罗，唐与新罗构筑了当时东亚交往圈中最为牢固的宗藩关系。关于此问题，此前严耕望、高明士、吴葆棠、文川、刘希为、韩国磐、陈尚胜、王小甫等先生的著作

---

① 另外，韩国现存的《大唐平百济国碑铭》、《刘仁愿纪功碑》以及《含资道总管柴将军精舍草堂之铭》，亦是有关新罗联合征伐百济的金石碑志资料。

② 东岳泰山岱顶仰天洞内有刘仁愿乾封元年二月题写的《刘仁愿等题名》摩崖文。有关此摩崖文的分析，参拜根兴《刘仁愿事迹考述试论稿——以与新罗关系为中心》，〔韩〕中国史学会编《中国史研究》第18辑，2002。又有《王婆偃师造像记》《比邱法秤造像记》《唐乾封元年阿弥陀造像记》，前者云："乾封二年十二月八日，清信女王婆为男寇士聪征辽，愿得归还……敬造像一铺。"后者曰："大唐乾封二年，比邱僧法秤敬造阿弥陀像一龛，上为皇帝，师僧父母，东征行人，并愿平安；又愿国土安宁，十万施主，离障解脱，成无上道。"与此性质相类似的造像题记还有6件。从上引造像记可以看出，唐朝征伐高句丽期间，一般信徒、僧众因为国家及亲人的缘故，期望通过敬造佛像祈祷东征军将平安返回。

③ 其中《唐故夏州都督太原王公（方翼）神道碑》载："……乐成公东讨新罗，荐为将帅，诏公持节鸡林道总管。军停不行，授沙州刺史。未至，改拜肃州，以为慢防启寇，非重闭也。"当时唐朝可能面临东西两面作战的境况，故王方翼本随刘仁轨东讨新罗，鉴于西北局势之紧迫，故临时改任沙州刺史。

④ 关于这一问题，参本书上篇第一章"新罗真德王时期的对唐交涉"。

中均有不同程度论及,①但是一些重要的金石资料并未得到重视,其价值应当予以认定。

陕西省礼泉县的唐太宗昭陵前有十四蕃君长石人像,历史上称为"十四番臣像"。石人像是"写诸蕃君长擒伏归化之状",其中排在第七位的就是新罗王金真德。②金仁问其人无疑是7世纪中后期新罗与唐交往的见证人。他七次赴唐,在唐驻留长达20余年,最终病死唐都。西安附近就有和金仁问关联的金石资料。永徽五年,唐高宗巡游万年宫,亲手题写了著名的《万年宫铭》,同时,唐高宗命随从臣僚军将三品以上者题写其姓名于碑阴,此就是所谓的《万年宫碑阴题名》。值得注意的是,新罗使臣金仁问作为唯一的外藩宿卫三品以上随同者,其名号亦显列于众臣僚军将官名之中,体现了当时新罗与唐朝关系的非同寻常。《万年宫铭》现存陕西省麟游县原万年宫（九成宫）遗址。曾随从金仁问在唐的新罗人薛永冲（或承冲）,唐高宗拜其为左武卫大将军,后死于唐。其15岁的女儿薛（瑶?）随即出家,六年后还俗,后嫁与当时名士郭元振;长寿二年（693）暴疾死于四川通泉县之官舍,其年为20余岁。武周时代著名文人陈子昂撰《馆陶郭公姬薛氏墓志铭》,③才使薛氏的事迹彰显于后世。依墓志铭所载

---

① 严耕望:《新罗留唐学生与僧徒》,《唐史研究丛稿》,香港新亚研究所,1969;高明士:《唐代东亚教育圈的形成》,台北,"国立编译馆",1984;吴葆棠、文川:《唐与新罗关系研究》,《烟台大学学报》1990年第1期;刘希为:《唐代新罗侨民在华社会活动的考述》,《中国史研究》1993年第3期;韩国磐:《南北朝隋唐与百济新罗的往来》,《历史研究》1994年第1期;陈尚胜:《中韩关系史论》,齐鲁书社,1997;蒋非非、王小甫等:《中韩关系史（古代卷）》。

② 参章群《关于唐代乾陵石人像问题》,《第一届国际唐代学术会议论文集》,台北,台湾学生书局,1989;孙迟《昭陵十四国君长石像考》,《文博》1984年第2期。

③ 岑仲勉:《陈子昂及其文集之事迹》,《岑仲勉史学论文集》,中华书局,1990。另外,〔韩〕卢重国教授亦著《新罗时代姓氏的分枝化和食邑制的实施——以薛瑶墓志铭为中心》,《韩国古代史研究》第15辑,1999。另,韩国学界依据《全唐诗》卷799的记载,均以"薛瑶"称薛氏,但遍检墓志铭,并未看到薛氏名"瑶"之载录。以薛氏"返俗谣"中的"瑶草芳兮思菳菳"中的"瑶"字定薛氏的名讳显然难以成立,故笔者以为还是以"薛氏"相称为妥。

薛氏年龄，以及郭元振享年综合推定，薛氏当是出生于唐朝境内。这样，其母亲可能是唐人，也可能是随其父西来的新罗人。如果是前者，那么，金仁问在唐20余年，其和唐人结婚的可能性亦相当大。

开元年间曾就任海州刺史、擅长题作墓志碑文的书法家李邕撰《海州大云寺禅院碑》，碑文中提到当时海州大云寺住持新罗通禅师。对此，北京大学的荣新江教授有专文探讨，认为："通禅师是法朗、无相、神行之前入唐的新罗禅师，他修习的是中国北方盛行的渐悟禅法，而且他有可能就是五祖弘忍的再传弟子。同时，他在唐朝与新罗间往来的信道之一海州住持大云寺禅院，必然对往来的其他新罗僧侣产生影响，由此不难推测他曾为禅宗东传朝鲜做出过贡献。"① 这位新罗通禅师，在唐与新罗佛教交流中的地位和贡献显而易见。

在唐都长安之南的终南山子午谷口拐儿岩，又有摩崖石刻"金可记传"。20世纪80年代中期（1986），任职于西北大学西北史研究室的历史地理学专家李之勤教授，在考察古蜀道过程中，发现了此摩崖石刻文。② 此后，韩国的卞麟锡教授亦依迹前往考察，并撰文推介，③ 进而使此摩崖石刻文广为人知。摩崖石刻的发现，验证了《太平广记》所辑《续仙传》，及诗人章孝标诗中关于金可记在唐活动的记载，也为研究9世纪新罗与唐民间广泛深入的文化交流提供了有力的证据。

洛阳龙门石窟中又有题名"新罗像龛"的石窟，据研究者考察，其开窟者可能和新罗名僧义湘法师有关。④ 另外，有金石碑铭《大周

---

① 荣新江：《唐与新罗文化交往史证——以〈海州大云寺禅院碑〉为中心》，杭州大学韩国学研究中心编《韩国研究》第3辑，1996。
② 李之勤：《再论子午道的路线和改线问题》，《西北历史研究》（1987年号），三秦出版社，1989。
③〔韩〕卞麟锡：《唐长安的新罗史迹》，亚细亚文化社，2000。
④ 龙门文物保管所、北京大学考古学系编《中国石窟·龙门石窟Ⅱ》，平凡社，1988。又见〔韩〕裴珍达《龙门石窟新罗像龛试论》，《硕晤尹容镇教授停年退任纪念论丛》，1994。

西明寺故大德圆测法师佛舍利塔铭》《唐维州刺史安侯（附国）神道碑》《新罗国石南山故国师碑铭后记》《大唐神都青龙寺故三朝国师灌顶阿阇梨惠果和尚之碑》，新罗僧侣在唐的行迹历历可览。新罗著名留唐学生崔致远所作的《大唐新罗国故凤岩山寺教谥智证大师寂照之塔碑铭》《有唐新罗国故两朝国师教谥大朗慧和尚白月葆光之塔碑铭（并序）》《有唐新罗国故知异山双溪寺教谥真鉴禅师碑铭（并序）》，金献贞《海东故神行禅师之碑》，金颖《新罗国武州迦智山宝林寺谥普照禅师灵□碑铭》，新罗景明王朴升英《有唐新罗国故国师谥真镜大师宝月凌空之塔碑铭（并序）》等碑志金石文，则对于研究古代韩国佛教僧侣在唐艰难的求法生活、韩国佛教的兴盛原因、古代中韩佛教文化交流等课题，均具有重要价值。

其五，唐与统一新罗交涉相关联的金石碑志史料。

如上所述，7世纪之后，唐与新罗维持十分紧密的关系，人数众多的新罗使臣、留唐学生、僧侣、商人前往唐境，接受唐文化的洗礼，唐朝亦定期派遣使者前往新罗，吊唁、册封新罗王，传播唐文化。但是，从中韩学界现有研究看，对于后者似还未见有专文探讨。①但有关此问题的金石碑志资料，不仅可证以往成说，而且提出一些新的问题。

如使臣从唐长安到新罗庆州所需时间问题。学界一般认为需要三个月左右。开成五年（840）唐廷所派赴新罗使王文擀一行，"拜辞龙阙，指日首途，巨海洪波，浩浩万里，一苇济涉，不越五旬。如鸟斯飞，届于东国"。如果再将从新罗西海岸到庆州的陆行时间（需要两个多月）计算在内，与上述三个月左右的平均时间相符合。

---

① 王小甫：《唐朝与新罗关系史论——兼论统一新罗在东亚世界中的地位》，《唐研究》第6卷，可能是论文体例的缘故，文中亦未见具体论及。〔韩〕申滢植：《关于罗唐间的朝贡》，《历史教育》第10辑，1966；〔韩〕申滢植：《三国史记研究》，一潮阁，1985，第261~265页；〔韩〕权悳永：《古代韩中外交史——遣唐使研究》。诸论著虽有涉及，但均未见专门引用金石资料讨论。

关于唐朝使臣在新罗滞留的时间问题。按常理推想，应当是吊唁或册封使命完成之后，在短时间内返回，但《朱公故夫人赵氏墓志铭》载赵氏嗣子"奉命鸡林三岁，然复疚心疾首，六时礼念，冥期佑助，以福后光"。《崔廷墓志铭》载其元和四年（809），"会新罗王死，选可以宣达国命抚柔外夷者，由是擢拜公为尚书职方员外郎，摄御史中丞，赐紫金鱼袋，充吊祭册封使。期年而返"。这里的"期年"，即三年（也有认为一年的见解）。① 其妻郑氏墓志铭则明确记崔廷充"吊祭于乐浪国"使节，"往返三岁"。也就是说，上述三通墓志均载唐使臣出使新罗来回费时三年，前者未明出使时期及出使名目，后者明确说明是"充吊祭册封使"。在长达三年时间内，唐使者滞留新罗干什么？是否只是吊祭册立使停留时间长（上述开成五年出使新罗者王文擀，即是办完事就返回，但其因何出使无从知晓）？可以看出，元和年间出使新罗者一如此前，为尚书省所属职方员外郎。同时，唐朝出使外邦者，宦官出身居多；② 往返往往历经艰险。③ 有关唐朝派使者出使新罗诸问题，此后笔者将草专文详论。

---

① 崔廷于唐穆宗长庆二年（822）死，其夫人大中六年（852）附葬，其碑文中有"大卿薨于位，夫人痛切未亡，勉于从子，食贫茹苦，垂二十年……"依此，可能其夫人死于842年之前。也就是说，两人死亡时间前后相差约20年。即便如此，夫妇墓志记载相同事件也不可能出现两种相异的说法。同时，书碑者为河南府功曹参军上柱国卢壶，是崔氏的亲表侄，一般来说，其对崔氏在世时的情况，特别是重大的事件细节应当是比较了解的，故不可能将往返一年时间，写成三年。再者，同时期出使新罗的使者亦有"奉命鸡林三岁"的记载。故可以认定，这里的三年，是对前面崔氏墓志中所载"期年而返"中"期年"的另一种解释。有关此问题，还需做进一步考察。

② 中唐以后，宦官担当使节，出使异域的情形不少。天宝年间的宦官刘元尚，曾出使大食。唐德宗贞元初年的宦官杨良瑶亦衔国命出使黑衣大食（参张世民《中国古代最早下西洋的外交使节杨良瑶》，《唐史论丛》第7辑，陕西师范大学出版社，1998）。《太平广记》卷481载"六军使西门思恭，常衔命使于新罗。风水不便，累月漂泛于沧溟，罔知边际"，西门思恭亦是宦官。

③ 唐使节王文擀一行，"王事斯毕，回栧累程，潮退舡阻，征帆阻驻，未达本国，恐惧在舟，夜耿耿而罔为，魂营营而至曙。呜呼！险阻艰难，备尝之矣。及其不测，妖怪竞生。波滉瀁而滔天，云暧罐而蔽日。介副相失，舟楫差池，毒恶相仍，疾从此起。扶持归国，寝膳稍微，药石无功，奄至殂谢，享年五十三"，足见唐使臣渡海往返的艰辛。周绍良主编《唐代墓志汇编》（会昌037）。

其六，与渤海历史关联的金石资料。

关于渤海史的研究，因与渤海史关联文献记载绝少，更由于潜在的历史与现实、民族感情、国家荣誉及疆域演变诸因素的羁绊，现今渤海史的研究带有强烈的感情成分，其中部分研究成果似已偏离学术应有的规范和法则。学界对和渤海史相关联的现有史料各取所需，解释五花八门，观点亦大相径庭、莫衷一是。在以后的研究中，应摒弃狭隘私见及感情成分，发扬学术求实求真精神，使其重新回归真正意义上的学术之轨道。这样，发掘整理现有文献资料，收集新的金石等史料成为当务之急。中国东北地区和渤海史关联的金石资料有：井栏题名（714，该石刻现陈列于日本皇宫院内）、渤海贞惠公主墓志（828）、渤海贞孝公主墓志（778）、张建章墓志铭、张光祚墓志铭等。对以上金石碑志，中国学界金毓黻、徐自强、罗继祖、张中澍、阎万章、王建群、王承礼、邹秀玉诸氏均有专文发表。[①] 相信随着考古金石碑志资料的不断出土，渤海史的研究将会步入新的阶段。

原载于韩国《新罗文化祭学术论文集》第23辑，2002

修订者按：有关唐中后期赴新罗使臣关联问题，可参拜根兴《唐中后期赴新罗使节关联问题考辨》，《陕西师范大学学报》2004年第6期；拜根兴《唐与新罗使者往来关联问题的新探索——以九世纪双方往来为中心》，《中国边疆史地研究》2008年第1期。有关《大唐平百济国碑铭》，参拜根兴发表于杜文玉主编《唐史论丛》第8辑（三秦出版社，2006）、《陕西师范大学学报》2016年第4期的两篇论文。有关真德王石像残躯及底座铭文，参拜根兴刊登于韩国新罗史学会编《新罗史学报》第7辑（2006）的论文。

---

① 孙进己、孙海主编《高句丽渤海研究集成》，哈尔滨出版社，1994。

附二

李祯出使新罗与唐罗间登州—唐恩浦海上通道

7世纪初东亚发生的最大事件，应该是隋朝的灭亡以及随后唐朝的建立，唐朝的建立在东亚国家间引起的骚动就能说明这一点。唐朝建立的次年，高句丽即派使者到达唐都长安，随后的武德四年（621）高句丽、百济、新罗三国均派使者前来，其中百济向唐朝献"果下马"。现存史书没有记载唐高祖李渊如何接待高句丽、百济使臣，是否曾派使者前往回访，亦无从知晓。然而，唐皇帝李渊对新罗使臣的态度却非同一般。史料记载，李渊对新罗使者"亲劳问之，遣通直散骑侍郎庾文素往使焉，赐以玺书及画屏风、锦彩三百段，自此朝贡不绝"。① 也就是说，唐朝还遣派使者回访新罗。据最新出土的唐人墓志史料，唐高祖于武德五年（622）还派一名叫李祯的官员出使新罗，似已开始建构唐朝对国土东北方的把控网络。那么，初唐乃至统一新罗时代，唐朝的册封、吊唁使，以及新罗各种名目的入唐使者，他们往返两地的道路如何？其中和史书记载朝鲜半岛西海岸的唐恩浦、唐津两地有何关系？本章力图在中韩学界

---

① 《旧唐书》卷199上《东夷传·新罗》，第5334页。

现有研究的基础上,^① 对新发现的李祯墓志涉及问题,以及初唐时代作为唐罗交流的重要现场登州—唐恩浦航道提出自己的看法。

第一节 唐使臣李祯墓志的发现及研究

一 唐朝使者李祯墓葬的清理发掘

西安出土的《隋故司隶刺史李君墓志之铭》有提及志主李祯的生平事迹,从而为探讨上述问题提供了翔实的史料。新华网 2013 年 11 月 15 日报道:

> 来中国古都西安的遣隋使与遣唐使已是和平交流的象征,那些隋唐中央政府派遣出使他国的使节如何呢?西安最近公布的考古资料显示,两座"由隋入唐"大墓的墓主人竟然是兄弟,二人在隋朝时曾经共同为官,其中一人唐初时还曾出使过朝鲜半岛的新罗国。据了解,西安市文物保护考古研究院今年夏季在南郊配合一处住宅小区的基建过程中发现了 18 座古墓,其中 9 座唐墓共出土 5 方纪年明确墓志,以及丰富的生活用品等相伴而出,为西安地区"由隋入唐"人士墓葬的考古学文化和制度史研究等提供了重要资料。据参与考古发掘的西安市文物保护考古研究院助理研究员刘汉兴介绍,保存相对完好的是李祯墓,虽为唐初墓葬但墓志显示为"隋故司隶刺史李君墓志之铭",墓主李祯在隋朝任司隶刺史,并在唐高祖"武德五年……散骑侍郎授以旌节为新罗国使……",出使朝鲜半岛上的新罗国的铭文十分清楚,至 629

---

① 杨通方:《中韩古代关系史论》,中国社会科学出版社,1996;〔韩〕权惠永:《古代韩中外交史——遣唐使研究》,一潮阁,1997;〔韩〕权惠永:《新罗的海——黄海》,一潮阁,2012。

附二　李祯出使新罗与唐罗间登州—唐恩浦海上通道

年去世。

发掘者刘先生还介绍了李祯墓的一些情况：

> 大墓是李祯与妻子裴氏的合葬墓。从结构上看，它是斜坡墓道土洞墓，坐北朝南，平面呈"刀"形，由斜坡墓道（过洞、天井）甬道、墓室组成。在墓室西部发现了一张长方形砖棺床，上面有木棺，两具骨架仅剩腿骨。墓室四周墙壁上曾有的精美壁画，因年代久远加上墓室坍塌，只留有些许痕迹，已经分辨不出图像了。同时，大墓中还出土了各种陪葬俑，有骑马俑、天王俑、陶猪陶羊等，其中有10个保存较完好，色彩缤纷，都是当时流行的陪葬品。

在李祯夫妇墓旁，还发现他的胞弟李宁墓。李宁620年去世，由此可推测，这里有可能是李祯家族的墓地。值得注意的是，李祯墓志中明确记载了其入唐之后受命出使新罗国的具体情况。无疑，这些信息为学界探讨唐初与朝鲜半岛三国关系提供了非常重要的史料。

二　李祯墓志铭所见唐罗关系

如上所述，唐朝建立之后，朝鲜半岛三国使臣纷纷来到长安。从现有记载看，唐廷对新罗使者的态度明显有所亲近，直接表现为唐皇帝不仅亲自接见新罗使者，多有照顾，而且派遣使者送使并回访，赐予新罗王玺书等其他贵重物品。唐帝为什么采取如此动作？是否唐朝建立之初就已隐约制定并逐渐确立对朝鲜半岛三国的应对策略？

答案显然存在疑问。笔者认为，此应是唐朝中枢机构在依据半

· 239 ·

岛三国的具体情况以及此前其与隋朝关系演变的基础上做出的决定，当然也是一种试探。也就是说，隋炀帝发动对高句丽的征伐战争，直接导致隋朝灭亡；唐朝建立之后，东北边境局势依然如故，对如何与在隋丽战争中占上风的高句丽建立正常的册封朝贡关系，刚刚建立的唐廷还要有所警惕和观察。虽然在此期间唐高祖李渊在对待半岛高句丽问题上态度曾有所松动，但经过大臣们的劝告，最终回归原始。① 同时，百济在对高句丽战争前后首鼠两端的表现，唐廷相关部门理应有所了解，故如何和百济建立一种新型的宗藩互利关系，也应该是随后交往中切实注意并慎重考虑的问题。② 而新罗位于朝鲜半岛东南部，此前和隋朝的来往并非如高句丽、百济多，唐朝向新罗张开双臂或者说有所亲近，是否因为新罗使臣的主动或者有新的想法而受到启发？抑或是此时在唐的新罗僧侣间接沟通所致？因没有翔实的史料说明，故难以做出推论。从现存文献史料看，唐朝建立之初，随着新罗使臣的到来，唐朝就试图尝试与新罗建立较为密切的关系。不仅如此，武德五年（622），唐高祖还派遣李祯出使新罗，针对高句丽或者朝鲜半岛问题，在半岛内部诸政权间进行初步的试探和布局。

那么，唐高祖为什么要派遣李祯出使新罗？笔者认为，除李祯其人的坚韧不拔品质之外，或许与其参与过隋炀帝征伐高句丽战争有关。当然，由于有庾文素往返新罗的先行经验，李祯一定从中了解到新罗不少鲜为人知的信息，特别是往返新罗之道路里程、新罗的风土

---

① 《旧唐书》卷199上《东夷传·高丽》载：高祖尝谓侍臣曰："名实之间，理须相副。高丽称臣于隋，终拒炀帝，此亦何臣之有！朕敬于万物，不欲骄贵，但据有土宇，务共安人，何必令其称臣，以自尊大。即为诏述朕此怀也。"侍中裴矩、中书侍郎温彦博曰："辽东之地，周为箕子之国，汉家玄菟郡耳！魏晋以前，近在提封之内，不可许以不臣。且中国之与夷狄，犹太阳之对列星，理无降尊，俯同藩服。"高祖乃止。

② 武德七年（624），百济王遣大臣奉表朝贡，"高祖嘉其诚款，遣使就册为带方郡王、百济王。自是岁遣朝贡，高祖抚劳甚厚"。《旧唐书》卷199上《东夷传·百济》，第5329页。

人情、新罗王室对中原新政权的态度等。另外,李祯入唐为官之后,以从三品通直散骑侍郎的职衔衔命出使新罗国,显示出唐高祖对李祯其人的器重。当然也可看出,武德年间国运肇开,唐廷对外交交涉人才需求的急切。墓志载:

> 及文轨混同,天地交泰,言归初服,获庇旧庐。于时八狄来王,九译输赆,爰俾旧德,慰答款诚。武德五年,诏假通直散骑侍郎,授以旌节,为聘新罗国使。溯沿碧海,踰越青丘,斑(班)我正朔,易其冠带。复命天府,帝有嘉焉。①

从上引这方新出土墓志局部史料,我们似可了解以下几点。

其一,在武德四年新罗和唐朝完成首次相互派使访问一年之后,唐朝再派使节前往新罗,显示了双方关系的热络。而唐朝派使节到高句丽、百济,恰恰均在武德五年之后。也就是说,唐朝通过派遣使臣到新罗,进而了解到新罗乃至其周边高句丽、百济的诸多信息,有利于唐朝对朝鲜半岛总体事态形成初步判断。当然,对新罗的了解是最主要的。

其二,无论是庾文素还是李祯,他们赴新罗时的官衔均为"通直散骑侍郎"。按:唐初"通直散骑侍郎"隶属门下省,是延续隋朝官职,后改为通直散骑常侍,有左、右之分,左通直散骑常侍编于门下省,右通直散骑常侍编到中书省,从三品,其"掌侍奉规讽,备顾问应对",② 为皇帝的智囊人物。可能因唐王朝新启,出使异域人员的选拔也较为随便,贞观之后迎送及出使的官员则多为鸿胪寺官员。当然,李祯的官名前面有"假"字,即并非实授,只是

---

① 笔者能够看到这方墓志,得益于西安市文物保护考古研究院张全民研究员的帮助,非常感谢!本章后附《大唐故随司隶刺史李君墓志》全文,为该墓志全文首次面世。
② (唐)李林甫等撰,陈仲夫点校《唐六典》,中华书局,1992,第248页。

临时任官。

其三，李祯此行的主要任务是"斑（班）我正朔，易其冠带"。从此后唐罗关系发展来看，李祯出使新罗或许只是对此前双方初步意向的认定，同时探查高句丽、百济，特别是新罗的相关信息，并起到必要的联络作用。因为新罗真正启用唐朝皇帝年号，改衣唐朝服装，还要等到20余年之后，即金春秋入唐交涉返回的真德女王在位时期。[①] 当然，也不排除唐初唐王朝就有结好新罗，逐步取得朝鲜半岛事务主动权的想法。

其四，正是武德四年新罗使者的前来，才有了唐朝两位使臣（庾文素、李祯）不远万里到达新罗王都庆州，这不仅使唐罗的关系空前接近，保持紧密的交往态势，而且随着半岛事态的演变，也影响了此后唐朝对朝鲜半岛三国政策的导向。另外，无论是庾文素，还是李祯，他们出使绝非单枪匹马，而是组成使团，使团的其他人员，当为随后的唐罗双方交往提供交涉人才和信息支撑。

如从贞观元年（627）唐太宗对百济武王的玺书可就明确看出。玺书载："新罗王金真平，朕之藩臣，王之邻国，每闻遣师，征讨不息，阻兵安忍，殊乖所望。朕已对王侄福信及高句丽、新罗使人，具敕通和，咸许辑睦。王必须忘彼前怨，识朕本怀，共笃邻情，即停兵革。"以往研究者认为，唐高祖武德年间，鉴于唐朝境内干戈未靖，唐朝对朝鲜半岛三国鞭长莫及，故而采取"不偏不倚的政治策略"，或者平行对待，不表立场。[②] 笔者此前也认为唐朝此时还未形成切实的针对朝鲜半岛的策略，[③] 但从上述李祯志文以及其他关联记载看，至少唐朝在对新罗与百济关系上，明显表现

[①] 拜根兴：《新罗真德王时期的对唐外交》，《大陆杂志》第102卷第2期，2001。

[②] 吴葆棠、文川：《唐与新罗关系研究》，《烟台大学学报》1990年第2期；韩昇：《唐平百济前后东亚的国际形势》，荣新江主编《唐研究》第1辑，北京大学出版社，1995。

[③] 拜根兴：《激荡50年：高句丽与唐关系研究》，《高句丽研究》第14辑，2002。

出和新罗的亲近感，与此相对的是和百济存在的距离感。如此看来，认为武德年间唐朝对朝鲜半岛三国采取同等对待的看法似还有进一步探讨的必要。也就是说，唐朝建立之初，新罗在朝鲜半岛独特的地理位置，以及隋朝因征伐高句丽而灭亡，高句丽、百济一些令唐朝隐约不快的举动，新罗自身频繁地遣使来唐，期待与唐朝建立真正的宗藩关系，促使唐廷和新罗有了一种天然并无可替代的亲近感，故武德年间两次派遣使臣前往密切关系，了解实际情况，并在此后唐朝与朝鲜半岛三国关系中起到重要的作用。

第二节　唐罗使者往返道路与登州—唐恩浦通道

如上所述，武德四年（621）新罗遣使入唐，获得唐高祖亲自接见，并且促成唐朝使臣通直散骑侍郎庾文素的回访，且其很可能是随新罗使者一起前往。由于有新罗使者的陪同，唐使前往新罗的道路可能就顺畅许多。[①] 庾文素成功的回访，不仅使新罗"自此朝贡不绝"，而且促成唐高祖武德五年派李祎再赴新罗之顺利成行。至于李祎往返新罗的路线如何，特别是到达朝鲜半岛后的上陆地点，以及如何到达新罗都城庆州，上引墓志文中并未记载。其或许与庾文素送新罗使臣的路线趋同，对此，笔者认为当不会有问题。

一　《新唐书》所载"新罗道"与新罗"朝宗之路"

查阅中韩两国现存史籍，其中涉及唐初或者统一新罗时代，朝鲜半岛使臣或留学生往返路线，以及西海岸登陆码头者，当数欧阳修、

[①] 《日本书纪》卷22，日本推古天皇16年（608）记载，隋炀帝派遣裴世清送倭国使者小野妹子回国，是为"送使"，显示出隋朝对于倭国使者的重视。从唐高祖对新罗使者的特殊优待，以及《旧唐书》《新唐书》记载这一事件的上下文编排次序来看，唐高祖派遣庾文素前往新罗，极可能和隋炀帝派裴世清"送使"有异曲同工之妙。

宋祁编撰之《新唐书》的记载。

《新唐书》卷43下《地理志》载唐贞元年间宰相贾耽"考方域道里之数最详，从边州入四夷，通译于鸿胪者，莫不毕记"，进而总结出七条从唐朝到周边乃至更遥远地域的通道，其中第二条就是"登州海行入高丽渤海道"。云：

> 登州东北海行，过大谢岛、龟歆岛、末岛、乌湖岛三百里。北渡乌湖海，至马石山东之都里镇二百里。东傍海壖，过青泥浦、桃花浦、杏花浦、石人汪、骆驼湾、乌骨江八百里。乃南傍海壖，过乌牧岛、贝江口、椒岛，得新罗西北之长口镇。又过秦王石桥、麻田岛、古寺岛、得物岛，千里至鸭绿江唐恩浦口。乃东南陆行，七百里至新罗王城。

很显然，这条所谓的"高丽渤海道"中的"高丽"即高句丽，其在唐高宗总章年间已经灭亡，贾耽要表述的其实是最初统一朝鲜半岛、和唐朝保持宗藩密切关系的新罗国。因而，连接唐朝与新罗渤海的海上通道应当称作"新罗渤海道"。而上引唐朝从海路到达新罗的海上通道就是笔者要讨论的"新罗道"。但是，上引史料中提及"得物岛"与"鸭绿江唐恩浦"，其中具体表述还有值得商榷的地方。首先，"得物岛"就是《三国史记》卷5记载苏定方率领13万唐军联合新罗进攻百济，新罗王子金法敏领百余艘战船等候，并最终完成唐军与新罗军队混编①的地方，《新增东国舆地胜览》称其为"德积岛"。②其次，"鸭绿江唐恩浦"中的鸭绿江显然有问题，唐恩浦则是当时新

---

① 拜根兴：《〈大唐平百济国碑铭〉关联问题考析》，杜文玉主编《唐史论丛》第8辑，三秦出版社，2006。
② 〔朝鲜〕卢思慎、徐居正等编《新增东国舆地胜览》卷9《京畿道·南阳》，明文堂，1994。

罗入海非常重要的港口码头。最后，有学者将这条贯通新罗与唐朝的海路称为"新罗北路"，进而与初唐以后横贯东海，到达扬州、宁波等地的海上路线相区别。① 应该说，初唐乃至中唐贞元年间之前，登州—唐恩浦一线，是唐罗使者、僧侣、留学生往返两国的首选或者必经之路。

具体来说，上述新罗使臣武德年间入唐朝贡，而贞观年间（627~649）新罗遣使入唐达18次，其中贞观二十二年（648）新罗重臣金春秋入唐请兵，面见唐太宗言道："臣之本国，僻在海隅。伏事天朝，积有岁年。而百济强猾，屡肆侵凌。况往年大举深入，攻陷数十城，以塞朝宗之路。若陛下不借天兵剪除凶恶，则敝邑人民尽为所虏，则梯航述职无复望矣！"对此，笔者曾经在其他论文中做过相应的分析，② 在此不赘！不过，这里提及的"朝宗之路"是何含义？单从字面上讲，就是新罗遣使朝贡唐朝之道路，进一步说，就是这一时期新罗使臣从国都庆州出发，经过半岛的崎岖山路，在约定的码头港口下海，沿半岛西海岸北上，到辽东半岛西行，经过今庙岛群岛，到山东半岛顶端的登州上岸，然后经陆路抵达唐都长安之道路。这条所谓的"朝宗之路"，特别是使臣从新罗陆地下海之道路受到百济势力的威胁，他们面临道路阻隔无法下海入唐的困局，而所谓的"使航共筐，相望于道"，③ 却正是中原王朝最高统治者极力维持和首先考虑的问题，金春秋因此向唐太宗当面提出，说明百济"塞朝宗之路"问题的严重性，同时显示出金春秋娴熟的外交交涉策略。

据《三国史记》卷5记载，这一时期百济频繁出兵进攻新罗，攻

---

① 〔韩〕权悳永：《古代韩中外交史——遣唐使研究》，一潮阁，1997。
② 拜根兴：《试论新罗真德女王石像残躯及底座铭文的发现》，《新罗史学报》第7辑，2006。
③ 《三国史记》卷5《新罗本纪·真德王》，上册，第139页。

城略地，企图阻断新罗与唐朝交往之孔道，使其陷入孤立无援境地，这引起新罗王室上下乃至百姓的恐慌。《三国史记》卷5载：

> 善德王十一年（贞观十六年，642）
>
> 七月，百济王义慈大举兵，攻取国西四十余城。
>
> 八月，（百济）又与高句丽谋，欲取党项城，以绝归唐之路。王遣使告急于太宗。
>
> 是月，百济将军允忠领兵攻拔大耶城，都督品释，舍知竹竹、龙石等死之。
>
> 善德王十二年（贞观十七年，643）
>
> 新罗遣使唐朝，上言"高句丽、百济侵凌臣国，累遭攻袭数十城，两国连兵，期之必取，将以今兹九月大举，下国社稷必不获全，谨遣陪臣归命大国，愿乞偏师，以存救援"。
>
> 善德王十三年（贞观十八年，644）
>
> 唐太宗遣司农丞相里玄奖赍玺书赐高句丽……。
>
> 真德王二年（贞观二十二年，648）
>
> 三月，百济将军义直侵西边，陷腰车等一十余城……。

正是在百济频繁进攻新罗，新罗疲于应付无计可施的状况下，唐太宗为缓解新罗危机，对新罗使臣提出解决新罗危机的上、中、下三策，加之其他因素的发酵，导致新罗王权内部不同势力分化，"女王不能善理"言论甚嚣尘上，以至于出现毗昙、廉宗之乱，[①] 善德王离奇死亡。在金庾信、金春秋等臣僚的扶植拥戴下，作为王室的唯一圣骨，善德女王的堂妹金真德登上王位，进而才有上文提及

---

① 〔韩〕朱甫暾：《毗昙之乱和善德王时期的政治运营》，《李基白古稀纪念史学论集》，首尔，1994。

的派遣伊飡金春秋入唐事件的出现。正因如此，在上述"朝宗之路"濒临阻塞，新罗遣使一再告发、请兵，唐朝构筑新的针对高句丽战略的前提下，唐高宗时（660）唐朝联合新罗出兵灭亡百济事件发生了。

从现在掌握的史料看，这条"朝宗之路"，在善德王、真德王在位的20余年中，一直是新罗使臣、僧侣、留学生下海入唐的首选之路。值得一提的是，真德王二年（648）冬，新罗先后派遣的邯帙许、金春秋两个使团，依然排除困难，从这条"朝宗之路"起点码头下海上陆，最终到达唐都长安。因为如果金春秋使团被迫从其他路径出发的话，金春秋面见唐太宗之时，其语言表述肯定就是另外一种语调。金春秋特别提及新罗海岸据点党项城的重要性，并指出百济、高句丽阻隔唐罗交流孔道的企图，证明党项城对新罗遣使入唐有关键作用。也就是说，党项城是所谓"朝宗之路"的重要节点，如党项城失陷的话，新罗与唐朝的交往就有中断阻绝的危险。而贞观二十二年金春秋入唐请兵时，党项城显然仍在新罗人的控制之下。

从上述史料和7世纪四五十年代朝鲜半岛三国形势来看，新罗频繁遣派使臣入唐，很大程度上是为了保证在与百济、高句丽争斗过程中占据相对优势，而唐朝也因为高句丽，希望与朝鲜半岛某一政权建立相对稳固的宗藩联系，结果新罗首当其选。正是由于唐罗双方共同利益的缘故，进而才有建立相对固定安全的交往孔道的必要。唐人贾耽根据新罗使臣及唐朝使者途经道路的记录，将这条贯通唐朝与新罗的道路命名为"高丽渤海道"（"新罗道"），恰与新罗武烈王金春秋所言的"朝宗之路"相仿，两者无疑是对同一海上路线或者通道的不同表述而已。

二 "新罗道"或者"朝宗之路"的特点

首先，这条所谓的海上通道路途遥远，往返颇费时日。如上所述,从朝鲜半岛西海岸唐恩浦下海,沿半岛西海岸北行,到辽东半岛折向西行,再经庙岛群岛,到达山东半岛顶端的登州,最终完成海上历程。但古代和今天一样,航海受到海洋潮汐、天气等自然条件,以及造船、航海技术的影响和限制,可能航程相同,但每次到达目的地所用时间却有很大的差异,这是首先必须明确的事情。有学者依据日本遣唐使的往返时间和海上航行里程,计算出唐恩浦至登州里程为600公里左右,在一般情况下可能需要大约15天时间才能完成整个海上行程。① 当然,这只是唐罗使者完成整个出使任务全部路途中的海上单元,而从新罗国都庆州到唐恩浦港口,以及从登州到唐朝京师长安,仍然需要更多的时日。这些对往来唐罗的使者来说无疑是一严酷的考验。双方使臣不仅要承受漫漫海上的无助和陆上关山阻绝等精神上的煎熬,而且这也是对他们身体体能的检验和摧残。现存开元年间宰相张九龄起草的对新罗圣德王国书,其中就提到数人因途路劳苦或不习水土,到达唐都长安后很快患病死亡事件,② 令人哀叹!

其次,这条海上通道大部分里程是以海岸为参照物航行,导致路程达600公里左右,但在当时相对落后的航海条件下,其安全性却有了相对的保证。从现有记载看,初唐时代往返新罗与唐朝的使臣、僧侣、留学生,其中遭遇海上风险者似乎并不多。上述贞观年间往返新罗与唐朝的使者,以及肩负国家使命的新罗僧侣慈藏、义湘等人的事迹亦可说明这一点。

当然,随着百济、高句丽的相继灭亡,特别是百济灭亡之后,新罗控制了朝鲜半岛西海岸南北的港口码头。位于唐恩浦之南的唐津港,以及"罗州的会津"、"武州之会津"、"全州喜安县浦口"、"全

---

① 〔韩〕权悳永:《古代韩中外交史——遣唐使研究》,第215~218页。
② 黄约瑟:《读〈曲江集〉所收唐与渤海及新罗敕书》,《东方文化》第26卷第2期,1988;后收入刘健明编《黄约瑟隋唐史论集》,中华书局,1997。

州临陂郡"等，① 成为新罗使臣、僧侣等入唐下海或者返回新罗的新选择之一。这些沿海浦口或港湾码头，因为使臣们选择横贯东海往返的缘故，表现为海上航行直接、距离近，行船花费时间相对短，有快速便捷之特点，但不可预知因素无疑也增多了，导致海难频发，以至于出使人员死于海难者多见于载，此亦是令人悲哀的事情。②

三　党项城—古唐城—唐恩浦

关于党项城以及唐恩浦的沿革，现存韩国地理总志、史书中多有记载。《三国史记》有提及党项城，但没有进一步的表述。朝鲜时代初期郑麟趾编撰的《高丽史》卷 56《地理志》载："唐城郡，本高句丽唐城郡。新罗景德王改为唐恩郡。高丽初，复古名，显宗九年，为水州属郡，后来属。"几乎同一时期卢思慎、徐居正等编《新增东国舆地胜览》卷 9《南阳都护府·古迹》载："古唐城，在府西二十里，有古城，周二千四百十五尺，高十尺。"这里的"古唐城"就是上文提及的"党项城"。朝鲜后期出现的《大东地志·京畿道·南阳》载："本百济党项城，新罗景德王十六年改唐恩郡（领县三：双阜、贞松、安阳），宪德王降为县，十四年合于水城郡，兴德王四年析置唐城郡（以沙飡极正往守之）。高丽太祖二十三年改为郡，显宗九年属水州……。"通过这些地理志书及史书的记载，我们对党项城的沿革有了相对明确的认识。

另外，韩国学者依据考古探查得知，党项城或者说古唐城的今址位于韩国京畿道华城市西新面上安里九峰山，遗址周长约 800 米，高 3 米，基底部宽 5~6 米。其中三国百济初期，党项城作为防戍城

---

① 拜根兴：《朝鲜半岛现存金石碑志与古代中韩交往——以唐与新罗关系为中心》，《陕西师范大学学报》2007 年第 4 期。
② 拜根兴：《唐与新罗使者往来关联问题的新探索——以九世纪双方交往为中心》，《中国边疆史地研究》2008 年第 1 期。

存在，5世纪后归入高句丽辖内，称为唐城郡；6世纪中叶新罗真兴王在位期间，积极开拓新的领地疆域，现在可以看到的四通真兴王巡狩碑①就是明证，也正是在此时，这里成为新罗的直接领地。更由于唐城郡濒临海岸，其港湾浦口适宜避风和起航，故而成为初唐时代新罗使臣前往中原王朝下海上船的首选之地，当然，唐朝使臣也从这里上岸，前往新罗都城庆州。新罗下代兴德王四年（829），在这里设置军事据点，称为唐城镇，其继续担当重任发挥重要的作用。②

本章在中韩学界现有研究的基础上，对西安出土初唐时期出使新罗的李祯的墓志涉及问题，以及这一时期新罗与唐的海上通道"新罗道"做了相应分析。认为早在唐高祖武德年间，面对朝鲜半岛三国复杂的形势，唐朝在与半岛政权交往中大胆探索，并逐步确定与新罗保持相对紧密的关系，从而为此后解决朝鲜半岛三国与唐朝关系问题埋下了伏笔。同时，《新唐书》所载"高丽渤海道"，应称作"新罗渤海道"，而"新罗道"所及的登州—唐恩浦海上路线，和新罗武烈王金春秋面见唐太宗时所言"朝宗之路"，应该是同一海上通道的两种不同表达方式。本章还探讨了这一时期登州—唐恩浦海上通道的特点，以及中唐以后利用新罗西海岸其他港口码头的原因，并确认登州—唐恩浦海上通道在唐与新罗友好交流关系中所起的重要作用。

原载于《乾陵文化研究》第11辑，三秦出版社，2017

---

① 〔韩〕许兴植编《韩国金石全文》（古代）。
② 参〔韩〕郑求福等著《译注三国史记》（注释编上），韩国学中央研究院出版部，2012。

大唐故随司隶刺史李君墓志

君讳祯,字伟节,陇西成纪人也。真人龙德,兆著风云,将军蝯臂,精贯金石。祖叶,葳蕤灵根,布□跨迈,终占标冠,中区树之芳声,有自来矣。曾祖灵寿,魏使持节车骑大将军仪同三司太中大夫咸阳陇西二郡太守狄道侯,赠秦州刺史,逸调宏举,清襟朗邵,韦弦靡佩,桃李不言。祖庆,宁朔将军奉车都尉新城永安二郡守雍州大中正,赠河州刺史,斧藻仁义,翱翔礼乐,台衮屈尊,缙绅希范。考亮,魏京兆郡大中正,周雍州州都渠州流江县令,光州长史,志绝器滓,体远笼樊,屡辞缟绂,终安衡泌。君幼而颖悟,凤表黄中,绾发从师,服膺道艺,声高庠塾,宠贲旌弓,释褐京兆郡主簿,又署雍州法曹从事,郁暎乡闾,便蕃右职,洪纤毕举,断剖如流。

随(隋)开皇元年,授监察御史,绣衣督促,白简敷陈,台阁生风,奸耶詟息,丹析轻悍,崤武要冲,达化亲民,朝难其选,乃除君邓州菊潭县令,辑柔犷俗,下车未几,特命征还,任以直绳,拜侍御史,名捕诏狱,皆委杂治,察情恕理,多所矫正;岐阳之地,咫接京辇,离宫所托,跸罕巫游,下有供张之勤,上伫锋芒之器。出为渭滨县令,择良干也。母丧去职,衔恤家庭,馇溢贬常,毁瘠过制,王人降萃,喻指夺情,杖节温原,绥怀萌庶,固辞不免,扶曳而行几厥,所臻莫不夷晏,重以陟岵无见,骤罹艰棘,仅而获全,殆于灭性。及后主嗣位,蠲革典章,始复百郡之名,更申六条之法,锻练髦楚,首膺兹任。

大业三年,敕授司隶刺史,枉直所措,宾实咸宜,不问狐狸,皆穷囊橐。八年,摄行军长史,东讨辽浿,以功授宣惠尉,非所尚也。其后杨玄感兆乱,秉闻阻兵河朔,南趣晔洛,西指崤潼。君调护舆戎,悉力推拒,凶徒挫衄,卒以珍溃,加奋武尉,式表庸勋。

既而类使北边，屡臻荒裔，朝威克震，殊锡每隆。十一年，授洛阳县长，三川辐辏，游侠所归，五方杂俗，□蘁斯在，加以颓纲渐紊，权右颇耶，请谒流行，狱货纷纠，君匪躬克己，历色盱衡，竭奉上之忠，罄子民之爱，丹素所感，暮月有成，吏弗能欺，下知攸堲。

俄而胶船不返，朽驭云倾，独处危邦，备遭多难，顾井渫而心恻，惟桑梓以永怀。及文轨混同，天地交泰，言归初服，获庇旧庐。于时八狄来王，九译输贶，爰俾旧德，慰答款诚。武德五年，诏假通直散骑侍郎，授以旌节，为聘新罗国使。溯沿碧海，逾越青丘，斑（班）我正朔，易其冠带。复命天府，帝有嘉焉。然而水积归墟，光沉细柳，遽云启足，溘此授衣。贞观三年七月廿二日寝疾，卒于高望里第，春秋六十有九。惟君闲澹为心，强立成操，敦尚然诺，岸远货财，商略古今，讨论政要，侃侃无怠，亹亹不穷，居家治理，在官肃人，再入宪司，三宰大邑，冕旒器重，周行钦味，遗爱所结，颂咏成音，譬朱氏之置祠，同栾公之命社。

夫人河东裴氏，镇远将军平阳郡守、晋州刺史和之孙，汾阳郡守元儒之女，四教昭备，六行有闻，自彼华宗，作嫔邦彦，庭罗玉树，掌曜明珠，兰畹唯馨，桂枝无（注：此处缺一字）。贞观十三年岁次乙亥十一月己亥朔廿三日辛酉，终于京城胜业里第，春秋七十有五，粤以十四年岁次庚子正月乙亥朔廿三日辛酉，合葬于万年县之杜原。哀子黎州治中宏，奉义郎行侍御史乾祐，洛州阳城县尉余福，荨叶广雕，龙行成刻，鹤奉楹书，而远慕痛杯泽之犹存，请勒徽音，纪于贞石。其词曰：

崇基峻邈，茂绪遐长。虞臣绩著，周史名扬。世传骥骆，家擅琳琅。蓬莱播美，岑鼎流芳。其一。

纯粹所钟，寔生君子。探求隐赜，网罗坟史。积风九万，高衢千里。质迈松竹，材高杞梓，其二。

解巾从宦,利用宾庭。都辇澄穆,荆岐载宁。黑绶治赋,丹笔□刑。方申连蹇,庶极青冥。其三。

昃离遂没,永归难驻。生崖倏尽,昭涂奄暮。配德云已,同游太素。良臣不作,如何叔誉。其四。

附三

金仁问题名与乾陵蕃臣像中的新罗使者

西安及其周边地区乃汉唐都城长安邻近辖区所在，保存着大量的历史文化遗迹。由于唐朝与朝鲜半岛国家保持有十分紧密的来往关系，入唐新罗使者、僧侣、商人、留学生等纷纷来到这里，成为维系唐与新罗关系的纽带，进而也使新罗成为唐朝与周边民族国家友好交往的典范。对此，中外学界曾有一定探讨，对一些问题亦有不同的看法。① 本章即对学界此前虽有所涉及，但并未仔细探讨的《万年宫碑阴题名》中金仁问题名、乾陵六十一蕃臣像中的新罗使者涉及的 7 世纪中叶唐朝与新罗关系问题试做探讨。

第一节 《万年宫碑阴题名》与新罗使者金仁问

万年宫位于今陕西省宝鸡市麟游县境内，即隋朝著名建筑学家宇

---

① 杨通方：《中韩古代关系史论》，中国社会科学出版社，1996；〔韩〕权惠永：《古代韩中外交史——遣唐使研究》，一潮社，1997。

文恺设计建造的仁寿宫，是隋唐两朝皇室避暑胜地。史料记载，唐朝初年改仁寿宫为九成宫，永徽二年（651）九月改九成宫为万年宫，乾封二年（667）又诏令万年宫依旧称为九成宫。万年宫中有许多著名的文化遗存，除魏徵撰写、欧阳询书丹的《九成宫醴泉铭》之外，最著名的就是唐高宗李治亲书的《万年宫铭》，而《万年宫铭》碑阴则有当时扈从唐高宗一同前往的三品以上众臣僚军将题名，是为《万年宫碑阴题名》。碑阴题名者48人，其中作为藩属国宿卫者新罗人金仁问的名字也赫然在列，成为唐朝与朝鲜半岛国家新罗友好往来的重要证据。

一 《万年宫碑阴题名》及其研究

说到《万年宫碑阴题名》（以下简称《碑阴题名》），首先应该了解唐高宗书写的《万年宫铭》。碑青石质，螭首龟趺，通高2.6米，宽0.79米，厚0.26米，碑首正面额篆"万年宫铭"四个大字。碑文为唐高宗李治撰书，行草兼用，行间双线竖格，现与"醴泉铭碑"同院建亭保护。① 碑阴有三品以上文武官员挂衔书名。永徽五年（654）五月，唐高宗前往长安以西的万年宫避暑，撰写了《万年宫铭》竖立于宫门前。据载，高宗撰写万年宫碑铭之后，让随行三品以上（含三品）官员题名于碑阴，这样随行的三品以上官员48人获得题名碑阴之殊荣，成为当时及此后传扬天下的盛事。关于《碑阴题名》，唐人谈及者并不多，因为他们津津乐道的是魏徵撰、欧阳询书丹的《九成宫醴泉铭》，以及上述唐高宗书《万年宫铭》。宋人欧阳修《集古录跋尾》、陈思道人《宝刻丛编》均未见提及《碑阴题名》；而赵明诚《金石录》卷24述及《碑阴题名》，认为"长孙无忌、褚遂良、许敬宗、李义府同时列名，未尝不掩卷太息。以为善恶如水火，绝不可同

---

① 参（清）毕沅撰，张沛校点《关中胜迹图志》，三秦出版社，2004，第550页。

器，惟人主能辨小人而远之，然后君子道长而天下治。若具收并用，则小人必得志，小人得志则君子必被其祸。如无忌、遂良是已。然知人帝尧所难，非所以责高宗也"，即赵明诚只是提及高宗初年同时任用几位品位各异的臣僚，引发对小人与君子的争论。另外，由于《九成宫醴泉铭》《万年宫铭》所产生的轰动效应，人们对《碑阴题名》关注得相对不多。宋人宋敏求《长安志》、元人李好文《长安志图》未见提及，元人骆天骧《类编长安志》中提到《万年宫铭》，但对《碑阴题名》却有矛盾的记载。① 倒是另一元代人杨瑀所著《山居新话》中提及家中收藏有《碑阴题名》拓本，云："李和，钱塘贫士也！国初时尚在，鬻故书为业，尤精于碑刻，凡博古之家所藏，必使之过目。或有赝本，求一印识，虽邀之酒食，惠以钱物，则毅然却之。……。余家藏《万年宫碑阴题名》，后有李和鉴定石刻印识，见存。"可见，杨氏家中所藏《碑阴题名》拓片应该是旧拓珍本。

明清时代麟游县当地编撰的地方志中多有提及《碑阴题名》，② 特别是乾嘉学派兴起金石碑刻考订风潮之后，《碑阴题名》开始为更多学人关注，相关研究层出不穷。学者关注的问题主要有以下三点。

第一，《碑阴题名》的人数问题。元人骆天骧统计碑阴题名者46人。明末陕西著名金石碑刻专家、关中"前碑学"主要人物③赵崡，

---

① （元）骆天骧著，黄永年点校《类编长安志》卷10《石刻·唐从幸九成宫题名》载："太尉长孙无忌等题名欧阳询所书'醴泉铭'之阴。时既立'泉铭'，敕中书门下及见从文武三品以上并学士各自书其官名于碑阴，凡四十六人，并无忌等七人题名附。"显然，《类编长安志》最大的错误，就是将《九成宫醴泉铭》与《万年宫铭》混淆，给人的印象就是没有《碑阴题名》存在，这是应当特别指出的问题。

② 现在可以看到的有：吴汝为、刘元泰顺治十四年（1657）修撰《重修麟游县志》4卷；范光曦康熙四十七年（1708）修撰《重修麟游县志》5卷8篇；知县彭洵光绪九年（1883）撰修《麟游县新志草》10卷。后还有民国年间未署撰者姓名、不分卷次的《麟游县志》；以及麟游县志编委会编撰，陕西人民出版社1993年出版的新版《麟游县志》。

③ 白林波：《明末清初关中"前碑学"研究（上）》，《荣宝斋》2009年第1期。

为《碑阴题名》所写跋文中认为"碑阴云奉敕中书门下见从文武三品以上并学士,并听自书官名于碑阴,后列从官五十余人"。① 清人钱大昕、毛凤枝均统计为48人。② 依据"秦文化资源"网络的统计数字,题名人数亦为48人。中共麟游县委、县政府编辑出版的《九成宫概览》画册,其中有《碑阴题名》拓片照片及题名录文,列出题名者48人。那么,到底当时随唐高宗前往九成宫,并在九成宫碑阴题名者有多少人?笔者以为,虽然元代骆天骧统计为46人,明末赵崡的著述中有50余人的记载,但他们是亲自前往查看探究,还是看到拓片不得而知。清人钱大昕、毛凤枝两人跋文中均言及48人,且麟游县委、县政府编撰的《九成宫概览》一书,既有拓片录文,又附有拓片照片;从拓片照片看,拓片相对比较完整,以此书的统计为准应当不会有问题。

第二,唐高宗敕令题名者的标准,即是否都是三品以上。对此,清人王昶认为题名中的"左领军将军"是薛仁贵,但洪颐煊"谛视'仁'上有金旁,可辨非仁贵矣!仁贵时为右领军郎将,正五品,例不得书"。③ 顾千里也提到《碑阴题名》。④ 而现在通行的题名录文中均有"左领军将军臣刘仁轨"字样。笔者认为刘仁轨没有担当过"左领军将军"军职,特别是在永徽、显庆之际,刘仁轨在唐都长安朝廷中担当给事中官职;而据《唐六典》卷8记载,给事中为正五品上,和上述随从唐高宗前往万年宫,并跻身《碑阴题名》的三品官员还有一定的距离。如此,将刘仁轨列入《碑阴题名》中很成问题。题名中出现的这位"左领军将军臣□仁□"当另有其人。

---

① (明)赵崡:《石墨镌华》卷2,《石刻史料新编》第1辑,第25册,第18603页。
② (清)钱大昕:《潜研堂金石文跋尾》卷4,收入《历代碑志丛书》;(清)毛凤枝:《关中金石文字存逸考》卷10,文海出版社影印光绪年间著者手定本。
③ (清)洪颐煊:《平津读碑记》,《石刻史料新编》第1辑,第26册,第19386页。
④ (清)顾千里著,王欣夫编《顾千里集》卷16,中华书局,2008。

第三,《碑阴题名》的48人中,除当时颇为知名的皇帝僚属军将之外,还有一些人并不为人们熟知。如金紫光禄大夫行司农卿宋城县开国伯臣萧钦、太仆卿上柱国平武县开国男臣张天师、左卫将军兼太子左卫率上柱国鄫国公臣郭广敬、左武卫将军兼太子左卫率上柱国永富县开国公臣窦智纯、左武卫将军上护军臣史元施、左领军将军上柱国汶川县开国男臣赵孝祖、右领军将军柱国臣李义辩、左武侯将军上柱国臣赵道兴、左监门将军上柱国汶山郡公臣仇怀吉、左武侯将军上柱国晋阳县开国侯臣王文度①、前汾州刺史柱国蕲春县开国伯臣元武荣、云麾将军上柱国阳平县开国子臣侯贵昌、兼左卫将军驸马都尉上柱国检校右卫将军通化县开国男臣贺兰僧伽、前同州刺史上护军平恩郡开国公臣刘善因、左监门将军上柱国魏县开国公臣常基、兼右武侯将军柱国长山县开国男臣辛文陵。上述16人在现存唐史史料中并不多见,如郭广敬、赵道兴、赵孝祖、仇怀吉、侯贵昌、元武荣等人可能是《碑阴题名》中仅见,故仍需要找寻其他史料钩沉探讨。

另外,对于上述"左领军将军臣□仁□",学者的意见并不相同。对此,笔者在附录第一章"与朝鲜半岛古代史关联的金石文的现状"中有所涉及,按:清代著名金石碑刻大家王昶在《金石萃编》中将"□仁□"释读为"薛仁贵",②但随后毛凤枝在《关中金石文字存逸考》卷10中予以辩证,认为:"《金石萃编》云,'碑阴有左领军将军臣□仁□,系薛仁贵题名。'今以石本证之,臣字下系金字,当系金仁□,非薛仁贵也。按《通鉴》,仁贵是年方为右领军郎将,系正五品上,不得与三品以上题名之列。考《通鉴》高宗上元元年,

---

① 关于王文度其人事迹,可参拜根兴《初唐将领王文度事迹考述:兼论唐与百济、新罗的关系》,杜文玉主编《唐史论丛》第10辑。
② (清)王昶《金石萃编》卷50载:"……又见唐书薛仁贵传,回视此碑所云,忧乐之情景迥别矣!薛仁贵在从官之列。今碑阴有左领军将军臣□仁□,当即其人。稽之本传,则其时仁贵官右领军中郎将,与碑少异耳!……"

有右骁卫员外大将军临海郡公金仁问，新罗人，以外藩而入宿卫者，今碑阴间字形势尚可识，即其人矣。盖仁问于是年方官左领军将军，系从三品，扈从巡幸，故得题名也。"当代著名唐史专家岑仲勉教授亦辨认"□仁□"题名非薛仁贵，云："复考碑文，姓氏字泐其半，但可确认其非'薛'字，有类'金'字，疑为金仁问，待考。抑显庆五年《平百济碑》有'副大总管左领军将军金□□'，以时代考之，殆同一人。唐制武官常久不调，可于前引《契苾何力传》见之。"[①]

可以看出，毛凤枝、岑仲勉两位都没有关注韩国史书《三国史记》的史料，而《三国史记》卷44《金仁问传》，有永徽二年（651）唐高宗特授金仁问"左领军卫将军"的明确记载。同时，从现存《碑阴题名》拓片照片，以及笔者到麟游县《万年宫铭》所在碑亭内仔细校验结果看，[②] 正如上述毛凤枝、岑仲勉所论，其"□仁□"中第一个"□"字，明显就是"金"字，根本和"薛""刘"两字不搭边，亦完全没有关联，这一点是毋庸置疑的。如果真是"刘"字的话，"左领军将军臣□仁□"几个字上下轴线将不复存在，而是出现其他几个字大小相同，只有一个字超大的现象。

当然，永徽五年三月至五月间，新罗人金仁问是否在唐都长安，这是问题的关键。对此，有必要做深入探讨。

二 永徽末年金仁问的行踪及唐罗关系

有关金仁问其人事迹，韩国史书《三国史记》卷44有传记，韩

[①] 岑仲勉：《证史补遗·万年宫碑碑阴补证》，《历史语言研究所集刊》第12本，1947；收入《金石论丛》，第266~267页。
[②] 笔者于2011年8月7日至9日应邀出席在陕西省宝鸡市麟游县举办的"第二届全国九成宫文化研讨会"，有机会到《万年宫铭》所在碑亭内仔细辨认《万年宫碑阴题名》文字，并拍摄了照片，获益匪浅。

国学者金寿泰、姜镐妍、权悳永等均有论文发表，① 中国学者陈景富、拜根兴、姜维东、金光明等也有专文刊出。② 关于金仁问的生平事迹，依据韩国现存史料记载，金仁问694年病死于东都洛阳，享年66岁，以此可以推断其出生时间为628年。"永徽二年（651），仁问二十三岁，受主命入大唐宿卫。高宗谓涉海来朝，忠诚可尚，特授左领军卫将军。"③ 也就是说，金仁问第一次入唐时间为651年。同时，史书又记载了金仁问于永徽四年（653）受诏令回国观省，这样就有第二次入唐事件的发生。另外，韩国庆州国立博物馆收藏一方认定为《金仁问碑》的金石碑刻，由于碑面磨灭、破损严重（其实只保存了碑石的一半），现在只有部分文字可以释读，故对金仁问事迹研究的帮助相当有限。金仁问曾经七次往返于唐朝与新罗间，对此，笔者曾在《金仁问研究中的几个问题》一文中有详细的论述。第三次之后的入唐关联问题，因与本章关系不大，故不赘述，这里单就第二次入唐时间问题试做论述。

具体来说，依据史料记载，永徽六年（655）新罗王金春秋"立元子法敏为太子，庶子文王为伊飡，老且为海飡，仁泰为角飡，智镜、恺元各为伊飡"。金春秋封赏嫡子、庶子官爵，但就是未见给次子金仁问封赏官爵的记载，韩国学者权悳永依此认为当时金仁问并未在新罗国内，④ 这种见解是值得肯定的。也就是说，655年上半年金

---

① 参〔韩〕金寿泰《罗唐关系的变化与金仁问》，《白山学报》第52期，1999；姜镐妍《关于金仁问》，《韩国史论丛》第3辑，1995；〔韩〕权悳永《韩中古代外交史——遣唐使研究》，一潮阁，1997。

② 参陈景富《新罗著名外交家——金仁问》，《新罗文化祭学术论文集》第23辑，2002；拜根兴《金仁问研究中的几个问题》，《海交史研究》2003年第2期；姜维东《金仁问事迹考》，《博物馆研究》2003年第2期；金光明《金仁问前三次入唐考》，《博物馆研究》2009年第1期。

③ 《三国史记》卷44《金仁问传》。

④ 〔韩〕权悳永：《悲运的新罗遣唐使们——以金仁问为中心》，《新罗文化祭学术论文集》第15辑，1994。

仁问没有在新罗国内,而他唯一可能在的地方就是唐都长安,因为他的父亲金春秋曾经许诺会遣派儿子前往唐朝宫廷宿卫,而金仁问第一次入唐,以及永徽四年返回新罗均有明确记载。至于金仁问第二次入唐时间,笔者以为应该在653年末或654年初,这种看法也获得了一些学者的认同。①

看来,永徽末年金仁问逗留唐都长安应该没有什么疑问。但是,当时在唐都长安的藩属国宿卫使者并非金仁问一个,为什么唯独作为新罗宿卫使者的金仁问,享受随从唐高宗及臣僚军将前往万年宫的荣耀,其中是否还有其他特别的缘由?对此需要做进一步的探讨。

首先,唐太宗征伐高句丽之后,由于唐朝在朝鲜半岛北部利益的缘故,唐朝和新罗的藩属关系进一步发展;与此同时,新罗也急需唐朝的支持,以应付来自西、北两面的压力。这样,由于存在共同的或者说交叉的利益,即唐朝想解决高句丽问题,而新罗与世仇百济摩擦不断,此一时段在与百济的战斗中常常处于下风,唐罗双方均需要对方,维持紧密的往来是大势所趋。具体表现为:648年新罗真德王派遣阿飡金春秋一行入唐请兵,650年真德王派遣金春秋的长子金法敏入唐告捷并举讼百济,进献《太平颂》锦旗,651年金春秋次子金仁问入唐宿卫等;唐朝也于647年、654年先后派遣太常丞张文收等人前往新罗吊祭册封。双方维持的密切友好交往,在当时唐朝与其他藩属国交往关系中并不多见。

其次,如上所述,唐高宗对金仁问代表新罗涉海入朝的行动颇感欣慰,因而授予金仁问"左领军卫将军"。众所周知,648年末新罗派遣金仁问的父亲金春秋入唐之时,唐太宗授予金春秋的官职为"特进",而"特进"为正二品,"左领军卫将军"则为从三品,也就是

---

① 参金光明《金仁问前三次入唐考》,《博物馆研究》2009年第1期。

说，唐高宗非常欣赏这位来自遥远海域的同龄人，授予他从三品官职，也足以证明唐朝和新罗此时的关系密切。

再次，由于新罗派遣金法敏举讼百济，唐高宗在永徽二年（651）发布《与百济王义慈玺书》，现存史料找不出随后百济和唐朝官方往来的记载。换句话说，这一时期百济和唐朝的关系已经转趋冷淡，也正是在此一时期，唐高宗形成《旧唐书》卷84《刘仁轨传》中所示"欲吞灭高丽，先诛百济"战略设想。而密切加强和新罗的友好关系，无疑是实现这种构想的重要一环。① 正因上述一系列原因，唐高宗前往万年宫巡幸避暑，已经担当唐朝从三品武官"左领军卫将军"的新罗宿卫金仁问跟随前往，并按照唐高宗敕令题名《万年宫铭》碑阴，这应当是水到渠成的事情。

三 误释金仁问为他人的原因

如上所述，《碑阴题名》分上下两层，书字大小不一。而金仁问题名位于下层自右向左数竖排第十行下端，其上为"右领军将军柱国臣李义辩"，也就是说，金仁问和李义辩的题名同处一行。那么，为什么自乾嘉学派金石碑刻学家以来，除个别人之外，一般学者要么将其空出，录文为"□仁□"，要么释为"薛仁贵"或"刘仁轨"呢？对此，笔者认为有以下几点可供探讨。

其一，654年至今1300余年已过，就是从乾嘉学派金石碑刻学家当时算，千百年时间瞬息而逝，碑石在唐代可能还有碑亭之类保护，免受风吹雨淋，但随着自然侵蚀及人为传拓的破坏，碑面拓痕斑斑，加之题名时字迹大小并没有一定的规格，故而验看有一定的难度。当时又没有照相技术，拓片流传相对有一定的局限。具体到金仁问题

---

① 上述三点原因，可参拜根兴《新罗真德王时期的对唐外交》，《大陆杂志》第102卷第2期，2001。

名,从现在的拓片照片看,其中"金"字一少半以上已为白片覆盖,"问"字也不好辨认,只有中间的"仁"字还可以辨认,这就为释读者留下了想象的空间。

其二,王昶编撰《金石萃编》时,朝鲜半岛关联金石碑志文似还很少传到中国。虽然 1805 年刻印的《金石萃编》中收录了《大唐平百济国碑铭》,① 其中提到金仁问担当唐朝征伐军副大总管,但王昶并没有注意到金仁问关联问题。19 世纪 70 年代,刘喜海所辑《海东金石苑》一书前四卷刻印出版,其中收录此前对上述碑铭和金仁问有关碑铭的论考。也就是说,当时大部分研究者因对域外文献涉猎有限,对新罗人金仁问还不甚了解,但薛仁贵、刘仁轨两人,不仅是唐朝前期历史发展中大名鼎鼎的勇将谋臣,而且是学者乃至民间津津乐道的人物,加之依据史料记载,薛氏此时作为宿卫将领担当万年宫守卫重任,因而将薛仁贵和刘仁轨两人中某一人补入《碑阴题名》中,就成为理所当然的事情。与此同时,对韩国现存最古的史书《三国史记》,当时学者们关注得不多,也不易看到。

其三,学者们对 7 世纪中叶唐朝和朝鲜半岛诸政权的关系,特别是唐朝与新罗的关系了解不多。有关此一时期新罗入唐宿卫使者,除《旧唐书》《新唐书》《资治通鉴》中有所提及外,其他文献史料几乎很少涉及,这些仅有的有关金仁问其人的记载,被湮没在茫茫史料之中,以至于清人除毛凤枝之外,很少有人提及金仁问。另从现有研究看,涉及这一时期唐朝与新罗关系的研究并不多,如上文注释中所引,仅有的论文论著也是近些年才出现。

既然有前人确凿的研究,即认为"□仁□"中的第一个"□"为"金"字,又有《碑阴题名》原石及拓片为证,而且 7 世纪 50 年

---

① 关于《大唐平百济国碑铭》,参拜根兴《〈大唐平百济国碑铭〉关联问题考释》,杜文玉主编《唐史论丛》第 8 辑。

代初唐朝与新罗关系中确有深受唐高宗宠爱、官职为"左领军卫将军"的金仁问其人;另一方面,薛仁贵、刘仁轨两人当时的官衔职位并未达到唐高宗敕令所及的"三品以上"标准,因而有关《碑阴题名》下层自右及左第十行下端"左领军将军臣□仁□",就应名正言顺释读为"左领军将军臣金仁问",恢复历史本来面目,以正视听。笔者相信,随着学界对《碑阴题名》的关注增多,以及相关研究的进一步深入,这个问题会得到圆满解决。

第二节 乾陵六十一蕃臣像中的新罗使者

乾陵是唐高宗与武则天的合葬陵墓,也是现存地面上遗物最完整、未被盗掘、堪称唐代帝王陵墓典范的文化遗存。乾陵石刻六十一蕃臣像,是乾陵石刻的重要组成部分,烘托起乾陵浩大磅礴的气势,长期以来成为研究者探讨的重要议题之一。据笔者统计,著名唐史专家岑仲勉教授很早之前就有专门研究,[①] 此后陈国灿、章群、马驰、樊英锋、张鸿杰、梁子等先后有论文发表。[②] 笔者在《试论新罗真德女王石像残躯及底座铭文的发现》一文中,也曾认为新罗真德王石像残躯"特征与唐高宗与武则天合葬的乾陵六十一蕃王像中的一具石像,从雕刻服饰、体态等方面比较,显示出较为相似的特点"。也就是说,笔者断定位于乾陵六十一蕃臣像东南角的挎弓石像为新罗使

[①] 岑仲勉:《隋唐史》,高等教育出版社,1959。
[②] 陈国灿:《唐乾陵石人像及其衔名的研究》,《文物集刊》第2辑,文物出版社,1980;章群:《关于唐代乾陵石人像问题》,《第一届国际唐代学术会议论文集》,台北,台湾学生书局,1989;马驰:《唐代蕃将》,三秦出版社,1990;樊英锋:《乾陵六十一蕃臣像补考》,《文博》2003年第3期;张鸿杰:《乾陵"六十一蕃臣像"衔名订补》,《咸阳师范学院学报》2003年第3期;梁子、文军:《乾陵六十一蕃王考》,《文博》2003年第6期;王晓莉:《乾陵六十一尊石人像有关问题的再探讨》,王文超、赵文润主编《武则天与嵩山》,中华书局,2003。

者。赵斌先生《刍议乾陵六十一蕃臣像中的新罗人》① 一文，通过石像服饰、佩戴物件等，进一步认定上述石像就是新罗文武王金法敏。无疑，这是有关乾陵六十一蕃臣石像研究的最新成果，值得重视。但是，有关此研究还应继续深化，一些问题理应得到确实的答案。

一 乾陵六十一蕃臣石像制作时间等问题评述

有关乾陵的建造，因为现存史料记载各异，至今没有统一的说法。不过，杨东晨、李爽通过比对现存史料，并甄别探讨学界现有看法，得出唐高宗选定陵址并施工的时间当在仪凤三年（678）前后，整修乾陵的主持者是霍王李元轨和侍中刘齐贤，而陵墓建造者为将作大匠、山陵使韦待真的结论。② 从现有史料及研究看，这种看法还是值得认同的。同时，对于乾陵六十一蕃臣石像的制作时间，现存正史未见有具体记载。元人李好文曾有所记载，但还是存有疑问。③

任职乾陵博物馆的王晓莉先生依据1996年具体发掘测量乾陵司马道两侧建筑布局数据，朱雀门之前、双阙之后"每处基址的范围都不大，其中南北距离10米，东西16米，基址南沿与阙楼基址北沿重合，基址北沿与紧邻北侧的另一建筑基址南沿重合。从整体上观察，阙楼、石人像群以及紧邻北侧的一组建筑三者之间的摆布显得十分拥挤，狭小不堪。由此形成这一段建筑与阙楼之间的建筑不协调、不对称的局面"，进而得出六十一蕃臣石像的制作并非原来总体设计的一部分，而是武则天死后整修陵墓过程中加上去的；她还通过对比恭

---

① 赵斌：《刍议乾陵六十一蕃臣像中的新罗人》，《丝绸之路》2010年第24期。
② 杨东晨、李爽：《乾陵的营修及安葬等问题考辨》，陕西乾陵博物馆编《乾陵文化研究》第2辑，三秦出版社，2008。
③ （元）李好文：《长安志图》（卷中）载："宋元祐中，计使游公图而刻之，防御推官赵楷为之记，曰：'乾陵之葬诸蕃之来助者何其众也。武后曾不知太宗之余威遗烈，乃欲张大夸示来世，于是录其酋长六十一人，各肖其形，镌之琬琰，庶使后人皆可得而知之。'"如此，学界一般认为六十一蕃臣石像为武则天时期所做。

陵、乾陵两座陵墓工程的具体负责人韦待真的总体设计思想，指出如同恭陵没有设计蕃臣石像一样，乾陵在韦待真的设计中亦不可能出现蕃臣石人像。还有，现存蕃臣像背部的职衔名称，不是武则天时期已经改过的武将职衔，而是此后唐中宗改回的军衔。上述推论，其一运用考古发掘资料，其二认为同一设计者应该有同样的设计思想，其三可以看作最有力的证据，即石人像背部职衔出现的背景。

笔者认为，在没有具体史料佐证的前提下，采用其他可证明自己观点的外围或者考古史料说明问题，其得出的结论可以作为一种观点存在。但是，昭陵建造过程中，已经在北司马门内设计排列有14尊蕃君长像，而且在当时已经引起相当大的反响，难道这些就没有引起乾陵设计建造者的注意？是否一定要等到武则天死后乾陵整修之时，才临时补加这方面的内容？这些都是值得仔细推敲的问题。虽如此，因为没有确切的史料说明，笔者还是部分认同上述论者的观点，认为乾陵六十一蕃臣石像可能是武则天去世后，由当时的陵墓建造者设计，并获得中宗李显的认同，在朱雀门之前、双阙之后临时加上的一组蕃臣石人像。

至于制作这些蕃臣石人像的目的，此前宋人游师雄，今人岑仲勉、陈国灿、章群等都做过探讨，众说纷纭。具体有以下几种：其一，出自宋人赵楷之口，见于元人李好文《长安志图》一书，认为这些蕃臣应为参与唐高宗或武则天葬礼的周边民族政权的首领或者使者；其二，陈国灿教授依据现在可以认定的36个石像背部职衔，"除吐谷浑、吐蕃、突厥首领各二人外，绝大部分均为唐安北、北庭、安西等都护府属下的地方官员或民族首领"，① 认为这些人绝大部分为唐朝的蕃臣；其三，章群教授"以昭陵与乾陵的石人像比观，论其性

---

① 陈国灿：《唐乾陵石人像及其衔名的研究》，《文物集刊》第2辑，第189~203页。

质，既非参与丧礼之人，亦非曾侍卫轩禁者，彰彰明甚"，① 是武则天及唐中宗"乃欲张大夸示来世"之作。对比上述几种看法，笔者认为章群在对陈国灿研究补充辨证的基础上，得出的结论相对较为可靠。也就是说，昭陵与乾陵的蕃君长像或蕃臣石人像，不仅显示出初唐时代唐朝与周边民族交往的频繁，而且是唐朝廷津津乐道并向世人夸示的重要一点。新罗作为唐朝在朝鲜半岛重要的藩属国，贞观年间与唐朝保持紧密的来往关系，主要表现为：新罗将唐朝作为对付西、北两面劲敌，实现三国统一的重要依托；唐朝在征伐高句丽之后，也将新罗作为实现自己在朝鲜半岛利益的支撑点。这样，唐太宗昭陵十四蕃君长石像中出现新罗真德王形象就不奇怪了。而唐高宗与武则天合葬乾陵的六十一蕃臣像中，出现新罗人石像，也是可以意想得到的事情。

二 这一时期入唐新罗使者的问题

唐朝政权建立的第三年，即621年，位于朝鲜半岛东南部的新罗就派遣使者入唐，唐朝随即遣派庾文素前往新罗送使，次年又遣派通直散骑侍郎李祯前往新罗，② 唐罗宗藩关系开始形成。随着新罗来自朝鲜半岛西、北两面百济、高句丽的压力日益增大，它与遥远大陆唐朝的关系也日渐紧密。特别是在百济灭亡前后，这种来往变得极其频繁。

新罗遣使入唐具体情况可参考本书附表4"7世纪中叶新罗赴唐使节行迹"，在此不赘。该表格依据中韩现有史料，对新罗善德王、真德王、武烈王、文武王四代33年间的新罗入唐使者关联问题做了统计，其中主要情况说明如下。首先，善德王、真德王在位期间入唐

---

① 章群：《唐代蕃将研究续编》，台北，联经出版事业公司，1990。
② 拜根兴：《初唐李祯出使新罗与登州—唐恩浦海上通道》，陕西乾陵博物馆编《乾陵文化研究》第11辑，三秦出版社，2017。

使者有 13 次，武烈王在位期间入唐使者有 6 次，文武王在位期间有 16 次。单从数字看，文武王在位时间长，其间双方的来往较为频繁。同时，从另一角度看，唐高宗在位的 34 年间，由于唐朝对朝鲜半岛事务关注较多，或者说新罗对唐朝倚重加强，双方来往增多。此外，除金仁问先后七次入唐之外，成为新罗王的金春秋，以及他的长子金法敏也曾先后出使唐朝，并多有成绩。其次，新罗和唐朝构建蜜月期关系有两个时期，其一是贞观二十二年（648）金春秋入唐请兵后，金春秋受到唐太宗的盛情款待，许诺派遣其子入唐宿卫，双方开始更加紧密地来往，当然也应包括永徽元年金法敏入唐告捷及举讼百济一事。其二为金春秋次子金仁问为唐朝与新罗联合进攻百济与高句丽，多次往返于唐与新罗时期，这一时期唐朝和新罗的交往呈多样化特点，最终促成唐罗联合，先后灭亡百济、高句丽。再次，高句丽灭亡之后，所谓的唐罗战争①爆发，前来唐朝的新罗使者多为入贡谢罪。676 年至 681 年双方的来往几乎中断，这也是近 300 年的唐罗友好关系中的低潮期。

三 乾陵六十一蕃臣石人像中的新罗人到底是谁？

唐高宗在位期间，由于共同利益的缘故，唐朝和新罗保持相当紧密的宗藩关系，正因如此，新罗完成半岛的统一，但此后双方关系也有所反复和摩擦。如上所述，新罗真德王名列昭陵十四蕃君长像之中，对此笔者已有论述，在此不赘。乾陵六十一蕃臣石像中，新罗人位列其中已是不争的事实，无须再做讨论。② 但是，这位新罗人是谁？是新罗武烈王金春秋、文武王金法敏、神文王金政明、孝昭王金理

---

① 关于唐罗战争问题，可参考拜根兴《罗唐战争研究中的几个问题》，韩国中国学会主编《中国学报》第 47 辑，2002；拜根兴《唐罗战争关联问题的再探索》，荣新江主编《唐研究》第 16 辑。

② 参拜根兴《试论新罗真德女王石像残躯及底座铭文的发现》，《新罗史学报》第 7 辑，2006；赵斌《刍议乾陵六十一蕃臣像中的新罗人》，《丝绸之路》2010 年第 24 期。

洪、圣德王金兴光，还是七次往返唐与新罗间，最终老死神都洛阳的金仁问？这些都需要认真探讨。

先说新罗武烈王金春秋，其 654～661 年在位。金春秋 648 年入唐请兵，颇受唐太宗欣赏，授予其特进官爵，直接促成新罗采用唐朝年号和改章服从中华之制。高宗永徽五年，新罗真德王去世，金春秋成为新罗国王，他继续执行亲唐政策，先后派遣几个儿子入唐，担当交涉重任，促成唐朝与新罗联合，实现梦寐以求的灭亡百济大业。史料记载，唐高宗和金春秋见过面，另据《册府元龟》卷 999 记载，唐朝应该有金春秋的画像。① 金春秋和唐朝一直保持亲密关系，在唐朝享有极高的声誉和人气，无疑也是和唐高宗在位期间同时的新罗国王。② 唐中宗神龙年间制作蕃臣石像之时，金春秋应该是重点考虑的人物之一。

新罗文武王金法敏，661～681 年在位。650 年入唐告捷并举讼百济，唐高宗授予其太府卿官爵。高宗龙朔元年（661），武烈王金春秋去世，作为金春秋长子的金法敏继立为新罗王。663 年，唐朝在新罗设立鸡林州大都督府，任命金法敏为鸡林州大都督。668 年，唐朝和新罗联合灭亡高句丽，新罗由此完成朝鲜半岛的统一。但是，随后新罗和唐的摩擦趋于表面化，并很快转化为直接冲突。674 年，唐高宗以金法敏"纳高句丽叛众，又据百济故地，使人守之"，下令削夺金法敏新罗王爵，以在唐宿卫的右骁卫员外大将军、临海郡公金仁问为新罗王，代替其兄行使新罗王职责。虽然此后金法敏遣使谢罪，唐高

---

① 《册府元龟》卷999《外臣部·入觐》（第11718页）载："唐太宗贞观二年，东谢蛮主元深入朝，冠鸟熊皮冠，若今之旌头，以金银络额，身被毛帔，韦皮行藤而着履。中书侍郎颜师古奏言：'昔周武王之时，天下太平，远国归款，周史乃集其事为王会篇，今万国来朝，至如此辈章服，实可图写，今请撰为王会图。'从之。"也就是说，唐朝自贞观初以后，周边民族国家使节入唐之后，他们的形象都会被图写入藏史馆，以备大用。

② 唐高宗遣派太常丞张文收前往新罗，册封金春秋为开府仪同三司、新罗王。《三国史记》卷5《新罗本纪·武烈王》。

·269·

宗收回成命，但唐高宗在与臣僚的议论中，仍表现出对新罗占据百济故地行为的耿耿于怀。681年，金法敏病逝，新罗遣使告哀，唐高宗随后亦遣使吊唁，并册封新继立的新罗神文王。如果从在位时间以及和唐朝的各方面交往来看，唐中宗神龙年间树立的六十一蕃臣石像中，金法敏理应是相当重要的人选之一。

新罗神文王金政明，681~692年在位，文武王金法敏长子。681年继新罗文武王而立，重新打开新罗与唐朝交往的大门。特别是垂拱二年（686）遣使入唐，"奏请礼记并文章"，武则天特令有关机构，"写吉凶要礼，并于《文馆词林》采其词涉规诫者，勒成五十卷赐之"。① 新罗使者肯定也上报金政明的相貌特征，他亦应是唐朝六十一蕃臣石像中来自新罗值得考虑的人选。

新罗孝昭王金理洪，692~702年在位，神文王太子。与武则天大周王朝几乎是同一时期存在。据现存史料，此一时期新罗只有一次遣使入唐，双方的来往并不多。但作为和武周政权同时的国王，金理洪也可视为六十一蕃臣石像的备选人物之一。

新罗圣德王金兴光，702~737年在位，孝昭王的同母弟，其在位前几年中国仍然是武周统治时期。唐中宗在乾陵立六十一蕃臣石像时，金兴光依然是新罗王。同时，金兴光在位期间遣使入唐近40次，开启新罗与唐朝友好交往的新局面。无疑，金兴光也可算作候选人之一。

新罗使者金仁问。金仁问自651年第一次入唐之后，先后七次来往于唐与新罗间，受到唐高宗的宠爱和嘉奖，官拜左领军将军，先后任右骁卫员外大将军、临海郡公，转镇军大将军行右武威卫大将军等。唐朝和新罗组建联合军征伐百济时，金仁问作为联合征讨军的副大总管，对协调两军联合作战起到了举足轻重的作用。高句丽灭亡之

---

① 《三国史记》卷8《新罗本纪·神文王》，上册，第221页。

后，由于新罗与唐朝反目，金仁问滞留在唐 20 余年，其间曾经受诏前往新罗替代其兄金法敏担当新罗王，但由于金法敏遣使谢罪，唐高宗赦免其罪收回成命，金仁问中道返回。随着武则天临朝称制及其武周王朝的建立，在唐（武周）藩属国宿卫人士由于各种原因多获罪死于非命，但金仁问安然无恙，直到 694 年老死洛阳寿终正寝。武则天令"朝散大夫行司礼寺大医署令陆元景，判官朝散郎值司礼寺某等，押送灵柩"返回新罗。金仁问数十年在唐朝，与唐朝以及武周君臣均建立了较为稳固的关系。可以说，数十年间他应是唐朝朝野家喻户晓的新罗人。如果不考虑其他问题，金仁问应该是乾陵树立六十一蕃臣石像中新罗人的第一人选。

但是，由于我们现在看到的位于东侧东南角的蕃臣石像，其头颅已经在历史时期不复存在，背部的职衔名讳等明显的标志性东西，亦随着 1000 余年的风霜磨砺荡为尘埃。现在只从仅存的石像佩戴物、服饰式样、石像总体造型以及和其余石像格格不入的特点，判断其最大可能为新罗人。至于是新罗王金春秋、金法敏，还是如上所述金法敏的儿子新罗神文王……？抑或是唐人耳熟能详、众所周知的金仁问？笔者认为似乎都有可能。但是，在没有文献史料佐证，考古资料又不能探究得十分清楚的前提下，最好还是不要做最后的界定，笔者认为这应当是目前学术界最好的处理办法。

本章对学界很少关注的位于西安周边的《万年宫碑阴题名》中的金仁问题名、乾陵六十一蕃臣石像东侧东南角的新罗人石像做了相应的考察，认为《万年宫碑阴题名》中的"左领军将军臣□仁□"，既非此前学者津津乐道的薛仁贵，亦非现在一些著书中误写的刘仁轨，而是当时在唐担当宿卫的新罗使者金仁问。同时，笔者数年前提出乾陵六十一蕃臣石像东南角挎弓阔袖袍服的石人像为新罗人，近来有学者具体考证其为新罗王金法敏。笔者在探讨乾陵六十一蕃臣石像建立年代的同时，对新罗此一时期的入唐使者，以及石像的可能人物原型

· 271 ·

等问题做了相应考察,认为在没有文献史料佐证,考古史料又十分匮乏的情况下,确定石像的人物原型,在学术探讨中存在风险,也存在瑕疵;毋庸讳言,此石像是新罗人或新罗使者当没有问题。历史研究重在发掘史料,相信上述问题随着新史料的不断出现会得到相应的解决,以推动唐朝历史及古代中韩(朝)关系史研究走向深入。

原载于《当代韩国》2011 年第 3 期

附四

高句丽移民高足酉墓志铭考释

有关高句丽、百济移民的最初研究，当首推清末民初著名金石学者罗振玉。罗氏收集20世纪30年代之前，在洛阳北邙山一带发掘面世的高句丽移民泉男生、泉男产、泉献诚、高慈、高震、泉毖，以及百济移民扶余隆的墓志铭，编成《唐代海东藩阀志存》一书。在该书中，罗氏对诸墓志铭一一跋证考辨，其中的许多看法，至今仍为海内外众多的研究者所公认。

到现在为止，明确知道中国发现的在唐高句丽移民的墓志铭共有八通，即上文提到的渊盖苏文的子孙们，以及高慈、高玄、高震、高震女儿墓志铭。笔者相信，随着中国西安、洛阳以及其他地区唐代墓葬的不断发掘面世，和高句丽、百济、新罗相关联的金石资料一定还会出现。

笔者在此将要考察的高足酉（625~695）墓志铭，是有关在唐高句丽移民的第九通墓志铭。其此前似乎还很少为研究者注意。该墓志铭在《隋唐五代墓志汇编》（1991）、《全唐文补遗》第5辑有标点录文。郭引强、李献奇编著《洛阳新获墓志》、周绍良主编《唐代墓志汇编续集》亦有录文，其中前者录文后还有释文。依据《洛阳新获墓志》编著者释文，高足酉墓志铭1990年4月出土于河南省洛阳市伊川县平等乡楼子沟村北，现收藏于伊川县文管会。墓志铭石长88.5厘米、厚17厘米，墓志铭文每行34字，共有33行，正书。因为墓志铭建于武则天大周中期，故铭文中有天、授、年、证、载、月、日、臣、正、国、圣、地等十二个武周时期所造汉字。① 篆刻人姓名在铭文中未见记载。下面即对墓志铭关联的几个问题进行探讨。

第一节　高足酉的主要事迹

高足酉其人，在现存中外文献中，其行踪不见任何记载。依据上文所及高足酉墓志铭，其出生于辽东平壤地区（现在朝鲜民主主义人民共和国平壤附近），此与以前发现的泉男生墓志铭记载稍有不同（泉氏为辽东平壤城人）。可能是其出生于平壤城附近或者高句丽平壤辖区之内，故有"族本殷家，因生代□，□居玄菟，独擅雄藩"，足以说明高足酉家族在高句丽具有相当的经济地位。鉴于高足酉事迹不显于世，故有必要根据墓志铭对其一生中的重大事件做一梳理。

唐武德八年	出生于辽东平壤
高句丽内讧之前	在高句丽生活
高句丽内讧之后	其间归款唐朝，时年四十余岁
唐总章元年	唐授其为明威将军，守右威卫真化府

---

① 关于武则天造字，可参董作宾、王恒余《唐武后改字考》，《故院长胡适先生纪念论文集》（下），台北，"中研院"历史语言研究所，1963；施安昌《从院藏拓本探讨武则天造字》、《关于武则天造字的误识与结构》，刊于陈大远、郭兴富主编《岭南第一唐刻——龙龛道场铭》，香港三昧出版社，1993；何汉南《武则天改制新字考》，《文博》1987年第4期。

	折冲都尉，仍长上
同年	授守左威卫孝义府折冲都尉，散官如故
唐总章二年	授云麾将军、行左武卫翊卫府中郎将
唐仪凤四年	授右领军卫将军，制加上柱国
唐永昌元年	制授右玉钤卫大将军
周天授元年	拜镇军大将军、行左豹韬卫大将军
周证圣元年	因参与制造天枢，即封高丽藩长、渔阳郡开国公，食邑两千户
同年五月	率军南下，征讨万州所在的少数民族叛乱
周天册万岁元年	病死于荆州官舍，时年70岁
周万岁通天二年	埋葬于洛州伊阙县新城原

从高足西的生平事迹可以看出，高氏入唐之后，其大部分时间是在唐都城长安或者洛阳度过的，这与高句丽其他在唐移民如泉男生父子、高慈、高玄等频繁往返征战于京城以外、边方地域等形成一定的差异。与此关联的问题，下文将予以论述。

第二节 高足西何时归唐

高足西何时归唐，现存墓志铭没有明确记载。然而，对证墓志铭文以及同时期相关人物的传记及墓志铭，似亦可得出其入唐的大致时间。

墓志铭载："若夫见机而作，存乎君子；慕义而至，妙曰通人。前载著之，不轻来代，述而尤重。然而越沧波，归赤县，渐大化，列王臣，颙颙焉即高将军韫之矣！"以及"乃效款而往，遂家于洛州永昌县焉"的记载，可以证明，高足西是少数志愿投诚唐朝的高句丽人士之一。①

另外，高足酉是武周天册万岁元年（695）死于荆州征讨任内的，时年70岁，那么，他的生年当是625年，即唐武德八年。

现存史料记载，唐太宗贞观十九年（645）征伐高句丽之时，曾经接受高句丽大将高延寿、高惠真等的投降，但这一年高足酉才20岁，如果他是这次投诚的话，此后20余年间应该有相应的官职，而且绝不会等到总章元年（668）才第一次被授予官职。更何况以上两人均是在战败的情况下被迫投降唐朝，这与高足酉的情况显然是不同的。此后，贞观末年唐朝廷先后两次小规模地征伐高句丽，基于以上相同的原因，其成立的可能性亦不大。唐高宗龙朔元年（661），曾发起以任雅相、苏定方、契苾何力为统帅的征伐高句丽战斗，按照唐朝历来对投诚并立功者安抚、奖赏之惯例，如果是这次投降立功，必定当时立刻就授予其官职，从这个角度解释的话，高足酉的投诚也不是在此次唐与高句丽战斗期间。这样，高足酉的投诚必然是在高句丽内讧发生之后，唐廷派兵迎接泉男生等，② 并共同灭亡高句丽之前。

可能是数十年与唐及朝鲜半岛南部新罗等的对峙和战争，高句丽境内民生维艰，而内讧乍起、民心惶惶，国家乱象几不可收拾，高足酉本人对未来更是迷惘彷徨，最终选择了投诚唐帝国寻求新生活的道路。投诚唐朝后，唐朝廷先将其编籍于东都所在的洛州永昌县，以示重视。可能最终在唐对高句丽的战斗中，高足酉建有相当的功勋，故被授予明威将军，并且担当守卫唐都城长安内城的任务。此大概是唐朝廷鉴于高足酉前来投诚，又在战斗中建立功勋，故不仅授予相应的官职，而且将其安排在都城

---

① 据高慈墓志铭，高慈的父亲高文"预见高丽之必亡，遂率兄弟归款"，时间当是唐总章二年之前，也可能在唐罗联军围攻平壤城之前。从时间上推断，高氏兄弟投诚唐朝当稍后于高足酉。

② 关于泉男生降唐过程，《卞国公泉男生墓志铭》《泉献诚墓志铭》有详细记载。另外，有关当时唐朝廷的动向，文献史料只是记载唐朝廷派遣契苾何力率兵迎接，未有更具体的记载。关于这一点，可参《全唐文》卷196《左武卫将军成安子崔献行状》。

长安的真化折冲府内任都尉,足见唐廷对高足酉的信任。

也可能是高足酉家族"本殷家",即为高句丽富裕家族,以及"独擅雄藩",当其率领家族投诚唐朝之后,部分地瓦解了高句丽平壤城内中上层富裕民众的抵抗斗志,对唐罗联合攻取平壤城产生了一定的影响。加之高句丽连年与唐作战,高足酉早先或者在此之前即曾有在军中做事的经历,进而就有唐朝廷授予其武官的情况发生。随后使其担当京城长安的防守任务。凡此种种,高足酉是在高句丽内讧之后投诚当是可以推定的。

鉴于墓志铭对高足酉祖上在高句丽的官任,以及高足酉本人投诚唐朝廷之前的行迹缺乏记载,只是记载高氏家族"本殷家",以及由此形成"独擅雄藩",笔者认为,高氏家族可能属于高句丽中层富裕阶级,[①] 这应当和在唐的其他高句丽移民区别开来。

可以想象,此时已经是40余岁的高足酉,他做出投诚的决定当是经过深思熟虑的。故而面对唐长安、洛阳的另外一种生活氛围,

---

① 如果高足酉一直在高句丽军中服役,并担当高层指挥官,或者其和高句丽王族关系密切,或者在高句丽政权内部有一定的职位(他40余岁了,也是应当有很高或较高职位的年龄),按照现存唐高句丽移民墓志铭,以及相关文献史料的记载惯例,墓志铭中一定会不厌其烦地记述他所担当的职务。因为这对于其后代来说,是荣誉而不是负担(不要说众多的唐人墓志铭,现存高句丽移民墓志铭中也均是这样表现的)。但是,高足酉墓志铭中却没有此方面的记载,同时,对高氏祖上,即最起码其祖父、父亲在高句丽担当的官职,墓志铭也未有只言片语。笔者以为,此正说明,高足酉家族只是如墓志铭文中所说的"族本殷家"而已,其因为财富,才"独擅雄藩"。当然,根据一般的情理,也有以下几种可能。(1)高足酉的后代不了解父亲及祖上的行迹。高氏在唐另外结婚,故所生之子即嗣子高帝臣不知道高氏祖上及其父亲本人在高句丽的行迹状况。(2)因为其他难以启齿的缘故(官位太低?与投诚唐朝有关?),其不愿涉及高句丽的情况。(3)因为上文所及的原因,高氏之子高帝臣受父嘱托,在墓志铭中不愿触及其父祖在高句丽的具体行迹。高足酉70岁去世,按一般的情况,其嗣子高帝臣当是40岁以上的年龄,离开高句丽时估计也有20岁上下,故对家族在高句丽的情况当是应该了解的。是否如此,因没有具体切实的史料佐证,不敢妄做推断。但很显然,以上的推论只是猜测而已,具体的结论还是应该以现存墓志铭为准。另外,韩国李文基氏认为高足酉可能是高句丽王族近支。见氏著《高句丽遗民高足酉墓志的检讨》,《庆北史学》第23辑,2001。赵超氏以高足酉姓高,根据现在可以看到的墓志资料,认为来唐的"高姓的四个支系,高藏一支当然是正宗主支。其他三家可能是一般高姓贵族"。见氏著《唐代墓志中所见的高句丽与百济人士》,《揖芬集——张政烺先生九十华诞纪念文集》。

相信他除思念家乡高句丽的山水之外，可能相对少了些许对昔日生活的眷恋思念；又因为他并非来自高句丽贵族上层，故在唐朝野中，也就减少了许多不必要的小心翼翼或者诚惶诚恐，进而和高句丽王族高氏以及泉男生家族等在唐人士形成较大的差别。正因如此，他此后在唐的20余年，不仅很快适应，而且灵活应对此一时期唐廷变化莫测的朝野政治形势，发挥自己的各种才干，和唐以及代之而起的武周从上到下的各种人士保持关系，受到当时最高统治者的嘉奖和赞许。他给儿子起名或改名（抑或接受赐名）"帝臣"，从另一方面亦可以看出，高足酉力图融入新生活，并和唐最高统治者保持亲密关系。墓志铭中"特隆殊宠"，"并以勋庸见重，武烈称奇，出静边荒，入陪兰锜"，"圣主闻之，良深震悼"等文句即是证明。正因如此，不仅保证了自身和家族的安全，而且官位升迁不断。这在唐与武周改朝换代酷吏政治的血雨腥风环境下，不能说不是一个奇迹，因为在当时，对于唐的朝野官员来说，能够做到这一点也是相当不容易的。①

第三节　天枢建造与高足酉

考察高足酉的墓志铭，可以看出，其和武周初期建造天枢事件关系密切。因而，在此不妨对高足酉以及其他在唐高句丽移民与天枢相关联之事件做一探讨。

《资治通鉴》卷205记载，武则天延载元年（694），武则天的侄子武三思率"四夷酋长请铸铜铁为天枢，立于端门之外，铭记功德，黜唐颂周；以姚璹为督作使，诸蕃酋钱百万亿，买铜铁不能足，赋民

---

① 参拜根兴等《武则天与狄仁杰》，阎守诚主编《武则天与文水》，山西人民出版社，1989。

间农器以足之"。另据《旧唐书》卷89《姚璹传》记载："武三思率藩夷酋长，请造天枢于端门外，刻字纪功，以颂周德。"而姚璹是天枢督作使。但是，现存《泉献诚墓志铭》则明确记载"天授二年二月，奉敕充天枢子来使，兼于玄武门押运大仪铜等"。① 天枢建成之后，本章论述的墓主高足酉，被唐朝廷任命为"高丽蕃长"（高足酉墓志铭）。《大唐故波斯国大酋长右屯卫将军上柱国金城郡开国公波斯君丘（阿罗憾）之铭》中亦有"则天大圣皇后招诸蕃王建造天枢，及诸军立功非一"。② 看来，有关天枢建造的时间，《资治通鉴》与《泉献诚墓志铭》的记载是有差异的。③

周证圣元年（695），象征武周政权怀柔万国、四夷归附的天枢最终完成。④ 其"高一百五尺，径十二尺，八面，各径五尺。下为铁山，周百七十尺，以铜为蟠龙麒麟萦绕之；上为腾云承露盘，径三丈，四龙人立捧火珠，高一丈。工人毛婆罗造模，武三思为文，刻百官及四夷酋长名，太后自书其榜曰'大周万国颂德天枢'"。⑤ 天枢的建成，标志着贞观时代四夷共主的"天可汗"局面再次出现。而且给人的感觉是此时似已超过贞观时代，因为那时是没有建造所谓天枢的。当然，这只是人为制造的一种虚幻景象。开元二年（714），天枢最后被毁掉。

依据上文所引及分析，可以得出以下几点认识。

---

① 罗振玉校录《唐代海东藩阀志存》，《石刻史料新编》第2辑，台北，新文丰出版公司，1979。
② 罗振玉辑《邙洛冢墓遗文》，《石刻史料新编》第1辑，第19册。
③ 罗振玉认为，"是天枢之作先后凡三载"，其认定《泉献诚墓志铭》的记载当是显然的。笔者认同罗氏的看法。见罗振玉校录《唐代海东藩阀志存》，《石刻史料新编》第2辑。
④ 罗香林氏认为，"天枢之造，出于景教徒之手"，可备一说。罗氏的见解转自饶宗颐《从石刻论武后之宗教信仰》，《历史语言研究所集刊》第45本，1974。与天枢相关联的主要研究论文还有以下几篇：梁恒唐《武则天与天枢》，《晋阳学刊》1990年第3期；张乃翥《武周天枢与西域文明》，《西北史地》1994年第2期。
⑤ 《资治通鉴》卷205，则天后天册万岁元年，第6502~6503页。

首先，高句丽移民高足酉、泉献诚等人，都参与了建造天枢的请愿及其他活动，并且表现突出。高足酉墓志铭中有大段描述天枢的形状、特征，① 即"悦像子来，雕镌乃就。干青霄而直上，表皇王而自得。明珠吐耀，将日月而连辉，祥龙□游，凭烟云而矫首。壮矣哉！邈乎斯时也"。可能就是因为建造天枢的功劳，以及其他现实的考虑，高足酉随后被封为"高丽蕃长，渔阳郡开国公"。② 另外，从上引记载推测，高足酉的名字可能也被刻在天枢之上。同时，泉献诚此前则"奉敕充天枢子来使，兼于玄武门押运大仪铜等"。也就是说，泉献诚实际上亲自参与了具体的建造领导工作。从此可看出，在唐高句丽移民各界人士，经过20余年的在唐生活，已经基本适应了与当地截然相反的朝野生存环境，并且将武则天改朝换代与自己的行动紧密联系，加入当时诸少数民族首领建造天枢的请愿，即"四夷共主"的潮流中去，支持拥护武则天的"以周代唐"。高句丽移民的行动，其中是否还有其他的用意？抑或是随当时的潮流而动，明哲保身？因没有具体的史料，现在已不可获知。然而，考察此一时期朝野上下的基本态势，笔者以为后者的可能性要大一些。

有一事例可以说明这一点。天授元年（690），泉献诚曾面对"武后尝出金币，命宰相、南北牙群臣举善射者五辈，中者以赐。

---

① 笔者统计墓志铭文可资计算的文字共有1018个，而墓志主与天枢有关的内容多达73字，占墓志铭文总字数的7.2%，此确实不是一个小的比例。在高足酉一生中，建造天枢应当是其最为辉煌的大事件之一（墓志铭文中对高氏南下征讨并死于荆州官舍，特别是对赠官、埋葬，家属及其周围人的感触等的文字描写占相当的分量，这应是与唐人墓志铭的写作体例有关。此在其他高句丽移民，以及众多的唐人墓志铭中几乎都能看到）。建造天枢之后，高足酉的地位、声望达到其一生的最高点。

② 泉男生仪凤四年（679）死于安东，时年46岁，泉氏的生年应当是633年；可以推出泉氏投诚唐朝时（667）年龄为34岁，其子泉献诚时年16岁。高慈万岁通天二年（697）死于磨米城，时年33岁，其668年时才4岁。泉男产大足元年（701）死于私第，时年63岁，668年时为30岁。单从年龄看，高足酉居于此时在唐高句丽移民高官之首。而且因为上文所及原因，高氏王族、与王族接近诸人士似乎未能获得唐朝廷的信任（宝藏王高藏永淳初年死于贬所，垂拱二年，唐朝廷封高藏的孙子高宝元为朝鲜郡王，而此时高藏的儿子高德武及高震墓志铭所及高连尚在，高慈父子被派遣外任，高玄已死）。泉氏家族重要

内使张光辅举献诚,献诚让右玉铃卫大将军薛吐摩支,摩支固辞"的实际情况,其向武则天建议曰:"陛下择善射者,然皆非华人。臣恐唐官以射为耻,不如罢之。"① 武则天非常高兴地采纳了泉献诚的建议。也就是说,当族类之间(特别是和汉族同僚)因利益或民族感情发生冲突之时,泉献诚作为当时在唐高句丽移民的精神领袖(高句丽宝臧王和泉男生死后,泉献诚事实上已经成为归附唐朝廷高句丽人士中官职极高并声望最高者),其考虑的就比较周全。其用意表面上看,似乎是提醒武则天注意唐朝汉族军将的面子及感情,实际上也是为了避免给自身及在唐高句丽移民招来不必要的麻烦。从这一点看,泉献诚本人基本上已经知道怎样处理身边复杂多变的事件及自我保护了。然而,从此后的形势发展来看,这里只能说是"基本上"而已。

其次,同样参与建造天枢,高足酉和泉献诚的结局截然相反。如上所述,高足酉因此获得新的官职,而泉献诚最终死于非命。② 为什么如此?这是应当仔细探讨的问题。笔者以为,这可能和泉献诚所处地位及影响相关联,而高足酉就没有这方面的忧虑和负担。另外,这可能还和武则天建立大周之后,为打击不同政见者,实行险恶的酷吏政治有关。③ 大量的无辜人士受到牵连冤屈而死,进而成为武周政权痛遭后代史家批判的绝好证据。当然,泉献诚死亡的具体原因,还要从建造天枢说起。上文业已谈及,"诸蕃储钱百万亿"建造天枢,但是仍然不能满足建造的费用,故将民间的农具也收取充之。在这种大

人物因各种变故,要么死亡,要么如泉男产者,亦不复具备号召力。故而天枢建成之后,高足酉可能成为在唐高句丽移民以及唐政权都认可的人物,他被任命为"高丽蕃长",并且封"渔阳郡开国公,食邑两千户",当是很自然的事情。然而,其此时毕竟年龄太大,故不久即死于征伐南方少数民族叛乱的征程中。

① 《新唐书》卷110《泉男生传附泉献诚传》,第4124页。
② 《新唐书》卷4《则天顺圣武皇后本纪》、《资治通鉴》卷205均载,泉献诚死于长寿元年一月,此正是酷吏极为猖獗之时。
③ 胡戟:《酷吏政治与五王政变》,《西北大学学报》1983年第3期;王双怀:《武则天与酷吏的关系》,赵文润、李玉明主编《武则天研究论文集》,山西古籍出版社,1998。

的环境下，作为积极拥护、支持武周政权改朝换代的高句丽移民首领泉献诚，极可能也拿出了一定或相当数量的钱财，以作建造天枢之用；而且，泉献诚还"充天枢子来使，兼于玄武门押运大仪铜等"，酷吏来俊臣之流大概以此嗅出万恶的铜臭味道。正是在此情况下，才有"秉弄刑狱，恃摇威势，乃密于公处，求金帛宝物。公恶以贿，交杜不许，因诬陷他罪，卒以非命"（《泉献诚墓志铭》），或"来俊臣尝求货，献诚不答，乃诬其谋反，缢杀之"（《新唐书》卷110），或"来俊臣求金于左卫大将军泉献诚，不得，诬以谋反，下狱。乙亥，缢杀之"（《资治通鉴》卷205）的事件发生。这样，在唐高句丽移民上层人士首领泉献诚，也未能逃脱酷吏政治设置的层层陷阱，和此前归唐的著名将帅黑齿常之（百济移民）一样，① 被陷害含冤而死。

泉献诚死后两年余，即武则天证圣元年（695），天枢建造完成，唐朝廷封高足酉为"高丽蕃长，渔阳郡开国公，食邑两千户"。约三个月后，高氏即奉命征讨南方少数民族叛乱，担当经略大使，但在获胜返回途中，患病死于荆州官舍。有关高足酉南征，文献资料《旧唐书》《新唐书》《资治通鉴》《册府元龟》《三国史记》均未见记载，只有《全唐文补遗》第7辑《大周上柱国相王直司秦府君（婆爱）墓志》中有所载，秦婆爱和高足酉的出征似乎是同一次，但事件的全部情况仍然不能完全了解。② 故墓志铭中的一些记载还有待于发掘更

---

① 见《大周故左武威卫大将军检校左羽林军赠左玉钤卫大将军燕国公黑齿常之府君墓志文并序》，周绍良主编《唐代墓志汇编》（上），第941页。另外，《旧唐书》卷186上记载："时西蕃酋长阿史那斛瑟罗家有细婢，善歌舞，俊臣因令其党罗告斛瑟罗反，将图其婢，诸蕃长诣阙割耳劙面讼冤者数十人，乃得不族……"可见，当时受到酷吏陷害的在唐其他民族人士亦不少。

② 秦婆爱墓志铭载："以万岁年中，边徼未平，蛮陬尚阻。有制转输，节加荣袟。而此君衔命，连衡击浍。狄道良委，冀无费留。功成绩著，酬庸褒德。起家授上柱国，迁相府直司。"秦氏长安三年死亡，时年43岁。从上文所引"万岁年中""蛮陬尚阻"字样判断，墓主秦婆爱当是跟从高足酉出讨万州所在的少数民族叛乱，担当粮秣转输重任。吴钢主编《全唐文补遗》第7辑，三秦出版社，2000，第22页。

有说服力的史料论证。

原载于韩国《中国史研究》第12辑，2001

修订者按：有关7世纪中叶入唐高句丽百济移民问题，可参拜根兴《唐代高丽百济移民研究：以西安洛阳出土墓志为中心》，中国社会科学出版社，2012。另外，该书已被韩国学中央研究院具兰憙、金镇光教授译为韩文《당으로 간 백제·고구려인》，见韩国学中央研究院出版部，2019。拜根兴《入唐高句丽移民研究的现状及存在问题》，《社会科学战线》2019年第8期。

附 表

表 1　石刻墓志所见 7 世纪赴朝鲜半岛唐人军将行迹

	姓名	字号	籍贯	赴朝鲜半岛年月	死亡年月	死亡年龄	最终官职	临终状态	埋葬地点	资料来源
1	李勣	懋功	山东人	贞观十九年(645)、贞观二十二年(648)、乾封元年(666)	总章二年(669)	81 岁	英国公	死于京师长安府第	陪葬昭陵	《全唐文》卷15、《全唐文补遗》卷1
2	契苾何力	—	凉州人	贞观十九年(645)、龙朔年中、乾封元年(666)	—	—	凉国公	—	陪葬昭陵	其子墓志铭、本传
3	尉迟恭	敬德	河南洛阳人	贞观十九年(645)	显庆三年(658)	74 岁	鄂国公	薨于长安府第	陪葬昭陵	《唐代墓志汇编》(显庆100)、《全唐文补遗》卷2
4	郑仁泰	仁泰	荥阳开封人	贞观十九年(645)	龙朔三年(663)	63 岁	右武卫大将军	薨于凉州官舍	陪葬昭陵	《唐代墓志汇编》(麟德018)、《全唐文补遗》卷1
5	阿史那忠	义节	京兆万年人	乾封年间(?)	上元二年(675)	65 岁	右骁卫大将军	洛阳家中	陪葬昭陵	《全唐文补遗》卷1
6	张士贵	武安	弘农卢氏人	贞观十九年(645)	显庆二年(657)	72 岁	辅国大将军	河南县家中	陪葬昭陵	《全唐文补遗》卷1
7	李思摩	—	阴山人	贞观十九年(645)、贞观二十一年(647)	贞观二十一年(647)	65 岁	右武卫大将军	死于高句丽战斗中	陪葬昭陵	《全唐文补遗》卷3

续表

	姓名	字号	籍贯	赴朝鲜半岛年月	死亡年月	死亡年龄	最终官职	临终状态	埋葬地点	资料来源
8	马郎	—	扶风人	不明	不明	—	—	死于辽城	—	《全唐文补遗》卷9
9	武希玄	敬道	太原受阳人	贞观十九年(645)	贞观二十年(646)	33岁	右勋卫宣城公	并州官舍	长安西南10里	《陕西金石志》卷8
10	常何	—	河内温县人	贞观十九年(645)	显庆四年(659)	66岁	左卫大将军	长安府第	陪葬昭陵	《敦煌吐鲁番文书初探》
11	王君愕	—	武安邯郸人	贞观十九年(645)	贞观十九年(645)	51岁	左武卫将军	战死于军阵	陪葬昭陵	《全唐文补遗》卷2
12	安辅国	—	安息人	贞观十九年(645)	调露二年(680)	83岁	维州刺史	神都洛阳	京师长安孝悌乡	《全唐文》卷435
13	温思瑊	药王	太原祁县人	贞观十九年(645)	证圣元年(695)	72岁	司农少卿	家中	长安之东白鹿原	《全唐文补遗》卷8
14	赵静安	仁基	南阳人	贞观十九年(645)	长寿二年(693)	87岁	右监门校尉	家中	京师万年县崇道乡	《全唐文补遗》卷8
15	杨大隐	朝	河南人	贞观十九年(645)	咸亨三年(672)	58岁	上柱国	长安青化里	城北平乐乡	《唐代墓志汇编》(咸亨063)
16	曹钦	毛良	京兆好畤人	贞观十九年(645)	乾封二年(667)	74岁	左骁卫大将军	毙于献陵留守任内	迁附于先君缘州刺史之旧茔	《唐代墓志汇编续集》(乾封014)
17	边真	行感	不明	不明	咸亨四年(673)	54岁	上柱国	私第	平乐乡	《全唐文补遗》卷5
18	阳玄基	昭业	右北平无终人	龙朔元年(661)	长安三年(703)	75岁	左羽林卫将军	私第	合宫县万安山南	《全唐文补遗》卷8

续表

	姓名	字号	籍贯	赴朝鲜半岛年月	死亡年月	死亡年龄	最终官职	临终状态	埋葬地点	资料来源
19	口敬	仁格	太原祁人	贞观十九年(645)、显庆三年(658)	龙朔三年(663)	50岁	游击将军	可能死于军阵	洛阳邙山	《唐代墓志汇编》(龙朔083)
20	张立德	七郎	范阳方城人	贞观十九年(645)	贞观二十三年(649)	49岁	秦城府果毅上柱国	秦城府	洪原乡少陵原	《西安碑林博物馆新藏墓志续编》
21	李楷	德谟	陇西成纪人	贞观十九年(645)	永徽六年(655)	50岁	上柱国	私第	同乐里旧茔	《西安碑林博物馆新藏墓志续编》
22	唐迹	志顺	北海人	贞观十九年(645)	龙朔三年(663)	—	兰州长史	私第	京师凤栖原	《西安碑林博物馆新藏墓志续编》
23	刘端	正平	沛郡彭城人	贞观十九年(645)	上元二年(675)	73岁	洛纳府旅帅	—	河南县龙门乡	《洛阳流散墓志汇编》
24	孙林	承庆	乐安郡人	贞观十九年(645)	麟德二年(665)	57岁	上轻车都尉	官舍	邙山	《洛阳流散墓志汇编》
25	李佺	孝廉	陇西狄道人	龙朔年间"熊津道运粮大使"	永淳二年(683)	56岁	谷州都督	官舍	河南县龙门乡	《洛阳流散墓志汇编》
26	李言	神禧	陇西成纪人	乾封年间	文明元年(684)	59岁	安东都护府万金镇副骑都尉	私第	巩县孝义乡	《洛阳流散墓志汇编》
27	杜口	—	京兆杜陵人,杜嗣俭之子	有"从子东征"字样	不详	—	不详	不详	—	《洛阳流散墓志汇编》
28	彭胶	—	其先陇西人	显庆五年"征百济有功"	咸亨三年(672)	43岁	陈州宛丘县丞,柱国	劝善坊私第	北邙	《洛阳流散墓志汇编》

续表

	姓名	字号	籍贯	赴朝鲜半岛年月	死亡年月	死亡年龄	最终官职	临终状态	埋葬地点	资料来源
29	贾感	□	洛阳人	贞观十九年（645）	长寿元年（692）	55岁	营州平辽镇副	洛阳家中	洛阳北邙山	《唐代墓志汇编》（开元116）
30	斛斯政则	公纯	京兆户人	贞观十九年（645）	咸亨元年（670）	81岁	右监门郎将	九成宫家中	陪葬昭陵	《全唐文补遗》卷2
31	李冲寂	广德	陇西狄道人	贞观十九年（645），麟德年中	永淳元年（682）	—	怀州刺史	唐州方城县行次	万年县龟川乡之原	《全唐文》卷196
32	马文超	—	太原扶风（?）	贞观十九年（645）	—	—	不详	—	—	《唐代墓志汇编》（开元074）
33	张胫	德纯	汝南郾城人	贞观十九年（645）	总章元年（668）	70岁	右监门中郎将	私第	伊阙县万安山阳	《全唐文补遗》卷8
34	张秀	实	修武人	贞观十九年（645）	贞观二十二年（648）	27岁	不详	家中	洛阳北邙	《全唐文补遗》卷2
35	张仁	曼叔	洛阳（原南阳）人	贞观十九年（645）	开元四年（716）	84岁	五台县令，上骑都尉	家中	代州城西	《唐代墓志汇编》（开元042）
36	梁基	知本	安定乌氏人	贞观十九年（645）	贞观二十二年（648）	46岁	—	军中	邙山平阴	《全唐文补遗》卷6
37	任素	—	汾阴人	贞观十九年（645）	显庆口年	38岁	武骑尉	—	平乐乡	《全唐文补遗》卷6
38	韩逞	长安	许州临颍人	贞观十九年（645）	永徽四年（653）	61岁	游击将军	官舍	洛阳北邙	《全唐文补遗》卷2

续表

姓名	字号	籍贯	赴朝鲜半岛年月	死亡年月	死亡年龄	最终官职	临终状态	埋葬地点	资料来源
39	张羊	君节	南阳白水人	贞观十九年(645)	显庆元年(656)	32岁	永嘉府队副	家中	洛阳北邙山	墓志铭
40	刘观	慧览	徐州彭城人	贞观十九年(645)	垂拱元年(685)	83岁	游击将军	家中	大州赤城	墓志铭
41	姜纲	纪	陇西天水人	贞观十九年(645)	永徽六年(655)	56岁	杭州刺史	杭州官署	河南县平乐乡北邙	《全唐文补遗》卷8
42	元师奖	玄宗	河南人	贞观十九年(645)	垂拱二年(686)	66岁	河源道经略副使	鄜州官舍	岐州	《全唐文补遗》卷3
43	刘胡仁	—	洛阳人(望彭城)	贞观十九年(645)	不详	—	不详	—	—	《唐代墓志汇编》(开元063)
44	郭君副	—	太原人	贞观十九年(645)	乾封二年(667)	67岁	鄜鄜府队正	洛州私第	北邙	《唐代墓志汇编》(乾封047)
45	李琮	文素	汴州陈留人	贞观十九年(645)	如意元年(692)	—	上骑都尉	延福坊第	清风乡	《全唐文补遗》卷2
46	段雅	德亮	雁门人	贞观十九年(645)	不明	51岁	晓骑尉	私第	段村东	《全唐文补遗》卷7
47	娄敬	仁恭	其先齐国人	永徽三年(652)、龙朔元年(661)、乾封元年(666)	乾封二年(667)	53岁	右骁卫游击将军上柱国	薨于军中	洛阳北邙山之阳	《唐代墓志汇编》(乾封051)

续表

序号	姓名	字号	籍贯	赴朝鲜半岛年月	死亡年月	死亡年龄	最终官职	临终状态	埋葬地点	资料来源
48	莫义	承符	京兆万年人	贞观十九年(645)	长寿二年(693)	67岁	朝散大夫行司宫合宫委官局令	尚善里私第	邙山	《全唐文补遗》卷3
49	浩玄		汝南鄢城人	显庆末年、龙朔年间	龙朔元年(661)	41岁	护军	死于辽东	泽州高平县城东	《全唐文补遗》卷8
50	王行则		山东登州人	显庆末年、龙朔年间	麟德初年返回故乡		不详	返回登州,其他情况不明	不详	圆仁《入唐求法巡礼行记》
51	杨思善	絿	徙居洛阳	龙朔元年(661)	龙朔元年(661)	58岁	镂方道行军兵曹	死于军所	北邙旧茔	《全唐文补遗》卷3
52	安范	兴孙	雍州盩厔人	龙朔年中	永昌元年(689)	64岁	上骑都尉	私第	盩厔县昌国原	《全唐文补遗》卷7
53	孙仁贵	土稜	范阳涿人	总章元年(668)	长寿二年(693)	42岁	辽东道行军判官赤永军大使	私第	洛州合宫县龙门乡	《全唐文补遗》(千唐志斋卷)
54	朱静方		洛州陆浑县人	总章年中	神龙二年(706)	62岁	柱国	洛阳道政里	河南北山	《全唐文补遗》(千唐志斋卷)
55	刘浚	德深	许州尉氏人	龙朔年间、麟德年间	永昌元年(689)	47岁	上柱国	广州贬所	陪葬乾陵	《唐代墓志汇编》(开元304)
56	张口	修义	南阳人	龙朔年间	开元五年(717)	63岁	—	家中	—	《全唐文补遗》卷4
57	田仁汪	履贞	北平人	贞观年间	麟德二年(665)		司卫正卿	东都河南里私第	高阳原	《唐代墓志汇编续集》、《全唐文补遗》卷3

续表

	姓名	字号	籍贯	赴朝鲜半岛年月	死亡年月	死亡年龄	最终官职	临终状态	埋葬地点	资料来源
58	张亮	—	—	贞观十九年(645)	—	—	水军总管	—	—	砣矶岛石刻
59	董师	盛德	陇西人	龙朔年中	龙朔年中	—	上骑都尉	战死军中	—	《隋唐五代墓志铭汇编》山西卷
60	郑宝念	—	荥阳郡开封人	乾封元年(666)	垂拱二年(686)	78岁	并州太原府折冲	京师西布政乡私第	长安城南细柳原	《长安碑刻》
61	张素	—	南阳白水人	龙朔年中	永隆元年(680)	56岁	上柱国	长安思恭里私第	洛阳北邙平乐乡	《唐代墓志汇编》(神功008)
62	张仁楚	仁楚	南阳白水人	龙朔三年(663)	长安三年(703)	77岁	岷州刺史	岷州官舍	洛阳北原	《唐代墓志汇编》(长安044)
63	皇甫武达	宝成	雍州长安人	总章元年(668)	仪凤二年(677)	55岁	宁远将军	鄜州镇所	京师马祖原冯洛北	《陕西历史博物馆刊》第11辑
64	朱义琮	仲珪	洛阳人	龙朔三年(663)	上元三年(676)	85岁	定州刺史	东都修业里	洛阳奇坑之原	墓志铭
65	南郭生	—	其先固安人	龙朔二年(662)、载初元年(690)	延载元年(694)	57岁	朝议大夫、安东都护府录事	官舍	洛阳合宫县平乐乡	《唐代墓志汇编》(证圣006)
66	平原郡开国公	—	不详	龙朔年中	麟德元年(664)		熊津道总管常州刺史	官舍	不详	《全唐文》卷185
67	仵钦	祖仁	蓟县人	龙朔元年(661)	总章元年(668)	67岁	朝散大夫上柱国	家中	县城北	《全唐文补遗》卷6
68	郑仁恺	仁恺	荥阳人	龙朔中、麟中(?)	□□元年	76岁	密、亳二州刺史	东都惠训里家中	—	《全唐文》卷220

293

续表

	姓名	字号	籍贯	赴朝鲜半岛年月	死亡年月	死亡年龄	最终官职	临终状态	埋葬地点	资料来源
69	王庆	弘庆	东莱掖人	龙朔初	神龙元年(705)	67岁	朝仪郎行登州司马上柱国	官舍	掖城东南五里掖山之阴	《唐文拾遗》卷22
70	张德	文	洛阳人	显庆五年(660)	总章元年(668)	47岁	骑都尉	家中	洛阳北邙	《全唐文补遗》卷5
71	陆仁俭	乾迪	河南洛阳人	显庆五年(660)、龙朔元年(661)、麟德元年(664)、乾封元年(666)	如意元年(692)	66岁	禹州都督	官舍	邙山	《全唐文补遗》卷5
72	李靖	—	陇西成纪人	显庆五年(660)	龙朔二年(662)	54岁	汾阴县丞上柱国	魏封之私第	洛阳北山	《唐代墓志汇编》(龙朔043)、《全唐文补遗》卷2
73	冯师训	邦基	长乐郡人	显庆五年(660)、乾封元年(666)	如意元年(692)	75岁	左武卫将军上柱国	家中	—	《全唐文补遗》卷3
74	程思义	思义	东平人	不明	长安三年(703)	75岁	朝议大夫行兖州龚丘县令	洛阳县德懋里私第	合宫县平乐原	《全唐文补遗》卷3
75	豆卢钦望	—	昌黎徒合人	显庆年间	景龙三年(709)	86岁	芮国公	私第	陪葬乾陵	《陕西历史博物馆馆刊》第6辑
76	张仁祎	道穆	中山义丰人	显庆五年(660)、龙朔元年(?)	仪凤元年(676)	58岁	吏部郎中	长安胜业里	洛州北邙	《唐代墓志汇编》(仪凤029)、《全唐文补遗》卷1

续表

	姓名	字号	籍贯	走朝鲜半岛年月	死亡年月	死亡年龄	最终官职	临终状态	埋葬地点	资料来源
77	阎基	茂先	洛阳人	显庆五年(660)	圣历二年(699)	75岁	唐州司马	唐州官舍	河阴	《唐代墓志汇编》(圣历043)
78	阎庄	当时	河南人	贞观十九年(645)	上元三年(676)	52岁	大中大夫太子家令	河南县宣风里私第	乾封县福阴乡高阳原	《全唐文补遗》卷5
79	李思贞	惟杰	平原高堂人	不明	长安四年(704)	63岁	沙州刺史	沙州刺史官舍	万年县浐川乡长乐原	《全唐文补遗》卷5
80	王嘉	感	太原人	麟德年中	永淳元年(682)	61岁	昭武尉	家中	洛阳合宫县	《唐代墓志汇编》(长安022)
81	靳晸	大廉	汾州西河人	麟德元年(664)	仪凤三年(678)	52岁	带方州录事、礼州司马，建州昭武县令	官舍	洛阳北山	墓志铭
82	王德表	文甫	太原晋阳人	麟德年中	圣历二年(699)	80岁	濮州文安县令	家中	合宫县伯乐原	《唐代墓志汇编》(圣历028)
83	梁待宾		安定临泾人	麟德年中	长寿二年(693)	50岁	明威将军	神都隆善里家中	雍州蓝田县骊山原	《全唐文》卷195
84	于遂古	前经	东海剡人	乾封元年(666)	圣历元年(698)	75岁	陕州刺史平公	洛州明堂县家中	—	《全唐文补遗》卷3
85	刘公绰	—	上党壶关人	乾封元年(666)	光宅元年(684)	68岁	从善府校尉上柱国	家中	—	《全唐文补遗》卷5
86	魏哲	知人	钜鹿曲阳人	乾封元年(666)、总章年间	总章二年(669)	54岁	右监门将军，检校安东都护	安东都护府官舍	墓志铭未有记载	《全唐文》卷194

续表

	姓名	字号	籍贯	赴朝鲜半岛年月	死亡年月	死亡年龄	最终官职	临终状态	埋葬地点	资料来源
87	马宝义	孝先	洛阳人	总章年中	咸亨二年(671)	67岁	上骑都尉	家中	邙山平阴	《唐代墓志汇编》（咸亨044）
89	崔献	—	—	乾封元年(666)	调露三年(681)	67岁	左武卫将军、成安县男	紫桂宫羽林军官第	—	《全唐文》卷196
89	康留买	—	西州茂族，今为洛阳人	乾封中、总章中	永淳元年(682)	—	游击将军	家中	邙山平乐乡	《唐代墓志汇编》（永淳013）
90	韦泰真	知道	京兆杜陵人	总章年间	垂拱三年(687)	61岁	怀州刺史上柱国	神都崇善坊私第	河南县平乐乡	《全唐文补遗》卷5
91	王方翼	仲翔	太原祁人	上元中（未能成行）	垂拱三年(687)	63岁	夏州都督	—	咸阳原	《全唐文》卷228
92	陆孝斌	顺	洛阳人	咸亨中	圣历元年(698)	62岁	齐州司马	姚郱之逆旅	漳北之神冈	《全唐文》卷231
93	王守义	—	不详	咸亨中	咸亨中	—	不详	在海东（新罗）遇疫亡	友陆孝斌送表	陆孝斌墓志铭
94	赵义	怀敬	天水人	咸亨中	调露二年(682)	54岁	淄州高苑县丞	东都修善里家中	王城北邙之原	《唐代墓志汇编》（永淳023）
95	李谨行	谨行	其先盖肃慎之苗裔	上元中	永淳二年(683)	64岁	积石道经略大使	州河源军官舍	陪葬乾陵	《全唐文补遗》卷2
96	张大象（张公谨之子）	—	敦煌人	不明	不明	—	辽东一军总管	不明	不明	《全唐文补遗》卷5（其子墓志）

续表

	姓名	字号	籍贯	赴朝鲜半岛年月	死亡年月	死亡年龄	最终官职	临终状态	埋葬地点	资料来源
97	连□	隆	潞州襄垣人	不明	永昌元年(689)	66岁	飞骑尉	家馆	襄垣县纯孝乡茅平原	《全唐文补遗》卷6
98	张贞	□师	河南洛阳人	不明	垂拱元年(685)	59岁	上柱国	私第	邙上之岭	《全唐文补遗》卷7
99	贾隐	—	洛阳人	上元中(?)	天授三年(692)	61岁	鸡林道行兵曹检校子营总管		洛阳清风原	《全唐文补遗》卷5
100	刘仁轨	正则	汴州尉氏人	龙朔、乾封、总章、上元	垂拱元年(685)	85岁	同凤阁鸾台三品,文献公	洛阳官舍	陪葬乾陵	本传,其子墓志
101	薛礼	仁贵	河东汾阴人	贞观、永徽、显庆、咸亨、上元	永淳二年(683)	70岁	代州都督	洛阳	葬于故乡山西	《旧唐书》卷83,《集古录跋尾》
102	刘仁愿	—	绥州人	显庆五年(660)、龙朔、麟德、乾封	不详	—	熊津都督左卫郎将	不详	不详	《旧唐书》卷83
103	刘三仁	—	元氏县人	不明	不明	—	云骑尉	死于辽川	元氏县城东十里	《全唐文补遗》卷4 (其父刘珍墓志)
104	宋祯	麟福	广平县人	—	长安三年(703)	—	延州刺史	私第	偃师县之原	《全唐文补遗》卷4
105	张□	修义	南阳人	不明	开元五年(714)	63岁	飞骑尉仁勇副尉	私第	—	《全唐文补遗》卷4
106	韩仁楷	昭本	河南阳城人	贞观十九年(645)、永徽六年(655)	仪凤四年(679)	59岁	荆州长林县令	—	河南平乐乡	《全唐文补遗》卷2

续表

	姓名	字号	籍贯	赴朝鲜半岛年月	死亡年月	死亡年龄	最终官职	临终状态	埋葬地点	资料来源
107	口永	隆	太原祁县人	乾封、咸亨、上元年间	上元年(674)	58岁	安东副都护	安东府官舍	雍州山原县	《唐代墓志汇编》(天宝082)
108	王思讷	眘言	太原人	不明	证圣元年(695)	—	文林郎骑都尉	染疫卒于桂州之军幕	邙山之原	《唐代墓志汇编》(天册万岁006)
109	王敬	仁恪	太原祁县人	贞观、显庆间	龙朔三年(663)	50岁	游击将军	死于军中	邙山	《全唐文补遗》卷2
110	黑齿常之	恒元	原百济人	麟德中、上元中	永昌元年(689)	60岁	右武卫大将军	洛阳狱中	洛阳北邙山	《唐代墓志汇编》(圣历022)
111	李秀	玄秀	范阳人	咸亨中	开元四年(716)	62岁	云麾将军,辽西郡开国公	范阳郡私第	范阳福录原	《金石萃编》卷85
112	张举	全节	南阳白水人	贞观十九年(645)	仪凤二年(677)	84岁	飞骑尉、郑州杨武县令	自宅	邺城西六里	《唐代墓志汇编续集》(光宅006)
113	李德武	—	不明	永徽六年(655)	不详	—	中郎将	不明	不明	《全唐文补遗》卷2,韩仁楷墓志
114	张和	才	洛阳人	贞观年间、高宗朝	永淳元年(682)	60岁	上柱国	遭疾卒于私第	邙山	《唐代墓志汇编》(永淳002)
115	张成	文德	南阳西鄂人	不明	垂拱三年(687)	52岁	上柱国右武卫长史	私第	河南县平乐乡	《唐代墓志汇编》(垂拱038)
116	牛莫同	—	上党人	高宗朝	不明	—	柱国	不明	父牛宝永淳元年葬	《西安碑林博物馆新藏墓志》

续表

	姓名	字号	籍贯	赴朝鲜半岛年月	死亡年月	死亡年龄	最终官职	临终状态	埋葬地点	资料来源
117	贾绍	文兴	上党人	龙朔年间	龙朔年间	—	—	死于军中	州城西南	《西安碑林博物馆新藏墓志》
118	成谧	贞固	河南缑氏县人	高宗朝	文明元年(684)	61岁	上柱国	私第	洛阳平阴乡	《唐代墓志汇编》(文明004)
119	牛文宗	法师	泾州安定人	贞观十九年(645)	永徽四年(653)	47岁	魏州阆乡县令	阆乡县任内	京兆杜城西高阳原	《大唐西市博物馆藏墓志》
120	徐德	孝德	高平人	贞观十九年(645)、贞观二十二年(648)	显庆二年(657)	61岁	果州刺史	果州刺史任内	万年县少陵原之智原乡	《大唐西市博物馆藏墓志》
121	宇文粹	师	河南洛阳人	贞观十九年(645)	麟德二年(665)		骁骑尉旅帅	洛阳家中	雍州万年县杜陵凤栖原	《大唐西市博物馆藏墓志》
122	焦海智	巨源	陇西安人	贞观十九年(645)、乾封年间	永隆二年(681)	72岁	左骁卫安州都督	路途	同州下邽县晋平原	《大唐西市博物馆藏墓志》
123	元长寿		河南人	贞观十九年(645)	咸亨元年(670)	73岁	右骁卫将军	西京安兴里	万年县义丰乡	《大唐西市博物馆藏墓志》
124	屈突诠	公理	雍州长安人	咸亨、调露、开耀年间	载初元年(690)	69岁	安东都护、笼州刺史	赴任途中(邕州)	洛阳县清风乡	《中原文物》2020年第3期
125	张玄景	元晖	本武威人后居河南	不明	咸亨五年(674)	52岁	骑都尉	私第	邙山	墓志铭

续表

	姓名	字号	籍贯	赴朝鲜半岛年月	死亡年月	死亡年龄	最终官职	临终状态	埋葬地点	资料来源
126	连简	隆	潞州襄垣人	不明	永昌元年(689)	66岁	飞骑尉	馆舍	襄垣	《唐代墓志汇编》(天册万岁008)
127	李起宗	弘道	陇西成纪人	不明	显庆三年(658)	36岁	上柱国	—	北芒	《唐代墓志汇编》(万岁登封006)
128	李顶	柱仁	邢州龙岗人	不明	圣历三年(700)	74岁	上柱国	私第	邢州	《全唐文补遗》卷4
129	牛高	靳举	上党潞城人	贞观年间	永淳元年(682)	59岁	上柱国	私第	潞城县映山原	《唐代墓志汇编》(万岁通天001)
130	田涛	菩提	临淄郡东郊县人	贞观十九年(645)	咸亨二年(671)	80岁	乡长	礼泉坊私第	高阳原	《大唐西市博物馆藏墓志》
131	徐迪	元道	高平人	贞观年间	贞观十八年七月(?)	35岁	上柱国长上校尉	私第	河南龙门山阴	《大唐西市博物馆藏墓志》
132	焦海智	巨源	陇西南安人	贞观十九年(645)、乾封年间	永隆元年(680)	72岁	宁远将军	送兵途中	同州下邽县	《大唐西市博物馆藏墓志》
133	强伟	玄英	扶风人	贞观二十一年(647)	麟德元年(664)	57岁	轻车都尉	长城县廨第	河南县金谷原	《唐代墓志汇编》(麟德026)
134	可那氏的丈夫(无名)	—	不明	贞观十九年(645)	不明	不明	无	死于战阵	邙山之阳	《全唐文补遗》卷4
135	牛秀	进达	其先陇西人,后为濮阳雷泽人	贞观十九年(645)、贞观二十一年(647)	永徽二年(651)	57岁	左武卫大将军	私第	陪葬昭陵	《全唐文补遗》卷2

续表

	姓名	字号	籍贯	赴朝鲜半岛年月	死亡年月	死亡年龄	最终官职	临终状态	埋葬地点	资料来源
136	吴广	黑闼	濮阳人	贞观十九年(645)	总章元年(668)	78岁	濮阳郡开国公	私第	陪葬昭陵	《全唐文补遗》卷1
137	张琮	珍	南阳人	乾封年间	仪凤二年(677)	63岁	上柱国	私第	县城西北	《全唐文补遗》卷6
138	王玄裕	玄裕	太原祁人	不明	咸亨二年(671)	61岁	柱国	德懋里私第	北邙山	《全唐文补遗》卷3
139	郭康		并州晋阳人	不明	不明	—	不详	不详	不详	其子郭信墓志铭
140	冯名	孝德	新平郡人	不明	久视元年(700)	49岁	漳源府校尉	私第	—	《全唐文补遗》卷6
141	郭行节	志议	太原人	咸亨二年(671)	咸亨二年(671)	41岁	鸡林道判官押运使	死于海中	招魂合葬清风乡	《唐代墓志汇编续集》(长寿009)
142	樊康	元贞	南阳人	不明	天册万岁二年(696)	76岁	上轻车都尉	私第	口城东	《唐代墓志汇编续集》(万岁登封003)
143	扶余隆	隆	百济辰韩人	麟德、乾封	永淳元年(682)	66岁	熊津都督带方郡王	私第	北邙清善里	《全唐文补遗》卷3
144	李度	仁才	赵郡人	不明	景龙四年(710)	—	上柱国	私第	州城西南	《唐代墓志汇编续集》(景云002)

续表

	姓名	字号	籍贯	赴朝鲜半岛年月	死亡年月	死亡年龄	最终官职	临终状态	埋葬地点	资料来源
145	雍平辽		平凉人	—	不详	—	不详	不详	不详	《唐代墓志汇编续集》（开元176）
146	姬温	思忠	河南洛阳人	贞观十九年（645）	上元二年（675）	75岁	昭陵令	永安坊私第	白鹿原	《唐代墓志汇编续集》（上元015）
147	王大礼	仪	河南洛阳人	贞观十九年（645）	总章二年（669）	57岁	绥州刺史	歙州官第	陪葬昭陵	《唐代墓志汇编续集》（咸亨003）
148	高感	敏	渤海郡人	贞观十九年（645）	麟德元年（664）	52岁	上骑都尉	私第	州城西	《唐代墓志汇编续集》（永隆001）
149	姚思玄	尚默	河东蒲坂人	不详	万岁通天二年（697）	55岁	上骑都尉	洛城思顺里	某原	《全唐文补遗》卷2
150	执失莫诃友	—	代郡朔方人	贞观十九年（645）	不明		左威卫大将军	—	—	《唐代墓志汇编续集》（开元052）
151	纪会	冲远	丹阳人	不明	万岁通天二年（697）	73岁	曲周县令	官署	毕陌南原	《唐代墓志汇编续集》（开元113）

续表

	姓名	字号	籍贯	赴朝鲜半岛年月	死亡年月	死亡年龄	最终官职	临终状态	埋葬地点	资料来源
152	庞德威	二哥	南安人	不明	乾封元年(666)	68岁	上护军	私第	四池之侧	《平津读碑记》卷1
153	樊文	彦藻	南阳人	贞观年间	大足元年(701)	70岁	司卫少卿上柱国	私第	合宫县合阳乡王幼村	《唐代墓志汇编续集》(长安002)
154	薛玄则	燕客	河东汾阴人	龙朔元年(661)	龙朔二年(662)	31岁	朝请郎	莱州途中	长安高阳原	《长安新出墓志》
155	刘孝节	悌城	徐州彭城人	贞观十九年(645)	麟德二年(665)	65岁	明威将军	东都恭安里私第	雍州泾阳县	《全唐文补遗》卷3
156	刘文祎	—	—	贞观十九年(645)	—	83岁	游击将军	—	—	—
157	薛万备	百同	河东汾阴人	贞观十九年(645)	龙朔元年(661)	61岁	鸭绿道行军副总管	长安私第	长安县福阴乡高阳原	《珍稀墓志百品》
158	奚道	履休	河南洛阳人	贞观二十年(646)	上元元年(674)	72岁	骑都尉	私第	万安山阴委粟乡	《洛阳流散唐代墓志汇编续集》
159	崔玄藉	玄素	清河东武城人	贞观十九年(645)	龙朔二年(662)	64岁	绵竹县令	官舍	偃师凤停原	《洛阳流散唐代墓志汇编续集》
160	崔敏童	—	博陵安平人	显庆五年(660)	上元元年(674)	49岁	宣义郎	私第	偃师县西	《洛阳流散唐代墓志汇编续集》

续表

	姓名	字号	籍贯	赴朝鲜半岛年月	死亡年月	死亡年龄	最终官职	临终状态	埋葬地点	资料来源
161	李怀式	—	上党壶关人	乾封年间(?)	总章三年(670)	—	—	辽左	与其父合葬	《珍稀墓志百品》
162	萧珪	行琛	南兰陵兰陵人	贞观十九年(645)	开耀元年(681)	67岁	濮州长史	官舍	雍州明堂县少陵原	《洛阳新获墓志(2015)》
163	张惟直	朗子	洛州洛阳人	—	圣历元年(698)	—	—	—	成周之西三里	《洛阳新获墓志(2015)》
164	陶通	怜	丹阳郡人	不明	仪凤二年(677)	51岁	果毅都尉	任所	雍州乾封县高阳原	《长安高阳原新出土隋唐墓志》
165	卫离	俨	京兆长安人	贞观十九年(645)	永淳元年(682)	64岁	上柱国	怀远里第	高阳原	《长安高阳原新出土隋唐墓志》
166	张彦	知信	河南人	贞观年中	永隆元年(680)	70岁	上轻车都尉右果毅	官舍	平洛乡邙山之阳	《洛阳流散唐代墓志汇编续集》
167	崔静	务道	博陵安平人	龙朔年中	咸亨二年(671)	75岁	德州长史	官第	偃师西廿五里	《洛阳流散唐代墓志汇编续集》
168	郭思敬	怀恭	太原人	—	—	—	左武卫右郎将	战死疆场	合宫县龙门乡	《洛阳流散唐代墓志汇编》
	麴名昉等60人		中山次飞人	贞观十九年(645)	—	—	—	—	—	《常山金石志》卷8

续表

姓名	字号	籍贯	赴朝鲜半岛年月	死亡年月	死亡年龄	最终官职	临终状态	埋葬地点	资料来源
河北元氏县100余人		河北元氏县	贞观十九年（645）	—	—	—	—	—	《常山金石志》卷8

说明：笔者依据周绍良主编《唐代墓志汇编》（上海古籍出版社，1992），周绍良、赵超主编《唐代墓志汇编续集》（上海古籍出版社，2001），吴钢主编《全唐文补遗》（全9辑，三秦出版社）、《全唐文补遗》（千唐志斋新藏专辑）、《陕西历史博物馆新藏墓志》、《碑林集刊》定期杂志，以及近年来出版的《西安碑林博物馆新藏墓志》（全3册，线装书局，2007），西安市长安区博物馆编《长安新出墓志》（文物出版社，2010），胡戟、荣新江主编《大唐西市博物馆新藏墓志》（全3册，北京大学出版社，2012），毛阳光等主编《洛阳流散唐代墓志汇编》（国家图书馆出版社，2013），赵力光主编《西安碑林博物馆新藏墓志续编》（上下册，陕西师范大学出版社，2014），吴敏霞主编《长安碑刻》（陕西人民出版社，2014）等资料，在原书列出赴朝鲜半岛的65位唐人军将事迹基础上，增加了89件石刻墓志资料，人数增加到156名（不包含贞观十九年赴朝鲜半岛的中山次飞，河北元氏县的160人）。见《石刻墓志与唐代东亚交流研究》，科学出版社，2015。

修订者按：笔者根据近五年来出版的胡戟编著《珍稀墓志百品》（陕西师范大学出版社，2016），李明主编《长安高阳原新出土隋唐墓志》（文物出版社，2016），齐运通、杨建峰主编《洛阳新获墓志（2015）》（中华书局，2017），毛阳光主编《洛阳流散唐代墓志汇编续集》（全3册，国家图书馆出版社，2018），李明主编《陕西省考古研究院新入藏墓志》（上海古籍出版社，2019）等，新增加赴朝鲜半岛唐人军将12位，力图给学界探讨这一时期涉及史事提供更多更有价值的史料。

表 2 7 世纪中叶唐与新罗及朝鲜半岛关联造像题记石刻

造像题记名称	制作时间	所在地点	制作人	内容概要	备注
僧知道造像记	显庆三年(658)	洛阳龙门	僧知道	为入辽兄造地藏菩萨	清人陆增祥氏认为是贞观十九年入辽
青州刺史赵王福题记	乾封元年(666)	山东历城县神通寺	赵王李神福	为太宗文皇帝敬造弥勒佛,愿四夷顺命,家国安宁,法界众人生普登佛道	青州位于山东半岛
魏玄德母宋氏造像记	乾封元年(666)	河南巩县石窟寺	魏玄德母宋氏	为亡男玄□及东行男玄德,愿平安早口。敬造像一龛,合家供养	东行应是征伐高句丽
刘仁愿等题名	乾封元年(666)二月十九日	东岳泰山岱顶仰天洞内	刘仁愿	……颍川郡夫人陈大□□□出身□□□二男怀襟任弘文馆学生大一人新妇大一人 乾封元年二月十九日上□记盟排儿高益富吕小奉母阿稔荃博士沈小奴	刘仁愿从百济留守驻地返回,参加泰山封禅典礼
王婆偎师造像记	乾封二年(667)十二月八日	洛阳龙门	王婆	为男寇土聪征辽,愿得归还;孙大贞,女大娘、二娘、三娘,合家敬造像一铺,又愿七代亡先亡俱令离苦	应是参与唐罗对高句丽之战
比邱法秤造像记	乾封二年(667)十二月十八日	洛阳龙门	僧法秤	上为皇帝,师僧父母,东征行人,并愿平安;又愿国土安宁,十万施主,离障解脱,成无上道	其可能与皇室关系密切
曾廓仁母游婆造像记	龙朔二年(662)四月十日		游婆	为儿廓仁入辽	应是随苏定方等出征者
刘玄口母造像记	咸亨元年(670)	河南巩县石窟寺	刘玄口母	为夫征辽	应是唐与高句丽遗民间的战斗

续表

造像题记名称	制作时间	所在地点	制作人	内容概要	备注
比邱法秤造像记	咸亨元年（670）九月十八日	河南巩县净土寺	僧法秤	比丘僧法秤为国王帝主愿四方宁静及为师僧父母十方施主愿造尊像一龛愿敬解脱成无上道同出苦门离	其可能与皇室关系密切
薛仁贵造像题记	咸亨四年（673）五月	洛阳龙门	薛仁贵	为皇帝皇后敬造阿弥陀像一躯并一菩萨，普共法界仓生同得此福	其咸亨二年从新罗返回后一直闲居洛阳
王婆题记	上元三年（676）	洛阳龙门	清信女王婆	为儿未元庆东行，愿平得安，敬造一躯了	未元庆可能参与唐罗最后的一战
陈口造像记		洛阳龙门	陈口	为夫人辽	其具体年代不明
唐乾封元年阿弥陀造像记	乾封元年	不明	车仁感等人	军仁感为被差辽东行，愿兵戈息偃，海内大定。假若从军，愿平安归国，奉待父母及大像主……	《全唐文补遗》卷4

表3 7世纪中叶唐与朝鲜半岛关联军事行动统计

出动时间	领兵将领	作战对象	作战区域	兵力	战况	资料来源
贞观十九年（645）	陆军：李勣、李道宗等；水军：张亮、常何、左难当等	高句丽	辽水流域，盖牟城，沙卑城，辽东城，白崖城，安市城	率江淮等地兵四万，两京募士三千，战舰五百艘；步骑兵六万及兰、河二州降胡	唐朝虽收复辽东城，但由于高句丽军市城守的顽强抵抗，以及气候原因，唐军最终从辽东撤离	《新唐书》卷220，《三国史记》卷21，《资治通鉴》卷198

· 307 ·

续表

出动时间	领兵将领	作战对象	作战区域	兵力	战况	资料来源
贞观二十一年(647)	水军：牛进达、李海岸等；陆军：李勣、孙贰朗等	高句丽	辽东半岛的石城、积利城，以及南苏、木底等地	牛、李二人发兵万余人，李勣等率兵三千人	实施骚扰策略	《新唐书》《旧唐书》《资治通鉴》
贞观二十二年(648)	水军：薛万彻、裴行方等	高句丽	自莱州泛海	三万余人及楼船战舰	实施骚扰策略	《新唐书》《旧唐书》《资治通鉴》《三国史记》
永徽六年(655)	程名振、苏定方等	高句丽	渡辽水	杀获千余人，所领兵力不详	救援新罗	《资治通鉴》卷199、《唐代墓志汇编》上册
显庆三年(658)	程名振、薛仁贵	高句丽	高句丽赤峰镇	斩首二千五百级，所领军队队数不详	实施骚扰策略	《资治通鉴》卷199
显庆四年(659)	梁建方、契苾何力、薛仁贵	高句丽	横山石城	所领军队数不详	可能有麻痹百济的意图	《新唐书》卷111
显庆五年(660)	苏定方、刘伯英、新罗王金春秋及大将金庾信等	百济	泗沘城等	有两种记载：①十万，②十三万	救援新罗，灭亡百济，构筑征伐高句丽的南线据点	《新唐书》《旧唐书》《资治通鉴》《三国史记》《三国遗事》
龙朔元年(661)至二年	苏定方、契苾何力、任雅相、庞孝泰等	高句丽	鸭绿江、马邑山、平壤坡等地	三十五军。具体兵力不详	乘伐百济的余威，征伐高句丽	《三国史记》《新唐书》《旧唐书》《资治通鉴》
乾封元年(666)、总章元年(668)	李勣、契苾何力、郝处俊、薛仁贵、刘仁轨、刘仁愿、新罗文武王等	高句丽	南北夹击高句丽	兵力总数不详	高句丽灭亡，在平壤建立安东都护府	《册府元龟》《新唐书》《旧唐书》《三国史记》

续表

出动时间	领兵将领	作战对象	作战区域	兵力	战况	资料来源
咸亨元年(670)至二年	薛仁贵、李谨行、高侃等	新罗	征伐新罗	李、高领兵四万,薛仁贵所领兵力不详	薛仁贵贵战战绩不明,李谨行、高侃驻兵平壤附近	《三国史记》
上元元年(674)	刘仁轨、李谨行等	新罗	发布征伐新罗令,但未即刻出兵	兵力不详		《新唐书》《旧唐书》《三国史记》
上元二年(675)	刘仁轨、李谨行等	新罗	七重城,葫芦河,买肖城等	史书记载为二十万。另有十万与四万之说	唐军损失战马三万余匹,兵器等无数。唐军战略转移	《三国史记》李荣荣氏,以及笔者的见解
仪凤元年(676)	薛仁贵(？)	新罗	新罗所夫里州伎浦	兵力不详	大小二十二战,唐军皆败	《三国史记》,池内宏,黄约瑟,徐荣教以及笔者的见解

表 4 7 世纪中叶新罗赴唐使节行迹

年代	入唐时间	担当者	目的	在唐活动	归还情况	交涉影响	备注
642	新罗善德王十一年	缺载	朝贡				
643	善德王十二年正月	缺载	献方物				
643	善德王十二年九月	缺载	请兵求援	面见唐太宗		引发毗昙之乱	《三国遗事》卷 4

续表

年代	入唐时间	担当者	目的	在唐活动	归还情况	交涉影响	备注
643	善德王十二年十一月	缺载	求救			百济闻之罢兵	
644	善德王十三年正月	金多遂	朝贡献方物	面见唐太宗受领诏书			据《文馆词林》记载
645	善德王十四年正月	缺载	献方物				
648	真德王二年正月	缺载	朝贡				
648	真德王二年冬	邯帙许	朝贡	唐太宗提出新罗年号问题；新罗使节答应接受唐年号等		为新罗重臣金春秋赴唐做准备	权惠永氏将此编排于649年
648	真德王二年十二月	伊飡金春秋、金春秋之子金文王等	朝贡、请兵以及文化方面需求	面见唐太宗，在国子学观释奠及讲论，请改章服从中华制度，接受唐官爵及赐物	次年初离开唐朝返回新罗	开启新罗与唐交涉的新局面	权惠永氏据金石文，认为金氏父子是647年赴唐的
650	真德王四年六月	金春秋长子金法敏等	告捷举讼	献真德王亲自缝制的五言颂诗、举讼百济，接受唐朝官爵		直接诱发唐高宗次年下玺书，唐对百济的态度开始转变；新罗与唐的关系加深	
651	真德王五年正月	金春秋次子仁问等	朝贡宿卫			与唐的关系加深	
652	真德王六年正月	缺载	朝贡				权惠永氏推定为贺正

续表

年代	入唐时间	担当者	目的	在唐活动	归还情况	交涉影响	备注
653	真德王七年十一月	缺载	献金总布		金仁问从唐返回		《九成宫碑阴题名》石刻
654	武烈王元年	金仁问	表谢宿卫	授三品官，随唐高宗巡游各地		唐罗关系密切	权惠永氏认为此年所遣使节为金仁问
655	武烈王二年	不明	求援			唐程名振、苏定方等将军救援新罗，征讨高句丽	
656	武烈王三年秋七月	金春秋之子金文王	朝贡		金仁问从唐返回		
659	武烈王六年夏四月	金仁问	乞师			唐于次年发兵征伐百济	
660	武烈王七年七月、九月	弟监天福、金仁问等	露布，报告战胜的消息		金仁问等随苏定方返回唐朝		百济灭亡
661	新罗武烈王八年、文武王元年，唐龙朔元年	缺载			金仁问、金儒敦返回	传达唐皇帝敕令，举兵配合唐军征伐高句丽之行动	
662	文武王二年秋七月	金仁问等	贡方物				
664	文武王四年	郑恭					权惠永氏据《三国遗事》

续表

年代	入唐时间	担当者	目的	在唐活动	归还情况	交涉影响	备注
665	文武王五年、唐麟德二年	金仁问等		参与唐皇帝泰山封禅活动			金文王死亡,罗唐初交涉见人全部涉及人物故
666	文武王六年四月	金三光、金汉林等	宿卫请兵	金三光接受左武卫翊府中郎将职务		配合唐朝征伐行动,加强双方联系	
667	文武王七年	大奈麻汁恒世	朝贡				
668	文武王八年	元器、渊净土	献美女等		元器返回,渊净土留唐不归		
668	文武王八年	金仁问等			随李勣返回唐朝宿卫	高句丽灭亡	
669	文武王九年	级湌祗珍山等	献磁石				
669	文武王九年九月	角干金钦纯、波珍湌金良图	谢罪		金钦纯次年返回,金良图死于唐都	罗唐矛盾表面化	
669	文武王九年冬	弩师沙湌仇珍川	造木弩	见到唐高宗(?)	次年返回	双方矛盾进一步激化	
670	文武王十年	大奈麻福汉	献木		同年返回		
672	文武王十二年九月	级湌原川、奈麻边山等	上表谢罪,献金银、牛黄、布匹等	送还所俘唐朝兵将			新罗内部机荒,可能通过谢罪缓解危机

续表

年代	入唐时间	担当者	目的	在唐活动	归还情况	交涉影响	备注
674	文武王十四年初				大奈麻德福从唐学历未返回	新罗此前行用唐《戊寅历》，现改用唐《麟德历》	此人何时赴唐，史书缺载
675	文武王十五年二月	缺载	入贡，谢罪				应付可能出现的危机，为胜利争取时间
675	文武王十五年九月	缺载	贡方物				

说明：本表制作过程中曾参考〔韩〕权悳永《古代韩中外交史——遣唐使研究》，第32～33，41～42页。

表 5　7 世纪中叶唐赴朝鲜半岛使臣行迹

年代	入朝鲜半岛时间	担当者	目的	在朝鲜半岛活动	归国时间	交涉影响	备注
641	贞观十五年	职方郎中陈大德	探查高句丽动静	遍游高句丽山川，访问隋未滞留于高句丽的兵士	同年八月	探查到高昌灭亡后高句丽的动静	《三国史记》《资治通鉴》
643	贞观十七年	太常丞邓素	出使		同年六月	请于怀远镇增戍兵以逼高句丽	《资治通鉴》卷197
643	贞观十七年九月	司农丞相里玄奖	持玺书劝谕高句丽、百济，不要攻击新罗	先至高句丽，渊盖苏文不听，再到百济，百济王听从劝告	次年二月	唐朝由此决定出兵高句丽	
644	贞观十八年	朝散大夫庄元表、右卫勋卫旅师段智君	出使新罗，路过百济	通报唐军出兵日程		唐朝仍然劝谕百济与新罗和好	《文馆词林》辑佚本

· 313 ·

续表

年代	入朝鲜半岛时间	担当者	目的	在朝鲜半岛活动	归国时间	交涉影响	备注
644	贞观十八年	左屯卫兵曹参军将俨	出使高句丽	被囚禁	次年返回	加速了唐朝出兵高句丽的步伐	《旧唐书》卷185上《良吏传·蒋俨》
647	贞观二十一年	缺载	吊祭、册封	举行吊祭、册封仪式	同年返回		
654	永徽五年	太常丞张文收	吊祭、册封	举行吊祭、册封仪式	同年返回	唐朝认定金春秋在新罗的地位	
661	龙朔元年	缺载	吊慰、册封	举行吊慰祭祀活动、赐物	同年返回		
661	龙朔元年	含资道总管刘德敏	传敕旨	输平壤唐军军粮	当时即在朝鲜半岛	罗唐联合征伐高句丽	
661	龙朔元年	缺载	传旨改元	新罗使传达，但此前应有唐使来到			《含资道总管柴将军精舍草堂之铭》
665	麟德二年	缺载	新罗王子金文王死，唐高宗遣使吊祭、册封金庾信	吊祭、赐物	同年返回	安抚新罗	《三国史记》卷43载，麟德二年唐遣梁冬碧、任智高赴新罗，册封金庾信，但不知其与吊祭金文王者是否为同一使节团
665	麟德二年八月	刘仁愿	作为皇帝敕使，主持罗、济会盟	行使天子敕使职责，主持会盟仪式	当时即在朝鲜半岛	缓和新罗与熊津都督府间的关系	

· 314 ·

续表

年代	入朝鲜半岛时间	担当者	目的	在朝鲜半岛活动	归国时间	交涉影响	备注
669	总章二年	僧法安	传敕旨	求磁石	同年返回		《三国遗事》卷6
669	总章二年	缺载	传诏		同年返回		
671?	咸亨二年	乐鹏龟（或许为彦玮）	出使		可能同年返回唐朝		《三国遗事》卷2、卷4,具体年代不甚明确
671	咸亨二年	琳润法师	传寄书信	可能亦作为新罗的信使将"答书"传给唐将薛仁贵	短时间即返薛仁贵军中	未能解决唐罗双方的矛盾	《三国史记》卷7
681	开耀元年	缺载	册封新罗王	举行册封仪式	同年返回	唐罗交涉逐渐恢复	《三国史记》卷8

· 315 ·

参考文献

一 史料

韩国、日本史书

史书类

〔高丽〕释一然:《三国遗事》,韩国古典丛书本,1971。

〔高丽〕李奎报:《东国李相国集》,明文堂,1978。

〔高丽〕觉训:《海东高僧传》。

〔高丽〕徐居正等编《东国通鉴》(上中下),景仁文化社,1994。

〔高丽〕安鼎福编《东史纲目》(上中下),景仁文化社,1994

〔高丽〕韩致奫编《海东泽史》(上下),景仁文化社,1994。

〔高丽〕朴周钟编《东国通志》(上中下)。

〔朝鲜〕卢思慎等编《新增东国舆地胜览》,明文堂,1994。

〔朝鲜〕郑麟趾撰《高丽史·地理志》,亚细亚文化社,1983。

〔韩〕李丙焘:《译注三国史记》,韩国乙酉文化社,1997。

《日本书纪》，国史大系本，吉川弘文馆，1980。

《朝鲜王朝实录·世宗实录·地理志》。

《扶余郡志》《扶余邑志》《三国史节要》。

金石类

〔朝鲜〕李俣：《大东金石目》，亚细亚文化社，1976。

许兴植编《韩国金石全文》（古代），亚细亚文化社，1985。

韩国古代社会研究所编《译注韩国古代金石文》，驾洛国史迹开发研究院，1992。

金瑛泰编《三国新罗时代佛教金石文考证》，民族社，1992。

中国史书

正史类

《梁书》《隋书》《旧唐书》《新唐书》

（宋）司马光：《资治通鉴》（全20册，第13、14册），中华书局，1985。

政书类

（唐）李林甫等撰，陈仲夫点校《唐六典》，中华书局，1992。

（唐）杜佑：《通典》（全5册），中华书局，1992。

（五代）王溥：《唐会要》（上下），上海古籍出版社，1991。

地理类

（唐）李吉甫：《元和郡县图志》（上下），中华书局，1994。

（宋）宋敏求：《长安志》，钦定四库全书本。

（宋）程大昌：《雍录》，黄永年点校，中华书局，2002。

谭其骧主编《中国历史地图集》第5册，中国地图出版社，1982。

类书

（唐）许敬宗编，罗国威整理《日藏弘仁本文馆词林校证》，中华书局，2001。

（宋）王钦若等：《册府元龟》（全11册），中华书局，1960。

（宋）李昉等：《太平御览》（全4册），中华书局，1960。

（宋）李昉等：《太平广记》（全10册），中华书局，1986。

（清）董诰等：《全唐文》（附《唐文拾遗》《唐文续拾》），中华书局，1983。

（清）彭定求等：《全唐诗》（全25册），中华书局，1985。

野史笔记类

（唐）刘肃：《大唐新语》，中华书局，1984。

（唐）张鷟：《朝野佥载》，中华书局，1979。

（唐）张楚金、〔日〕竹内理三校订解说《翰苑》，大宰府天满宫文化研究所，1977。

（唐）刘䬃：《隋唐嘉话》，中华书局，1979。

（唐）李肇：《唐国史补》，上海古籍出版社，1979。

（唐）郑处诲：《明皇杂录》，中华书局，1994。

（唐）范摅：《云溪友议》，古典文学出版社，1958。

（唐）苏鹗：《杜阳杂编》，中华书局，1958。

（五代）王仁裕：《开元天宝遗事》，中华书局，2006。

（宋）徐兢：《宣和奉使高丽图经》，四库全书本。

（元）陶宗仪：《说郛》，上海古籍出版社，1990。

系谱类

（唐）林宝撰，岑仲勉校记《元和姓纂（附四校记）》，中华书局，1994。

僧传类

（唐）释道宣：《续高僧传》，《大正新修大藏经》本。

（唐）释义净：《大唐西域求法高僧传》，中华书局，1995。

（宋）释赞宁：《宋高僧传》，中华书局，1986。

〔高丽〕释惠祥：《弘赞法华传》，《大正修大藏经》第 51 册（史传部）。

考据论驳类

（宋）吴缜：《唐书纠谬》，《丛书集成初编》本。

（宋）范祖禹：《唐鉴》，上海古籍出版社，1984。

（宋）孙甫：《唐史论断》，《丛书集成初编》本。

（清）顾炎武著，陈垣校注《日知录校注》，安徽大学出版社，2007。

（清）王夫之：《读通鉴论》，中华书局，1982。

（清）王鸣盛：《十七史商榷》，台北，广文书局，1971 年影印本。

（清）赵翼著，王树民校证《廿二史札记校证》，中华书局，1984。

（清）赵绍祖：《新旧唐书互证》，《丛书集成初编》本。

金石类

（宋）欧阳修：《集古录跋尾》，《石刻史料新编》第 1 辑，台北，新文丰出版公司，1982，第 24 册。

（宋）欧阳棐撰，（清）缪荃孙校辑《集古录目》，《石刻史料新编》第 1 辑，台北，新文丰出版公司，1982，第 24 册。

（宋）赵明诚：《金石录》，《石刻史料新编》第 1 辑，台北，新文丰出版公司，1982，第 12 册。

（宋）陈思道人纂辑《宝刻丛编》，《石刻史料新编》，台北，新文丰出版公司影印吴兴陆氏十万卷楼雕本。

（宋）无名氏：《宝刻类编》，《石刻史料新编》。

（清）王昶：《金石萃编》，《石刻史料新编》第 1 辑，台北，新文丰出版公司，1982。

（清）刘喜海辑《海东金石苑》，《石刻史料新编》第 1 辑，台北，新文丰出版公司，1982，第 23 册。

（清）陆增祥编《八琼室金石补正》，《石刻史料新编》第1辑，台北，新文丰出版公司，1982。

罗振玉校录《唐代海东藩阀志存》，《石刻史料新编》第2辑，台北，新文丰出版公司，1979。

周绍良主编《唐代墓志汇编》（上下），上海古籍出版社，1992。

周绍良、赵超主编《唐代墓志汇编续集》，上海古籍出版社，2001。

吴钢主编《全唐文补遗》（1~10辑），三秦出版社，1994~2008。

《隋唐五代墓志汇编》（总30册），天津古籍出版社，1992。

李献奇、郭引强编著《洛阳新获墓志》，文物出版社，1996。

张沛主编《昭陵碑石》，三秦出版社，1995。

《北京图书馆藏中国历代石刻拓本汇编》，中州古籍出版社，1989~1991。

二 著作

武则天研究会、洛阳市文物园林局编《武则天与洛阳》，三秦出版社，1988。

北京大学中古史研究中心编《敦煌吐鲁番文书初探》，北京大学出版社，1982。

北京大学中古史研究中心编《敦煌吐鲁番文书二探》，北京大学出版社，1983。

卞麟锡：《白江口战争과百济·倭关系》，图书出版한울，1994。

卞麟锡：《唐长安의新罗遗迹》，亚细亚文化社，2000。

岑仲勉，《唐史余沈》，弘文馆，1985。

岑仲勉：《金石论丛》，上海古籍出版社，1980。

岑仲勉：《隋唐史》（上下），高等教育出版社，1959。

陈景富：《中朝历史交往诗译注》，陕西旅游出版社，1997。

陈尚胜：《中韩关系史论》，齐鲁书社，1997。

陈寅恪：《唐代政治史述论稿》，上海古籍出版社，1982。

陈祚龙等：《汉文化论纲》，北京大学出版社，1990。

崔在锡：《统一新罗渤海와日本의关系》，一志社，1993。

范文澜：《中国通史简编》第3编第1册，香港南国出版社。

高明士：《唐代东亚教育圈的形成——东亚世界形成的一侧面》，台北，"国立编译馆"，1984。

高明士：《战后日本的中国史研究》，台北，明文书局修订版，1996。

葛城末治：《朝鲜金石考》，〔韩〕亚细亚文化社，1978。

葛城末治：《朝鲜金石文》，〔韩〕亚细亚文化社，1987。

韩圭哲：《渤海의对外关系史》，新书苑，1994。

韩国历史学会编《北韩의古代史研究》，一潮阁，1991。

韩国史研究会编《古代韩中关系史의研究》，三知院，1987。

韩国史研究会编《韩国史学史研究》，乙酉文化社，1996。

何劲松：《韩国佛教史》（上下），北京大学韩国学丛书，1997。

胡戟：《武则天本传》，陕西师范大学出版社，1998。

胡戟主编《武则天与乾陵》，三秦出版社，1985。

黄有福、陈景富：《中朝佛教文化交流史》，中国社会科学出版社，1993。

黄约瑟：《薛仁贵》，西北大学出版社，1995。

黄枝连：《东亚的礼义世界——中国封建王朝与朝鲜半岛关系形态论》，中国人民大学出版社，1994。

江应梁主编《中国民族史》（上中下），民族出版社，1990。

姜孟山：《朝鲜封建社会发展论》，延边大学出版社，1999。

蒋非非、王小甫等：《中韩关系史（古代卷）》，社会科学文献出版社，1998。

金翰奎：《古代中国的世界秩序研究》，一潮阁，1982。

金翰奎：《韩中关系史》（上下），大宇出版公社422号，1999。

金文经：《唐高句丽遗民斗新罗侨民》，日新社，1986。

金毓黻：《东北通史》上卷，台北，乐天书局，1976。

蓝文澂：《隋唐五代史》，台北，商务印书馆，1970。

黎虎：《汉唐外交制度史》，兰州大学出版社，1998。

李丙焘：《韩国古代史研究》，博英社，1976。

李丙焘：《韩国史·古代篇》，震檀学会，1959。

李丙焘：《韩国史大观》，许宇成译，台北，正中书局，1961。

李昊荣：《新罗三国统合斗丽·济败亡原因研究》，书景文化社，2001。

李基白、李基东编《韩国史讲座》（古代篇），一潮阁，1982。

李基白：《韩国古代의政治与社会》，一潮阁，1995。

李基东：《新罗의骨品制와花郎徒研究》，一潮阁，1984。

李康来：《三国史记典据论》，民族社，1996。

李龙范：《韩满交流史研究》，同和出版公社，1989。

李文基：《新罗兵制史研究》，一潮阁，1997。

李佑成等编《韩国의历史认识》（上下），创作과批评社，1985。

李宗勋：《唐·新罗·日本政治制度比较研究》，延边大学出版社，1999。

梁方仲：《中国历代户口·田地·田赋统计》，上海人民出版社，1980。

廖彩樑：《乾陵稽古》，黄山书社，1988。

林天蔚等：《古代中韩日关系研究》，香港大学亚洲研究中心，1987。

刘健明编《黄约瑟隋唐史论集》，中华书局，1997。

刘健明：《隋代的政治与对外关系》，台北，文津出版社，1999。

刘统：《唐代羁縻府州研究》，西北大学出版社，1998。

刘永智：《中朝关系史研究》，中州古籍出版社，1994。

吕思勉：《隋唐五代史》（上下），中华书局香港印书处，1980。

马驰：《唐代蕃将》，三秦出版社，1990。

木宫泰彦：《日中文化交流史》，胡锡年译，上海商务印书馆，1979。

牛致功：《唐代史学与〈通鉴〉》，陕西师范大学出版社，1989。

朴真奭：《中朝经济文化交流研究》，辽宁人民出版社，1984。

权惠永：《古代韩中外交史——遣唐使研究》，一潮阁，1997。

全海宗：《韩中关系史研究》，一潮阁，1970。

全海宗：《中韩关系史论集》，中国社会科学出版社，1997。

申采浩：《读史新论》，萤雪出版社，1979。

申采浩：《韩国上古史》，萤雪出版社，1972。

申滢植：《韩国古代史의新研究》，一潮阁，1984。

申滢植：《三国史记研究》，一潮阁，1985。

申滢植：《统一新罗史研究》，一志社，1991。

申滢植：《新罗史》，梨花女子大学出版部，1985。

史念海：《河山集》第5辑，山西人民出版社，1992。

松末保和：《新罗史の基础研究》，东洋文库，1954。

孙继民：《唐代行军制度研究》，台北，文津出版公司，1997。

唐长孺：《魏晋南北朝隋唐史三论》，武汉大学出版社，1992。

王小甫：《唐吐蕃大食政治关系史》，北京大学出版社，1998。

王仪：《古代中韩关系和日本》，台北，中华书局，1973。

王永兴：《唐代前期西北军事研究》，中国社会科学出版社，1994。

王仲荦：《隋唐五代史》（上下），上海人民出版社，1988~1990。

文暻铉：《增补新罗史研究》，图书出版，2000。

翁独健主编《中国民族关系史研究》，中国社会科学出版社，1984。

谢海平：《唐代留华外国人生活考述》，台北，商务印书馆，1978。

徐亮：《中韩关系史话》，自由出版社，1952。

徐仁汉：《高句丽对隋唐战争史》，国防军史研究所，1995。

徐仁汉：《罗唐战争史》，民族战乱史丛书（11），国防军史研究所，2000。

阎守诚主编《武则天与文水》，山西人民出版社，1989。

杨通方：《中韩古代关系史论》，中国社会科学出版社，1996。

杨昭全、韩俊光：《中朝关系简史》，辽宁民族出版社，1990。

杨昭全、孙玉梅：《中朝边界史》，吉林文史出版社，1993。

杨昭全：《中朝关系史论文集》，世界知识出版社，1988。

郁贤皓：《唐刺史考》（全5册），江苏古籍出版社、中华书局香港分局，1987。

张国刚主编《隋唐五代史概述》，天津古籍出版社，1995。

张学根：《韩国海洋活动史》，图书出版연경문화사，1994。

章群：《唐代蕃将研究续编》，台北，联经出版事业公司，1990。

章群：《唐代蕃将研究》，台北，联经出版事业公司，1986。

赵文润、王双怀：《武则天评传》，三秦出版社，1994。

赵文润主编《武则天研究论文集》，山西古籍出版社，1998。

赵文润主编《武则天与乾陵文化》，乾陵博物馆，1995。

赵文润主编《武则天与咸阳》，三秦出版社，2001。

赵文润主编《武则天与偃师》，历史教学社，1998。

周一良：《中朝人民的友谊关系与文化交流》，中国青年出版社，1954。

朱甫暾：《新罗地方统治体制의整备过程과村落》，新书苑，1998。

朱云影：《中国文化对日韩越的影响》，台北，黎明文化事业股份有限公司，1981。

三　论文

拜根兴：《韩国新发现的〈含资道总管柴将军精舍草堂碑铭〉考释》，《唐研究》第8卷，北京大学出版社，2002。

拜根兴：《刘仁愿事迹考述试论稿——以与新罗关系为中心》，《中国史研究》第18辑，2002。

拜根兴：《罗唐战争研究中의몇가지问题》，《中国学报》第46辑，2002。

拜根兴：《苏定方事迹考疑试论稿》，《中国史研究》第9辑，2000。

拜根兴：《唐高宗武则天时期民间的歌谣、谚语》，《中国文化月刊》第128辑，1997。

拜根兴：《唐永泰公主研究中的几个问题》，《故宫文物月刊》第159辑，1996。

拜根兴：《新罗文武王代의对唐交涉述论》，《新罗文化》第16辑，1999。

拜根兴：《新罗真德王时期的对唐外交》，《大陆杂志》第102卷第2期，2001。

拜根兴：《中国소재韩国古代史와关联된金石文의现状과展望》，《新罗文化祭学术论文集》第23辑，2002。

拜根兴等：《武则天与狄仁杰》，阎守诚主编《武则天与文水》，山西人民出版社，1989。

边太燮：《三国统一의民族史의意味——'一统三韩'意识과관련하여》，《新罗文化》第2辑，1985。

边太燮：《三国의鼎立과新罗统一의民族史的意味》，《韩国市民讲座》第5辑，1989。

卞麟锡：《唐宿卫制度에서본罗唐关系》，《史丛》第11辑，1966。

卞麟锡：《唐에서 바라 본新罗의 三国统一》，《史学研究》第50辑，1995。

蔡靖夫：《就〈三国史记〉评唐丽战争》，《北方论丛》1983年第6期。

陈宁宁：《渤海建国在唐外交上的意义》，《中韩文化论集》第2辑，1975。

陈尚胜：《从唐罗文化交流看新罗在汉文化圈中地位》，《中韩关系史论》，齐鲁书社，1997。

陈尚胜：《分裂时代的外交竞争——魏晋南北朝时期中韩关系述评》，《中韩关系史论》，齐鲁书社，1997。

陈尚胜：《唐朝对外开放政策与唐罗关系的发展》，《中韩关系史论》，齐鲁书社，1997。

池内宏：《百济灭亡后の动乱及び唐・罗・日三国の关系》，吉川弘文馆《满鲜史研究》（上世）第2册，1979。

池内宏：《高句丽灭亡后の遗民の叛乱及び唐と新罗との关系》，吉川弘文馆《满鲜史研究》（上世）第2册，1979。

池内宏：《高句丽讨灭の役于ける唐军の行动》，吉川弘文馆《满鲜史研究》（上世）第2册，1979。

池内宏：《唐の高宗の高句丽讨灭の役と卑列道・多谷道・海谷道の称》，吉川弘文馆《满鲜史研究》（上世）第2册，1979。

池田温：《论天宝后期的唐・罗・日关系》，《唐研究论文选集》，中国社会科学出版社，2001。

崔昌圭：《三国统一의民族史的意义와韩民族再结合의理念》，《国

土统一》第 11 辑，1973。

崔明德：《羁縻府州与唐代民族关系》，《思想战线》1985 年第 5 期。

崔明德：《论隋唐时期的"以夷攻夷""以夷制夷"》，《中央民族大学学报》1994 年第 3 期。

崔明德：《论唐高宗武则天时期的民族关系思想》，《烟台大学学报》1994 年第 1 期。

崔明德：《契丹、新罗与唐朝关系之比较研究》，《烟台师范学院学报》1991 年第 2 期。

崔明德：《唐朝与边境诸族的互市贸易》，《中国史研究》1992 年第 4 期。

崔在锡：《〈日本书纪〉에 나타난 新罗记事에 대하여》，《韩国学报》第 99 辑，2000。

崔在锡：《663년 白江口战에 참전한 倭军의 性格과 新罗와 唐의 战后对外政策》，《韩国学报》第 90 辑，1998。

崔在锡：《新罗文武大王의 对唐、对日政策》，《韩国学报》第 95 辑，1999。

傅玫：《在唐朝境内生活的高句丽、新罗、百济人》，《春史卞麟锡教授还历纪念唐史论丛》，1994。

高明士：《从天下秩序看古代的中韩关系》，《中韩关系史论文集》，1983。

高明士：《罗·丽时代庙学制의 创立과 그 展开》，《大东文化研究》第 23 辑，1989。

高明士：《庙学教育制度在朝鲜地区的发展》，《韩国研究论丛》第 1 辑，1995。

高明士：《隋唐贡举制度对日本新罗的影响》，《古代中韩日关系研究》，1987。

高明士：《隋唐使臣赴倭及其礼仪问题》，《台大历史学报》第23辑，1999。

高明士：《隋唐天下秩序与羁縻府州制度》，《民国史专题论文集》第5辑，2000。

古畑彻：《七世纪末から八世纪初にかけの新罗、唐关系——新罗外交史の一试论》，《朝鲜学报》第107辑，1982。

韩国磐：《南北朝隋唐与百济新罗的往来》，《历史研究》1994年第1期。

韩昇：《唐朝对高句丽政策的形成和演变》，《东北亚研究》1995年第2期。

韩昇：《唐平百济前后的东亚国际形势》，《唐研究》第1卷，北京大学出版社，1995。

河日植：《三国统一과政治、社会적变动》，《韩国古代史研究》第23辑，2001。

河日植：《唐中心의世界秩序와新罗人의自己认识》，《历史와现实》第37辑，2000。

洪思竣：《新罗文武王陵断碑의发现》，《美术资料》第3辑，1961。

胡戟：《酷吏政治与五王政变》，《西北大学学报》1984年第3期。

胡戟：《中国水军白江口之战》，"百济研究论丛"第7辑，《百济史上의战争》，1999。

胡口靖夫：《鬼室福信と刘仁愿纪功碑》，《古代文化》31-2，1979。

黄建国：《中朝金石交流史上的奇迹——〈海东金石苑〉成书及佚而复得的经过》，《韩国研究》第2辑，1994。

黄清连：《从〈扶余隆墓志〉看唐代的韩中关系》，《大陆杂志》

第 85 卷第 6 期,1992。

黄渭周:《〈文馆词林〉의实体》,《韩国의哲学》第 19 辑,1991。

黄心川:《隋唐时期中国与朝鲜佛教的交流——新罗来华佛教僧侣考》,《世界宗教研究》1989 年第 1 期。

黄永年:《读刘濬墓志考释》,《历史论丛》第 3 辑,1983。

黄约瑟:《两唐书·薛仁贵传》,《第一届唐代国际学术会议论文集》,台北,1988。

黄约瑟:《试论隋代对高句丽的认识》,《韩国学报》第 13 辑,1995。

黄约瑟:《试论唐倭之役与七世纪的经过及检讨》,《食货》12 - 3,1982。

黄约瑟:《武则天和朝鲜半岛的政局》,《黄约瑟隋唐史论集》,中华书局,1997。

黄约瑟:《武则天与日本关系初探》,中国唐史学会编《中国唐史学会论文集》第 3 辑,1989。

姜妍勋:《金仁问에대하여》,《韩国史论丛》第 3 辑,1978。

今西龙:《圣德大王神钟之铭》,《新罗史研究》,日本国书刊行会,1940。

金恩淑:《百济复兴运动이후天智朝의国际关系》,《日本学》第 15 辑,1996。

金福顺:《三国의谍报战과僧侣》,《韩国佛教文化思想史지관승님回甲论丛》,1992。

金翰奎:《箕子와韩国》,《震檀学报》第 92 辑,2001。

金皓东:《〈续高僧传〉과〈大唐西域求法高僧传〉에입전된韩国高僧의行迹》,《民族文化论丛》第 20 辑,2000。

金善民:《〈日本书纪〉에보이는丰璋과翘岐》,《日本历史研究》第 11 辑,2000。

金善昱：《百济의隋唐关系小考——内外相关性을中心으로》，《百济研究》第 15 辑，1984。

金善昱：《高句丽의隋唐关系研究——朝贡记事의检讨를中心으로》，《忠南大论文集》第 11 辑，1984。

金善昱：《高句丽의隋唐关系研究——靺鞨을中心으로》，《百济研究》第 16 辑，1985。

金寿泰：《百济义慈王代의太子册封》，《百济研究》第 23 辑，1992。

金寿泰：《百济의灭亡과唐》，《百济研究》第 22 辑，1992。

金寿泰：《罗唐关系의变化와金仁问》，《白山学报》第 52 辑，1999。

金寿泰：《统一期新罗의高句丽遗民支配》，《李基白教授古稀纪念史学论集》，一潮阁，1994。

金寿泰：《文武王》，《韩国史市民讲座》第 5 辑，1993。

金寿泰：《新罗文武王代附属民에대한서政策》，《新罗文化》第 16 辑，1999。

金贤淑：《中国所在高句丽遗民의动向》，《韩国古代史研究》第 23 辑，2001。

金相铉：《新罗四天王寺의创建과意义》，《新罗文化祭学术论文集》第 17 辑，1996。

金相铉：《新罗三国统一의历史의意义》，《新罗文化》第 2 辑，1985。

金庠基：《古代의贸易形态와罗末의海上发展에대하여》，《东方文化史论丛》，1948。

金铉球：《日唐关系的成立和罗日同盟》，《金俊烨教授花甲纪念·中国学论丛·历史学》，1983。

金瑛河：《〈三国史记〉战争记事의分析》，《史林》第 16 辑，

2001。

金瑛河：《高句丽내분의국제적배경》，《韩国史研究》第110辑，2000。

金瑛河：《新罗中古期의中国认识》，《古代韩中关系史의研究》，三知院，1987。

金瑛河：《新罗의百济统合战争과体制变化——七世纪동아시아의国际战과社会变动의一环》，《韩国国代史研究》第16辑，1999。

金周成：《义慈王代政治势力의动向과百济灭亡》，《百济研究》第19辑，1988。

金子修一：《中国의立场본三国统一》，《韩国古代史研究》第23辑，2001。

李道学：《百济复兴运动의始作과 끝任存城》，《百济文化》第28辑，1999。

李道学：《罗唐同盟的性质과苏定方被杀说》，《新罗文化》第2辑，1985。

李道学：《唐桥"苏定方被杀说"的历史意义》，《芝邨金甲周教授花甲纪念史学论集》，京城，1994。

李道学：《熊津都督府의支配组织과对日政策》，《白山学报》第34辑，1987。

李昊荣：《"统一新罗"号称问题》，《白山学报》第52辑，1999。

李昊荣：《丽·济联合说의检讨》，《庆熙史学》第9、10合辑，1982。

李昊荣：《新罗三国统合过程研究序说》，《史学志》第22辑，1989。

李昊荣：《新罗三国统一에 대한再检讨》，《史学志》第15辑，1985。

李昊荣:《新罗의统一意识과"一统三韩"意识의性格》,《东洋学》第 26 辑,1996。

李基白:《金大问과金长清》,《韩国市民讲座》创刊号,1987。

李基白:《三国遗事纪异篇의考察》,《新罗文化》创刊号,1984。

李基白:《三国遗事의史学史意义》,李佑成、姜万吉编《韩国的历史认识》(上),创作和批评社,1992。

李箕永:《三国统一에寄于한新罗精神》,《国土统一》第 11 期,1973。

李龙范:《高句丽의膨胀主义와中国과의关系》,《古代韩中关系史의研究》,1987。

李龙范:《统一期三国间의国力比较》,《国土统一》第 11 期,1973。

李明植:《新罗文武大王의民族统一伟业》,《大邱史学》第 25 辑,1985。

李文基:《百济黑齿常之父子墓志铭의检讨》,《韩国学报》第 64 辑,1991。

李文基:《百济遗民难元庆墓志의绍介》,《庆北史学》第 23 辑,2000。

李文基:《高句丽遗民高足酉墓志의检讨》,《历史教育论集》第 26 辑,2001。

李瑄根:《新罗가三国을统一한原动力》,《国土统一》第 11 期,1973。

李铉淙:《韩国历史文献中之东亚大陆民族观》,《中韩关系史国际研讨会论文集》,1983。

李铉淙:《统一新罗의自主意识과对唐抗争》,《国土统一》第 11 期,1973。

李泳镐:《新罗文武王陵碑의再检讨》,《历史教育论集》第 8 辑,

1986。

李宇泰:《新罗三国统一의一要因》,《韩国古代史研究》第 5 辑, 1992。

李钟学:《百济灭亡의原因考察》,《韩国军事史学研究》,1996。

李钟学:《文武大王과新罗海上势力의发展》,《庆州史学》第 11 辑,1992。

李钟学:《新罗三国统一의军事史의考察》,《军史》第 8 辑, 1984。

铃木靖民:《7 世纪中叶百济의政变과东亚细亚》,"百济研究丛书"第 3 辑,《百济史의比较研究》,1993。

刘进宝:《"唐丽战争"述论》,《韩国学报》第 13 辑,1995。

刘希为:《唐代新罗侨民在华社会活动的考述》,《中国史研究》1993 年第 3 期。

泷川政次郎:《刘仁轨传》(中),《古代文化》36-9,1984。

卢启铉:《新罗의统一外交政策研究》,《国际法学会论丛》第 9 卷,1964。

卢泰敦、申滢植:《反外势统一의君主文武王——遏止中国的霸权主义和最初统一国家形成》,《月刊중앙》第 11 辑,1996。

卢泰敦:《对唐战争期(669~676)新罗의对外关系와军事活动》,《军事》第 34 辑,1997。

卢泰敦:《高句丽遗民史研究——辽东唐内地및突厥方面의集团을중심으로》,《韩佑劢博士停年纪念论文集》,1981。

卢泰敦:《三韩에대한认识의变迁》,《韩国史研究》第 38 辑, 1989。

卢泰敦:《渊盖苏文과金春秋》,《韩国市民讲座》第 5 辑,1989。

卢重国:《7 世纪百济와倭와의关系》,《国史馆论丛》第 52 辑, 1994。

卢重国:《百济灭亡亭复兴军의복兴战争研究》,《历史의再照明》第 1 辑,1995。

卢重国:《高句丽对外关系史研究의现况과课题》,《东方学志》第 49 辑,1985。

卢重国:《高句丽·百济·新罗亭力关系变化에 대한一考察》,《东方学志》第 28 辑,1981。

卢重国:《新罗时代에姓氏와分枝化와食邑制의实施——薛瑶墓志铭을중심으로——》,《韩国古代史研究》第 15 辑,1999。

马驰:《〈新唐书·李谨行传〉补阙及考辩》,《文博》1993 年第 1 期。

马驰:《黑齿常之事迹考释》,"百济研究丛书"第 5 辑《百济的中央과地方》,1997。

马驰:《李谨行家世和生平事迹考》,朱雷主编《唐代的历史与社会》,武汉大学出版社,1997。

马驰:《唐代蕃将的汉化》,史念海主编《唐史论丛》第 7 辑,陕西师范大学出版社,1998。

闵德植:《罗唐战争에 관한考察》,《史学研究》第 40 辑,1989。

末松保和:《新罗下古诸王薨年存疑》,《新罗史の诸问题》,1958。

南东信:《三国统一과思想界의动向》,《韩国古代史研究》第 23 辑,2001。

内藤隽辅:《唐代中国における朝鲜人の活动について》,《朝鲜史研究》,京都大学东洋史会刊,1956。

朴菖熙:《李奎报의东明王篇诗》,《历史教育》第 11、12 合集,1969。

朴大渊:《〈薛仁贵征辽事略〉小考》,《中国学研究》创刊号,1984。

朴汉济:《7世纪隋唐两朝의韩半岛进出经纬에대해—考察》,《东洋史学研究》第43辑,1993。

朴现圭:《上海图书馆藏清刘喜海의定稿本〈海东金石苑〉》,《书志学研究》第21辑,2001。

齐东方:《吐鲁番阿斯塔225号墓出土的部分文书研究——兼论吐谷浑余部》,《敦煌吐鲁番文献研究论集》第2辑,北京大学出版社,1983。

邱添生:《唐代起用外族人士研究》,《大陆杂志》第38卷4期,1969。

瞿林东:《令狐德棻和唐初史学》,《人文杂志》1982年第1期。

权惠永:《〈三国史记〉新罗本纪遣唐使记事의몇가지问题》,《三国史记의原典检讨》,1995。

权惠永:《〈天地祥瑞志〉编纂者에대한새로운시각——日本에传来된新罗天文地理书의一例》,《白山学报》第52辑,1999。

权惠永:《悲运의新罗遣唐使된——金仁问중심으로》,《新罗文化祭学术论文集》第15辑,1994。

权惠永:《新罗遣唐使의罗唐간往复行路에대한考察》,《历史学报》第149辑,1996。

权惠永:《圆测의入唐과归国问题》,《朴永锡停年退任纪念韩国史学论集》(上),1993。

全海宗:《韩中朝贡关系概观》,《韩中关系史研究》,一潮阁,1980。

全海宗:《中国과韩国》,《韩中关系史研究》,一潮阁,1980。

饶宗颐:《从石刻论武后之宗教信仰》,《中央研究院历史语言研究所集刊》第3期,1974。

任大熙:《唐高宗统治时期의政治人物》,《金文经教授停年纪念东洋史论丛》,1995。

任大熙:《则天武后统治时期의政治人物》,《黄元九教授停年纪

·335·

念史学论集》,1994。

任树民:《论吐谷浑在唐蕃关系中的枢纽地位》,《西北民族研究》1992年第1期。

日野开三郎:《粟末靺鞨の对外关系——高句丽灭亡以前》(附说总章元年唐将薛仁贵の攻陷せる夫余城),《史渊》总41~44,1949~1950。

荣新江:《〈唐刺史考〉补遗》,《文献》1990年第2期。

荣新江:《唐与新罗文化交往史证——以〈海州大云寺禅院碑〉为中心》,《韩国研究》3辑,1996。

山尾幸久:《7세기中叶의东아시아》,《百济研究》第23辑,1992。

申滢植:《韩国古代의西海交涉史》,《国史馆论丛》第2辑,1989。

申滢植:《罗唐间의朝贡에대하여》,《历史教育》第10辑,1967。

申滢植:《三国统一前后新罗의对外关系》,《新罗文化》第2辑,1985。

申滢植:《三国统一의历史的性格》,《韩国史研究》第61、62合集,1988。

申滢植:《新罗의对唐交涉上에나타난宿卫에관한一考察》,《历史教育》第9辑,1966。

申滢植:《新罗의宿卫外交》,《古代韩中关系史의研究》,三知院,1987。

申滢植等:《中国学界의韩国古代史研究动向》,《国史馆论丛》第91辑,2000。

沈正辅:《百济复兴军의主要据点에관한研究》,《百济研究》第14辑,1983。

沈正辅:《百济故地带方州考》,《百济研究》第18辑,1987。

沈正辅：《百济周留城考》，《百济文化》第 28 辑，1999。

史念海：《隋唐时代域外地理的探索及世界认识的扩大》，《中国历史地理论丛》1988 年第 2 期。

藤泽一夫：《百济沙咤智积建堂塔记碑考——贵族造寺事情征证史料》，《아시아 문화》18 - 3，1972。

田美姬：《渊盖苏文의 执权과 ユ 政权의 性格》，《李基白古稀纪念史学论集》，1994。

王小甫：《唐朝与新罗关系史论——兼论统一新罗在东亚世界中的地位》，《唐研究》第 6 卷，北京大学出版社，2000。

王小甫：《隋初与高句丽及东北诸族关系试探——以高宝宁据营州为中心》，《国学研究》第 4 辑，1997。

王周昆：《新罗留学生在中朝文化交流中的作用》，《西北大学学报》1994 年第 2 期。

文暻铉：《弑王说和善德女王》，《白山学报》第 52 辑，1999。

文暻铉：《新罗三国统一의 研究》，《庆北史学》第 19 辑，1996。

吴葆棠等：《唐与新罗关系研究》，《烟台大学学报》1990 年第 1 期。

吴登弟：《唐五代时期朝鲜半岛对中国移民》，《韩国研究论丛》第 1 辑，1995。

夏应元：《论唐代初期中、日、韩关系》，《春史卞麟锡教授还历纪念唐史论丛》，1994。

徐炳国：《中国人의 高句丽流亡과 辽东开垦》，《白山学报》第 34 辑，1987。

徐荣教：《九誓幢완성 배경에 대한 新考察——罗唐战争의 余震》，《韩国古代史研究》第 18 辑，2000。

徐荣教：《罗唐战争의 开始와 ユ 背景》，《历史学报》第 173 辑，2002。

徐荣教：《新罗白衿誓幢에 대하여》，《庆州史学》第 20 辑，2001。

徐荣教：《新罗河西停军官组织에대하여》，《新罗文化》第17、18合集，2000。

徐荣教：《新罗长枪幢에대한新考察》，《庆州史学》第17辑，1998。

徐荣洙：《三国时代韩中外交의展开와性格》，《古代韩中关系史의研究》，三知院，1987。

许英桓：《百济武宁王陵发掘经过演示文稿》，《大陆杂志》第43卷第6期，1971年。

문안식：《"南北国时代"论의虚像에대하여——新罗와渤海의天下秩序에?한相互认识》，《韩国古代史研究》第19辑，2000。

延敏洙：《西日本地域의朝鲜式山城과그性格》，《韩国古代史论丛》第8辑，1998。

严耕望：《新罗的留唐学生与僧徒》，《唐史研究丛稿》，香港新亚书院，1968。

杨联陞：《从历史看中国的世界秩序》，邢义田译，《食货月刊》第2卷第2期，1972。

杨通方：《前秦至后唐时期中国与新罗的双边关系》，《朝鲜学论集》第1辑，1992。

杨通方：《源远流长的中朝文化交流》，《中外文化交流史》，1987。

尹明喆：《高句丽末期의海洋活动과三国统一战争의相关性》，《芝邨金甲周教授花甲纪念史学论集》，1994。

余昊奎：《百济의辽西进出说再检讨》，《震檀学报》第91辑，2001。

俞元载：《百济黑齿氏의黑齿에대한检讨》，《百济文化》第28辑，1999。

张学根：《新罗의征服地支配·防御战略——对唐战争을中心으로》，《军史》第41辑，2001。

张忠良:《薛仁贵故事研究》,硕士学位论文,台湾师范大学,1983。

张忠植:《金泉弥勒庵柴将军碑의调查》,《韩国古代史研究》第15辑,1999。

郑必俊:《敦煌写本常何墓碑校释》,《敦煌吐鲁番文献研究论集》第1辑,北京大学出版社,1982。

郑容淑:《新罗善德王代의政局动向과毗昙의乱》,《李基白古稀纪念史学论集》,1994。

郑孝云:《天智朝의对外政策에 대한—考察》,《韩国上古史研究》第14辑,1993。

周一良:《百济와中国南朝와의关系에 대한 몇 가지考察》,"百济研究丛书"第3辑,《百济史의比较研究》,1993。

朱甫暾:《金春秋의外交活动과新罗内政》,《韩国史论集》第20辑,1993。

朱甫暾:《毗昙의乱과善德王代政治运营》,《李基白古稀纪念史学论集》,1994。

朱甫暾:《文馆词林에 보이는韩国古代史관련外交文书》,《庆北史学》第15辑,1992。

朱甫暾:《新罗에서의汉文字정착过程과佛教受容》,《岭南学》창간호,2001。

朱江:《略论新罗王朝与唐朝淮南的海上交通关系》,《春史卞麟锡教授还历纪念唐史论丛》,1994。

朱子方等:《〈韩暨墓志〉跋》,《辽宁考古博物馆学会成立大会会刊》,1981。

이순근:《分裂과统一의历史》,《历史批评》第55辑,2001。

존·씨·재미슨:《罗唐同盟의瓦解——韩中记事取舍의比较》,《历史学报》第44辑,1969。

索　引

《宝刻丛编》　119，154，167，178，215，229，255，319

《册府元龟》　15，24，26，27，34，39，43，68，78，94，106，129，133，134，147，152，157，163，166，172，176，177，209，222，269，282，318

《朝鲜金石总览》　148

《大唐六典》　147，170

《大唐平百济国碑铭》　10，39～42，49，157，200，204，231，236，263

《大唐新语》　41，155，318

《东国李相国集》　140～142，316

《东史纲目》　60，80，81，141，316

《东国通鉴》　60，78，316

《高丽史》　59，141～143，177，249

《高宗实录》　98，99，131，137，155

《古记》　40，42，222

《海东金石苑》　148，216，263，319

《海东绎史》　60

《集古录跋尾》　52，167，178，214，229，255，319

《集古录目》　52，154，167，178，209，214，319

《旧唐书》　15，23，27，31，34，

35，39，43，46，52～54，68，73，
76，78，88，91，94～100，103，
106，115，119～123，125～129，
131，133～135，137，138，142，
145～147，151，152，154～159，
162，163，165，166，172，175～
178，180，182，184，186，187，
189，191，192，197，199，204，
207～209，228，237，240，243，
262，263，279，282，317

《金石萃编》　35，40，85，147，
204，258，263，319

《金石录》　42，221，255，319

《金庾信行记》　55，72，90

《麟德历》　43，45～47，77

《刘仁愿等题名》　17，73，166，
167，231

《刘仁愿纪功碑》　146，149，156，
157，199，205，209，231

《洛阳新获墓志》　209，218，221，
273，274，320

《全唐诗》　106，207，232，318

《全唐文》　24，26，32，69，78，
91，101，106，110，129，139，
147，168，173，177，182，190，
207，209，276，318

《全唐文补遗》　101，179，202，
205，209，218，221，273，282，
320

《日本书纪》　10，28，38～40，42，
49，63，156，160，163，173，189，
243，317

《三国史记》　8，10～12，14，15，
21～23，28～31，34，35，37，38，
40～43，45，46～49，51～53，
55～58，60，65～70，72，74～81，
83～86，89～91，94，99～105，
107，109，111，113，132，133，
140，142，143，147，151，157，
160，162，163，165，166，170，
172，176，177，184，186，192，
194，196，204～206，209，222，
226，244～246，249，259，260，
263，269，270，282

《三国遗事》　11，13，15，31，38，
43，49，52，55～58，60，65，79，
85～88，90，94，105，111，138～
140，142，163，209，316

《山左金石志》　73，166，167，
169，170

《石刻史料新编》　104，119，148，
154，178，209，215，218，257，
279，319，320

《隋唐五代墓志汇编》　218，273，
320

《隋唐五代史》　114，122，229，
322，323

《隋书》　30，35，122～124，222，

317

《唐大诏令集》 15，24，26

《唐代墓志汇编》 9，97，128，
134，150，189，209，218，235，
282，320

《唐代墓志汇编续集》 41，209，
218，320

《唐代政治史述论稿》 13，67，
114，321

《唐代海东藩阀志存》 67，69，
217，221，222，273，279，320

《唐会要》 47，78，111，131，137，
138，144，168，191，317

《天地瑞祥志》 44，45

《通典》 191，192，317

《新唐书》 15，24，34，39，45，
47，52，68，78，91，94~100，
106，119~123，125~130，134，
135，137，138，141，142，145~
147，150，151，154~159，161，
163，172，175~178，180~182，
184，187，189，191，192，199，
204，207~209，214，222，228，
243，244，250，263，281，282，
317

《薛仁贵》 9，78，80，107，174，
179~182，185，186，192，228，
321

《万年宫碑阴题名》 35，85，88，

232，254~256，259，271

《文苑英华》 24，78

《戊寅历》 10，43，45~47

《新唐书》 15，24，34，39，45，
47，52，68，78，91，94~100，
106，119~123，125~130，134，
135，137，138，141，142，145~
147，150，151，154~159，161，
163，172，175~178，180~182，
184，187，189，191，192，199，
204，207~209，214，222，228，
243，244，250，263，281，282，
317

《新增东国舆地胜览》 43，58，60，
244，249，316

《元和郡县图志》 123，317

《元和姓纂》 149

《资治通鉴》 15，24，30，34，39，
48~50，52，54，59，63，64，
68~71，77，78，94~96，103，
106，110，122~129，132~135，
137，147，152~155，157，159，
162，163，166，172，176，177，
181，204，208，209，227，228，
263，278，279，281，282，317

阿湌 23，30，50，51，67~69，
103，196，261

安东 77，95，96，102，103，105，
108，110，113~115，182，183，

索 引

190~193，228，229，280

安东都护府　96，103，108，113~
115，182，183，190~193，228，
229

安胜　76，81，185

安市城　87

白江　12，61，63，64，104，156，
161，320，327，328

白村江　63

泉城　177，186

百济　6~12，15~17，21~28，30~
35，37~43，45，47，49~54，
56~58，60~68，70~83，87，89，
91，98，102~109，114，119，120，
128，130，132~135，138，139，
141，142，144~148，150~166，
168~172，182，185~189，194~
198，200，203~206，209，217~
219，221~223，225，229，231，
236，237，240~249，258，259，
261~263，267~270，273，277，
282，283，320，326~334，336~
338

百济复兴军　12，62~66，74，147，
153~156，158，161，169，170，
197，203~205，209，336

宝藏王　69，221，223，224，280，
281

卞麟锡　7，12，14，29，63，223，

233，320，326，327，337，339

渤海　13，109，114，115，123，
236，244，247，248，250，321，
326，338

柴哲威　49，144，199，204，206~
209

曹继叔　49，131，137

册封　1，3，16，81，84，106，110，
113，185，234，235，237，240，
261，269，270，330

池内宏　68，93，103，104，172，
186，220，326

程名振　9，128，129，141，181，
182，192，196，230

成山角　130

岑仲勉　35，85，95，100，114，
149，217，223，228，232，259，
264，266，318，320

朝贡　1~3，15~17，21，24，27，
28，32，34，35，73，77，80，81，
106，108，187，194，197，226，
234，237，240，243，245，330，
335，336

朝鲜半岛　2，3，5~8，13~18，22，
24，37，42，53，83，85，88，
95~100，102~104，106，108~
110，113~115，117，119，120，
133，138，142，144，145，156，
157，160~162，164~166，174，

343

175，181，183~187，193，195，
199，200，204，206，208，209，
213，216~219，221，225~227，
229~231，237~244，247，248，
250，254，255，258，261，263，
267~269，276，321，329，337

陈思道人　119，154，166，178，
215，255，319

陈子昂　91，183，232

陈寅恪　13，67，114，115，321

崔致远　29，205，234

村主　51，68，69

大奈麻　45，51，68，74，77，105

大耶城　7，22，246

带方郡　209，240

慈藏　29，107，248

耽罗　64，135，166

党项城　22，68，172，207，246，
247，249

道琛　63

德物岛　38

东都洛阳　131，168，188，260

东海　245，249

东亚　1~6，9，10，13，16~18，
22，23，27，31，35，38，60，63，
64，78，80，92，93，96，109，
111，113，115，116，161，174，
188，198，231，237，242，321，
328，332，333，337

东亚世界　1~4，6，10，13，17，
18，22~24，35，60，92，93，
109，111，113，115，188，198，
234，321，337

东亚文化圈　113

东洋　10，13，14，48，64，73，
135，137，323，332，334，335

东夷都护　128，129，181，192，230

杜爽　49，63，72

多谷道　68，172，326

尔同兮村主　51，68，69

藩属国　3，9，29，51，53，72，88，
89，106，107，255，261，267，271

佛教　1，16，44，109，180，204~
208，230，233，234，317，321，
329

福信　63，148，160，197，242，328

扶苏山　146，199

扶余　10，12，22，25~27，38~40，
49，58，60，63，68，72~74，
130，146，148，156，162，165，
168，170，172，174，182，199，
209，221，222，273，317，328

扶余丰　63，156

扶余康信　26

扶余隆　10，12，38，40，63，72~
74，162，165，168，170，221，
222，273，328

扶余义慈　25，26，39，130

高昌 23，127

高句丽 2，3，6~10，13~15，18，22~30，33，34，37，38，40，50，54，56，58，59，61~71，74~77，79~82，89，91，93~95，97，98，102，105，108，109，113~115，120，123，127~129，132，136，137，139~142，144，145，149，157，161，164，166，171，172，176，177，181~183，185~192，196~198，203，205，213，217~231，236，237，240~244，246~250，261，267~270，273~278，280~283，322，324，326~334，336，337，338

高句丽移民 18，61，89，98，185，221，224，273，277，278，280~283

高丽蕃长 279~282

高侃 76，87，94~96，102，115，182，228

高明士 4~6，12，13，16，24，53，78，106，114，115，161，188，220，229，231，232，321，327，328

高藏 221，223，224，277，280

高足酉 18，221，222，224，273~282，332

葛城末治 147，148，321

骨品制 322

古畑彻 93，104，186，328

国际关系 1，2，4，6，15，18，161，329

国际秩序 113

国书 35，248，329

郭元振 91，232，233

海东 32，39，60，63，67，69，71，143，147，148，154，159，160，169，189，216，217，221，222，226，234，263，273，279，316，319，320，328，335

海谷道 68，172，326

韩国 1，2，5~8，10~18，21，23，24，27，29，36~40，42~44，47~49，52，53，55~59，61~63，67，72，78，79，82~84，90，91，94，99~101，103，105，107，109，111，112，114，116，119，138，140~144，146~149，157，163，170，173，193，199，200，203，213，218~220，223，229，231~234，236，249，250，259，260，263，268，272，277，283，316，317，321~337

韩国史 1，14，36~38，41，44，49，52，53，67，79，140，259，321，322，329~331，333，335，336

韩国学 2,7,8,10,12~14,18,
  21,23,37,44,47,61,62,78,
  94,100,101,103,114,119,
  142,213,220,223,229,232,
  233,249,250,260,283,321,
  327,329,332,333

韩昇 2,9,16,38,63,78,80,
  242,328

汉城 68,69,74,75,90,106,
  141,172,213

汉江 22

汉武帝 227

汉字 1,274

含资道 49,66,80,195,199~
  201,205~209,231,325

贺遂亮 41,42,204

黑齿常之 62,89,98,209,221~
  223,282,332,334

花郎徒 322

黄海 53,143,238

黄清连 10,38,40,41,162,163,
  221,328

黄一农 46

黄约瑟 9,16,54,77,78,80,
  96,104,107,110,114,115,
  156,173,174,175,179~187,
  194,228,248,321,322,329

黄永年 145,256,317,329

黄枝连 5,16,321

鸡林州大都督（府） 72,85,89,
  107,108,164,269

羁縻府州 5,6,51,53,61,72,
  73,75,108,173,323,327,328

伎伐浦（海战） 78,102~104,
  112,177,186

贾耽 244,247

贾忠言 182

加林道 49,200,204,208,209

建安故城 103

今西龙 329

金长清 55,56,71,90,332

金春秋 7~11,21~23,27~31,
  33~36,38,48~51,56,57,61,
  62,72,73,80,142,157,185,
  196,204,242,245~247,250,
  260,261,268,269,271,333

金法敏 9,17,21,22,31~36,
  38,48,57,61~64,78,79,84,
  90,107,151,164,171,177,
  184,187,193~196,204,244,
  261,262,265,268~271

金风训 186

金富轼 42,55,78,100,147

金翰奎 3,8,18,107,322,329

金恺元 50,68,70,260

金良图 50,66,67,75,76,79,
  86~88,106,194

金钦纯 75,76,86,106,108,194

金泉弥勒庵　200

金仁泰　62，68~70，150，171

金仁问　10，11，13，18，35，51，62，66~70，73，75，77，79，83~92，94，105，107，110，112，113，132，163，171，172，204，205，232，233，254，255，259~264，268~271，329，330，335

金三光　67~69，74，171，172

金胜曼　21

金石文　18，35，39，84，85，94，106，111，112，146~148，167，178，193，205，209，213~219，222，223，225，229，231，234，257，258，317，321，325

金寿泰　8，10，13，21，33，61，85，89，93，260，330

金庠基　2，330

金文王　28~30，62，73，197

金文颖　55

金庾信　11，21，23，27，31，38，49，52，53，55~58，60，65~68，72，81，90，100，133，139，140，142，196，246

金智镜　50，68，70，260

金子修一　90，331

景德王　45，48，249

爵位　77

可汗　6，54，127，130，131，133，143，149，150，188，279

酷吏政治　89，178，278，281，282，328

堀敏一　1，2

来俊臣　282

来苏山　59

来苏寺　59

来苏郡　59

莱州　29，38，76，194

乐浪　26，227，228，235

乐鹏龟　87，106

乐彦玮　87，106

李丙焘　10，14，36，37，53，63，67，79，100，121，165，316，322

李道学　11，12，119，138，171，331

李昊荣　7，10，14，38，55，61，73，102，114，322，331，332

李勣　51，59，67~70，74，81，95，97，120，128，135，136，139~141，149，150，171，172，176，182，183，185，193，221，229，341

李基白　14，41，55~57，246，322，330，332，337

李基东　10，41，322

李谨行　14，76，77，94~96，100~103，105，110，115，218，334

李靖　54，127，128，130，176

李奎报 59，140~142，316，334

李明植 8，11，53，61，72

李文基 62，223，277

李义府 64，130~132，134，136，137，152~155，160，255

李祯 18，237~243，250，253，267

李祯墓志铭 239

李钟学 7，10，14，37，61，100，103，114

辽东 3，22，24，50，66~68，71，79，103，113，114，120，122，132，149，150，152，171，172，175，190，192，193，224~228，240，245，248，274

刘伯英 10，39，51，98，131，137

刘德敏 66，80，196，206

刘濬 97，145

刘仁轨 12，17，35，53，54，63~65，68，71，73，77，85，94~97，99，102，105，108~110，132，134~137，144~147，150~162，164，166，168~170，172，173，182，191~193，197，231，257，262~264，271

刘仁愿 12，17，54，62，63，68，70，71，73，74，108，144~173，199，205，209，230，231

刘统 72，173

刘喜海 147，148，216，263

留学生 45，47，112，231，243，245，247，248，254

龙门石窟 180，217，233

卢泰敦 7，13，21，61，90，93，106，109，114

卢重国 3，7，12，91，232

罗济会盟 12，65，72，161，167，168

吕思勉 114，122，229

买肖城 77，100~102

买肖城战役 100~102，104

祢军 76

民族 4，6~8，11，12，14~18，23，42，43，50，53，56，61，72，101，133，173，181，192，205，207，221，224，226，227，236，254，266，267，269，275，280~282

民族关系 6，12，18

民族主义 7，14，114

闵德植 13，93，100，101，114

莫离支 25，67，222

靺鞨 9，14，22，34，77，100，102，128，182，187，196，205，206，224

木宫泰彦 91，156

欧阳修 52，154，167，178，179，214，243，255

欧阳棐 52，154，167，178，209，

索 引

214

庞孝泰 39，131，132，137，141

庞同善 67，71，171，182

浿江 54，66，132，244

平壤 54，58，59，64，66~70，79~81，98，102，103，108，113，114，132，133，151，158，171，172，191，206，225，228，230，274，276，277

七重城 77，102，105，110

契丹 22，24，32，50，51，68，70，114，192

契苾何力 35，50，66，67，69，71，132，141，171，181，182，188，189，229，259，276

钳耳大侯 76，105，186，194

乾陵 18，95，97，108，145，202，217，232，250，254，264~268，270，271

乾陵六十一蕃臣像 254，264，265，268

乾止山城 63

遣隋使 238

遣唐使 10，38~40，75，84，87，91，111，189，197，234，238，245，248，254，260

强首 30，79，80，86，195

庆州 13，43，59，61，84，93，103，111，112，141，234，242，243，245，248，250，260

求法僧 112

全海宗 2，16

泉毖 221，222，225，273

泉男产 69，221，222，273，280，281

泉男生 67，69，132，193，221，222，224，273~276，278，280，281

泉献诚 67，69，89，98，221，222，273，276，279~282

权惪永 16，44，75，84~86，88，90，91，111，112，197，234，238，245，248，254，260

任大熙 64，135，137

任那日本府 219

日野开三郎 174，182

日本 1~4，10，12，13，23，28，35，38~40，42，44，49，63，84，87，90，91，104，106，113，115，146，156，160，163，170，173，182，186，189，219，220，236，243，248

荣新江 116，208，233，242，268

三韩 14，32，73~75

三国 1~3，7，8，10~15，17，21~23，28~32，34，35，37，38，40~43，45~49，51~58，60，61，63，65~70，72，74~81，83~91，

· 349 ·

94，99～109，111，113，115，121，
130，132，133，138，140，142，
143，145，147，151，157，160，
162，163，165，166，170，172，
176，177，184，186，188，192，
194，196，200，204～206，209，
218，222，226，234，237，239，
240，242～247，249，250，259，
260，263，267，269，270，282

沙飡　76，103，105，177，249

山东　38，68，122，123，130，152，
166，167，172，216，218，230，
231，244，245，248

僧信诚　69

善德王　22，23，29，43，80，196，
246，247，267

蛇水大战　69

神丘道　39，49，51，130，150，205

神文王　48，72，90，111，113，
143，268，270，271

申采浩　7，14，21

申滢植　2，3，7，8，11，14，21，
29，47，53，72，111，114，234

圣德王　45，48，248，269，270

释一然　58，86

首尔　246

丝绸之路　265，268

泗沘城　63，64，130，146，151

苏定方　9～11，17，37～41，49～
52，54～60，62，66，72，96～99，
102，119～139，141～144，150，
157，176，181～183，187～189，
196，204，205，221，230，231，
244，276

苏定方被杀说　11，17，56，119，
138，140～142

苏爷岛　59

宿卫　29，35，45，66～69，77，88，
105，107，108，112，132，171，
172，177，181，186，232，255，
259～263，268，269，271

隋炀帝　121～124，240，243

孙继民　206

孙进己　6，236

孙仁师　63，154，156～158，160，
162，163，209，231

孙星衍　167，170，216

所夫里州　78，102～104，177，186

泰山岱顶仰天洞　166，231

泰山封禅　88，168

唐百济留守军　65，155，157，161，
170，185

唐长安　29，35，48，75，77，78，
86，129，163，194，233，234，277

唐高宗　5，9，10，12，15，17，
30～35，39，41，43，46，49，50，
52～54，59，63～65，66～71，
73～75，77，79，81，84，85，

88~90，95~99，101，103，105，107~113，115，119~121，126~128，130~137，142，145，149，152~155，158~163，168，170~173，176，177，179~183，187，188，196，202~204，206~208，224，229，232，244，247，255，257，259，261，262，264~271，276

唐高祖　7，15，125，199，207，237，238，240~243，250

唐罗关系　1，6，11，12，15，17，31，35，45，87，108，116，117，174，239，242，259

唐罗同盟　9，11，17，60~62，65，68，71，76，94，143，197，206

唐罗战争　12~14，17，18，83，85，91，93~95，98~100，103，104，106，107，109，111~114，116，184，186，194，195，229，268

唐山道　49，203

唐太宗　6，8，9，15，22~31，34，46，49，54，72，77，79，80，102，107，127，128，140~142，149，150，157，161，176，177，181，185，187，196，207，227，230，232，242，245~247，250，261，267~269，276

天皇　38，69，97，156，160，163，189，202，243

天后　279

天枢　275，278~282

突厥　23，50，54，114，127，128，130，131，150，176，188，266

吐蕃　13，14，50，62，96，100，103，109，110，114，115，122，127，133~135，150，176，180，183，228，266

吐谷浑　23，50，97，127，133，150，183，207，266

外交文书　24，213

王方翼　109，110，231

王小甫　16，78，111，122，134，231，232，234

王文度　54，63，130，144，151，152，188，258

王文擀　234，235

魏哲　182，190，192，193，228

魏哲神道碑　182，190，192，193，228

文武王　8，15，17，30，45，48，51，53，57，61~64，66~81，84，89，90，100，103~109，111~113，132，140，157，160，162~165，170~172，177，184~186，194，195，198，205，206，265，267~270

倭国　12，54，64，158，161，164，

243

武烈王 9，22，37，38，41，48，49，51，53，56，57，61，62，84，85，102，196，197，247，250，267～269

武则天 12，46，89，91，96～99，104，110，113，114，152，155，156，173，178，180，189，264～267，270，271，274，278～282

西海道 50

西域 157，188，279

相里玄奖 23，246

新城 29，113，183，191，202，251，275

新罗 1～3，6～18，21～95，100～116，119，120，128，130，132，133，135，138～146，151～153，157，160～166，168，170～172，177，182，184～189，194～197，200，201，203～207，219，222，223，231～250，252，254，255，258～265，267～273，276

新罗通禅师 233

新罗像龛 233

兴德王 10，249，250

萧瑀 128

熊津 10，12，49，50，63，68，71～74，147，151，154，156～160，162，164，165，168，170，172，197，204，209

熊津都督府 12，75，76，103，104，108，157，161，170，171，173

熊津府城 63～65，72，73，170，172，204，206

熊津就利山 73，135

许敬宗 96～99，130，131，135～138，144，155，255

徐荣教 13，93，94，101，109，114，170

玄菟 229，240，274

薛邦 86，88

薛永冲 91，232

薛瑶 91，232

薛仁贵 8，9，17，30，35，54，57，64，66，68～70，73，75，76，78～80，94～96，101，103～105，107，108，114，115，127，143，144，157，160，163，172，174～195，204，228，229，257～259，262～264，271

薛仁贵造像记 179

薛秀真 44，45，47

学问僧 25，26

鸭绿江 66，70，132，172，244

严耕望 16，231，232

杨联陞 3，4

杨通方 16，38，78，238，254

杨昭全 16，38

扬州　245

姚州都督府　173

移民　18，89，98，114，183，185，217，221~225，273，275，277，278，280~283

遗民　13，63，65，93，105，114，186，223，277

义慈王　9，17，23，32，34，38，65，151，161，187，221

义湘　86~88，233，248

营州　9，29，68，128，129，172，181，192，230

有相　26，39，40，68，91，93，103，124，138，167，170，172，202，206，230，274，276

渊净土　74，76

嵎夷道行军总管　10，17，37，49，50，72，204

约翰·查尔斯·贾米森　13，93~95，99，110

瞻星台　43~46

张保皋　2

张忠植　200

张文瓘　115，134~136

昭陵　97，107，108，131，140，205，217，218，229，232，266~268

昭陵十四蕃君长像　268

真德王　9，21，22，27，28，30，31，35，43，48，51，62，142，187，196，231，236，242，245~247，261，262，264，267~269

真兴王　250

赵斌　265，268

朱甫暾　7，21，23，24，109，111，213，246

宗藩关系　6，231，243，267，268

宗主国　3，8，9，15，33，51，65，72，74，77，79，107~109，195

中国　1~6，9，12，13，16~18，23，24，27，29，35，38~40，42，43，46~49，52，53，60，63，72，78，83，87，90，93，100，104~106，109，111，114~116，121~124，130，136，140，144，146，156，163，173，174，177，179，180，184，186，193，198，213，214，216~220，225，229，231，233，235，236，238，240，249，254，260，263，268，270，273，283

中国的天下秩序　4，13，17，106，115

中国东北史　217

中国史　2，3，11，16，46，144，173，231，232，283

周留城　63，156，163

诸侯　12，32，74，161

佐平　31，38，160

后　记

　　经过四年多的海外留学生活，2002年8月末，我回到日夜思念的故乡。转眼又过了半年，我的博士论文修改也告一段落。当我看完书稿的最后一页，为完成博士学业，孤身在异国他乡的一幕幕情景和复杂情感涌入脑海：看到中国地图时的泪眼婆娑，听到中文时的激动雀跃，我的韩国恩师、朋友们和我的家庭给我的关爱和感召，以及说不完、道不尽的友爱和亲情……

　　在此，首先应该提及我的指导老师朱甫暾教授。求学期间，先生担任韩国古代史学会会长、庆北大学博物馆馆长，平时还要讲授史学科的本科及研究生课程，应付如此繁多的日常事务及教学科研工作，但先生四年如一日，对我这个愚钝的外国学生，不仅在生活方面给予无微不至的关怀，而且从各种渠道为我创造机会，使我在韩国的几年避免了生活上的困扰，保证了求学计划的顺利实现。同时，在学业方面，先生循循善诱地讲授韩国古代史课程，我几乎每学期都去听，受益匪浅。博士论文计划目次的一遍遍修改补充，写作过程中的一次次诱导启发，最后阶段一页页的批改和对某些用语的指正训诫，无不浸透着先生的心血。虽然在有些方面最终仍然没有达到先生的要求，但先生对我学问方面的教导将使我受用终生。如果这几年我在学业上有所成绩的话，应当归功于先生的教诲和鞭策。当然，书中的不足和欠缺，以及可能出现的不能自圆其说之处，当与先生无关。在此，衷心地感谢先生，先生的恩德我将永世铭记！

看着我拍摄的一张张文物风景照片，翻阅篇篇充满好奇和留住记忆的考察日记，忆及随朱先生率领的庆州古迹考察团赴韩国古都庆州多达十数次的踏史考察活动（因为所学专业及参加有关学术活动等原因，我先后去过庆州30余次，国内能够如我者估计不会太多），佛国寺石窟庵坐佛的威严肃穆，新罗时代诸王、贵族陵墓护石十二生肖的惟妙惟肖，南山、狼山、明活山、吐含山秀丽而蕴含佛迹古韵的风貌，深深铭刻在我的心头。新罗武烈王金春秋、著名外交家金仁问、文武王金法敏就曾生活在这片土地上，在这里，他们和唐朝派遣的将领苏定方、刘仁愿、刘仁轨、薛仁贵、李勣等人交涉联合，将双方共同的对手百济、高句丽送向灭亡的不归路，并推动7世纪中叶朝鲜半岛各势力的整合与变革以及东亚世界风云的变幻，这些最终成为我的博士论文的主干和不可缺少的素材。

我也聆听了庆北大学人文学院文暻铉、权延雄、崔贞焕、尹在硕、李玠奭教授，师范学院任大熙、李秉烋、张东翼、李文基诸教授的讲课，完成必修的课程，进而对韩国史有了更深层次的了解和认识。感谢任大熙、尹在硕、韩锡忠三位教授为我赴韩留学奔波所付出的努力和心血，感谢尹在硕、任大熙、李玠奭、权延雄、权惠永诸教授在学业和生活方面对我的无私帮助。和朱先生一样，诸位老师崇高的人格将是我学习的榜样，激励我以后无私地去帮助他人，关心需要帮助的人。

求学的四年春节都是在韩国度过的，其中三个春节是在金善昱教授家中。金先生任职于忠南大学史学科，他全家的盛情招待，使我免除了在异国他乡的思乡之苦。先生还对我的博士论文提出批评意见，帮助我整理修改韩国语译文，又作为论文的审查人之一参加了我的论文答辩。在此，诚挚地感谢金先生、金师母让我感受到家的氛围和家的温馨。

衷心地感谢汉城大学东洋史学科教授、著名中国史学者朴汉济先生。先生两次请我去他的研究室，帮助我找寻相关资料，修改我的中国式的韩语论文译文，介绍我的论文发表，给予我学问及生活方面的指导和帮助。

另外，著名东亚古代国际关系史、隋唐史、中国古代法制史专家、台湾大学历史学系高明士教授将他的相关著作寄给我，不时地写信告诉我论文写作应该注意的事项，对我完成博士论文提供了相当大的支持；书中的一些观点即是受高先生论著的启发提出的，谢谢高教授！我的硕士导师赵文润、牛致功教授，他们的道德文章，教会我如何为学为人。赵老师为我赴韩留学做了大量的前期联系工作；我到韩国后，他又写信鼓励我战胜生活和学习中的困难，给我以信心和鼓舞。唐史研究所的马驰教授、杜文玉教授，师兄薛平拴教授，上官娥女士等，在我滞留韩国期间，为我及我的家庭做了许多现实的、令人感动的事情，谢谢这些师长和同人！我还要感谢著名民族史专家周伟洲教授、隋唐史专家胡戟教授，在我修改论文的过程中，他们给了我许多支持和关怀。陕西师范大学在我留学期间保留我的职位，赵世超校长及历史文化学院萧正洪院长也多次对我亲切关照，促使我完成学业后尽快返回学校。

高明士教授、马驰教授在百忙中抽出时间审阅了全书的内容，指出其中存在的问题，并为本书撰写序言，谢谢两位前辈的帮助和鼓励。也感谢中国社会科学出版社的郭媛女士，正是由于她的努力，本书才得以很快出版。

特别感谢我的妻子李方圆。我留学期间，她无怨无悔地挑起家庭重担，既要完成自己的教学工作和学习，又要照看年幼的儿子，使我解除后顾之忧专心完成学业。书稿修改期间，她又帮助我解决电脑问题，为我出谋划策，使本书避免了许多可能出现的问题。可以说，我的一切成绩都凝结着她的辛苦和心血。也感谢我的岳父母，在我所住小屋拆迁之时，妻儿食宿都在岳父母家，如果没有岳父母的关怀和照顾，那将是相当艰难的事情。

我自1990年开始从事历史研究工作，转眼间十余年过去了。然而，前面的路还很长很长。我当铭记师长们的教诲，并以此为契机，锲而不舍、持之以恒，为学术研究事业贡献自己的力量。

作者　谨识
2003年3月

修订版后记

　　1998～2002年，我赴韩国国立庆北大学留学，获得了文学博士学位。回国任教后的次年，博士论文《七世纪中叶唐与新罗关系研究》由中国社会科学出版社出版发行。时光如梭，转眼16年已过，拙著早已过了出版合同期限。同时，虽然出版社已印过两次，但各大书店早已售罄、了无存书，需要阅读的学生只好在网上购买复印本，并多有抱怨。非常荣幸和感谢，社会科学文献出版社将拙著纳入"社科文献学术文库"修订再版。在拙著修订再版之际，和此前出版其他书一样，也略对拙著出版之后的反响，以及这次修订再版涉及内容做一交代，同时对社会科学文献出版社的盛情表达我诚挚的感谢之意。

　　记得2003年3月将书稿交付中国社会科学出版社之后，北京不久就因"非典"疯狂袭来进入紧急状态，为防止人员相互传染，人们的活动也部分受到限制，在当时造成一定的困扰。虽如此，本书的出版却依然按照原计划，我在5月底就顺利拿到多本样书，6月初收到出版社赠送的全部样书。套用责任编辑郭媛女士的话说，她是"冒着生命危险"给我联系印刷厂出书的。书出版后，得到学界韩昇、王小甫、陈尚胜,以及日本著名学者池田温等教授的好评;韩国学者卢泰敦、李相勋在有关唐罗关系、唐罗战争的论述中,数十处引征拙著;辽宁大学、吉林大学,以及台湾"清华大学"部分老师将拙著作为研究生必读书目;随后在国内出版的同一领域学术论文及专著中,拙著也成为引用或批判的重要对象。2004年暑假,我陪同隋唐史研究专家胡戟教授到北京高校、研究机构访学,拜访学界师友,当时还想到中国社会科学出版社再买一些书,但得到的答复是出版社已了无存书。与此同时,姜清波、马一虹两位撰写有关拙著的书评也先后刊登于《唐都学刊》(2004年第3期)、《中国学术》(第21辑,2005)上,在学界引起一定的反响。2005年,拙著荣获陕西省高校人文社会科学研究优秀成果一等奖,2007年又荣获陕西省政府第八次哲学社会科学优秀成果一等奖。而陕西省政府的奖项四年评一次(2010年之前),一等奖每次也只有一个,能够获得这个省部级奖项,既是对拙著撰写水准的肯定,无疑也是对我近五年海外留学生涯的最大奖赏。当然,拙著能否成为本人整个学术生涯的扛鼎之作,还有待最终确定。[①] 最后,再次感谢我的韩国指导老师朱甫暾教授,以及我赴韩留学期间给予我指导和帮助的其他先生!朱老师去年已经退休,但他仍然专注于各种学术活动,出版多部学术著作,祝老师生活愉快、安康如意。

2008年初,责任编辑郭媛女士和我联系,问我是否考虑再版或重印。这样,在当年10月,拙著的重印本面世。无疑,对于初入唐代东亚史研究领域、第一次出版纯粹个人学术著作的我来说,这是一件

---

① 2003年拙著出版之后,我于2009年出版《唐朝与新罗关系史论》(中国社会科学出版社),2012年出版《唐代高丽百济移民研究:以西安洛阳出土墓志为中心》(中国社会科学出版社),2015年出版《石刻墓志与唐代东亚交流研究》(科学出版社),2016年出版《唐代朝野政治与文化研究》(中国社会科学出版社)等专著,与人合著有《永泰公主与永泰公主墓》(三秦出版社,2004,与樊英峰合著)、《万国来朝》(西安出版社,2017,与张琛合著),共同编译出版《古代东亚交流史译文集》(中国社会科学出版社,2018,与冯立君等共同署名)等。此后还有有关朝鲜半岛古代石刻方面的选题,希望能尽快出版。

值得庆幸的事情。在此，感谢郭媛女士，感谢为本书撰写序言的高明士、马驰两位前辈老师，以及为本书撰写书评的姜清波、马一虹两位学界同好。他们撰写的序言及书评，为本书添光加彩。不过，令人心痛的是，马驰老师今年5月中旬因病辞世，马一虹女士去世也已快10年了！这不由得令人感概人生之无常。

这次修订再版，在原书的基础上我做了几处修订，其中的一些问题在此也予以说明。

其一，原书中的"罗唐关系""罗唐战争"等，我将其统一改订为"唐罗关系""唐罗战争"。为什么如此？因为本书的撰作完成是在韩国留学期间，当时韩国学界谈及唐朝与新罗关系，一般写作"罗唐关系"等，因此在博士论文撰述中，我亦依照韩国学界的写法。现在审视全书内容，用"唐罗关系"表述似更确切一些，也与书名相匹配。鉴于此，我做出上述修订更改，希望能够得到读者的谅解。

其二，原书"附篇"中收录有《激荡50年：高句丽与唐关系研究》一文，该文最初发表于韩国《高句丽研究》第14辑，当时觉得虽然全书是以7世纪中叶唐朝与新罗关系为中心，但这一时期唐朝与高句丽之战和关系亦不可回避，其从另一个侧面也可反映唐与新罗关系的相关内容。但拙著出版之后，在原书议题的基础上，我又撰写了这一时期唐与新罗关系的多篇论文。这次修订再版，经过衡量，最终决定将《激荡50年：高句丽与唐关系研究》一文，由另外两篇唐与新罗关系方面的论文替代，一者可增加本书探讨唐与新罗关系的分量，二者使本书的结构更加完整集中。

其三，原书中提到入唐百济、高句丽人，依据韩国学界称其为"遗民"，本次修订将其改为"移民"。2012年6月拙著《唐代高丽百济移民研究：以西安洛阳出土墓志为中心》出版，在书中我依据海内外学界研究现状，详细探讨入唐百济、高句丽"遗民"问题，并决定用"移民"代替"遗民"的表述，这从我随后发表的论文、专著中可得到证明，敬请读者注意。还有，除修改原书"参考文献"的格式，本次修订还增加了英文书名和英文摘要、目录，并依据新出唐人墓志资料重新修订附表1"石刻墓志所见7世纪赴朝鲜半岛唐人军将行迹"，以期使本书具有更多更新的资料依据。当然，原书中存在的个别错别字，笔者在仔细检视校订之后，也做了相应修改，以期将可能出现的错误降到最少。

其四，原书中提及的一些问题，有的已引用史料予以解决，有的只是简单提及。拙著出版后，我曾对书中简单提及但并未解决的问题做过相应的研究，并发表相关论文。在此，将后续研究论文以"修订者按"形式，在相应的篇章末尾予以说明，以便于读者查找阅读。还有，本书撰写于2002年，初版于2003年，故而"参考文献"中对韩国首都的称呼依从当时名目，这次修订一如原来称呼，因为所引书目出版年代较早，如果标明现在的称谓，会使读者产生疑问。特予说明！

最后，感谢社会科学文献出版社历史学分社郑庆寰先生以及他的团队，正是因为他们专业并颇具创造力的劳动，拙著修订本减少了许多错误并很快出版。我的学生杨青青、林泽杰将书名及目录译为英语，并校对了全书引用史料，我的儿子拜李赞校订补充了书名、目录，重新翻译了英文摘要。对此，亦请允许我表达诚挚的感谢之意！当然，修订本可能还有这样或那样的问题，敬请学界师友同人及广大读者不吝指正和批评。感谢广大读者的厚爱，笔者将继续努力，取得更多更大的成绩。

拜根兴　谨识
2019年10月28日

图书在版编目(CIP)数据

七世纪中叶唐与新罗关系研究 / 拜根兴著. －－北京：社会科学文献出版社，2020.6（2022.6 重印）
（社科文献学术文库. 文史哲研究系列）
ISBN 978－7－5201－6811－3

Ⅰ.①七… Ⅱ.①拜… Ⅲ.①中朝关系－国际关系史－研究－7 世纪 Ⅳ.①D829.312

中国版本图书馆 CIP 数据核字（2020）第 108803 号

社科文献学术文库·文史哲研究系列
七世纪中叶唐与新罗关系研究

著　　者 / 拜根兴

出 版 人 / 王利民
责任编辑 / 郑庆寰　石志杭
文稿编辑 / 汪延平
责任印制 / 王京美

出　　版 / 社会科学文献出版社·历史学分社（010）59367256
　　　　　地址：北京市北三环中路甲 29 号院华龙大厦　邮编：100029
　　　　　网址：www.ssap.com.cn
发　　行 / 社会科学文献出版社（010）59367028
印　　装 / 三河市东方印刷有限公司

规　　格 / 开 本：787mm × 1092mm　1/16
　　　　　印 张：25　字 数：327 千字
版　　次 / 2020 年 6 月第 1 版　2022 年 6 月第 2 次印刷
书　　号 / ISBN 978－7－5201－6811－3
定　　价 / 138.00 元

读者服务电话：4008918866

版权所有 翻印必究